Texte, die bis heute lebendig geblieben sind – das versteht Deutschlands bekanntester Literaturkritiker Marcel Reich-Ranicki unter einem Literaturkanon.

Der vorliegende Band präsentiert derart lebendig gebliebene Texte aus Reich-Ranickis Kanon – die besten deutschen Erzählungen von der Klassik bis zur jüngsten Gegenwart: von E. T. A. Hoffmann, Heinrich von Kleist, Marie von Ebner-Eschenbach, Arthur Schnitzler, Elisabeth Langgässer, Marie Luise Kaschnitz, Wolfgang Koeppen, Max Frisch, Heinrich Böll, Ilse Aichinger, Uwe Johnson, Peter Handke, Christoph Hein, Gabriele Wohmann und vielen anderen.

insel taschenbuch 3632
Die besten deutschen Erzählungen

Die besten
deutschen Erzählungen

Ausgewählt von Marcel Reich-Ranicki

Insel Verlag

Umschlagfoto: Imago/Hoffmann (Marcel Reich-Ranicki)
Konzept: Preuße & Hülpüsch Grafik-Design
www.kunstistarbeit.de

insel taschenbuch 3632
Erste Auflage 2010
© Insel Verlag Berlin 2010
Alle Rechte vorbehalten, insbesondere das der Übersetzung,
des öffentlichen Vortrags sowie der Übertragung
durch Rundfunk und Fernsehen, auch einzelner Teile.
Kein Teil des Werkes darf in irgendeiner Form
(durch Fotografie, Mikrofilm oder andere Verfahren)
ohne schriftliche Genehmigung des Verlages reproduziert
oder unter Verwendung elektronischer Systeme
verarbeitet, vervielfältigt oder verbreitet werden.
Quellennachweise am Schluß des Bandes
Vertrieb durch den Suhrkamp Taschenbuch Verlag
Umschlag nach Entwürfen von Willy Fleckhaus
Satz: Hümmer GmbH., Waldbüttelbrunn
Druck: CPI – Ebner & Spiegel, Ulm
Printed in Germany
ISBN 978-3-458-35332-4

6 – 15 14 13 12 11

Inhalt

Johann Wolfgang Goethe
Die Sängerin Antonelli 11
Die wunderlichen Nachbarskinder 22
Johann Peter Hebel
Kannitverstan 30
Unverhofftes Wiedersehen 33
Drei Wünsche 36
E. T. A. Hoffmann
Ritter Gluck 39
Heinrich von Kleist
Anekdote aus dem letzten preußischen Kriege 51
Jacob und Wilhelm Grimm
Hänsel und Gretel 53
Die Bremer Stadtmusikanten 59
Wilhelm Hauff
Die Geschichte von Kalif Storch 63
Eduard von Keyserling
Die Soldaten-Kersta 74
Marie von Ebner-Eschenbach
Krambambuli 91
Arthur Schnitzler
Der Tod des Junggesellen 103
Frank Wedekind
Die Schutzimpfung 116
Rainer Maria Rilke
Die Turnstunde 122
Robert Walser
Ein unartiger Brief 128
Alfred Döblin
Die Ermordung einer Butterblume 132
Franz Kafka
Ein Hungerkünstler 145

Ein Landarzt 156
✗ Vor dem Gesetz 162
Das Urteil 164
   Lion Feuchtwanger
Höhenflugrekord 177
   Ernst Bloch
Fall ins Jetzt 181
   Bertolt Brecht
Der Augsburger Kreidekreis 183
   Elisabeth Langgässer
Saisonbeginn 198
   Marie Luise Kaschnitz
Lange Schatten 201
   Elias Canetti
Die Verleumdung 209
   Wolfgang Koeppen
Ein Kaffeehaus 214
   Max Frisch
Der andorranische Jude 218
   Wolfgang Hildesheimer
Das Ende einer Welt 221
   Heinrich Böll
Wanderer, kommst du nach Spa 228
   Wolfdietrich Schnurre
Das Manöver 238
   Wolfgang Borchert
Das Brot 246
   Ilse Aichinger
✗ Spiegelgeschichte 249
   Siegfried Lenz
Der Verzicht 259
   Martin Walser
Selbstporträt als Kriminalroman 270
   Franz Fühmann
Das Judenauto 276

Günter Kunert
Alltägliche Geschichte einer Berliner Straße 286
Thomas Bernhard
Die Mütze 290
Gabriele Wohmann
Wiedersehen in Venedig 305
Uwe Johnson
Jonas zum Beispiel 313
Peter Bichsel
Der Mann mit dem Gedächtnis 316
Peter Handke
Das Umfallen der Kegel von einer bäuerlichen Kegelbahn 320
Christoph Hein
Der neuere (glücklichere) Kohlhaas 331
Christoph Ransmayr
Przemyśl 348

Quellennachweise 355

Johann Wolfgang Goethe
Die Sängerin Antonelli

Als ich mich in Neapel aufhielt, begegnete daselbst eine Geschichte, die großes Aufsehen erregte und worüber die Urteile sehr verschieden waren. Die einen behaupteten, sie sei völlig ersonnen, die andern, sie sei wahr, aber es stecke ein Betrug dahinter. Diese Partei war wieder untereinander selbst uneinig; sie stritten, wer dabei betrogen haben könnte. Noch andere behaupteten, es sei keineswegs ausgemacht, daß geistige Naturen nicht sollten auf Elemente und Körper wirken können, und man müsse nicht jede wunderbare Begebenheit ausschließlich entweder für Lüge oder Trug erklären. Nun zur Geschichte selbst:

Eine Sängerin, Antonelli genannt, war zu meiner Zeit der Liebling des neapolitanischen Publikums. In der Blüte ihrer Jahre, ihrer Figur, ihrer Talente fehlte ihr nichts, wodurch ein Frauenzimmer die Menge reizt und lockt und eine kleine Anzahl Freunde entzückt und glücklich macht. Sie war nicht unempfindlich gegen Lob und Liebe; allein, von Natur mäßig und verständig, wußte sie die Freuden zu genießen, die beide gewähren, ohne dabei aus der Fassung zu kommen, die ihr in ihrer Lage so nötig war. Alle jungen, vornehmen, reichen Leute drängten sich zu ihr, nur wenige nahm sie auf; und wenn sie bei der Wahl ihrer Liebhaber meist ihren Augen und ihrem Herzen folgte, so zeigte sie doch bei allen kleinen Abenteuern einen festen, sichern Charakter, der jeden genauen Beobachter für sie einnehmen mußte. Ich hatte Gelegenheit, sie einige Zeit zu sehen, indem ich mit einem ihrer Begünstigten in nahem Verhältnisse stand.

Verschiedene Jahre waren hingegangen, sie hatte Männer genug kennengelernt und unter ihnen viele Gecken, schwache und unzuverlässige Menschen. Sie glaubte bemerkt zu haben, daß ein Liebhaber, der in einem gewissen Sinne dem Weibe alles ist, gerade da, wo sie eines Beistandes am nötigsten bedürfte, bei Vorfällen des Lebens, häuslichen Angelegenheiten, bei augenblicklichen Entschließungen, meistenteils zu nichts wird, wenn er nicht gar seiner Geliebten, indem er nur an sich selbst denkt, schadet und aus Eigenliebe ihr das Schlimmste zu raten und sie zu den gefährlichsten Schritten zu verleiten sich gedrungen fühlt.

Bei ihren bisherigen Verbindungen war ihr Geist meistenteils unbeschäftigt geblieben; auch dieser verlangte Nahrung. Sie wollte endlich einen Freund haben, und kaum hatte sie dieses Bedürfnis gefühlt, so fand sich unter denen, die sich ihr zu nähern suchten, ein junger Mann, auf den sie ihr Zutrauen warf und der es in jedem Sinne zu verdienen schien.

Es war ein Genueser, der sich um diese Zeit, einiger wichtiger Geschäfte seines Hauses wegen, in Neapel aufhielt. Bei einem sehr glücklichen Naturell hatte er die sorgfältigste Erziehung genossen. Seine Kenntnisse waren ausgebreitet, sein Geist wie sein Körper vollkommen ausgebildet, sein Betragen konnte für ein Muster gelten, wie einer, der sich keinen Augenblick vergißt, sich doch immer in andern zu vergessen scheint. Der Handelsgeist seiner Geburtsstadt ruhete auf ihm; er sah das, was zu tun war, im großen an. Doch war seine Lage nicht die glücklichste; sein Haus hatte sich in einige höchst mißliche Spekulationen eingelassen und war in gefährliche Prozesse verwickelt. Die Angelegenheiten verwirrten sich mit der Zeit noch mehr, und die Sorge, die er darüber empfand, gab ihm einen Anstrich von Traurigkeit, der ihm sehr wohl anstand und der unserm jungen Frauenzimmer noch mehr Mut machte, seine Freundschaft zu suchen, weil sie zu fühlen glaubte, daß er selbst einer Freundin bedürfe.

Er hatte sie bisher nur an öffentlichen Orten und bei Gelegenheit gesehen; sie vergönnte ihm nunmehr auf seine erste Anfrage den Zutritt in ihrem Hause, ja sie lud ihn recht dringend ein, und er verfehlte nicht zu kommen.

Sie versäumte keine Zeit, ihm ihr Zutrauen und ihren Wunsch zu entdecken. Er war verwundert und erfreut über ihren Antrag. Sie bat ihn inständig, ihr Freund zu bleiben und keine Anforderungen eines Liebhabers zu machen. Sie eröffnete ihm eine Verlegenheit, in der sie sich eben befand und worüber er bei seinen mancherlei Verhältnissen den besten Rat geben und die schleunigste Einleitung zu ihrem Vorteil machen konnte. Er vertraute ihr dagegen seine Lage, und indem sie ihn zu erheitern und zu trösten wußte, indem sich in ihrer Gegenwart manches entwickelte, was sonst bei ihm nicht so früh erwacht wäre, schien sie auch seine Ratgeberin zu sein, und eine wechselseitige, auf die edelste Achtung, auf das schönste Bedürfnis gegründete Freundschaft hatte sich in kurzem zwischen ihnen befestigt.

Nur leider überlegt man bei Bedingungen, die man eingeht, nicht immer, ob sie möglich sind. Er hatte versprochen, nur Freund zu sein, keine Ansprüche auf die Stelle eines Liebhabers zu machen, und doch konnte er sich nicht leugnen, daß ihm die von ihr begünstigten Liebhaber überall im Wege, höchst zuwider, ja ganz und gar unerträglich waren. Besonders fiel es ihm höchst schmerzlich auf, wenn ihn seine Freundin von den guten und bösen Eigenschaften eines solchen Mannes oft launig unterhielt, alle Fehler des Begünstigten genau zu kennen schien und doch noch vielleicht selbigen Abend, gleichsam zum Spott des wertgeschätzten Freundes, in den Armen eines Unwürdigen ausruhte.

Glücklicher- oder unglücklicherweise geschah es bald, daß das Herz der Schönen frei wurde. Ihr Freund bemerkte es mit Vergnügen und suchte ihr vorzustellen, daß der erledigte Platz ihm vor allen andern gebühre. Nicht ohne Widerstand und Widerwillen gab sie seinen Wünschen Gehör. »Ich fürchte«, sagte sie, »daß ich über diese Nachgiebigkeit das Schätzbarste auf der Welt, einen Freund, verliere.« Sie hatte richtig geweissagt; denn kaum hatte er eine Zeitlang in seiner doppelten Eigenschaft bei ihr gegolten, so fingen seine Launen an, beschwerlicher zu werden; als Freund forderte er ihre ganze Achtung, als Liebhaber ihre ganze Neigung und als ein verständiger und angenehmer Mann unausgesetzte Unterhaltung. Dies aber war keinesweges nach dem Sinne des lebhaften Mädchens; sie konnte sich in keine Aufopferung finden und hatte nicht Lust, irgend jemand ausschließliche Rechte zuzugestehen. Sie suchte daher auf eine zarte Weise seine Besuche nach und nach zu verringern, ihn seltner zu sehen und ihn fühlen zu lassen, daß sie um keinen Preis der Welt ihre Freiheit weggebe.

Sobald er es merkte, fühlte er sich vom größten Unglück betroffen, und leider befiel ihn dieses Unheil nicht allein: seine häuslichen Angelegenheiten fingen an, äußerst schlimm zu werden. Er hatte sich dabei den Vorwurf zu machen, daß er von früher Jugend an sein Vermögen als eine unerschöpfliche Quelle angesehen, daß er seine Handelsangelegenheiten versäumt, um auf Reisen und in der großen Welt eine vornehmere und reichere Figur zu spielen, als ihm seine Geburt und sein Einkommen gestatteten. Die Prozesse, auf die er seine Hoffnung setzte, gingen langsam und waren kostspielig. Er mußte deshalb einigemal nach Palermo, und während seiner letzten Reise machte das kluge Mädchen verschiedene Einrichtungen, um ihrer Haushaltung eine andere Wendung zu geben und ihn nach und nach von sich zu entfernen. Er kam zurück und fand sie in einer andern Wohnung, entfernt von der seinigen, und sah den Marchese von S., der damals auf die öffentlichen Lustbarkeiten und Schauspiele großen Einfluß hatte, vertraulich bei ihr aus und eingehen. Dies überwältigte ihn, und er fiel in eine schwere Krankheit. Als die Nachricht davon zu seiner Freundin gelangte, eilte sie zu ihm, sorgte für ihn, richtete seine Aufwartung ein, und als ihr nicht verborgen blieb, daß seine Kasse nicht zum besten bestellt war, ließ sie eine ansehnliche Summe zurück, die hinreichend war, ihn auf einige Zeit zu beruhigen.

Durch die Anmaßung, ihre Freiheit einzuschränken, hatte der Freund schon viel in ihren Augen verloren; wie ihre Neigung zu ihm abnahm, hatte ihre Aufmerksamkeit auf ihn zugenommen; endlich hatte die Entdeckung, daß er in seinen eigenen Angelegenheiten so unklug gehandelt habe, ihr nicht die günstigsten Begriffe von seinem Verstande und seinem Charakter gegeben. Indessen bemerkte er die große Veränderung nicht, die in ihr vorgegangen war; vielmehr schien ihre Sorgfalt für seine Genesung, die Treue, womit sie halbe Tage lang an seinem Lager aushielt, mehr ein Zeichen ihrer Freundschaft und Liebe als ihres Mitleids zu sein, und er hoffte, nach seiner Genesung in alle Rechte wieder eingesetzt zu werden.

Wie sehr irrte er sich! In dem Maße, wie seine Gesundheit wiederkam und seine Kräfte sich erneuerten, verschwand bei ihr jede Art von Neigung und Zutrauen, ja er schien ihr so lästig, als er ihr sonst angenehm gewesen war. Auch war seine Laune, ohne daß er es selbst bemerkte, während dieser Begebenheiten höchst bitter und verdrießlich geworden; alle Schuld, die er an seinem Schicksal haben konnte, warf er auf andere und wußte sich in allem völlig zu rechtfertigen. Er sah in sich nur einen unschuldig verfolgten, gekränkten, betrübten Mann und hoffte völlige Entschädigung alles Übels und aller Leiden von einer vollkommenen Ergebenheit seiner Geliebten.

Mit diesen Anforderungen trat er gleich in den ersten Tagen hervor, als er wieder ausgehen und sie besuchen konnte. Er verlangte nichts weniger, als daß sie sich ihm ganz ergeben, ihre übrigen Freunde und Bekannten verabschieden, das Theater verlassen und ganz allein mit ihm und für ihn leben sollte. Sie zeigte ihm die Unmöglichkeit, seine Forderungen zu bewilligen, erst auf eine scherzhafte, dann auf eine ernsthafte Weise und war leider endlich genötigt, ihm die traurige Wahrheit, daß ihr Verhältnis gänzlich vernichtet sei, zu gestehen. Er verließ sie und sah sie nicht wieder.

Er lebte noch einige Jahre in einem sehr eingeschränkten Kreise oder vielmehr bloß in der Gesellschaft einer alten, frommen Dame, die mit ihm in einem Hause wohnte und sich von wenigen Renten erhielt. In dieser Zeit gewann er den einen Prozeß und bald darauf den andern; allein seine Gesundheit war untergraben und das Glück seines Lebens verloren. Bei einem geringen Anlaß fiel er abermals in eine schwere Krankheit; der Arzt kündigte ihm den Tod an. Er vernahm sein Urteil ohne Widerwillen, nur wünschte er seine schöne Freundin noch einmal zu sehen. Er schickte seinen Bedienten zu ihr, der sonst in glücklichern Zeiten manche günstige Antwort gebracht hatte. Er ließ sie bitten; sie schlug es ab. Er schickte zum zweitenmal und ließ sie beschwören; sie beharrte auf ihrem Sinne. Endlich, es war schon tief in der Nacht, sendete er zum drittenmal; sie ward bewegt und vertraute mir ihre Verlegenheit, denn ich war eben mit dem Marchese und einigen andern

Freunden bei ihr zum Abendessen. Ich riet ihr und bat sie, dem Freunde den letzten Liebesdienst zu erzeigen; sie schien unentschlossen, aber nach einigem Nachdenken nahm sie sich zusammen. Sie schickte den Bedienten mit einer abschläglichen Antwort weg, und er kam nicht wieder.

Wir saßen nach Tische in einem vertrauten Gespräch und waren alle heiter und gutes Muts. Es war gegen Mitternacht, als sich auf einmal eine klägliche, durchdringende, ängstliche und lange nachtönende Stimme hören ließ. Wir fuhren zusammen, sahen einander an und sahen uns um, was aus diesem Abenteuer werden sollte. Die Stimme schien an den Wänden zu verklingen, wie sie aus der Mitte des Zimmers hervorgedrungen war. Der Marchese stand auf und sprang ans Fenster, und wir andern bemühten uns um die Schöne, welche ohnmächtig dalag. Sie kam erst langsam zu sich selbst. Der eifersüchtige und heftige Italiener sah kaum ihre wieder aufgeschlagenen Augen, als er ihr bittre Vorwürfe machte. »Wenn Sie mit Ihren Freunden Zeichen verabreden«, sagte er, »so lassen Sie doch solche weniger auffallend und heftig sein.« Sie antwortete ihm mit ihrer gewöhnlichen Gegenwart des Geistes, daß, da sie jedermann und zu jeder Zeit bei sich zu sehen das Recht habe, sie wohl schwerlich solche traurige und schreckliche Töne zur Vorbereitung angenehmer Stunden wählen würde.

Und gewiß, der Ton hatte etwas unglaublich Schreckhaftes. Seine langen nachdröhnenden Schwingungen waren uns allen in den Ohren, ja in den Gliedern geblieben. Sie war blaß, entstellt und immer der Ohnmacht nahe; wir mußten die halbe Nacht bei ihr bleiben. Es ließ sich nichts weiter hören. Die andre Nacht dieselbe Gesellschaft, nicht so heiter als tags vorher, aber doch gefaßt genug, und – um dieselbige Zeit derselbe gewaltsame, fürchterliche Ton.

Wir hatten indessen über die Art des Schreies und wo er herkommen möchte unzählige Urteile gefällt und unsre Vermutungen erschöpft. Was soll ich weitläuftig sein? Sooft sie zu Hause aß, ließ er sich um dieselbige Zeit vernehmen, und zwar, wie man bemerken wollte, manchmal stärker, manchmal schwächer. Ganz Neapel sprach von diesem Vorfall. Alle Leute des Hauses, alle Freunde und Bekannten nahmen den lebhaftesten Teil daran, ja die Polizei ward aufgerufen. Man stellte Spione und Beobachter aus. Denen auf der Gasse schien der Klang aus der freien Luft zu entspringen, und in dem Zimmer hörte man ihn gleichfalls ganz in unmittelbarer Nähe. Sooft sie auswärts aß, vernahm man nichts; sooft sie zu Hause war, ließ sich der Ton hören.

Aber auch außer dem Hause blieb sie nicht ganz von diesem bösen Begleiter verschont. Ihre Anmut hatte ihr den Zutritt in die ersten Häuser geöffnet. Sie war als eine gute Gesellschafterin überall willkommen, und sie hatte sich, um dem bösen Gaste zu entgehen, angewöhnt, die Abende außer dem Hause zu sein.

Ein Mann, durch sein Alter und seine Stelle ehrwürdig, führte sie eines Abends in seinem Wagen nach Hause. Als sie vor ihrer Türe von ihm Abschied nimmt, entsteht der Klang zwischen ihnen beiden, und man hebt diesen Mann, der so gut wie tausend andere die Geschichte wußte, mehr tot als lebendig in seinen Wagen.

Ein andermal fährt ein junger Tenor, den sie wohl leiden konnte, mit ihr abends durch die Stadt, eine Freundin zu besuchen. Er hatte von diesem seltsamen Phänomenon reden hören und zweifelte als ein muntrer Knabe an einem solchen Wunder. Sie sprachen von der Begebenheit. »Ich wünschte doch auch«, sagte er, »die Stimme Ihres unsichtbaren Begleiters zu hören: rufen Sie ihn doch auf, wir sind ja zu Zweien und werden uns nicht fürchten!« Leichtsinn oder Kühnheit, ich weiß nicht, was sie vermochte, genug, sie ruft dem Geiste, und in dem Augenblicke entsteht mitten im Wagen der schmetternde Ton, läßt sich dreimal schnell hinter einander gewaltsam hören und verschwindet mit einem bänglichen Nachklang. Vor dem Hause ihrer Freundin fand man beide ohnmächtig im Wagen, nur mit Mühe brachte man sie wieder zu sich und vernahm, was ihnen begegnet sei.

Die Schöne brauchte einige Zeit, sich zu erholen. Dieser immer erneuerte Schrecken griff ihre Gesundheit an, und das klingende Gespenst schien ihr einige Frist zu verstatten, ja sie hoffte sogar, weil es sich lange nicht wieder hören ließ, endlich völlig davon befreit zu sein. Allein diese Hoffnung war zu frühzeitig.

Nach geendigtem Karneval unternahm sie mit einer Freundin und einem Kammermädchen eine kleine Lustreise. Sie wollte einen Besuch auf dem Lande machen; es war Nacht, ehe sie ihren Weg vollenden konnten, und da noch am Fuhrwerke etwas zerbrach, mußten sie in einem schlechten Wirtshaus übernachten und sich so gut als möglich einrichten.

Schon hatte die Freundin sich niedergelegt, und das Kammermädchen, nachdem sie das Nachtlicht angezündet hatte, wollte eben zu ihrer Gebieterin ins andre Bette steigen, als diese scherzend zu ihr sagte: »Wir sind hier am Ende der Welt, und das Wetter ist abscheulich; sollte er uns wohl hier finden können?« Im Augenblick ließ er sich hören, stärker und fürchterlicher als jemals. Die Freundin glaubte nicht anders, als die Hölle sei im Zimmer, sprang aus dem Bette, lief, wie sie war, die Treppe hinunter und rief das ganze Haus zusammen. Niemand tat diese Nacht ein Auge zu. Allein es war auch das letztemal, daß sich der Ton hören ließ, nur hatte leider der ungebetene Gast bald eine andere, lästigere Weise, seine Gegenwart anzuzeigen.

Einige Zeit hatte er Ruhe gehalten, als auf einmal abends zur gewöhnlichen Stunde, da sie mit ihrer Gesellschaft zu Tische saß, ein Schuß, wie aus einer Flinte oder stark geladenen Pistole, zum Fenster herein fiel. Alle hörten den Knall, alle sahen das Feuer, aber bei näherer Untersuchung fand man die Scheibe ohne die mindeste Verletzung. Demohngeachtet nahm die Gesellschaft den Vorfall sehr ernsthaft, und alle glaubten, daß man der Schönen nach dem Leben stehe. Man eilt nach der Polizei, man untersucht die benachbarten Häuser, und da man nichts Verdächtiges findet, stellt man darin den andern Tag Schildwachen von oben bis unten. Man durchsucht genau das Haus, worin sie wohnt, man verteilt Spione auf der Straße.

Alle diese Vorsicht war vergebens. Drei Monate hintereinander fiel in demselbigen Augenblicke der Schuß durch dieselbe Fensterscheibe, ohne das Glas zu verletzen und, was merkwürdig war, immer genau eine Stunde vor Mitternacht, da doch gewöhnlich in Neapel nach der italienischen Uhr gezählt wird und Mitternacht daselbst eigentlich keine Epoche macht.

Man gewöhnte sich endlich an diese Erscheinung wie an die vorige und rechnete dem Geiste seine unschädliche Tücke nicht hoch an. Der Schuß fiel manchmal, ohne die Gesellschaft zu erschrecken oder sie in ihrem Gespräch zu unterbrechen.

Eines Abends, nach einem sehr warmen Tage, öffnete die Schöne, ohne an die Stunde zu denken, das bewußte Fenster und trat mit dem Marchese auf den Balkon. Kaum standen sie einige Minuten draußen, als der Schuß zwischen ihnen beiden durch fiel und sie mit Gewalt rückwärts in das Zimmer schleuderte, wo sie ohnmächtig auf den Boden taumelten. Als sie sich wieder erholt hatten, fühlte er auf der linken, sie aber auf der rechten Wange den Schmerz einer tüchtigen Ohrfeige, und da man sich weiter nicht verletzt fand, gab der Vorfall zu mancherlei scherzhaften Bemerkungen Anlaß.

Von der Zeit an ließ sich dieser Schall im Hause nicht wieder hören, und sie glaubte nun endlich ganz von ihrem unsichtbaren Verfolger befreit zu sein, als auf einem Wege, den sie des Abends zu einer Freundin machte, ein unvermutetes Abenteuer sie nochmals auf das gewaltsamste erschreckte. Ihr Weg ging durch die Chiaia, wo ehemals der geliebte genuesische Freund gewohnt hatte. Es war heller Mondschein. Eine Dame, die bei ihr saß, fragte: »Ist das nicht das Haus, in welchem der Herr* gestorben ist?« – »Es ist eins von diesen beiden, so viel ich weiß«, sagte die Schöne, und in dem Augenblicke fiel aus einem dieser beiden Häuser der Schuß und drang durch den Wagen durch. Der Kutscher glaubt angegriffen zu sein, und fuhr mit aller möglichen Geschwindigkeit fort. An dem Orte ihrer Bestimmung hub man die beiden Frauen für tot aus dem Wagen.

Aber dieser Schrecken war auch der letzte. Der unsichtbare Begleiter änderte seine Methode, und nach einigen Abenden erklang vor ihren Fenstern ein lautes Händeklatschen. Sie war als beliebte Sängerin und Schauspielerin diesen Schall schon mehr gewohnt. Er hatte an sich nichts Schreckliches, und man konnte ihn eher einem ihrer Bewunderer zuschreiben. Sie gab wenig darauf acht. Ihre Freunde waren aufmerksamer und stellten wie das vorigemal

Posten aus. Sie hörten den Schall, sahen aber vor wie nach niemand, und die meisten hofften nun bald auf ein völliges Ende dieser Erscheinungen.

Nach einiger Zeit verlor sich auch dieser Klang und verwandelte sich in angenehmere Töne. Sie waren zwar nicht eigentlich melodisch, aber unglaublich angenehm und lieblich. Sie schienen den genauesten Beobachtern von der Ecke einer Querstraße her zu kommen, im leeren Luftraume bis unter das Fenster hinzuschweben und dann dort auf das Sanfteste zu verklingen. Es war, als wenn ein himmlischer Geist durch ein schönes Präludium aufmerksam auf eine Melodie machen wollte, die er eben vorzutragen im Begriff sei. Auch dieser Ton verschwand endlich und ließ sich nicht mehr hören, nachdem die ganze wunderbare Geschichte etwa anderthalb Jahre gedauert hatte.

Als der Erzähler einen Augenblick innehielt, fing die Gesellschaft an, ihre Gedanken und Zweifel über diese Geschichte zu äußern, ob sie wahr sei, ob sie auch wahr sein könne?

Der Alte behauptete, sie müsse wahr sein, wenn sie interessant sein solle: denn für eine erfundene Geschichte habe sie wenig Verdienst. Jemand bemerkte darauf, es scheine sonderbar, daß man sich nicht nach dem abgeschiedenen Freunde und nach den Umständen seines Todes erkundigt, weil doch daraus vielleicht einiges zur Aufklärung der Geschichte hätte genommen werden können.

»Auch dieses ist geschehen«, versetzte der Alte: »ich war selbst neugierig genug, sogleich nach der ersten Erscheinung in sein Haus zu gehen und unter einem Vorwand die Dame zu besuchen, welche zuletzt recht mütterlich für ihn gesorgt hatte. Sie erzählte mir, daß ihr Freund eine unglaubliche Leidenschaft für das Frauenzimmer gehegt habe, daß er die letzte Zeit seines Lebens fast allein von ihr gesprochen und sie bald als einen Engel, bald als einen Teufel vorgestellt habe.

Als seine Krankheit überhand genommen, habe er nichts gewünscht, als sie vor seinem Ende noch einmal zu sehen, wahrscheinlich in der Hoffnung, nur noch eine zärtliche Äußerung, eine Reue oder sonst irgendein Zeichen der Liebe und Freundschaft von ihr zu erzwingen. Desto schrecklicher sei ihm ihre anhaltende Weigerung gewesen, und sichtbar habe die letzte, entscheidende abschlägliche Antwort sein Ende beschleunigt. Verzweiflend habe er ausgerufen: ›Nein, es soll ihr nichts helfen! Sie vermeidet mich; aber auch nach meinem Tode soll sie keine Ruhe vor mir haben.‹ Mit dieser Heftigkeit verschied er, und nur zu sehr mußten wir erfahren, daß man auch jenseits des Grabes Wort halten könne.«

Johann Wolfgang Goethe
Die wunderlichen Nachbarskinder

Novelle

Zwei Nachbarskinder von bedeutenden Häusern, Knabe und Mädchen, in verhältnismäßigem Alter, um dereinst Gatten zu werden, ließ man in dieser angenehmen Aussicht mit einander aufwachsen, und die beiderseitigen Eltern freuten sich einer künftigen Verbindung. Doch man bemerkte gar bald, daß die Absicht zu mißlingen schien, indem sich zwischen den beiden trefflichen Naturen ein sonderbarer Widerwille hervortat. Vielleicht waren sie einander zu ähnlich. Beide in sich selbst gewendet, deutlich in ihrem Wollen, fest in ihren Vorsätzen; jedes einzeln geliebt und geehrt von seinen Gespielen; immer Widersacher wenn sie zusammen waren, immer aufbauend für sich allein, immer wechselsweise zerstörend wo sie sich begegneten; nicht wetteifernd nach Einem Ziel, aber immer kämpfend um Einen Zweck; gutartig durchaus und liebenswürdig, und nur hassend, ja bösartig, indem sie sich auf einander bezogen.

Dieses wunderliche Verhältnis zeigte sich schon bei kindischen Spielen, es zeigte sich bei zunehmenden Jahren. Und wie die Knaben Krieg zu spielen, sich in Parteien zu sondern, einander Schlachten zu liefern pflegen, so stellte sich das trotzig mutige Mädchen einst an die Spitze des einen Heers, und focht gegen das andre mit solcher Gewalt und Erbitterung, daß dieses schimpflich wäre in die Flucht geschlagen worden, wenn ihr einzelner Widersacher sich nicht sehr brav gehalten und seine Gegnerin doch noch zuletzt entwaffnet und gefangen genommen hätte. Aber auch da noch wehrte sie sich so gewaltsam, daß er, um seine Augen zu erhalten, und die Feindin doch nicht zu beschädigen, sein seidenes Halstuch abreißen und ihr die Hände damit auf den Rücken binden mußte.

Dies verzieh sie ihm nie, ja sie machte so heimliche Anstalten und Versuche ihn zu beschädigen, daß die Eltern, die auf diese seltsamen Leidenschaften schon längst Acht gehabt, sich mit einander verständigten und beschlossen, die beiden feindlichen Wesen zu trennen und jene lieblichen Hoffnungen aufzugeben.

Der Knabe tat sich in seinen neuen Verhältnissen bald hervor. Jede Art von Unterricht schlug bei ihm an. Gönner und eigene Neigung bestimmten ihn zum Soldatenstande. Überall wo er sich fand, war er geliebt und geehrt. Seine tüchtige Natur schien nur zum Wohlsein, zum Behagen anderer zu wirken, und er war in sich, ohne deutliches Bewußtsein, recht glücklich, den einzigen Widersacher verloren zu haben, den die Natur ihm zugedacht hatte.

Das Mädchen dagegen trat auf einmal in einen veränderten Zustand. Ihre Jahre, eine zunehmende Bildung, und mehr noch ein gewisses inneres Gefühl zogen sie von den heftigen Spielen hinweg, die sie bisher in Gesellschaft der Knaben auszuüben pflegte. Im Ganzen schien ihr etwas zu fehlen, nichts war um sie herum, das wert gewesen wäre, ihren Haß zu erregen. Liebenswürdig hatte sie noch Niemanden gefunden.

Ein junger Mann, älter als ihr ehemaliger nachbarlicher Widersacher, von Stand, Vermögen und Bedeutung, beliebt in der Gesellschaft, gesucht von Frauen, wendete ihr seine ganze Neigung zu. Es war das erstemal, daß sich ein Freund, ein Liebhaber, ein Diener um sie bemühte. Der Vorzug den er ihr vor vielen gab, die älter, gebildeter, glänzender und anspruchsreicher waren als sie, tat ihr gar zu wohl. Seine fortgesetzte Aufmerksamkeit, ohne daß er zudringlich gewesen wäre, sein treuer Beistand bei verschiedenen unangenehmen Zufällen, sein gegen ihre Eltern zwar ausgesprochnes, doch ruhiges und nur hoffnungsvolles Werben, da sie freilich noch sehr jung war: das alles nahm sie für ihn ein, wozu die Gewohnheit, die äußern nun von der Welt als bekannt angenommenen Verhältnisse, das ihrige beitrugen. Sie war so oft Braut genannt worden, daß sie sich endlich selbst dafür hielt, und weder sie noch irgend Jemand dachte daran, daß noch eine Prüfung nötig sei, als sie den Ring mit demjenigen wechselte, der so lange Zeit für ihren Bräutigam galt.

Der ruhige Gang den die ganze Sache genommen hatte, war

auch durch das Verlöbnis nicht beschleunigt worden. Man ließ eben von beiden Seiten alles so fortgewähren; man freute sich des Zusammenlebens und wollte die gute Jahreszeit durchaus noch als einen Frühling des künftigen ernsteren Lebens genießen.

Indessen hatte der entfernte sich zum schönsten ausgebildet, eine verdiente Stufe seiner Lebensbestimmung erstiegen, und kam mit Urlaub die Seinigen zu besuchen. Auf eine ganz natürliche aber doch sonderbare Weise stand er seiner schönen Nachbarin abermals entgegen. Sie hatte in der letzten Zeit nur freundliche, bräutliche Familienempfindungen bei sich genährt, sie war mit allem was sie umgab in Übereinstimmung; sie glaubte glücklich zu sein und war es auch auf gewisse Weise. Aber nun stand ihr zum erstenmal seit langer Zeit wieder etwas entgegen: es war nicht hassenswert, sie war des Hasses unfähig geworden; ja der kindische Haß, der eigentlich nur ein dunkles Anerkennen des inneren Wertes gewesen, äußerte sich nun in frohem Erstaunen, erfreulichem Betrachten, gefälligem Eingestehen, halb willigem halb unwilligem und doch notwendigen Annahen, und das alles war wechselseitig. Eine lange Entfernung gab zu längeren Unterhaltungen Anlaß. Selbst jene kindische Unvernunft diente den Aufgeklärteren zu scherzhafter Erinnerung, und es war als wenn man sich jenen neckischen Haß wenigstens durch eine freundschaftliche aufmerksame Behandlung vergüten müsse, als wenn jenes gewaltsame Verkennen nunmehr nicht ohne ein ausgesprochnes Anerkennen bleiben dürfe.

Von seiner Seite blieb alles in einem verständigen, wünschenswerten Maß. Sein Stand, seine Verhältnisse, sein Streben, sein Ehrgeiz beschäftigten ihn so reichlich, daß er die Freundlichkeit der schönen Braut als eine dankenswerte Zugabe mit Behaglichkeit aufnahm, ohne sie deshalb in irgend einem Bezug auf sich zu betrachten, oder sie ihrem Bräutigam zu mißgönnen, mit dem er übrigens in den besten Verhältnissen stand.

Bei ihr hingegen sah es ganz anders aus. Sie schien sich wie aus einem Traum erwacht. Der Kampf gegen ihren jungen Nachbar war die erste Leidenschaft gewesen, und dieser heftige Kampf war doch nur, unter der Form des Widerstrebens, eine heftige gleichsam angeborene Neigung. Auch kam es ihr in der Erinnerung nicht anders vor, als daß sie ihn immer geliebt habe. Sie lächelte über jenes feindliche Suchen mit den Waffen in der Hand; sie wollte sich des angenehmsten Gefühls erinnern, als er sie entwaffnete; sie bildete sich ein die größte Seligkeit empfunden zu haben, da er sie band, und alles was sie zu seinem Schaden und Verdruß unternommen hatte, kam ihr nur als unschuldiges Mittel vor, seine Aufmerksamkeit auf sich zu ziehen. Sie verwünschte jene Trennung, sie bejammerte den Schlaf in den sie verfallen, sie verfluchte die schleppende, träumerische Gewohnheit, durch die ihr ein so unbedeutender Bräutigam hatte werden können, sie war verwandelt, doppelt verwandelt, vorwärts und rückwärts wie man es nehmen will.

Hätte Jemand ihre Empfindungen, die sie ganz geheim hielt, entwickeln und mit ihr teilen können, so würde er sie nicht gescholten haben: denn freilich konnte der Bräutigam die Vergleichung mit dem Nachbar nicht aushalten, sobald man sie neben einander sah. Wenn man dem einen ein gewisses Zutrauen nicht versagen konnte, so erregte der andere das vollste Vertrauen; wenn man den einen gern zur Gesellschaft mochte, so wünschte man sich den andern zum Gefährten; und dachte man gar an höhere Teilnahme, an außerordentliche Fälle: so hätte man wohl an dem einen gezweifelt, wenn einem der andere vollkommene Gewißheit gab. Für solche Verhältnisse ist den Weibern ein besonderer Takt angeboren und sie haben Ursache so wie Gelegenheit ihn auszubilden.

Jemehr die schöne Braut solche Gesinnungen bei sich ganz heimlich nährte, je weniger nur irgend Jemand dasjenige auszusprechen im Fall war, was zu Gunsten des Bräutigams gelten konnte, was Verhältnisse, was Pflicht anzuraten und zu gebieten, ja was eine unabänderliche Notwendigkeit unwiderruflich zu fordern schien; desto mehr begünstigte das schöne Herz seine Einseitigkeit, und indem sie von der einen Seite durch Welt und Familie, Bräutigam und eigne Zusage unauflöslich gebunden war, von der andern der emporstrebende Jüngling gar kein Geheimnis von seinen Gesinnungen, Planen und Aussichten machte, sie nur als ein treuer und nicht einmal zärtlicher Bruder gegen sie bewies, und nun gar von seiner unmittelbaren Abreise die Rede war; so schien es als ob ihr früher kindischer Geist mit allen seinen Tücken und Gewaltsamkeiten wieder erwachte, und sich nun auf einer höheren Lebensstufe mit Unwillen rüstete, bedeutender und verderblicher zu wirken. Sie beschloß zu sterben, um den ehemals Gehaßten und nun so heftig Geliebten für seine Unteilnahme zu strafen und sich, indem sie ihn nicht besitzen sollte, wenigstens mit seiner Einbildungskraft, seiner Reue auf ewig zu vermählen. Er sollte ihr totes Bild nicht loswerden, er sollte nicht aufhören sich Vorwürfe zu machen, daß er ihre Gesinnungen nicht erkannt, nicht erforscht, nicht geschätzt habe.

Dieser seltsame Wahnsinn begleitete sie überall hin. Sie verbarg ihn unter allerlei Formen, und ob sie den Menschen gleich wunderlich vorkam; so war Niemand aufmerksam oder klug genug, die innere wahre Ursache zu entdecken.

Indessen hatten sich Freunde, Verwandte, Bekannte in Anordnungen von mancherlei Festen erschöpft. Kaum verging ein Tag, daß nicht irgend etwas neues und unerwartetes angestellt worden wäre. Kaum war ein schöner Platz der Landschaft, den man nicht ausgeschmückt und zum Empfang vieler frohen Gäste bereitet hätte. Auch wollte unser junger Ankömmling noch vor seiner Abreise das Seinige tun, und lud das junge Paar mit einem engeren Familienkreise zu einer Wasserlustfahrt. Man bestieg ein großes schönes wohlausgeschmücktes Schiff, eine der Jachten die einen kleinen Saal und einige Zimmer anbieten und auf das Wasser die Bequemlichkeit des Landes überzutragen suchen.

Man fuhr auf dem großen Strome mit Musik dahin, die Gesellschaft hatte sich bei heißer Tageszeit in den untern Räumen versammelt, um sich an Geistes- und Glücksspielen zu ergetzen. Der junge Wirt, der niemals untätig bleiben konnte, hatte sich ans Steuer gesetzt, den alten Schiffsmeister abzulösen, der an seiner Seite eingeschlafen war; und eben brauchte der Wachende alle seine Vorsicht, da er sich einer Stelle nahte, wo zwei Inseln das

Flußbette verengten und indem sie ihre flachen Kiesufer, bald an der einen bald an der andern Seite hereinstreckten, ein gefährliches Fahrwasser zubereiteten. Fast war der sorgsame und scharfblickende Steurer in Versuchung den Meister zu wecken, aber er getraute sich's zu und fuhr gegen die Enge. In dem Augenblick erschien auf dem Verdeck seine schöne Feindin mit einem Blumenkranz in den Haaren. Sie nahm ihn ab und warf ihn auf den Steuernden. Nimm dies zum Andenken! rief sie aus. Störe mich nicht! rief er ihr entgegen, indem er den Kranz auffing: ich bedarf aller meiner Kräfte und meiner Aufmerksamkeit. Ich störe dich nicht weiter, rief sie: du siehst mich nicht wieder! Sie sprach's und eilte nach dem Vorderteil des Schiffs, von da sie ins Wasser sprang. Einige Stimmen riefen: rettet! rettet! sie ertrinkt. Er war in der entsetzlichsten Verlegenheit. Über dem Lärm erwacht der alte Schiffsmeister, will das Ruder ergreifen, der jüngere es ihm übergeben; aber es ist keine Zeit die Herrschaft zu wechseln: das Schiff strandet, und in eben dem Augenblick, die lästigsten Kleidungsstücke wegwerfend, stürzte er sich ins Wasser, und schwamm der schönen Feindin nach.

Das Wasser ist ein freundliches Element für den der damit bekannt ist und es zu behandeln weiß. Es trug ihn, und der geschickte Schwimmer beherrschte es. Bald hatte er die vor ihm fortgerissene Schöne erreicht; er faßte sie, wußte sie zu heben und zu tragen; beide wurden vom Strom gewaltsam fortgerissen bis sie die Inseln, die Werder, weit hinter sich hatten und der Fluß wieder breit und gemächlich zu fließen anfing. Nun erst ermannte, nun erholte er sich aus der ersten zudringenden Not, in der er ohne Besinnung nur mechanisch gehandelt; er blickte mit emporstrebendem Haupt umher und ruderte nach Vermögen einer flachen buschigten Stelle zu, die sich angenehm und gelegen in den Fluß verlief. Dort brachte er seine schöne Beute aufs Trockne; aber kein Lebenshauch war in ihr zu spüren. Er war in Verzweiflung, als ihm ein betretener Pfad der durchs Gebüsch lief, in die Augen leuchtete. Er belud sich aufs neue mit der teuren Last, er erblickte bald eine einsame Wohnung und erreichte sie. Dort fand er gute Leute, ein junges Ehepaar. Das Unglück, die Not sprach sich geschwind aus. Was er nach einiger Besinnung forderte, ward geleistet. Ein lichtes Feuer brannte; wollne Decken wurden über ein Lager gebreitet; Pelze, Felle und was Erwärmendes vorrätig war, schnell herbeigetragen. Hier überwand die Begierde zu retten jede andre Betrachtung. Nichts ward versäumt, den schönen halbstarren nackten Körper wieder ins Lebens zu rufen. Es gelang. Sie schlug die Augen auf, sie erblickte den Freund, umschlang seinen Hals mit ihren himmlischen Armen. So blieb sie lange; ein Tränenstrom stürzte aus ihren Augen und vollendete ihre Genesung. Willst du mich verlassen, rief sie aus: da ich dich so wiederfinde? Niemals, rief er, niemals! und wußte nicht was er sagte noch was er tat. Nur schone dich, rief er hinzu: schone dich! denke an dich um deinet- und meinetwillen.

Sie dachte nun an sich und bemerkte jetzt erst den Zustand in dem sie war. Sie konnte sich vor ihrem Liebling, ihrem Retter nicht schämen; aber sie entließ ihn gern, damit er für sich sorgen möge: denn noch war was ihn umgab, naß und triefend.

Die jungen Eheleute beredeten sich: er bot dem Jüngling, und sie der Schönen das Hochzeitskleid an, das noch vollständig da hing, um ein Paar von Kopf zu Fuß und von innen heraus zu bekleiden. In kurzer Zeit waren die beiden Abenteurer nicht nur angezogen sondern geputzt. Sie sahen allerliebst aus, staunten einander an, als sie zusammentraten, und fielen sich mit unmäßiger Leidenschaft, und doch halb lächelnd über die Vermummung, gewaltsam in die Arme. Die Kraft der Jugend und die Regsamkeit der Liebe stellten sie in wenigen Augenblicken völlig wieder her, und es fehlte nur die Musik um sie zum Tanz aufzufordern.

Sich vom Wasser zur Erde, vom Tode zum Leben, aus dem Familienkreise in eine Wildnis, aus der Verzweiflung zum Entzücken, aus der Gleichgültigkeit zur Neigung, zur Leidenschaft gefunden zu haben, alles in einem Augenblick – der Kopf wäre nicht hinreichend das zu fassen, er würde zerspringen oder sich verwirren. Hierbei muß das Herz das beste tun, wenn eine solche Überraschung ertragen werden soll.

Ganz verloren eins ins andre, konnten sie erst nach einiger Zeit an die Angst, an die Sorgen der Zurückgelassenen denken, und fast konnten sie selbst nicht ohne Angst, ohne Sorge daran denken, wie sie jenen wieder begegnen wollten. Sollen wir fliehen? sollen wir uns verbergen? sagte der Jüngling. Wir wollen zusammen bleiben, sagte sie, indem sie an seinem Hals hing.

Der Landmann, der von ihnen die Geschichte des gestrandeten Schiffs vernommen hatte, eilte ohne weiter zu fragen nach dem Ufer. Das Fahrzeug kam glücklich einhergeschwommen; es war mit vieler Mühe losgebracht worden. Man fuhr aufs Ungewisse fort, in Hoffnung die Verlornen wieder zu finden. Als daher der Landmann mit Rufen und Winken die Schiffenden aufmerksam machte, an eine Stelle lief, wo ein vorteilhafter Landungsplatz sich zeigte, und mit Winken und Rufen nicht aufhörte, wandte sich das Schiff nach dem Ufer, und welch ein Schauspiel ward es, da sie landeten! Die Eltern der beiden Verlobten drängten sich zuerst ans Ufer; den liebenden Bräutigam hatte fast die Besinnung verlassen. Kaum hatten sie vernommen, daß die lieben Kinder gerettet seien, so traten diese in ihrer sonderbaren Verkleidung aus dem Busch hervor. Man erkannte sie nicht eher, als bis sie ganz herangetreten waren. Wen seh' ich? riefen die Mütter: was seh' ich? riefen die Väter. Die Geretteten warfen sich vor ihnen nieder. Eure Kinder! riefen sie aus: ein Paar. Verzeiht! rief das Mädchen. Gebt uns Euren Segen! rief der Jüngling. Gebt uns Euren Segen! riefen beide, da alle Welt staunend verstummte. Euren Segen! ertönte es zum drittenmal, und wer hätte den versagen können.

Johann Peter Hebel
Kannitverstan

Der Mensch hat wohl täglich Gelegenheit, in Emmendingen und Gundelfinden so gut als in Amsterdam, Betrachtungen über den Unbestand aller irdischen Dinge anzustellen, wenn er will, und zufrieden zu werden mit seinem Schicksal, wenn auch nicht viel gebratene Tauben für ihn in der Luft herumfliegen. Aber auf dem seltsamsten Umweg kam ein deutscher Handwerksbursche in Amsterdam durch den Irrtum zur Wahrheit und zu ihrer Erkenntnis. Denn als er in diese große und reiche Handelsstadt voll prächtiger Häuser, wogender Schiffe und geschäftiger Menschen gekommen war, fiel ihm sogleich ein großes und schönes Haus in die Augen, wie er auf seiner ganzen Wanderschaft von Tuttlingen bis nach Amsterdam noch keines erlebt hatte. Lange betrachtete er mit Verwunderung dies kostbare Gebäude, die sechs Kamine auf dem Dach, die schönen Gesimse und die hohen Fenster, größer als an des Vaters Haus daheim die Tür. Endlich konnte er sich nicht entbrechen, einen Vorübergehenden anzureden. »Guter Freund«, redete er ihn an, »könnt Ihr mir nicht sagen, wie der Herr heißt, dem dieses wunderschöne Haus gehört mit den Fenstern voll Tulipanen, Sternenblumen und Levkojen?« Der Mann aber, der vermutlich etwas Wichtigeres zu tun hatte und zum Unglück geradesoviel von der deutschen Sprache verstand als der Fragende von der holländischen, nämlich nichts, sagte kurz und schnauzig: »Kannitverstan!« und schnurrte vorüber. Dies war nur ein holländisches Wort, oder drei, wenn mans recht betrachtet, und heißt auf deutsch soviel als: Ich kann Euch nicht verstehn. Aber der gute Fremdling glaubte, es sei der Name des Mannes, nach dem er gefragt hatte. ›Das muß ein grundreicher Mann sein, der Herr Kannitverstan‹, dachte er und ging weiter. Gaß aus, Gaß ein kam er endlich an den Meerbusen, der da heißt: Het Ei, oder auf deutsch: das Ypsilon. Da stand nun Schiff an Schiff und Mastbaum an Mastbaum, und er wußte anfänglich nicht, wie er es mit seinen zwei einzigen Augen durchfechten werde, alle diese Merkwürdigkeiten genug zu sehen und zu betrachten, bis endlich ein großes Schiff seine Aufmerksamkeit an sich zog, das vor kurzem aus Ostindien angelangt war und jetzt eben ausgeladen wurde. Schon standen ganze Reihen von Kisten und Ballen auf- und nebeneinander am Lande. Noch immer wurden mehrere herausgewälzt, und Fässer voll Zucker und Kaffee, voll Reis und Pfeffer und salveni Mausdreck darunter. Als er aber lange zugesehen hatte, fragte er endlich einen, der eben eine Kiste auf der Achsel heraustrug, wie der glückliche Mann heiße, dem das Meer alle diese Waren an das Land bringe. »Kannitverstan!« war die Antwort. Da dachte er: ›Haha, schauts da heraus? Kein Wunder! Wem das Meer solche Reichtümer an das Land schwemmt, der hat gut solche Häuser in die Welt stellen und solcherlei Tulipanen vor die Fenster in vergoldeten Scherben.‹ Jetzt ging er wieder zurück und stellte eine recht traurige Betrachtung bei sich selbst an, was er für ein armer Teufel sei unter so viel reichen Leuten in der Welt. Aber als er eben dachte: ›Wenn ichs doch nur auch einmal so gut bekäme, wie dieser Herr Kannitverstan es hat!‹, kam er um eine Ecke und erblickte einen großen Leichenzug. Vier schwarz vermummte Pferde zogen einen ebenfalls schwarz überzogenen Leichenwagen langsam und traurig, als ob sie wüßten, daß sie einen Toten in seine Ruhe führten. Ein langer Zug von Freunden und Bekannten des Verstorbenen folgte nach, Paar und Paar, verhüllt in schwarze Mäntel und stumm. In der Ferne läutete ein einsames Glöcklein. Jetzt ergriff unsern Fremdling ein wehmütiges Gefühl, das an keinem guten Menschen vorübergeht, wenn er eine Leiche sieht, und blieb mit dem Hut in den Händen andächtig stehen, bis alles vorüber war. Doch machte er sich an den letzten vom Zug, der eben in der Stille ausrechnete, was er an seiner Baumwolle gewinnen könnte, wenn der Zentner um zehn Gulden aufschlüge, ergriff ihn sachte am Mantel und bat ihn treuherzig um Exküse. »Das muß wohl auch ein guter Freund von Euch gewesen sein«, sagte er, »dem das Glöcklein läutet, daß Ihr so betrübt und nachdenklich mitgeht?« – »Kannitverstan!« war die Antwort. Da fielen unserm guten Tuttlinger ein paar große Tränen aus den Augen, und es ward ihm auf einmal schwer und wieder leicht ums Herz. »Armer Kannitverstan«, rief er aus, »was hast du nun von allem deinem Reichtum? Was ich einst von meiner Armut auch bekomme: ein Totenkleid und ein Leintuch, und von allen deinen schönen Blumen vielleicht einen Rosmarin auf die kalte Brust oder eine Raute.« Mit diesem Gedanken begleitete er die Leiche, als wenn er dazu gehörte, bis ans Grab, sah den vermeinten Herrn Kannitverstan hinabsenken in seine Ruhestätte und ward von der holländischen Leichenpredigt, von der er kein Wort verstand, mehr gerührt als von mancher deutschen, auf die er nicht achtgab. Endlich ging er leichten Herzens mit den andern wieder fort, verzehrte in einer Herberge, wo man Deutsch verstand, mit gutem Appetit ein Stück Limburger Käse, und wenn es ihm wieder einmal schwerfallen wollte, daß so viele Leute in der Welt so reich seien und er so arm, so dachte er nur an den Herrn Kannitverstan in Amsterdam, an sein großes Haus, an sein reiches Schiff und an sein enges Grab.

Johann Peter Hebel
Unverhofftes Wiedersehen

In Falun in Schweden küßte vor guten fünfzig Jahren und mehr ein junger Bergmann seine junge, hübsche Braut und sagte zu ihr: »Auf Sankt Luciä wird unsere Liebe von des Priesters Hand gesegnet. Dann sind wir Mann und Weib und bauen uns ein eigenes Nestlein.« – »Und Friede und Liebe soll darin wohnen«, sagte die schöne Braut mit holdem Lächeln, »denn du bist mein einziges und alles, und ohne dich möchte ich lieber im Grab sein als an einem andern Ort.« Als sie aber vor Sankt Luciä der Pfarrer zum zweiten Male in der Kirche ausgerufen hatte: »So nun jemand Hindernis wüßte anzuzeigen, warum diese Personen nicht möchten ehelich zusammenkommen«, da meldete sich der Tod. Denn als der Jüngling den andern Morgen in seiner schwarzen Bergmannskleidung an ihrem Haus vorbeiging, der Bergmann hat sein Totenkleid immer an, da klopfte er zwar noch einmal an ihrem Fenster und sagte ihr guten Morgen, aber keinen guten Abend mehr. Er kam nimmer aus dem Bergwerk zurück, und sie saumte vergeblich selbigen Morgen ein schwarzes Halstuch mit rotem Rand für ihn zum Hochzeitstag, sondern als er nimmer kam, legte sie es weg und weinte um ihn und vergaß ihn nie. Unterdessen wurde die Stadt Lissabon in Portugal durch ein Erdbeben zerstört, und der Siebenjährige Krieg ging vorüber, und Kaiser Franz der Erste starb, und der Jesuitenorden wurde aufgehoben und Polen geteilt, und die Kaiserin Maria Theresia starb, und der Struensee wurde hingerichtet, Amerika wurde frei, und die vereinigte französische und spanische Macht konnte Gibraltar nicht erobern. Die Türken schlossen den General Stein in der Veteraner Höhle in Ungarn ein, und der Kaiser Joseph starb auch. Der König Gustav von Schweden eroberte Russisch-Finnland, und die Französische Revolution und der lange Krieg fing an, und der Kaiser Leopold der Zweite ging auch ins Grab. Napoleon eroberte Preußen, und die Engländer bombardierten Kopenhagen, und die Ackerleute säeten und schnitten. Der Müller mahlte, und die Schmiede hämmerten, und die Bergleute gruben nach den Metalladern in ihrer unterirdischen Werkstatt. Als aber die Bergleute in Falun im Jahr 1809 etwas vor oder nach Johannis zwischen zwei Schachten eine Öffnung durchgraben wollten, gute dreihundert Ellen tief unter dem Boden, gruben sie aus dem Schutt und Vitriolwasser den Leichnam eines Jünglings heraus, der ganz mit Eisenvitriol durchdrungen, sonst aber unverwest und unverändert war, also daß man seine Gesichtszüge und sein Alter noch völlig erkennen konnte, als wenn er erst vor einer Stunde gestorben oder ein wenig eingeschlafen wäre an der Arbeit. Als man ihn aber zu Tag ausgefördert hatte, Vater und Mutter, Gefreundte und Bekannte waren schon lange tot, kein Mensch wollte den schlafenden Jüngling kennen oder etwas von seinem Unglück wissen, bis die ehemalige Verlobte des Bergmanns kam, der eines Tages auf die Schicht gegangen war und nimmer zurückkehrte. Grau und zusammengeschrumpft kam sie an einer Krücke an den Platz und erkannte ihren Bräutigam; und mehr mit freudigem Entzücken als mit Schmerz sank sie auf die geliebte Leiche nieder, und erst als sie sich von einer langen heftigen Bewegung des Gemüts erholt hatte, »es ist mein Verlobter«, sagte sie endlich, »um den ich fünfzig Jahre lang getrauert hatte und den mich Gott noch einmal sehen läßt vor meinem Ende. Acht Tage vor der Hochzeit ist er auf die Grube gegangen und nimmer gekommen.« Da wurden die Gemüter aller Umstehenden von Wehmut und Tränen ergriffen, als sie sahen die ehemalige Braut jetzt in der Gestalt des hingewelkten kraftlosen Alters und den Bräutigam noch in seiner jugendlichen Schöne, und wie in ihrer Brust nach fünfzig Jahren die Flamme der jugendlichen Liebe noch einmal erwachte; aber er öffnete den Mund nimmer zum Lächeln oder die Augen zum Wiedererkennen; und wie sie ihn endlich von den Bergleuten in ihr Stübchen tragen ließ, als die einzige, die ihm angehöre und ein Recht an ihn habe, bis sein Grab gerüstet sei auf dem Kirchhof. Den andern Tag, als das Grab gerüstet war auf dem Kirchhof und ihn die Bergleute holten, schloß sie ein Kästlein auf, legte ihm das schwarzseidene Halstuch mit roten Streifen um und begleitete ihn in ihrem Sonntagsgewand, als wenn es ihr Hochzeittag und nicht der Tag seiner Beerdigung wäre. Denn als man ihn auf dem Kirchhof ins Grab legte, sagte sie: »Schlafe nun wohl, noch einen Tag oder zehn im kühlen Hochzeitsbett, und laß dir die Zeit nicht lang werden. Ich habe nur noch wenig zu tun und komme bald, und bald wirds wieder Tag. Was die Erde einmal wiedergegeben hat, wird sie zum zweiten Male auch nicht behalten«, sagte sie, als sie fortging und noch einmal umschaute.

Johann Peter Hebel
Drei Wünsche

Ein junges Ehepaar lebte recht vergnügt und glücklich beisammen und hatte den einzigen Fehler, der in jeder menschlichen Brust daheim ist: wenn mans gut hat, hätt mans gerne besser. Aus diesem Fehler entstehen so viele törichte Wünsche, woran es unserm Hans und seiner Liese auch nicht fehlte. Bald wünschten sie des Schulzen Acker, bald des Löwenwirts Geld, bald des Meyers Haus und Hof und Vieh, bald einmal hunderttausend Millionen bayerische Taler kurzweg. Eines Abends aber, als sie friedlich am Ofen saßen und Nüsse aufklopften und schon ein tiefes Loch in den Stein hineingeklopft hatten, kam durch die Kammertür ein weißes Weiblein herein, nicht mehr als eine Elle lang, aber wunderschön von Gestalt und Angesicht, und die ganze Stube war voll Rosenduft. Das Licht löschte aus, aber ein Schimmer wie Morgenrot, wenn die Sonne nicht mehr fern ist, strahlte von dem Weiblein aus und überzog alle Wände. Über so etwas kann man nun doch ein wenig erschrecken, so schön es aussehen mag. Aber unser gutes Ehepaar erholte sich doch bald wieder, als das Fräulein mit wundersüßer, silberreiner Stimme sprach: »Ich bin eure Freundin, die Bergfei Anna Fritze, die im kristallenen Schloß mitten in den Bergen wohnt, mit unsichtbarer Hand Gold in den Rheinsand streut und über siebenhundert dienstbare Geister gebietet. Drei Wünsche dürft ihr tun; drei Wünsche sollen erfüllt werden.« Hans drückte den Ellenbogen an den Arm seiner Frau, als ob er sagen wollte: ›Das lautet nicht übel.‹ Die Frau aber war schon im Begriff, den Mund zu öffnen und etwas von ein paar Dutzend goldgestickten Kappen, seidenen Halstüchern und dergleichen zur Sprache zu bringen, als die Bergfei sie mit aufgehobenem Zeigefinger warnte: »Acht Tage lang«, sagte sie, »habt ihr Zeit. Bedenkt euch wohl und übereilt euch nicht.« ›Das ist kein Fehler‹, dachte der Mann und legte seiner Frau die Hand auf den Mund. Das Bergfräulein aber verschwand. Die Lampe brannte wie vorher, und statt des Rosendufts zog wieder wie eine Wolke am Himmel der Öldampf durch die Stube.

So glücklich nun unsere guten Leute in der Hoffnung schon zum voraus waren und keinen Stern mehr am Himmel sahen, sondern lauter Baßgeigen, so waren sie jetzt doch recht übel dran, weil sie vor lauter Wunsch nicht wußten, was sie wünschen wollten, und nicht einmal das Herz hatten, recht daran zu denken oder davon zu sprechen, aus Furcht, es möchte für gewünscht passieren, ehe sie es genug überlegt hätten. »Nun«, sagte die Frau, »wir haben ja noch Zeit bis am Freitag.«

Des andern Abends, während die Grundbirn zum Nachtessen in der Pfanne prasselten, standen beide, Mann und Frau, vergnügt an dem Feuer beisammen, sahen zu, wie die kleinen Feuerfünklein an der rußigen Pfanne hin und her züngelten, bald angingen, bald auslöschten, und waren, ohne ein Wort zu reden, vertieft in ihrem künftigen Glück. Als sie aber die gerösteten Grundbirn aus der Pfanne auf das Plättlein anrichteten und ihr der Geruch lieblich in die Nase stieg: – »Wenn wir jetzt nur ein gebratenes Würstlein dazu hätten«, sagte sie in aller Unschuld und ohne an etwas anders zu denken, und – o weh, da war der erste Wunsch getan. – Schnell wie ein Blitz kommt und vergeht, kam es wieder wie Morgenrot und Rosenduft untereinander durch das Kamin herab, und auf den Grundbirn lag die schönste Bratwurst. – Wie gewünscht, so geschehen. – Wer sollte sich über einen solchen Wunsch und seine Erfüllung nicht ärgern? Welcher Mann über solche Unvorsichtigkeit seiner Frau nicht unwillig werden?

»Wenn dir doch nur die Wurst an der Nase angewachsen wäre«, sprach er in der ersten Überraschung, auch in aller Unschuld und ohne an etwas anders zu denken – und wie gewünscht, so geschehen. Kaum war das letzte Wort gesprochen, so saß die Wurst auf der Nase des guten Weibes fest, wie angewachsen in Mutterleib, und hing zu beiden Seiten hinab wie ein Husarenschnauzbart.

Nun war die Not der armen Eheleute erst recht groß. Zwei Wünsche waren getan und vorüber, und noch waren sie um keinen Heller und um kein Weizenkorn, sondern nur um eine böse Bratwurst reicher. Noch war ein Wunsch zwar übrig. Aber was half nun aller Reichtum und alles Glück zu einer solchen Nasenzierat der Hausfrau? Wollten sie wohl oder übel, so mußten sie die Bergfei bitten, mit unsichtbarer Hand Barbiersdienste zu leisten und Frau Liese wieder von der vermaledeiten Wurst zu befreien. Wie gebeten, so geschehen, und so war der dritte Wunsch auch vorüber, und die armen Eheleute sahen einander an, waren der nämliche Hans und die nämliche Liese nachher wie vorher, und die schöne Bergfei kam niemals wieder.

Merke: Wenn dir einmal die Bergfei also kommen sollte, so sei nicht geizig, sondern wünsche

Numero eins: Verstand, daß du wissen mögest, was du

Numero zwei: wünschen sollest, um glücklich zu werden. Und weil es leicht möglich wäre, daß du alsdann etwas wähltest, was ein törichter Mensch nicht hoch anschlägt, so bitte noch

Numero drei: um beständige Zufriedenheit und keine Reue.

Oder so:

Alle Gelegenheit, glücklich zu werden, hilft nichts, wer den Verstand nicht hat, sie zu benutzen.

E. T. A. Hoffmann
Ritter Gluck

Eine Erinnerung aus dem Jahre 1809

Der Spätherbst in Berlin hat gewöhnlich noch einige schöne Tage. Die Sonne tritt freundlich aus dem Gewölk hervor, und schnell verdampft die Nässe in der lauen Luft, welche durch die Straßen weht. Dann sieht man eine lange Reihe, buntgemischt – Elegants, Bürger mit der Hausfrau und den lieben Kleinen in Sonntagskleidern, Geistliche, Jüdinnen, Referendare, Freudenmädchen, Professoren, Putzmacherinnen, Tänzer, Offiziere u. s. w. durch die Linden, nach dem Tiergarten ziehen. Bald sind alle Plätze bei Klaus und Weber besetzt; der Mohrrüben-Kaffee dampft, die Elegants zünden ihre Zigaros an, man spricht, man streitet über Krieg und Frieden, über die Schuhe der Mad. Bethmann, ob sie neulich grau oder grün waren, über den geschlossenen Handelsstaat und böse Groschen u. s. w., bis alles in eine Arie aus Fanchon zerfließt, womit eine verstimmte Harfe, ein paar nicht gestimmte Violinen, eine lungensüchtige Flöte und ein spasmatischer Fagott sich und die Zuhörer quälen. Dicht an dem Geländer, welches den Weberschen Bezirk von der Heerstraße trennt, stehen mehrere kleine runde Tische und Gartenstühle; hier atmet man freie Luft, beobachtet die Kommenden und Gehenden, ist entfernt von dem kakophonischen Getöse jenes vermaledeiten Orchesters: da setze ich mich hin, dem leichten Spiel meiner Fantasie mich überlassend, die mir befreundete Gestalten zuführt, mit denen ich über Wissenschaft, über Kunst, über alles, was dem Menschen am teuersten sein soll, spreche. Immer bunter und bunter wogt die Masse der Spaziergänger bei mir vorüber, aber nichts stört mich, nichts kann meine fantastische Gesellschaft verscheuchen. Nur das verwünschte Trio eines höchst niederträchtigen Walzers reißt mich aus der Traumwelt. Die kreischende Oberstimme der Violine und Flöte, und des Fagotts schnarrenden Grundbaß allein höre ich; sie gehen auf und ab fest aneinander haltend in Oktaven, die das Ohr zerschneiden, und unwillkürlich, wie jemand, den ein brennender Schmerz ergreift, ruf' ich aus:

Welche rasende Musik! die abscheulichen Oktaven! – Neben mir murmelt es:

Verwünschtes Schicksal! schon wieder ein Oktavenjäger!

Ich sehe auf und werde nun erst gewahr, daß, von mir unbemerkt, an demselben Tische ein Mann Platz genommen hat, der seinen Blick starr auf mich richtet, und von dem nun mein Auge nicht wieder los kommen kann.

Nie sah' ich einen Kopf, nie eine Gestalt, die so schnell einen so tiefen Eindruck auf mich gemacht hätten. Eine sanft gebogene Nase schloß sich an eine breite, offene Stirn, mit merklichen Erhöhungen über den buschigen, halbgrauen Augenbrauen, unter denen die Augen mit beinahe wildem, jugendlichem Feuer (der Mann mochte über funfzig sein) hervorblitzten. Das weich geformte Kinn stand in seltsamem Kontrast mit dem geschlossenen Munde, und ein skurriles Lächeln, hervorgebracht durch das sonderbare Muskelspiel in den eingefallenen Wangen, schien sich aufzulehnen gegen den tiefen, melancholischen Ernst, der auf der Stirn ruhte. Nur wenige graue Löckchen lagen hinter den großen, vom Kopfe abstehenden Ohren. Ein sehr weiter, moderner Überrock hüllte die große hagere Gestalt ein. So wie mein Blick auf den Mann traf, schlug er die Augen nieder, und setzte das Geschäft fort, worin ihn mein Ausruf wahrscheinlich unterbrochen hatte. Er schüttete nämlich aus verschiedenen kleinen Düten mit sichtbarem Wohlgefallen Tabak in eine vor ihm stehende große Dose und feuchtete ihn mit rotem Wein aus einer Viertelsflasche an. Die Musik hatte aufgehört; ich fühlte die Notwendigkeit ihn anzureden.

Es ist gut, daß die Musik schweigt, sagte ich; das war ja nicht auszuhalten.

Der Alte warf mir einen flüchtigen Blick zu und schüttete die letzte Düte aus.

Es wäre besser, daß man gar nicht spielte; nahm ich nochmals das Wort. Sind Sie nicht meiner Meinung?

Ich bin gar keiner Meinung, sagte er. Sie sind Musiker und Kenner von Profession ...

Sie irren; beides bin ich nicht. Ich lernte ehemals Klavierspielen und Generalbaß, wie eine Sache, die zur guten Erziehung gehört, und da sagte man mir unter anderm, nichts mache einen widrigern Effekt, als wenn der Baß mit der Oberstimme in Oktaven fortschreite. Ich nahm das damals auf Autorität an und habe es nachher immer bewährt gefunden.

Wirklich? fiel er mir ein, stand auf, und schritt langsam und bedächtig nach den Musikanten hin, indem er öfters, den Blick in die Höhe gerichtet, mit flacher Hand an die Stirn klopfte, wie jemand, der irgend eine Erinnerung wecken will. Ich sah ihn mit den Musikanten sprechen, die er mit einer imponierenden Würde behandelte. Er kehrte zurück, und kaum hatte er sich gesetzt, als man die Ouvertüre der Iphigenia in Aulis zu spielen anfing.

Mit halbgeschlossenen Augen, die verschränkten Arme auf den Tisch gestützt, hörte er das Andante an; den linken Fuß leise bewegend, bezeichnete er das Eintreten der Stimmen: jetzt erhob er den Kopf – schnell warf er den Blick umher – die linke Hand, mit auseinandergespreizten Fingern, ruhte auf dem Tische, als greife er einen Akkord auf dem Flügel, die rechte Hand hob er in die Höhe: es war ein Kapellmeister, der dem Orchester das Eintreten des andern Tempo's angibt – die rechte Hand fällt und das Allegro beginnt! – Eine brennende Röte fliegt über die blassen Wangen; die Augenbrauen fahren zusammen auf der gerunzelten Stirn, eine innere Wut entflammt den wilden Blick mit einem Feuer, das mehr und mehr das Lächeln wegzehrt, das noch um den halbgeöffneten Mund schwebte. Nun lehnt er sich zurück, hinauf ziehn sich die Augenbrauen, das Muskelspiel auf den Wangen kehrt wieder, die Augen erglänzen, ein tiefer, innerer Schmerz löst sich auf in Wollust, die alle Fibern ergreift und krampfhaft erschüttert – tief aus der Brust zieht er den Atem, Tropfen stehen auf der Stirn; er deutet das Eintreten des Tutti und andere Hauptstellen an; seine rechte Hand verläßt den Takt nicht, mit der linken holt er sein Tuch hervor und fährt damit über das Gesicht. So belebte er das Skelett, welches jene paar Violinen von der Ouvertüre gaben, mit Fleisch und Farben. Ich hörte die sanfte, schmelzende Klage, womit die Flöte emporsteigt, wenn der Sturm der Violinen und Bässe ausgetobt hat und der Donner der Pauken schweigt; ich hörte die leise anschlagenden Töne der Violoncelle, des Fagotts, die das Herz mit unnennbarer Wehmut erfüllen: das Tutti kehrt wieder, wie ein Riese hehr und groß schreitet das Unisono fort, die dumpfe Klage erstirbt unter seinen zermalmenden Tritten –

Die Ouvertüre war geendigt; der Mann ließ beide Arme herabsinken und saß mit geschlossenen Augen da, wie jemand, den eine übergroße Anstrengung entkräftet hat. Seine Flasche war leer: ich füllte sein Glas mit Burgunder, den ich unterdessen hatte geben lassen. Er holte einen schweren Seufzer, und schien aus einem tiefen Traume zu erwachen. Ich nötigte ihn zum Trinken; er tat es ohne Umstände, und indem er das volle Glas mit einem Zuge hinunterstürzte, rief er aus: Ich bin mit der Aufführung zufrieden! das Orchester hielt sich brav!

Und doch, nahm ich das Wort – doch wurden nur schwache Umrisse eines mit lebendigen Farben ausgeführten Meisterwerks gegeben.

Urteile ich richtig? – Sie sind kein Berliner!

Ganz richtig; nur abwechselnd halte ich mich hier auf.

Der Burgunder ist gut: aber es wird kalt.

So lassen Sie uns ins Zimmer gehen und dort die Flasche leeren.

Ein guter Vorschlag – Ich kenne Sie nicht: dafür kennen Sie mich aber auch nicht. Wir wollen uns unsere Namen nicht abfragen: Namen sind zuweilen lästig. Ich trinke Burgunder, er kostet mich nichts, wir befinden uns wohl bei einander, und damit gut!

Er sagte dies alles in gutmütigem Humor. Wir waren ins Zimmer getreten; als er sich setzte, schlug er den Überrock auseinander und ich bemerkte mit Verwunderung, daß er unter demselben eine gestickte Weste mit langen Schößen, schwarz samtne Beinkleider und einen ganz kleinen, silbernen Degen trug. Er knöpfte den Rock sorgfältig wieder zu.

Warum fragen Sie mich, ob ich ein Berliner sei? begann ich.

Weil ich in diesem Fall genötigt gewesen wäre, Sie zu verlassen.

Das klingt rätselhaft.

Nicht im mindesten, so bald ich Ihnen sage, daß ich – nun, daß ich ein Komponist bin.

Noch immer errate ich Sie nicht.

So verzeihen Sie meinen Ausruf vorhin: denn ich sehe, Sie verstehen sich ganz und gar nicht auf Berlin und auf Berliner.

Er stand auf und ging einigemal heftig auf und ab; dann trat er ans Fenster und sang kaum vernehmlich den Chor der Priesterinnen aus der Iphigenia in Tauris, indem er dann und wann bei dem Eintreten der Tutti an die Fensterscheiben klopfte. Mit Verwundern bemerkte ich, daß er gewisse andere Wendungen der Melodien nahm, die durch Kraft und Neuheit frappierten. Ich ließ ihn gewähren. Er hatte geendigt und kehrte zurück zu seinem Sitz. Ganz ergriffen von des Mannes sonderbarem Benehmen und den fantastischen Äußerungen eines seltenen musikalischen Talents, schwieg ich. Nach einer Weile fing er an:

Haben Sie nie komponiert?

Ja; ich habe mich in der Kunst versucht: nur fand ich alles, was ich, wie mich dünkte, in Augenblicken der Begeisterung geschrieben hatte, nachher matt und langweilig; da ließ ich's denn bleiben.

Sie haben Unrecht getan; denn schon, daß Sie eigne Versuche verwarfen, ist kein übles Zeichen Ihres Talents. Man lernt Musik als Knabe, weil's Papa und Mama so haben wollen; nun wird darauf los geklimpert und gegeigt: aber unvermerkt wird der Sinn empfänglicher für Melodie. Vielleicht war das halb vergessene Thema eines Liedchens, welches man nun anders sang, der erste eigne Gedanke, und dieser Embryo, mühsam genährt von fremden Kräften, genas zum Riesen, der Alles um sich her aufzehrte und in sein Mark und Blut verwandelte! – Ha, wie ist es möglich, die tausenderlei Arten, wie man zum Komponieren kommt, auch nur anzudeuten! – Es ist eine breite Heerstraße, da tummeln sich alle herum, und jauchzen und schreien: wir sind Geweihte! wir sind am Ziel! – Durchs elfenbeinerne Tor kommt man ins Reich der Träume: wenige sehen das Tor einmal, noch wenigere gehen durch! – Abenteuerlich sieht es hier aus. Tolle Gestalten schweben hin und her, aber sie haben Charakter – eine mehr wie die andere. Sie lassen sich auf der Heerstraße nicht sehen: nur hinter dem elfenbeinernen Tor sind sie zu finden. Es ist schwer, aus diesem Reiche zu kommen; wie vor Alzinens Burg versperren die Ungeheuer den Weg – es wirbelt – es dreht sich – viele verträumen den Traum im Reiche der Träume – sie zerfließen im Traum – sie werfen keinen Schatten mehr, sonst würden sie am Schatten gewahr werden den Strahl, der durch dies Reich fährt: aber nur wenige, erweckt aus dem Traume, steigen empor und schreiten durch das Reich der Träume – sie kommen zur Wahrheit – der höchste Moment ist da: die Berührung mit dem Ewigen, Unaussprechlichen! – Schaut die Sonne an; sie ist der Dreiklang, aus dem die Akkorde, Sternen gleich, herabschießen und euch mit Feuerfaden umspinnen – Verpuppt im Feuer liegt ihr da, bis sich Psyche emporschwingt in die Sonne. –

Bei den letzten Worten war er aufgesprungen, warf den Blick, warf die Hand in die Höhe. Dann setzte er sich wieder und leerte schnell das ihm eingeschenkte Glas. Es entstand eine Stille, die ich nicht unterbrechen mochte, um den außerordentlichen Mann nicht aus dem Geleise zu bringen. Endlich fuhr er beruhigter fort:

Als ich im Reich der Träume war, folterten mich tausend Schmerzen und Ängste! Nacht war's und mich schreckten die grinsenden Larven der Ungeheuer, welche auf mich einstürmten und mich bald in den Abgrund des Meeres versenkten, bald hoch in die Lüfte emporhoben. Da fuhren Lichtstrahlen durch die Nacht, und die Lichtstrahlen waren Töne, welche mich umfingen mit lieblicher Klarheit – Ich erwachte von meinen Schmerzen und sah ein großes, helles Auge, das blickte in eine Orgel, und wie es blickte, gingen Töne hervor, und schimmerten und umschlangen sich in herrlichen Akkorden, wie ich sie nie gedacht hatte. Melodien strömten auf und nieder, und ich schwamm in diesem Strom und wollte untergehen: da blickte das Auge mich an und hielt mich empor über den brausenden Wellen – Nacht wurde es wieder, da traten zwei Kolossen in glänzenden Harnischen auf mich zu: Grundton und Quinte! sie rissen mich empor, aber das Auge lächelte: Ich weiß, was deine Brust mit Sehnsucht erfüllt; der sanfte, weiche Jüngling, Terz, wird unter die Kolossen treten; du wirst seine süße Stimme hören, mich wieder sehen, und meine Melodien werden dein sein. –

Er hielt inne.

Und Sie sahen das Auge wieder?

Ja, ich sah' es wieder! – Jahre lang seufzt' ich im Reich der Träume – da – ja da! – Ich saß in einem herrlichen Tal, und hörte zu, wie die Blumen mit einander sangen. Nur eine Sonnenblume schwieg und neigte traurig den geschlossenen Kelch zur Erde. Unsichtbare Bande zogen mich hin zu ihr – sie hob ihr Haupt – der Kelch schloß sich auf, und aus ihm strahlte mir das Auge entgegen. Nun zogen die Töne, wie Lichtstrahlen, aus meinem Haupte zu den Blumen, die begierig sie einsogen. Größer und größer wurden der Sonnenblume Blätter – Gluten strömten aus ihnen hervor – sie umflossen mich – das Auge war verschwunden und ich im Kelche. –

Bei den letzten Worten sprang er auf und eilte mit raschen, jugendlichen Schritten zum Zimmer hinaus. Vergebens wartete ich auf seine Zurückkunft: ich beschloß daher nach der Stadt zu gehen.

Schon war ich in der Nähe des Brandenburger Tores, als ich in der Dunkelheit eine lange Figur hinschreiten sah und alsbald meinen Sonderling wiedererkannte. Ich redete ihn an:

Warum haben Sie mich so schnell verlassen?

Es wurde zu heiß, und der Euphon fing an zu klingen.

Ich verstehe Sie nicht!

Desto besser.

Desto schlimmer, denn ich möchte Sie gern ganz verstehen.

Hören Sie denn nichts?

Nein.

– Es ist vorüber! – Lassen Sie uns gehen. Ich liebe sonst nicht eben die Gesellschaft; aber – Sie komponieren nicht – Sie sind kein Berliner –

Ich kann nicht ergründen, was Sie so gegen die Berliner einnimmt? Hier, wo die Kunst geachtet und in hohem Maße ausgeübt wird, sollt' ich meinen, müßte einem Manne von Ihrem künstlerischen Geiste wohl sein!

Sie irren! – Zu meiner Qual bin ich verdammt, hier, wie ein abgeschiedener Geist, im öden Raume umher zu irren.

Im öden Raume, hier, in Berlin?

Ja, öde, ists um mich her, denn kein verwandter Geist tritt auf mich zu. Ich stehe allein.

Aber die Künstler! die Komponisten!

Weg damit! Sie kritteln und kritteln – verfeinern alles bis zur feinsten Meßlichkeit; wühlen alles durch, um nur einen armseligen Gedanken zu finden; über dem Schwatzen von Kunst, von Kunstsinn, und was weiß ich – können sie nicht zum Schaffen kommen, und wird ihnen einmal so zu Mute, als wenn sie ein paar Gedanken ans Tageslicht befördern müßten: so zeigt die furchtbare Kälte ihre weite Entfernung von der Sonne – es ist Lappländische Arbeit.

Ihr Urteil scheint mir viel zu hart. Wenigstens müssen Sie die herrlichen Aufführungen im Theater befriedigen.

Ich hatte es über mich gewonnen, einmal wieder ins Theater zu gehen, um meines jungen Freundes Oper zu hören – wie heißt sie gleich? – Ha, die ganze Welt ist in dieser Oper! durch das bunte Gewühl geputzter Menschen ziehen die Geister des Orkus – Alles hat hier Stimme und allmächtigen Klang – Teufel, ich meine ja Don Juan! – Aber nicht die Ouvertüre, welche Prestissimo, ohne Sinn und Verstand abgesprudelt wurde, konnt' ich überstehen; und ich hatte mich bereitet dazu durch Fasten und Gebet, weil ich weiß, daß der Euphon von diesen Massen viel zu sehr bewegt wird und unrein anspricht!

Wenn ich auch eingestehen muß, daß Mozarts Meisterwerke größtenteils auf eine kaum erklärliche Weise hier vernachlässigt werden, so erfreuen sich doch Glucks Werke gewiß einer würdigen Darstellung.

Meinen Sie? – Ich wollte einmal Iphigenia in Tauris hören. Als ich ins Theater trete, höre ich, daß man die Ouvertüre der Iphigenia in Aulis spielt. Hm – denke ich, ein Irrtum; man gibt *diese* Iphigenia! Ich erstaune, als nun das Andante eintritt, womit die Iphigenia in Tauris anfängt, und der Sturm folgt. Zwanzig Jahre liegen dazwischen! Die ganze Wirkung, die ganze wohlberechnete Exposition des Trauerspiels geht verloren. Ein stilles Meer – ein Sturm – die Griechen werden ans Land geworfen, die Oper ist da! – Wie? hat der Komponist die Ouvertüre ins Gelag hineingeschrieben, daß man sie, wie ein Trompeterstückchen, abblasen kann wie und wo man will?

Ich gestehe den Mißgriff ein. Indessen, man tut doch alles, um Glucks Werke zu heben.

Ei ja! sagte er kurz, und lächelte dann bitter und immer bittrer. Plötzlich fuhr er auf und nichts vermochte ihn aufzuhalten. Er war im Augenblicke wie verschwunden, und mehrere Tage hinter einander suchte ich ihn im Tiergarten vergebens. –

Einige Monate waren vergangen, als ich an einem kalten regnichten Abende mich in einem entfernten Teile der Stadt verspätet hatte und nun nach meiner Wohnung in der Friedrichsstraße eilte. Ich mußte bei dem Theater vorbei; die rauschende Musik, Trompeten und Pauken, erinnerten mich, daß gerade Glucks Armida gegeben wurde, und ich war im Begriff hineinzugehen, als ein sonderbares Selbstgespräch, dicht an den Fenstern, wo man fast jeden Ton des Orchesters hört, meine Aufmerksamkeit erregte.

»Jetzt kömmt der König – sie spielen den Marsch – o paukt, paukt nur zu! – 's ist recht munter! ja ja, sie müssen ihn heute eilfmal machen – der Zug hat sonst nicht Zug genug – Ha ha – maestoso – schleppt euch, Kinderchen – Sieh, da bleibt ein Figurant mit der Schuhschleife hängen – Richtig, zum zwölften mal! und immer auf die Dominante hinausgeschlagen – O ihr ewigen Mächte, das endet nimmer! Jetzt macht er sein Kompliment – Armida dankt ergebenst – Noch einmal? – Richtig, es fehlen noch zwei Soldaten! Jetzt wird ins Rezitativ hinein gepoltert – Welcher böse Geist hat mich hier festgebannt?«

Der Bann ist gelöst, rief ich. Kommen Sie!

Ich faßte meinen Sonderling aus dem Tiergarten – denn Niemand anders war der Selbstredner – rasch beim Arm und zog ihn mit mir fort. Er schien überrascht und folgte mir schweigend. Schon waren wir in der Friedrichsstraße, als er plötzlich still stand.

Ich kenne Sie, – sagte er. Sie waren im Tiergarten – wir sprachen viel – ich habe Wein getrunken – habe mich erhitzt – nachher klang der Euphon zwei Tage hindurch – ich habe viel ausgestanden – es ist vorüber!

Ich freue mich, daß der Zufall Sie mir wieder zugeführt hat. Lassen Sie uns näher mit einander bekannt werden. Nicht weit von hier wohne ich; wie wär' es ...

Ich kann und darf zu Niemand gehen.

Nein, Sie entkommen mir nicht; ich gehe mit Ihnen.

So werden Sie noch ein paar hundert Schritte mit mir laufen müssen. Aber Sie wollten ja in's Theater?

Ich wollte Armida hören, aber nun –

Sie sollen *jetzt* Armida hören! kommen Sie! –

Schweigend gingen wir die Friedrichsstraße hinauf: rasch bog er in eine Querstraße ein, und kaum vermochte ich ihm zu folgen, so schnell lief er die Straße hinab, bis er endlich vor einem unansehnlichen Hause still stand. Ziemlich lange hatte er gepocht, als man endlich öffnete. Im Finstern tappend erreichten wir die Treppe und ein Zimmer im obern Stock, dessen Türe mein Führer sorgfältig verschloß. Ich hörte noch eine Türe öffnen; bald darauf trat er mit einem angezündeten Lichte hinein und der Anblick des sonderbar ausstaffierten Zimmers überraschte mich nicht wenig. Altmodisch reich verzierte Stühle, eine Wanduhr mit vergoldetem Gehäuse, und ein breiter, schwerfälliger Spiegel gaben dem Ganzen das düstere Ansehn verjährter Pracht. In der Mitte stand ein kleines Klavier, auf demselben ein großes Dintenfaß von Porzellan, und daneben lagen einige Bogen rastriertes Papier. Ein schärferer Blick auf diese Vorrichtung zum Komponieren überzeugte mich jedoch, daß seit langer Zeit nichts geschrieben sein mußte; denn ganz vergelbt war das Papier und dickes Spinnengewebe überzog das Dintenfaß. Der Mann trat vor einen Schrank in der Ecke des

Zimmers, den ich noch nicht bemerkt hatte, und als er den Vorhang wegzog, wurde ich eine Reihe schön gebundener Bücher gewahr mit goldnen Aufschriften: Orfeo, Armida, Alceste, Iphigenia u.s.w., kurz, Glucks Meisterwerke sah ich beisammen stehen.

Sie besitzen Glucks sämtliche Werke? rief ich.

Er antwortete nicht, aber zum krampfhaften Lächeln verzog sich der Mund, und das Muskelspiel in den eingefallenen Backen verzerrte im Augenblick das Gesicht zur schauerlichen Maske. Starr den düstern Blick auf mich gerichtet, ergriff er eins der Bücher – es war Armida – und schritt feierlich zum Klavier hin. Ich öffnete es schnell und stellte den zusammengelegten Pult auf; er schien das gern zu sehen. Er schlug das Buch auf, und – wer schildert mein Erstaunen! ich erblickte rastrierte Blätter, aber mit keiner Note beschrieben.

Er begann: Jetzt werde ich die Ouvertüre spielen! Wenden Sie die Blätter um, und zur rechten Zeit! – Ich versprach das, und nun spielte er herrlich und meisterhaft, mit vollgriffigen Akkorden, das majestätische Tempo di Marcia, womit die Ouvertüre anhebt, fast ganz dem Original getreu: aber das Allegro war nur mit Glucks Hauptgedanken durchflochten. Er brachte so viele neue geniale Wendungen hinein, daß mein Erstaunen immer wuchs. Vorzüglich waren seine Modulationen frappant, ohne grell zu werden, und er wußte den einfachen Hauptgedanken so viele melodiöse Melismen anzureihen, daß jene immer in neuer, verjüngter Gestalt wiederzukehren schienen. Sein Gesicht glühte; bald zogen sich die Augenbrauen zusammen und ein lang verhaltener Zorn wollte gewaltsam losbrechen, bald schwamm das Auge in Tränen tiefer Wehmut. Zuweilen sang er, wenn beide Hände in künstlichen Melismen arbeiteten, das Thema mit einer angenehmen Tenorstimme; dann wußte er, auf ganz besondere Weise, mit der Stimme den dumpfen Ton der anschlagenden Pauke nachzuahmen. Ich wandte die Blätter fleißig um, indem ich seine Blicke verfolgte. Die Ouvertüre war geendet, und er fiel erschöpft mit geschlossenen Augen in den Lehnstuhl zurück. Bald raffte er sich aber wieder auf und indem er hastig mehrere leere Blätter des Buchs umschlug, sagte er mit dumpfer Stimme:

Alles dieses, mein Herr, habe ich geschrieben, als ich aus dem Reich der Träume kam. Aber ich verriet Unheiligen das Heilige, und eine eiskalte Hand faßte in dies glühende Herz! Es brach nicht; da wurde ich verdammt, zu wandeln unter den Unheiligen, wie ein abgeschiedener Geist – gestaltlos, damit mich Niemand kenne, bis mich die Sonnenblume wieder emporhebt zu dem Ewigen. – Ha – jetzt lassen Sie uns Armidens Szene singen!

Nun sang er die Schlußszene der Armida mit einem Ausdruck, der mein Innerstes durchdrang. Auch hier wich er merklich von dem eigentlichen Original ab: aber seine veränderte Musik war die Glucksche Szene gleichsam in höherer Potenz. Alles, was Haß, Liebe, Verzweiflung, Raserei, in den stärksten Zügen ausdrücken kann, faßte er gewaltig in Töne zusammen. Seine Stimme schien die eines Jünglings, denn von tiefer Dumpfheit schwoll sie empor zur durchdringenden Stärke. Alle meine Fibern zitterten – ich war außer mir. Als er geendet hatte, warf ich mich ihm in die Arme und rief mit gepreßter Stimme: Was ist das? wer sind Sie? –

Er stand auf und maß mich mit ernstem, durchdringendem Blick; doch als ich weiter fragen wollte, war er mit dem Lichte durch die Türe entwichen und hatte mich im Finstern gelassen. Es hatte beinahe eine Viertelstunde gedauert; ich verzweifelte ihn wieder zu sehen, und suchte, durch den Stand des Klaviers orientiert, die Türe zu öffnen, als er plötzlich in einem gestickten Gallakleide, reicher Weste, den Degen an der Seite, mit dem Lichte in der Hand hereintrat.

Ich erstarrte; feierlich kam er auf mich zu, faßte mich sanft bei der Hand und sagte sonderbar lächelnd:

Ich bin der Ritter Gluck!

Heinrich von Kleist
Anekdote aus dem letzten preußischen Kriege

In einem bei Jena liegenden Dorf, erzählte mir, auf einer Reise nach Frankfurt, der Gastwirt, daß sich mehrere Stunden nach der Schlacht, um die Zeit, da das Dorf schon ganz von der Armee des Prinzen von Hohenlohe verlassen und von Franzosen, die es für besetzt gehalten, umringt gewesen wäre, ein einzelner preußischer Reiter darin gezeigt hätte; und versicherte mir, daß wenn alle Soldaten, die an diesem Tage mitgefochten, so tapfer gewesen wären, wie dieser, die Franzosen hätten geschlagen werden müssen, wären sie auch noch dreimal stärker gewesen, als sie in der Tat waren. Dieser Kerl, sprach der Wirt, sprengte, ganz von Staub bedeckt, vor meinen Gasthof, und rief: »Herr Wirt!« und da ich frage: was gibt's? »ein Glas Branntewein!« antwortet er, indem er sein Schwert in die Scheide wirft: »mich dürstet.« Gott im Himmel! sag' ich: will er machen, Freund, daß er wegkömmt? Die Franzosen sind ja dicht vor dem Dorf! »Ei, was!« spricht er, indem er dem Pferde den Zügel über den Hals legt. »Ich habe den ganzen Tag nichts genossen!« Nun er ist, glaub' ich, vom Satan besessen –! He! Liese! rief ich, und schaff' ihm eine Flasche Danziger herbei, und sage: da! und will ihm die ganze Flasche in die Hand drücken, damit er nur reite. »Ach, was!« spricht er, indem er die Flasche wegstößt, und sich den Hut abnimmt: »wo soll ich mit dem Quark hin?« Und: »schenk' er ein!« spricht er, indem er sich den Schweiß von der Stirn abtrocknet: »denn ich habe keine Zeit!« Nun er ist ein Kind des Todes, sag' ich. Da! sag' ich, und schenk' ihm ein; da! trink' er und reit' er! Wohl mag's ihm bekommen: »Noch Eins!« spricht der Kerl, während die Schüsse schon von allen Seiten ins Dorf prasseln. Ich sage: noch Eins? Plagt ihn –! »Noch Eins!« spricht er, und streckt mir das Glas hin – »Und gut gemessen«, spricht er, und indem er sich den Bart wischt, und sich vom Pferde herab schneuzt: »denn es wird bar bezahlt!« Ei, mein Seel, so wollt ich doch, daß ihn –! Da! sag' ich, und schenk' ihm noch, wie er verlangt, ein Zweites, und schenk' ihm, da er getrunken, noch ein Drittes ein, und frage: ist er nun zufrieden? »Ach!« – schüttelt sich der Kerl. »Der Schnaps ist gut! – Na!« spricht er, und setzt sich den Hut auf: »was bin ich schuldig?« Nichts! nichts! versetz' ich. Pack' er sich, ins Teufelsnamen; die Franzosen ziehen augenblicklich ins Dorf! »Na!« sagt er, indem er in seinen Stiefel greift: »so solls ihm Gott lohnen«, und holt, aus dem Stiefel, einen Pfeifenstummel hervor, und spricht, nachdem er den Kopf ausgeblasen: »schaff' er mir Feuer!« Feuer? sag ich: plagt ihn –? »Feuer, ja!« spricht er: »denn ich will mir eine Pfeife Tabak anmachen.« Ei, den Kerl reiten Legionen – ! He, Liese, ruf ich das Mädchen! und während der Kerl sich die Pfeife stopft, schafft das Mensch ihm Feuer. »Na!« sagt der Kerl, die Pfeife, die er sich angeschmaucht, im Maul: »nun sollen doch die Franzosen die Schwerenot kriegen!« Und damit, indem er sich den Hut in die Augen drückt, und zum Zügel greift, wendet er das Pferd und zieht von Leder. Ein Mordkerl! sag' ich; ein verfluchter, verwetterter Galgenstrick! Will er sich ins Henkers Namen scheren, wo er hingehört? Drei Chasseurs – sieht er nicht? halten ja schon vor dem Tor? »Ei was!« spricht er, indem er ausspuckt; und faßt die drei Kerls blitzend ins Auge. »Wenn ihrer zehen wären, ich fürcht mich nicht.« Und in dem Augenblick reiten auch die drei Franzosen schon ins Dorf. »Bassa Manelka!« ruft der Kerl, und gibt seinem Pferde die Sporen und sprengt auf sie ein; sprengt, so wahr Gott lebt, auf sie ein, und greift sie, als ob er das ganze Hohenlohische Korps hinter sich hätte, an; dergestalt, daß, da die Chasseurs, ungewiß, ob nicht noch mehr Deutsche im Dorf sein mögen, einen Augenblick, wider ihre Gewohnheit, stutzen, er, mein Seel', ehe man noch eine Hand umkehrt, alle drei vom Sattel haut, die Pferde, die auf dem Platz herumlaufen, aufgreift, damit bei mir vorbeisprengt, und: »Bassa Teremtetem!« ruft, und: »Sieht er wohl, Herr Wirt?« und »Adies!« und »auf Wiedersehn!« und: »hoho! hoho! hoho!« – – So einen Kerl, sprach der Wirt, habe ich Zeit meines Lebens nicht gesehen.

Jacob und Wilhelm Grimm
Hänsel und Gretel

Vor einem großen Walde wohnte ein armer Holzhacker, der hatte nichts zu beißen und zu brechen, und kaum das tägliche Brot für seine Frau und seine zwei Kinder, Hänsel und Gretel. Endlich kam die Zeit da konnte er auch das nicht schaffen, und wußte keine Hülfe mehr für seine Not. Wie er sich nun Abends vor Sorge im Bett herumwälzte, sprach seine Frau zu ihm »hör, Mann, morgen früh nimm die beiden Kinder, gib jedem noch ein Stückchen Brot, dann führe sie hinaus in den Wald, mitten inne, wo er am dicksten ist, da mach ihnen ein Feuer an, und dann geh weg, und laß sie dort allein: wir können sie nicht länger ernähren«. »Nein, Frau«, sagte der Mann, »wie soll ich übers Herz bringen, meine eigenen lieben Kinder den wilden Tieren im Wald zu überliefern, die würden sie bald zerrissen haben.« »Wenn du das nicht tust«, sprach die Frau, »so müssen wir alle miteinander Hungers sterben«, und ließ ihm keine Ruhe, bis er einwilligte.

Die zwei Kinder waren auch noch vor Hunger wach gewesen, und hatten mit angehört was die Mutter zum Vater gesagt hatte. Gretel dachte »nun ist es um mich geschehen«, und fing erbärmlich an zu weinen, Hänsel aber sprach »sei still, Gretel, und gräme dich nicht, ich will uns schon helfen«. Damit stieg er auf, zog sein Röcklein an, machte die Untertüre auf, und schlich hinaus. Da schien der Mond hell, und die weißen Kieselsteine glänzten wie lauter Batzen. Hänsel bückte sich, und steckte so viel in sein Rocktäschlein als nur hinein wollten, dann ging er zurück ins Haus. »Tröste dich, Gretel, und schlaf nur ruhig«, sprach er, legte sich wieder ins Bett und schlief ein.

Morgens früh, ehe die Sonne noch aufgegangen war, kam die Mutter und weckte die beiden Kinder »steht auf, wir wollen in den Wald gehen. Da hat jedes von euch ein Stücklein Brot, aber haltets zu Rat, und hebts euch für den Mittag auf«. Gretel nahm das Brot unter die Schürze, weil Hänsel die Steine in der Tasche hatte, dann machten sie sich auf den Weg zum Wald hinein. Wie sie ein Weilchen gegangen waren, stand Hänsel still, und guckte nach dem Haus zurück, bald darauf wieder und immer wieder. Der Vater sprach »Hänsel, was guckst du da und bleibst zurück, hab acht und heb deine Beine auf«. »Ach, Vater, ich seh nach meinem weißen Kätzchen, das sitzt oben auf dem Dach und will mir Ade sagen.« Die Mutter sprach »Narr, das ist dein Kätzchen nicht, das ist die Morgensonne, die auf den Schornstein scheint«. Hänsel aber hatte nicht nach dem Kätzchen gesehen, sondern immer einen von den blanken Kieselsteinen aus seiner Tasche auf den Weg geworfen.

Wie sie mitten in den Wald gekommen waren, sprach der Vater »nun sammelt Holz, ihr Kinder, ich will ein Feuer anmachen, daß wir nicht frieren«. Hänsel und Gretel trugen Reisig zusammen, einen kleinen Berg hoch. Da steckten sie es an, und wie die Flamme recht groß brannte, sagte die Mutter »nun legt euch ans Feuer und schlaft, wir wollen in dem Wald das Holz fällen: wartet bis wir wieder kommen, und euch abholen«.

Hänsel und Gretel saßen an dem Feuer bis zu Mittag, da aß jedes sein Stücklein Brot; sie glaubten, der Vater wäre noch im Wald, weil sie die Schläge einer Axt hörten, aber das war ein Ast, den er an einen Baum gebunden hatte, und den der Wind hin und her schlug. Nun warteten sie bis zum Abend, aber Vater und Mutter blieben aus, und niemand wollte kommen und sie abholen. Wie es nun finstere Nacht wurde, fing Gretel an zu weinen, Hänsel aber sprach »wart nur ein Weilchen, bis der Mond aufgegangen ist«. Und als der Mond aufgegangen war, faßte er Gretel bei der Hand, da lagen die Kieselsteine, und schimmerten wie neugeschlagene Batzen, und zeigten ihnen den Weg. Da gingen sie die ganze Nacht durch, und wie es Morgen war, kamen sie wieder bei ihres Vaters Haus an. Der Vater freute sich als er seine Kinder wieder sah, denn es war ihm zu Herzen gegangen, wie er sie so allein gelassen hatte; die Mutter stellte sich auch als wenn sie sich freute, heimlich aber war sie bös.

Nicht lange darnach war wieder kein Brot im Hause, und Hänsel und Gretel hörten wie Abends die Mutter zum Vater sagte »einmal haben die Kinder den Weg zurückgefunden, und da habe ichs gut sein lassen: aber jetzt ist wieder nichts als nur noch ein halber Laib Brot im Haus, du mußt sie morgen tiefer in den Wald führen, daß sie den Weg nicht zurück finden, es ist sonst keine Hülfe mehr für uns«. Dem Mann fiels schwer aufs Herz, und er dachte »es wäre doch besser wenn du den letzten Bissen mit deinen Kindern teiltest«; weil er aber einmal eingewilligt hatte, so durfte er nicht nein sagen. Als die Kinder das Gespräch gehört hatten, stand Hänsel auf, und wollte wieder Kieselsteine auflesen, wie er aber an die Türe kam, da hatte sie die Mutter zugeschlossen. Doch tröstete er die Gretel, und sprach »schlaf nur, Gretel, der liebe Gott wird uns schon helfen«.

Morgens früh erhielten sie ihr Stücklein Brot, noch kleiner als das vorigemal. Auf dem Wege bröckelte es Hänsel in der Tasche, stand oft still, und warf ein Bröcklein an die Erde. »Was bleibst du immer stehen, Hänsel, und guckst dich um?« sagte der Vater, »geh deiner Wege.« »Ich sehe nach meinem Täubchen, das sitzt auf dem Dach, und will mir Ade sagen.« »Du Narr«, sagte die Mutter, »das ist dein Täubchen nicht, das ist die Morgensonne, die auf den Schornstein oben scheint.« Hänsel aber zerbröckelte all sein Brot, und warf die Bröcklein auf den Weg.

Die Mutter führte sie noch tiefer in den Wald hinein, wo sie ihr Lebtag nicht gewesen waren, da sollten sie wieder bei einem großen Feuer sitzen und schlafen, und Abends wollten die Eltern kommen und sie abholen. Zu Mittag teilte Gretel ihr Brot mit Hänsel, weil der seins all auf den Weg gestreut hatte, aber der Mittag verging, und der Abend verging, und niemand kam zu den armen Kindern. Hänsel tröstete die Gretel und sagte »wart, wenn der Mond aufgeht, dann seh ich die Bröcklein Brot, die ich ausgestreut habe, die zeigen uns den Weg nach Haus«. Der Mond ging auf, wie aber Hänsel nach den Bröcklein sah, da waren sie weg: die viel tausend Vöglein in dem Wald, die hatten sie gefunden und aufgepickt. Hänsel meinte doch den Weg nach Haus zu finden, und zog die Gretel mit sich: aber sie verirrten sich bald in der großen Wildnis, und gingen die Nacht und den ganzen Tag, da schliefen sie vor Müdigkeit ein. Dann gingen sie noch einen Tag, aber sie kamen nicht aus dem Wald heraus, und waren so hungrig, denn sie hatten nichts zu essen, als ein paar kleine Beeren, die auf der Erde standen.

Als sie am dritten Tage wieder bis zu Mittag gegangen waren, da kamen sie an ein Häuslein, das war ganz aus Brot gebaut, und war mit Kuchen gedeckt, und die Fenster waren von hellem Zucker. »Da wollen wir uns niedersetzen, und uns satt essen«, sagte Hänsel, »ich will vom Dach essen, iß du vom Fenster, Gretel, das ist fein süß für dich.« Wie nun Gretel an dem Zucker knuperte, rief drinnen eine feine Stimme

>»knuper, knuper, kneischen,
wer knupert an meinem Häuschen?«

Die Kinder antworteten

>»der Wind, der Wind,
das himmlische Kind«.

Und aßen weiter. Gretel brach sich eine ganze runde Fensterscheibe heraus, und Hänsel riß sich ein großes Stück Kuchen vom Dach ab. Da ging die Türe auf, und eine steinalte Frau kam heraus geschlichen. Hänsel und Gretel erschraken so gewaltig, daß sie fallen ließen was sie in Händen hatten. Die Alte aber wackelte mit dem Kopf, und sagte »ei, ihr lieben Kinder, wo seid ihr denn hergelaufen, kommt herein mit mir, ihr sollts gut haben«, faßte beide an der Hand, und führte sie in ihr Häuschen. Da ward gutes Essen aufgetragen, Milch und Pfannkuchen mit Zucker, Äpfel und Nüsse, und dann wurden zwei schöne Bettlein bereitet: da legten sich Hänsel und Gretel hinein, und meinten sie wären im Himmel.

Die Alte aber war eine böse Hexe, die lauerte den Kindern auf, und hatte bloß um sie zu locken ihr Brothäuslein gebaut, und wenn eins in ihre Gewalt kam, da machte sie es tot, kochte es und aß es, und das war ihr ein Festtag. Da war sie nun recht froh wie

Hänsel und Gretel ihr zugelaufen kamen. Früh, ehe sie noch erwacht waren, stand sie schon auf, ging an ihr Bettlein, und wie sie die zwei so lieblich ruhen sah, freute sie sich, und murmelte »das wird ein guter Bissen für mich sein«. Darauf packte sie Hänsel, und steckte ihn in einen kleinen Stall; wie er nun aufwachte, war er von einem Gitter umschlossen, wie man junge Hühnlein einsperrt, und konnte nur ein paar Schritte gehen. Dann aber rüttelte sie die Gretel aus dem Schlaf, und rief »steh auf, du Faulenzerin, hol Wasser, und geh in die Küche, und koch was Gutes zu essen, dort steckt dein Bruder in einem Stall, den will ich erst fett machen, und wenn er fett ist, dann will ich ihn essen; jetzt sollst du ihn füttern«. Gretel erschrak und weinte, mußte aber tun was die böse Hexe verlangte. Da ward nun alle Tage dem Hänsel das beste Essen gekocht, daß er fett werden sollte: Gretel aber bekam nichts, als die Krebsschalen. Alle Tage kam die Alte und sagte »Hänsel, streck deine Finger heraus, daß ich fühle ob du bald fett genug bist«. Hänsel streckte ihr aber immer statt des Fingers ein Knöchlein heraus: da verwunderte sie sich, daß er so mager blieb, und gar nicht zunehmen wollte.

Nach vier Wochen sagte sie eines Abends zu Gretel »sei flink, geh und trag Wasser herbei, dein Brüderchen mag nun fett sein oder nicht, morgen will ich es schlachten und sieden; ich will derweile den Teig anmachen, daß wir auch dazu backen können«. Da ging Gretel mit traurigem Herzen, und trug das Wasser, worin Hänsel sollte gesotten werden. Früh Morgens mußte Gretel aufstehen, Feuer anzünden, und den Kessel mit Wasser aufhängen. »Gib nun acht«, sagte die Hexe, »ich will Feuer in den Backofen machen, und das Brot hineinschieben.« Gretel stand in der Küche, und weinte blutige Tränen, und dachte »hätten uns lieber die wilden Tiere im Walde gefressen, so wären wir zusammen gestorben, und müßten nun nicht das Herzeleid tragen: und ich müßte nicht selber das Wasser heiß machen zu dem Tode meines lieben Bruders: barmherziger Gott, hilf uns armen Kindern aus der Not«.

Da rief die Alte »Gretel, komm her zu dem Backofen«. Wie Gretel kam, sagte sie »guck hinein ob das Brot schon hübsch braun und gar ist, meine Augen sind schwach, ich kann nicht so weit sehen, und wenn du auch nicht kannst, so setz dich auf das Brett, so will ich dich hineinschieben, da kannst du darin herum gehen und nachsehen«. Sobald aber Gretel darin war, wollte sie zumachen, und Gretel sollte in dem heißen Ofen backen, und dann wollte sie es auch aufessen. Gott gab es aber dem Mädchen in den Sinn, daß es sprach »ich weiß nicht wie ich das anfangen soll, zeige mirs erst, und setz dich auf, ich will dich hineinschieben«. Da setzte sich die Alte auf das Brett, und weil sie leicht war, schob Gretel sie hinein, so weit der Stiel an dem Brett reichte, und dann machte es geschwind die Türe zu, und steckte den eisernen Riegel vor. Nun fing die Alte an in dem heißen Backofen zu schreien und zu jammern; Gretel aber lief fort, und die gottlose Hexe mußte elendiglich verbrennen.

Da lief Gretel zum Hänsel, machte ihm sein Türchen auf, und rief »spring heraus, Hänsel, wir sind erlöst«. Da sprang Hänsel heraus, wie ein eingesperrtes Vöglein aus dem Käfig springt, wenn ihm das Türchen geöffnet wird. Und sie weinten vor Freude, und küßten einander herzlich. Das ganze Häuschen aber war voll von Edelsteinen und Perlen, damit füllten sie ihre Taschen, gingen fort, und suchten den Weg nach Haus. Sie kamen aber vor ein großes Wasser, und konnten nicht hinüber. Da sah das Schwesterchen ein weißes Entchen hin und her schwimmen, dem rief es »ach, liebes Entchen, nimm uns auf deinen Rücken«. Als das Entchen das hörte, kam es geschwommen, und trug Gretel hinüber, und dann holte es auch Hänsel. Darnach fanden sie bald ihre Heimat. Der Vater freute sich herzlich als er sie wieder sah, denn er hatte keinen vergnügten Tag gehabt, seit seine Kinder fort waren. Die Mutter aber war gestorben. Nun brachten die Kinder Reichtümer genug mit, und sie brauchten für Essen und Trinken nicht mehr zu sorgen.

Jacob und Wilhelm Grimm
Die Bremer Stadtmusikanten

Es hatte ein Mann einen Esel, der ihm schon lange Jahre treu gedient hatte, dessen Kräfte aber nun zu Ende gingen, so daß er zur Arbeit immer untauglicher ward. Da wollt ihn der Herr aus dem Futter schaffen, aber der Esel merkte daß kein guter Wind wehte, lief fort, und machte sich auf den Weg nach Bremen, »dort«, dachte er, »kannst du ja Stadtmusikant werden«. Als er ein Weilchen fortgegangen war, fand er einen Jagdhund auf dem Wege liegen, der jappte wie einer, der sich müde gelaufen. »Nun, was jappst du so?« sprach der Esel. »Ach«, sagte der Hund, »weil ich alt bin, und jeden Tag schwächer werde, und auf der Jagd nicht mehr fort kann, hat mich mein Herr wollen totschlagen, da hab ich Reißaus genommen; aber womit soll ich nun mein Brot verdienen?« »Weißt du was«, sprach der Esel, »ich gehe nach Bremen, dort Stadtmusikant zu werden, geh mit und laß dich auch bei der Musik annehmen.« Der Hund wars zufrieden, und sie gingen weiter. Es dauerte nicht lange, so saß da eine Katze an dem Weg, und machte ein Gesicht wie drei Tage Regenwetter. »Nun, was ist dir denn in die Quere gekommen?« sprach der Esel. »Wer kann da lustig sein, wenns einem an den Kragen geht«, antwortete die Katze, »weil ich nun zu Jahren komme, meine Zähne stumpf werden, und ich lieber hinter dem Ofen sitze und spinne, als nach den Mäusen herum jage, hat mich meine Frau ersäufen wollen; ich habe mich zwar noch fortgemacht, aber nun ist guter Rat teuer: wo soll ich hin?« »Geh mit uns nach Bremen, du verstehst dich doch auf die Nachtmusik, da kannst du ein Stadtmusikant werden.« Die Katze wars zufrieden, und ging mit. Darauf kamen die drei Landesflüchtigen an einem Hof vorbei, da saß auf dem Tor der Haushahn, und schrie aus Leibeskräften. »Du schreist einem durch Mark und Bein«, sprach der Esel, »was hast du vor?« »Da hab ich gut Wetter prophezeit«, sprach der Hahn, »weil unserer lieben Frauen Tag ist, wo sie dem Christkindlein die Tücher gewaschen hat, und sie trocknen will: aber weil Morgen zum Sonntag Gäste kommen, so hat die Hausfrau doch kein Erbarmen, und hat der Köchin gesagt sie wollte mich Morgen in der Suppe essen, und da soll ich mir heut Abend den Kopf abschneiden lassen. Nun schrei ich aus vollem Hals, so lang ich noch kann.« »Ei was, du Rotkopf«, sagte der Esel, »zieh lieber mit uns fort nach Bremen, etwas besseres als den Tod findest du überall; du hast eine gute Stimme, und wenn wir zusammen musizieren, so muß es eine Art haben.« Der Hahn ließ sich den Vorschlag gefallen, und sie gingen alle viere zusammen fort.

Sie konnten aber die Stadt Bremen in einem Tag nicht erreichen, und kamen Abends in einen Wald, wo sie übernachten wollten. Der Esel und der Hund legten sich unter einen großen Baum, die Katze und der Hahn machten sich hinauf, der Hahn aber flog bis in die Spitze, wo es am sichersten für ihn war. Ehe er einschlief, sah er sich noch einmal nach allen vier Winden um, da deuchte ihn er sähe in der Ferne ein Fünkchen brennen, und rief seinen Gesellen zu es müßte nicht gar weit ein Haus sein, denn es scheine ein Licht. Sprach der Esel »so müssen wir uns aufmachen und noch hingehen, denn hier ist die Herberge schlecht«; und der Hund sagte »ja ein paar Knochen und etwas Fleisch daran täten mir auch gut«. Nun machten sie sich auf den Weg nach der Gegend, wo das Licht war, und sahen es bald heller schimmern, und es ward immer größer, bis sie vor ein hell erleuchtetes Räuberhaus kamen. Der Esel, als der größte, machte sich ans Fenster, und schaute hinein. »Was siehst du, Grauschimmel?« fragte der Hahn. »Was ich sehe?« antwortete der Esel, »einen gedeckten Tisch mit schönem Essen und Trinken, und Räuber sitzen daran, und lassens sich wohl sein.« »Das wäre was für uns«, sprach der Hahn. »Ja, ja, ach, wären wir da!« sagte der Esel. Da ratschlagten die Tiere wie sie es anfangen müßten, um die Räuber fortzubringen, endlich fanden sie ein Mittel. Der Esel mußte sich mit den Vorderfüßen auf das Fenster stellen, der Hund auf des Esels Rücken, die Katze auf den Hund klettern, und endlich flog der Hahn hinauf, und setzte sich der Katze auf den Kopf. Wie das geschehen war, fingen sie insge-

Die Bremer Stadtmusikanten

samt auf ein Zeichen an ihre Musik zu machen: der Esel schrie, der Hund bellte, die Katze miaute, und der Hahn krähte; dann stürzten sie durch das Fenster in die Stube hinein daß die Scheiben klirrend niederfielen. Die Räuber fuhren bei dem entsetzlichen Geschrei in die Höhe, meinten nicht anders, als ein Gespenst käme herein, und flohen in größter Furcht in den Wald hinaus. Nun setzten sich die vier Gesellen an den Tisch, nahmen mit dem vorlieb, was übrig geblieben war, und aßen als wenn sie vier Wochen hungern sollten.

Wie die vier Spielleute fertig waren, löschten sie das Licht aus, und suchten sich eine Schlafstätte, jeder nach seiner Natur und Bequemlichkeit. Der Esel legte sich auf den Mist, der Hund hinter die Türe, die Katze auf den Herd bei die warme Asche, und der Hahn setzte sich auf den Hahnenbalken: und weil sie müde waren von ihrem langen Weg, schliefen sie auch bald ein. Als Mitternacht vorbei war, und die Räuber von weitem sahen daß kein Licht mehr im Haus war, auch alles ruhig schien, sprach der Hauptmann »wir hätten uns doch nicht sollen ins Bockhorn jagen lassen«, und hieß einen hingehen und das Haus untersuchen. Der Abgeschickte fand alles still, ging in die Küche, wollte ein Licht anzünden, und nahm ein Schwefelhölzchen, und weil er die glühenden, feurigen Augen der Katze für lebendige Kohlen ansah, hielt er es daran, daß es Feuer fangen sollte. Aber die Katze verstand keinen Spaß, sprang ihm ins Gesicht, spie und kratzte. Da erschrak er gewaltig, lief und wollte zur Hintertüre hinaus, aber der Hund, der da lag, sprang auf und biß ihn ins Bein; und als er über den Hof an dem Miste vorbei rennte, gab ihm der Esel noch einen tüchtigen Schlag mit dem Hinterfuß; der Hahn aber, der vom Lärmen aus dem Schlaf geweckt und munter geworden war, rief vom Balken herab »kikeriki!« Da lief der Räuber, was er konnte, zu seinem Hauptmann zurück, und sprach »ach, in dem Haus sitzt eine greuliche Hexe, die hat mich angehaucht, und mit ihren langen Fingern mir das Gesicht zerkratzt: und vor der Türe steht ein Mann mit einem Messer, der hat mich ins Bein gestochen: und auf dem Hof liegt ein schwarzes Ungetüm, das hat mit einer Holzkeule auf mich losgeschlagen: und oben auf dem Dache, da sitzt der Richter, der rief ›bringt mir den Schelm her‹. Da machte ich daß ich fortkam«. Von nun an getrauten sich die Räuber nicht weiter in das Haus, den vier Bremer Musikanten gefiels aber so wohl darin, daß sie nicht wieder heraus wollten. Und der das zuletzt erzählt hat, dem ist der Mund noch warm.

Wilhelm Hauff
Die Geschichte von Kalif Storch

I

Der Kalif Chasid zu Bagdad saß einmal an einem schönen Nachmittag behaglich auf seinem Sofa; er hatte ein wenig geschlafen, denn es war ein heißer Tag, und sah nun nach seinem Schläfchen recht heiter aus. Er rauchte aus einer langen Pfeife von Rosenholz, trank hie und da ein wenig Kaffee, den ihm ein Sklave einschenkte, und strich sich allemal vergnügt den Bart, wenn es ihm geschmeckt hatte. Kurz, man sah dem Kalifen an, daß es ihm recht wohl war. Um diese Stunde konnte man gar gut mit ihm reden; weil er da immer recht mild und leutselig war, deswegen besuchte ihn auch sein Großwesir Mansor alle Tage um diese Zeit. An diesem Nachmittag nun kam er auch, sah aber sehr nachdenklich aus, ganz gegen seine Gewohnheit. Der Kalif tat die Pfeife ein wenig aus dem Mund und sprach: »Warum machst du ein so nachdenkliches Gesicht, Großwesir?«

Der Großwesir schlug seine Arme kreuzweis über die Brust, verneigte sich vor seinem Herrn und antwortete: »Herr, ob ich ein nachdenkliches Gesicht mache, weiß ich nicht; aber da drunten am Schloß steht ein Krämer, der hat so schöne Sachen, daß es mich ärgert, nicht viel überflüssiges Geld zu haben.«

Der Kalif, der seinem Großwesir schon lange gern eine Freude gemacht hätte, schickte seinen schwarzen Sklaven hinunter, um den Krämer heraufzuholen. Bald kam der Sklave mit dem Krämer zurück. Dieser war ein kleiner, dicker Mann, schwarzbraun im Gesicht und in zerlumptem Anzug. Er trug einen Kasten, in welchem er allerhand Waren hatte, Perlen und Ringe, reichbeschlagene Pistolen, Becher und Kämme. Der Kalif und sein Wesir musterten alles durch, und der Kalif kaufte endlich für sich und Mansor schöne Pistolen, für die Frau des Wesirs aber einen Kamm. Als der Krämer seinen Kasten schon wieder zumachen wollte, sah der Kalif eine kleine Schublade und fragte, ob da auch noch Waren seien. Der Krämer zog die Schublade heraus und zeigte darin eine Dose mit schwärzlichem Pulver und ein Papier mit sonderbarer Schrift, die weder der Kalif noch Mansor lesen konnte. »Ich bekam einmal diese zwei Stücke von einem Kaufmann, der sie in Mekka auf der Straße fand«, sagte der Krämer. »Ich weiß nicht, was sie enthalten; Euch stehen sie um geringen Preis zu Dienst, ich kann doch nichts damit anfangen.« Der Kalif, der in seiner Bibliothek gerne alte Manuskripte hatte, wenn er sie auch nicht lesen konnte, kaufte Schrift und Dose und entließ den Krämer. Der Kalif aber dachte, er möchte gerne wissen, was die Schrift enthalte, und fragte den Wesir, ob er keinen kenne, der es entziffern könnte. »Gnädigster Herr und Gebieter«, antwortete dieser, »an der großen Moschee wohnt ein Mann, er heißt Selim der Gelehrte, der versteht alle Sprachen. Laß ihn kommen, vielleicht kennt er diese geheimnisvollen Züge.«

Der gelehrte Selim war bald herbeigeholt. »Selim«, sprach zu ihm der Kalif, »Selim, man sagt, du seiest sehr gelehrt; guck' einmal ein wenig in diese Schrift, ob du sie lesen kannst; kannst du sie lesen, so bekommst du ein neues Festkleid von mir, kannst du es nicht, so bekommst du zwölf Backenstreiche und fünfundzwanzig auf die Fußsohlen, weil man dich dann umsonst Selim den Gelehrten nennt.« Selim verneigte sich und sprach: »Dein Wille geschehe, o Herr!« Lange betrachtete er die Schrift; plötzlich aber rief er aus: »Das ist lateinisch, o Herr, oder ich laß mich hängen.« – »Sag', was drin steht«, befahl der Kalif, »wenn es lateinisch ist.«

Selim fing an zu übersetzen: »Mensch, der du dieses findest, preise Allah für seine Gnade! Wer von dem Pulver in dieser Dose schnupft und dazu spricht: *Mutabor*, der kann sich in jedes Tier verwandeln und versteht auch die Sprache der Tiere. Will er wieder in seine menschliche Gestalt zurückkehren, so neige er sich dreimal gen Osten und spreche jenes Wort. Aber hüte dich, wenn du verwandelt bist, daß du nicht lachest, sonst verschwindet das Zauberwort gänzlich aus deinem Gedächtnis, und du bleibst ein Tier.«

Als Selim der Gelehrte also gelesen hatte, war der Kalif über die Maßen vergnügt. Er ließ den Gelehrten schwören, niemand etwas von dem Geheimnis zu sagen, schenkte ihm ein schönes Kleid und entließ ihn. Zu seinem Großwesir aber sagte er: »Das heiß' ich gut einkaufen, Mansor! Wie freue ich mich, bis ich ein Tier bin. Morgen früh kommst du zu mir; wir gehen dann miteinander aufs Feld, schnupfen etwas Weniges aus meiner Dose und belauschen dann, was in der Luft und im Wasser, im Wald und Feld gesprochen wird!«

II

Kaum hatte am andern Morgen der Kalif Chasid gefrühstückt und sich angekleidet, als schon der Großwesir erschien, ihn, wie er befohlen, auf dem Spaziergang zu begleiten. Der Kalif steckte die Dose mit dem Zauberpulver in den Gürtel, und nachdem er seinem Gefolge befohlen, zurückzubleiben, machte er sich mit dem Großwesir ganz allein auf den Weg. Sie gingen zuerst durch die weiten Gärten des Kalifen, spähten aber vergebens nach etwas Lebendigem, um ihr Kunststück zu probieren. Der Wesir schlug endlich vor, weiter hinaus an einen Teich zu gehen, wo er schon oft viele Tiere, namentlich Störche, gesehen habe, die durch ihr gravitätisches Wesen und ihr Geklapper immer seine Aufmerksamkeit erregt haben.

Der Kalif billigte den Vorschlag seines Wesirs und ging mit ihm dem Teich zu. Als sie dort angekommen waren, sahen sie einen Storchen ernsthaft auf- und abgehen, Frösche suchend und hie und da etwas vor sich hinklappernd. Zugleich sahen sie auch weit oben in der Luft einen andern Storchen dieser Gegend zuschweben.

»Ich wette meinen Bart, gnädigster Herr«, sagte der Großwesir, »wenn nicht diese zwei Langfüßler ein schönes Gespräch miteinander führen werden. Wie wäre es, wenn wir Störche würden?«

»Wohl gesprochen!« antwortete der Kalif. »Aber vorher wollen wir noch einmal betrachten, wie man wieder Mensch wird. – Richtig! Dreimal gen Osten geneigt und *Mutabor* gesagt, so bin ich wieder Kalif und du Wesir. Aber nur ums Himmels willen nicht gelacht, sonst sind wir verloren!«

Während der Kalif also sprach, sah er den andern Storchen über ihrem Haupte schweben und langsam sich zur Erde lassen. Schnell zog er die Dose aus dem Gürtel, nahm eine gute Prise, bot sie dem Großwesir dar, der gleichfalls schnupfte, und beide riefen: *Mutabor!*

Da schrumpften ihre Beine ein und wurden dünn und rot, die schönen gelben Pantoffeln des Kalifen und seines Begleiters wurden unförmliche Storchfüße, die Arme wurden zu Flügeln, der Hals fuhr aus den Achseln und ward eine Elle lang, der Bart war verschwunden, und den Körper bedeckten weiche Federn.

»Ihr habt einen hübschen Schnabel, Herr Großwesir«, sprach nach langem Erstaunen der Kalif. »Beim Bart des Propheten, so etwas habe ich in meinem Leben nicht gesehen.«

»Danke untertänigst«, erwiderte der Großwesir, indem er sich bückte; »aber wenn ich es wagen darf, zu behaupten, Eure Hoheit sehen als Storch beinahe noch hübscher aus denn als Kalif. Aber kommt, wenn es Euch gefällig ist, daß wir unsere Kameraden dort belauschen und erfahren, ob wir wirklich Storchisch können?«

Indem war der andere Storch auf der Erde angekommen. Er putzte sich mit dem Schnabel seine Füße, legte seine Federn zurecht und ging auf den ersten Storchen zu. Die beiden neuen Störche aber beeilten sich, in ihre Nähe zu kommen, und vernahmen zu ihrem Erstaunen folgendes Gespräch:

»Guten Morgen, Frau Langbein, so früh schon auf der Wiese?«

»Schönen Dank, liebe Klapperschnabel! Ich habe mir nur ein kleines Frühstück geholt. Ist Euch vielleicht ein Viertelchen Eidechs gefällig oder ein Froschschenkelein?«

»Danke gehorsamst; habe heute gar keinen Appetit. Ich komme auch wegen etwas ganz anderem auf die Wiese. Ich soll heute vor den Gästen meines Vaters tanzen, und da will ich mich im stillen ein wenig üben.«

Zugleich schritt die junge Störchin in wunderlichen Bewegungen durch das Feld. Der Kalif und Mansor sahen ihr verwundert nach. Als sie aber in malerischer Stellung auf einem Fuß stand und mit den Flügeln anmutig dazu wedelte, da konnten sich die beiden nicht mehr halten; ein unaufhaltsames Gelächter brach aus ihren Schnäbeln hervor, von dem sie sich erst nach langer Zeit erholten. Der Kalif faßte sich zuerst wieder: »Das war einmal ein Spaß«, rief er, »der nicht mit Gold zu bezahlen ist. Schade, daß die dummen Tiere durch unser Gelächter sich haben verscheuchen lassen, sonst hätten sie gewiß auch noch gesungen!«

Aber jetzt fiel es dem Großwesir ein, daß das Lachen während der Verwandlung verboten war. Er teilte seine Angst deswegen dem Kalifen mit. »Potz Mekka und Medina! Das wäre ein schlechter Spaß, wenn ich ein Storch bleiben müßte! Besinne dich doch auf das dumme Wort! Ich bring' es nicht heraus.«

»Dreimal gen Osten müssen wir uns bücken und dazu sprechen: *Mu – Mu – Mu –*«

Sie stellten sich gegen Osten und bückten sich in einem fort, daß ihre Schnäbel beinahe die Erde berührten. Aber, o Jammer! Das Zauberwort war ihnen entfallen, und so oft sich auch der Kalif bückte, so sehnlich auch sein Wesir Mu – Mu dazu rief, jede Erinnerung daran war verschwunden, und der arme Chasid und sein Wesir waren und blieben Störche.

III

Traurig wandelten die Verzauberten durch die Felder; sie wußten gar nicht, was sie in ihrem Elend anfangen sollten. Aus ihrer Storchenhaut konnten sie nicht heraus, in die Stadt zurück konnten sie auch nicht, um sich zu erkennen zu geben; denn wer hätte einem Storchen geglaubt, daß er der Kalif sei? und wenn man es auch geglaubt hätte, würden die Einwohner von Bagdad einen Storchen zum Kalifen gewollt haben?

So schlichen sie mehrere Tage umher und ernährten sich kümmerlich von Feldfrüchten, die sie aber wegen ihrer langen Schnäbel nicht gut verspeisen konnten. Zu Eidechsen und Fröschen hatten sie übrigens keinen Appetit, denn sie befürchteten, mit solchen Leckerbissen sich den Magen zu verderben. Ihr einziges Vergnügen in dieser traurigen Lage war, daß sie fliegen konnten, und so flogen sie oft auf die Dächer von Bagdad, um zu sehen, was darin vorging.

In den ersten Tagen bemerkten sie große Unruhe und Trauer in den Straßen. Aber ungefähr am vierten Tag nach ihrer Verzauberung saßen sie auf dem Palast des Kalifen; da sahen sie unten in der Straße einen prächtigen Aufzug. Trommeln und Pfeifen ertönten, ein Mann in einem goldgestickten Scharlachmantel saß auf einem geschmückten Pferd, umgeben von glänzenden Dienern. Halb Bagdad sprang ihm nach, und alle schrien! »Heil Mizra, dem Herrscher von Bagdad!« Da sahen die beiden Störche auf dem Dache des Palastes einander an, und der Kalif Chasid sprach: »Ahnst du jetzt, warum ich verzaubert bin, Großwesir? Dieser Mizra ist der Sohn meines Todfeindes, des mächtigen Zauberers Kaschnur, der mir in einer bösen Stunde Rache schwur. Aber noch gebe ich die Hoffnung nicht auf. Komm mit mir, du getreuer Gefährte meines Elends, wir wollen zum Grab des Propheten wandern; vielleicht, daß an heiliger Stätte der Zauber gelöst wird.«

Sie erhoben sich vom Dache des Palastes und flogen der Gegend von Medina zu.

Mit dem Fliegen wollte es aber nicht gar gut gehen, denn die beiden Störche hatten noch wenig Übung. »O Herr«, ächzte nach ein paar Stunden der Großwesir, »ich halte es mit Eurer Erlaubnis nicht mehr lange aus; Ihr fliegt gar zu schnell! Auch ist es schon Abend, und wir täten wohl, ein Unterkommen für die Nacht zu suchen.«

Chasid gab der Bitte seines Dieners Gehör; und da er unten im Tale eine Ruine erblickte, die ein Obdach zu gewähren schien, so flogen sie dahin. Der Ort, wo sie sich für diese Nacht niedergelassen hatten, schien ehemals ein Schloß gewesen zu sein. Schöne Säulen ragten unter den Trümmern hervor, mehrere Gemächer, die noch ziemlich erhalten waren, zeugten von der ehemaligen Pracht des Hauses. Chasid und sein Begleiter gingen durch die Gänge

Die Geschichte von Kalif Storch

umher, um sich ein trockenes Plätzchen zu suchen; plötzlich blieb der Storch Mansor stehen. »Herr und Gebieter«, flüsterte er leise, »wenn es nur nicht töricht für einen Großwesir, noch mehr aber für einen Storchen wäre, sich vor Gespenstern zu fürchten! Mir ist ganz unheimlich zu Mut, denn hier neben hat es ganz vernehmlich geseufzt und gestöhnt.« Der Kalif blieb nun auch stehen und hörte ganz deutlich ein leises Weinen, das eher einem Menschen als einem Tiere anzugehören schien. Voll Erwartung wollte er der Gegend zugehen, woher die Klagetöne kamen; der Wesir aber packte ihn mit dem Schnabel am Flügel und bat ihn flehentlich, sich nicht in neue, unbekannte Gefahren zu stürzen. Doch vergebens! Der Kalif, dem auch unter dem Storchenflügel ein tapferes Herz schlug, riß sich mit Verlust einiger Federn los und eilte in einen finstern Gang. Bald war er an einer Türe angelangt, die nur angelehnt schien, und woraus er deutliche Seufzer mit ein wenig Geheul vernahm. Er stieß mit dem Schnabel die Türe auf, blieb aber überrascht auf der Schwelle stehen. In dem verfallenen Gemach, das nur durch ein kleines Gitterfenster spärlich erleuchtet war, sah er eine große Nachteule am Boden sitzen. Dicke Tränen rollten ihr aus den großen, runden Augen, und mit heiserer Stimme stieß sie ihre Klagen zu dem krummen Schnabel heraus. Als sie aber den Kalifen und seinen Wesir, der indes auch herbeigeschlichen war, erblickte, erhob sie ein lautes Freudengeschrei. Zierlich wischte sie mit dem braungefleckten Flügel die Tränen aus dem Auge, und zu dem großen Erstaunen der beiden rief sie in gutem menschlichem Arabisch: »Willkommen, ihr Störche! Ihr seid mir ein gutes Zeichen meiner Errettung, denn durch Störche werde mir ein großes Glück kommen, ist mir einst prophezeit worden!«

Als sich der Kalif von seinem Erstaunen erholt hatte, bückte er sich mit seinem langen Hals, brachte seine dünnen Füße in eine zierliche Stellung und sprach: »Nachteule! Deinen Worten nach darf ich glauben, eine Leidensgefährtin in dir zu sehen. Aber ach! Deine Hoffnung, daß durch uns deine Rettung kommen werde, ist vergeblich. Du wirst unsere Hilflosigkeit selbst erkennen, wenn du unsere Geschichte hörst.« Die Nachteule bat ihn, zu erzählen; der Kalif aber hub an und erzählte, was wir bereits wissen.

IV

Als der Kalif der Eule seine Geschichte vorgetragen hatte, dankte sie ihm und sagte: »Vernimm auch meine Geschichte und höre, wie ich nicht weniger unglücklich bin als du. Mein Vater ist der König von Indien, ich, seine einzige, unglückliche Tochter heiße Lusa. Jener Zauberer Kaschnur, der Euch verzauberte, hat auch mich ins Unglück gestürzt. Er kam eines Tages zu meinem Vater und begehrte mich zur Frau für seinen Sohn Mizra. Mein Vater aber, der ein hitziger Mann ist, ließ ihn die Treppe hinunterwerfen. Der Elende wußte sich unter einer andern Gestalt wieder in meine Nähe zu schleichen, und als ich einst in meinem Garten Erfrischungen zu mir nehmen wollte, brachte er mir, als Sklave verkleidet, einen Trank bei, der mich in diese abscheuliche Gestalt verwandelte. Vor Schrecken ohnmächtig, brachte er mich hieher und rief mir mit schrecklicher Stimme in die Ohren:

›Da sollst du bleiben, häßlich, selbst von den Tieren verachtet, bis an dein Ende, oder bis einer aus freiem Willen dich, selbst in dieser schrecklichen Gestalt, zur Gattin begehrt. So räche ich mich an dir und deinem stolzen Vater.‹

Seitdem sind viele Monate verflossen. Einsam und traurig lebe ich als Einsiedlerin in diesem Gemäuer, verabscheut von der Welt, selbst den Tieren ein Greuel; die schöne Natur ist vor mir verschlossen, denn ich bin blind am Tage, und nur, wenn der Mond sein bleiches Licht über dieses Gemäuer ausgießt, fällt der verhüllende Schleier von meinem Auge.«

Die Eule hatte geendet und wischte sich mit dem Flügel wieder die Augen aus, denn die Erzählung ihrer Leiden hatte ihr Tränen entlockt.

Der Kalif war bei der Erzählung der Prinzessin in tiefes Nachdenken versunken. »Wenn mich nicht alles täuscht«, sprach er, »so findet zwischen unserem Unglück ein geheimer Zusammenhang statt; aber wo finde ich den Schlüssel zu diesem Rätsel?« Die Eule antwortete ihm: »O Herr! auch mir ahnet dies, denn es ist mir einst in meiner frühesten Jugend von einer weisen Frau prophezeit worden, daß ein Storch mir ein großes Glück bringen werde, und ich wüßte vielleicht, wie wir uns retten könnten.« Der Kalif war sehr erstaunt und fragte, auf welchem Wege sie meine. »Der Zauberer, der uns beide unglücklich gemacht hat«, sagte sie, »kommt alle Monate einmal in diese Ruinen. Nicht weit von diesem Gemach ist ein Saal. Dort pflegt er dann mit vielen Genossen zu schmausen. Schon oft habe ich sie dort belauscht. Sie erzählen dann einander ihre schändlichen Werke; vielleicht, daß er dann das Zauberwort, das Ihr vergessen habt, ausspricht.«

»O teuerste Prinzessin«, rief der Kalif, »sag' an, *wann* kommt er, und *wo* ist der Saal?«

Die Eule schwieg einen Augenblick und sprach dann: »Nehmet es nicht ungütig, aber nur unter *einer* Bedingung kann ich Euern Wunsch erfüllen.« – »Sprich aus! Sprich aus!« schrie Chasid. »Befiehl, es ist mir jede recht.«

»Nämlich, ich möchte auch gerne zugleich frei sein; dies kann aber nur geschehen, wenn einer von euch mir seine Hand reicht.«

Die Störche schienen über den Antrag etwas betroffen zu sein, und der Kalif winkte seinem Diener, ein wenig mit ihm hinauszugehen.

»Großwesir«, sprach vor der Türe der Kalif, »das ist ein dummer Handel; aber Ihr könntet sie schon nehmen.«

»So?« antwortete dieser, »daß mir meine Frau, wenn ich nach Haus komme, die Augen auskratzt? Auch bin ich ein alter Mann, und Ihr seid noch jung und unverheiratet und könnet eher einer jungen, schönen Prinzeß die Hand geben.«

»Das ist es eben«, seufzte der Kalif, indem er traurig die Flügel hängen ließ, »wer sagt dir denn, daß sie jung und schön ist? Das heißt eine Katze im Sack kaufen!«

Sie redeten einander gegenseitig noch lange zu; endlich aber, als der Kalif sah, daß sein Wesir lieber Storch bleiben als die Eule heiraten wollte, entschloß er sich, die Bedingung lieber selbst zu erfüllen. Die Eule war hoch erfreut. Sie gestand ihnen, daß sie zu keiner bessern Zeit hätten kommen können, weil wahrscheinlich in dieser Nacht die Zauberer sich versammeln würden.

Sie verließ mit den Störchen das Gemach, um sie in jenen Saal zu führen; sie gingen lange in einem finstern Gang hin; endlich strahlte ihnen aus einer halbverfallenen Mauer ein heller Schein entgegen. Als sie dort angelangt waren, riet ihnen die Eule, sich ganz ruhig zu verhalten. Sie konnten von der Lücke, an welcher sie standen, einen großen Saal übersehen. Er war ringsum mit Säulen geschmückt und prachtvoll verziert. Viele farbige Lampen ersetzten das Licht des Tages. In der Mitte des Saales stand ein runder Tisch, mit vielen und ausgesuchten Speisen besetzt. Rings um den Tisch zog sich ein Sofa, auf welchem acht Männer saßen. In einem dieser Männer erkannten die Störche jenen Krämer wieder, der ihnen das Zauberpulver verkauft hatte. Sein Nebensitzer forderte ihn auf, ihnen seine neuesten Taten zu erzählen. Er erzählte unter andern auch die Geschichte des Kalifen und seines Wesirs.

»Was für ein Wort hast du ihnen denn aufgegeben?« fragte ihn ein anderer Zauberer. »Ein recht schweres lateinisches, es heißt *Mutabor*.«

V

Als die Störche an ihrer Mauerlücke dieses hörten, kamen sie vor Freuden beinahe außer sich. Sie liefen auf ihren langen Füßen so schnell dem Tor der Ruine zu, daß die Eule kaum folgen konnte. Dort sprach der Kalif gerührt zu der Eule: »Retterin meines Lebens und des Lebens meines Freundes, nimm zum ewigen Dank für das, was du an uns getan, mich zum Gemahl an.« Dann aber wandte er sich nach Osten. Dreimal bückten die Störche ihre langen Hälse der Sonne entgegen, die soeben hinter dem Gebirge heraufstieg. »*Mutabor!*« riefen sie; im Nu waren sie verwandelt, und in der hohen Freude des neugeschenkten Lebens lagen Herr und Diener lachend und weinend einander in den Armen. Wer beschreibt aber ihr Erstaunen, als sie sich umsahen? Eine schöne Dame, herrlich geschmückt, stand vor ihnen. Lächelnd gab sie dem Kalifen die Hand. »Erkennt Ihr Eure Nachteule nicht mehr?« sagte sie. Sie war es; der Kalif war von ihrer Schönheit und Anmut so entzückt, daß er ausrief, es sei sein größtes Glück, daß er Storch geworden sei.

Die drei zogen nun miteinander auf Bagdad zu. Der Kalif fand in seinen Kleidern nicht nur die Dose mit Zauberpulver, sondern auch seinen Geldbeutel. Er kaufte daher im nächsten Dorfe, was zu ihrer Reise nötig war, und so kamen sie bald an die Tore von Bagdad. Dort aber erregte die Ankunft des Kalifen großes Erstaunen. Man hatte ihn für tot ausgegeben, und das Volk war daher hoch erfreut, seinen geliebten Herrscher wieder zu haben.

Um so mehr aber entbrannte ihr Haß gegen den Betrüger Mizra. Sie zogen in den Palast und nahmen den alten Zauberer und seinen Sohn gefangen. Den Alten schickte der Kalif in dasselbe Gemach der Ruine, das die Prinzessin als Eule bewohnt hatte, und ließ ihn dort aufhängen. Dem Sohn aber, welcher nichts von den Künsten des Vaters verstand, ließ der Kalif die Wahl, ob er sterben oder schnupfen wolle. Als er das letztere wählte, bot ihm der Großwesir die Dose. Eine tüchtige Prise und das Zauberwort des Kalifen verwandelte ihn in einen Storchen. Der Kalif ließ ihn in ein eisernes Käfigt sperren und in seinem Garten aufstellen.

Lange und vergnügt lebte Kalif Chasid mit seiner Frau, der Prinzessin; seine vergnügtesten Stunden waren immer die, wenn ihn der Großwesir nachmittags besuchte; da sprachen sie dann oft von ihrem Storchenabenteuer, und wenn der Kalif recht heiter war, ließ er sich herab, den Großwesir nachzuahmen, wie er als Storch aussah. Er stieg dann ernsthaft mit steifen Füßen im Zimmer auf und ab, klapperte, wedelte mit den Armen, wie mit Flügeln, und zeigte, wie jener sich vergeblich nach Osten geneigt und *Mu – Mu* – dazu gerufen habe. Für die Frau Kalifin und ihre Kinder war diese Vorstellung allemal eine große Freude; wenn aber der Kalif gar zu lange klapperte und nickte und *Mu – Mu* – schrie, dann drohte ihm lächelnd der Wesir, er wolle das, was vor der Türe der Prinzessin Nachteule verhandelt worden sei, der Frau Kalifin mitteilen.

Eduard von Keyserling
Die Soldaten-Kersta

Es hatte angefangen ein wenig zu tauen. Der Novemberschnee auf dem Kirchenwege war naß und der schwere Schlitten bewegte sich springend und rüttelnd vorwärts. Vier Rekruten-Weiber saßen in ihm: Marri, Katte, Ilse und Kersta, die Tochter der Häuslerin Annlise. Sie kamen von der Trauung in der Kirche. Morgen sollten ihre Männer fort unter die Soldaten. Über die Brautkronen hatten sie große blaue Tücher gelegt; so saßen sie wie vier spitze, blaue Zuckerhüte in dem Schlitten und wackelten bei jedem Stoß. Der Rüben-Jehze kutschte sie. Sehr betrunken, peitschte er unbarmherzig auf die kleinen, zottigen Pferde ein. Die Männer kamen hinterdreingefahren je zwei in einem Schlitten. Es war viel getrunken worden, und sie sangen mit lauten, heiseren Stimmen. Die Frauen schwiegen und wackelten geduldig in ihren blauen Tüchern hin und her. Kersta war die Kleinste von ihnen. Mit einem runden, rosa Gesichte, runden, hellblauen Augen, einer runden Nase, sah sie wie ein Kind aus. Nur der Mund mit den herabgezognen Mundwinkeln war der ein wenig sorgenvolle Mund der lithauischen Bauerfrau. Unverwandt starrte sie in den grauen Nebel hinaus, der über dem flachen Lande lag. Wunderlich schwarz nahmen sich die Wacholderbüsche und die Saatkrähen in all dem Grau aus, während die entlaubten Ellern wesenlos wie kleine rötliche Wolken auf der Heide standen. Vor Kerstas Augen schwankte dieses ganze, farblose Bild sachte, sachte, als säße sie auf einer Osterschaukel und würde langsam hin und her gewiegt. An jedem Kruge hatten sie Halt gemacht, und Kerstas langer blonder Thome war an den Schlitten der Frauen herangetaumelt mit der Branntweinflasche: »No, is die junge Frau totgefroren, was?« Dabei reichte er ihr die Flasche. Kersta lächelte dann ein wenig mühsam, denn die Lippen waren steif von der Kälte, und trank. Der Branntwein machte die Glieder angenehm warm und schwer, dazu nahm er die Gedanken fort, und das ist auch gut. Immer wesenloser wurde die graue Nebelwelt vor Kerstas Augen; selbst Jehzes breiter Rücken schien immer weiter fortzurücken. Dafür kamen aber die Eindrücke des Tages ihr mit einer bildlichen Deutlichkeit in den Sinn wie Träume; immer wieder, immer dieselben, wie Menschen, die auf dem Karussell auf dem Jahrmarkte in Schoden an einem vorbeifliegen: – Hochzeit – Hochzeit. – Am Morgen das Überwerfen des feinen, weißen Brauthemdes, fein und kalt, daß es Kersta bis in die Fußspitzen erschauern ließ; – die Brautkrone, die so fest auf die Stirn gedrückt worden war, daß es schmerzte. Jetzt mußte ein roter Streif auf der Stirne sein. Dann die Kirche. Feierlich kalt war's dadrin. Kerstas neue Schuhe klapperten hübsch auf den Steinfliesen des Fußbodens. Sie mußte achtgeben, nicht auszugleiten wie auf dem Eise. Der Pastor hatte ein rundes, rotes Gesicht, und er schmatzte im Sprechen mit den Lippen, als schmeckte ihm etwas gut. Aber schön hatte er gesprochen; von dem Fortgehn der Männer und von Treubleiben und von Gottes Wort. Kersta hatte geweint, natürlich! Soldatenfrauen weinen immer bei der Trauung, das weiß man. Weinen tut auch gut, weinen, so daß das Gesicht warm und naß wird und dazu ganz tief seufzen, so daß die Haken am Mieder krachen. Sie hatte stärker geweint als die anderen Frauen, das konnte sie wohl sagen, wenn später darüber gestritten wurde. Nachher im Kirchenkruge war getrunken worden und die Männer hatten untereinander Streit angefangen. Alles war gewesen, wie es auf einer Hochzeit sein muß. »Hochzeit-Hochzeit« bimmelten die Schellen an Jehzens kleinen Pferden, und Kersta begann ihren Traum wieder mit dem feinen, kalten Brauthemde.

Die drei anderen Frauen schwiegen auch und schauten mit demselben stetigen Blick, der nichts zu sehen schien, in den Nebel. Nur als ein Hase vom Felde quer über den Weg setzte – da riefen alle vier: »Sieh – ein Hase« – und sie lächelten mühsam mit den steifgefrorenen Lippen.

Im Dorfe hielten sie vor dem Kruge. Dort standen schon die Hochzeitsgäste in ihren Festkleidern und schrieen. An die blinden Fensterscheiben der Dorfhütten drückten sich bleiche Frauen-

und Kindergesichter. Alle wollten die Bräute sehn. Das gab Kersta wieder ein starkes Festgefühl. Eine junge Frau sein, die von der Trauung kommt, ist eine Ehre und der Hochzeitstag der schönste Tag des Lebens. Vor der Krugstüre wartete Kersta auf Thome, denn sie mußte mit ihm zusammen in das Haus gehn. Sehr ernst stand sie da und sprach mit den alten Frauen über den Weg; selbst der Gemeindeälteste redete sie an, und die Mädchen starrten neugierig auf ihre Brautkrone. Kersta, die Tochter der Häuslerin Annlise, war es nicht gewohnt, von allen achtungsvoll und freundlich angesehen zu werden, sie war klein, arm, hatte nur eine Ziege und zählte bisher nicht mit. Aber wenn eine Hochzeit hält, dann ist sie schon was. Kerstas rundes Kindergesicht wurde rot und blank wie ein Apfel vor Stolz. Nun fuhren auch die Männer singend und schreiend vor. Thome kam mit unsicheren Schritten auf Kersta zu, faßte sie um den Leib und hob sie in die Höhe: »Klein is sie«, sagte er: »aber schwer wie'n Mehlsack.« Alle lachten. Kersta errötete vor Freude und war Thome sehr dankbar.

In der großen Krugsstube setzte sich die Hochzeitsgesellschaft an die weißen Brettertische. Alle wurden still und ernst und machten sich über die Milchsuppe mit Nudeln her. Ein lautes, gleichmäßiges Schlürfen war eine Weile der einzige Ton im Gemache. Dann kam das Schweinefleisch, dann das Schaffleisch, dann wieder Schweinefleisch. Der Dampf der Speisen erfüllte die Luft wie mit einem dichten, heißen Nebel. Kersta aß eifrig, aß so viel, daß sie sich endlich erschöpft zurücklehnte und die untersten Haken ihres Mieders aufspringen ließ. »Das ist nun die Hochzeit. Ja, schön ist sie!« – sagte sie sich. Leicht strich sie mit der Hand über Thomes Rockärmel. Der war nun ihr Mann, der gehörte ihr. Gut ist es, wenn man einen Mann hat: »Trink, junge Frau, trink!« sagte Thome.

Draußen begann es zu dämmern; es wurde Licht in die Stube gebracht, Talgkerzen, die in Bierflaschen steckten. Im dunstigen Zimmer bekamen die kleinen, gelben Flammen buntschillernde Lichthöfe. Die Musik: eine Geige, eine Klarinette und eine Ziehharmonika – spielte einen Polka. »Ja – tanzen!« Kersta seufzte ganz tief vor Behagen. Sie trat einen Augenblick vor die Haustüre hinaus. Der Abend war dunkel, ein feuchter Wind fegte über den Schnee hin, die Wolken, grau, wie ungebleichte Leinwand, hingen ganz niedrig am Himmel: »Morgen gibt es Schnee« – dachte Kersta. An der stillen Dorfstraße entlang kauerten die Hütten; hie und da blinzelte ein schläfriges Licht hinter einer Fensterscheibe, ein Kind weinte, eine Frau sang ein Wiegenlied, immer dieselbe müde, langgezogene Notenfolge. Und dort unten, am Ende der Straße, das kleine, schwarze, stille Ungeheuer, das war die Hütte der Mutter Annlise. Morgen wird alles vorüber sein, als sei nichts gewesen. Kersta wird wieder dort unten mit der Mutter hausen und ... Sie fuhr sich mit dem Ärmel über die Augen. Warum ihr das Weinen kam? Dazu war morgen Zeit genug! Sie ging hinein und tanzte. Das war gut. Wenn man beständig und gewaltsam von einem rücksichtslosen Männerarm gedreht wird, wobei einem die große, heiße Männerhand auf dem Rücken brennt, das nimmt die unnützen Gedanken weg. Nur der Körper bleibt, mit dem warmen Rinnen des Blutes und dem Pochen des Herzens. Die Welt ringsum wurde für Kersta immer undeutlicher und traumhafter. Ernst und eifrig drehten sich die schweren Gestalten in dem dichten Tabaksqualm, die Männer schlugen im Takte mit den Absätzen auf, es klang wie fleißiges Dreschen auf der Tenne. »So muß es sein! Das ist das große Vergnügen des Lebens!« fühlte Kersta. Später bekamen die Männer Streit, es wurde gerauft. Kersta griff ein wie die anderen Frauen, aber dieses Mal mit dem stolzen Gefühle, für ihren eignen Mann zu schreien und den anderen Männern in die Haare zu fahren. Endlich führten die Burschen und Mädchen singend das Paar die Dorfstraße hinab, zu der Hütte der Annlise, wo das Brautbett aufgeschlagen war.

Während Kersta in der kleinen Stube das Licht ansteckte, warf Thome sich schwer auf das Bett. Er war sehr betrunken und schlief sofort ein. Kersta zog ihm die Stiefel aus, rückte das Kopfkissen zurecht, dann legte auch sie sich nieder. Die Glieder waren ihr wie zerschlagen. Wenn sie die Augen schloß, war es ihr, als schwankte das Bett hin und her wie ein Kahn. Wirklich schlafen jedoch konnte sie nicht. Wenn der Traum anfing, wenn sie wieder in der Kirche stand oder im Kruge sich drehte, daß die Bänder der Brautkrone wie Peitschenschnüre schwirrten, dann ließ etwas sie auffahren, als schüttele sie jemand. Sie starrte in die Dunkelheit hinein und sann: Etwas Schlechtes wartete auf sie; was war das doch? Ja so! Morgen geht der Mann fort – und das alte Leben geht weiter – die Hochzeit ist vorüber und nichts – nichts Gutes mehr für lange Zeit? Draußen dämmerte der Morgen. Die Fensterscheiben wurden blau. Kersta richtete sich auf und betrachtete Thome. Er lag in schwerem Schlaf; das blonde Haar hing ihm wirr und feucht um die Stirn, das Gesicht war sehr rot, aus dem halbgeöffneten Munde kam ein tiefes, regelmäßiges Schnarchen. Langsam strich Kersta mit der Hand über seine Brust, seine Arme: »Schlaf, schlaf!« sagte sie wie zu einem Kinde. Ihr Mann, der gehörte ihr wie ihr Hemd, ihr Garn, ihre Ziege, mehr als die Ziege, denn die gehörte auch der Mutter. Das war gut! Nun hatte sie das, was alle Mädchen wollten, um was sie alle beteten – einen Mann; und groß war er und stark. Aber was hatte sie davon, wenn sie ihn gleich wieder fortgeben mußte? Gott, es war besser, über solch eine Schweinerei gar nicht nachzudenken! Kersta stieg aus dem Bette und nahm den Melkeimer. Sie wollte die Ziege melken.

Draußen wehte es stark und es fiel ein feuchter Schnee. Die Ebene lag grau-blau in der Morgendämmerung da. Am Horizont, über dem schwarzen Strich des fernen Waldes hing ein weißes, blindes Scheinen. Wie jeden Morgen blieb Kersta stehn, schützte mit der Hand die Augen, zog die Nase kraus und schaute ernst und mißmutig dem aufsteigenden Tage entgegen. Und die Dorfstraße entlang, vor den kleinen, grauen Häusern, standen andere Frauen mit ihren Melkeimern, wie Kersta die Augen mit der Hand schützend, und blickten ernst und mißmutig in das graue Dämmern, als hätten sie von dem kommenden Tage etwas zu erwarten.

Kersta fror. Sie lief in den Stall, in den niedrigen Bretterverschlag, in dem die Ziege, das Schwein und die Hühner wohnten. Die Luft war hier warm und schwer. Die Hühner schlugen auf der

Stange mit den Flügeln. Das Schwein grunzte gemütlich vor sich hin. Kersta kauerte bei der Ziege nieder und begann zu melken. Angenehm heiß rann die Milch über ihre Finger. Eine wohlige Schlaffheit überkam die kleine Frau. Sie stützte ihren Kopf auf den Rücken der Ziege und weinte, nicht das starke, offizielle Weinen wie bei der Trauung und wie sie heute in der Stadt weinen würde, wenn der Mann abfährt; nein! ein Weinen wie sie es als Kind kannte. Die Tränen kamen leicht, badeten das Gesicht, als wüsche sie sich in lauwarmem Wasser; dabei wurde das Herz weich vor Mitleid mit sich selber. Im Weinen schlief sie ein, traumlos und süß. Die Ziege hielt ganz still, wandte den Kopf und sah die Schlummernde mit den gelben, friedlichen Augen mütterlich an.

Kersta erwachte davon, daß die Mutter neben ihr sagte: »Guter Gott! Is die beim Melken eingeschlafen! Was gehst du heute auch zum Melken!«

»Einer muß's doch tun«, erwiderte Kersta schlaftrunken.

»Tun!« meinte Annlise: »und dabei schlafen.« Die Stimme der Alten war brummig wie gewöhnlich, dennoch hörte Kersta heute etwas wie schmunzelnde Achtung heraus. Na ja, mit einer Frau spricht man anders als mit einer Marjell: »Geh nur, mach Feuer, der Mann muß früh fort.« Kersta sprang auf. Ja, richtig! Heute war noch kein gewöhnlicher Arbeitstag; heute durfte sie noch die Sonntagskleider anziehen und zur Stadt fahren; heute würde sie noch von allen bemerkt und bemitleidet werden. Das tröstete ein wenig.

Die Rekruten sollten in einem großen Schlitten von dem Gemeindeältesten zur Stadt gebracht werden. Die Mütter, Väter und Frauen wollten nachfahren, um im Bahnhof Abschied zu nehmen.

Während des Frühstücks sprach Thome nur von dem Prozeß und gab seiner Frau Verhaltensmaßregeln. Das kleine Dundur-Gesinde, links vom Dorf zum Walde hin, war von dem Peter Ruze in Besitz genommen worden; es kam aber Kersta zu, denn sie war das einzige Geschwisterkind des verstorbenen Wirtes, während Peter nur der Mann der Stieftochter war. Thome hatte in Kersta die

Anwartschaft auf das Dundur-Gesinde geheiratet, und es war Kerstas Aufgabe, in seiner Abwesenheit ihren Anspruch durchzusetzen: »Geh zum Advokaten Jakobsohn, der is klug, die Juden sind immer die Klügsten, und billig is er auch. Laß dich nicht betrügen.«

Kerstas Gesicht nahm einen sehr verständigen Ausdruck an. Sie fühlte ihre Verantwortlichkeit wohl: »Ich werd schon machen«, sagte sie: »dumm bin ich nicht.«

»Wenn du dumm wärst, hätte ich dich nicht genommen«, schloß Thome die Unterhaltung.

Johlend bestiegen die Rekruten ihren Schlitten. Weiber und Kinder des Dorfes umstanden sie und weinten. Die vier Soldatenfrauen fuhren wieder zusammen in einem Schlitten. Es schneite jetzt stärker. Die spitzen, blauen Zuckerhüte, die sich wie gestern hin und her wackelnd gegenübersaßen, wurden weiß.

Im Walde sagte Marri: »Was hat man nu davon? Morgen is man wie gewesen.« – »Was soll man machen!« antworteten die drei anderen und seufzten. Später, als sie am Meere entlang fuhren, bemerkte Ilse: »Wenn's nicht friert, fault der Roggen aus.« Die anderen seufzten wieder und murmelten: »Ach Gottchen! Schlecht is schlecht.« Mehr wurde auf der Fahrt nicht gesprochen.

In der Stadt hatten sie kaum Zeit, um traurig zu sein. Man sieht sich nach allen Seiten um. Dann das lange Warten vor dem Rathause, bis die Männer herauskamen, das Essen in der Schenke, der Branntwein und die Wasserkringel, endlich der Abschied auf dem Bahnhof und das laute Weinen. Thome klopfte Kersta auf den Rücken: »Nu, nu; man stirbt auch nicht dort. Schick Geld, die Kost ist knapp dort.« – »Ja – ja.« – »Denk an den Prozeß. Geh zum Advokaten.« – »Ja – ja.« – »Sei klug, sonst komm' ich heim und bin betrogen.« – »Ja – ja.« Als der Zug fort war, standen die Frauen noch auf dem Bahnhofssteig und jammerten: »Ach Gottchen! Ach Gottchen!« Kersta war die erste, die damit aufhörte, sie mußte zum Advokaten. Dort wartete sie in einer hübschen, warmen Stube. Der Advokat war ein kleiner, freundlicher Herr, der sie geduldig anhörte und ihr das Beste versprach. Er war sogar spaßig, er faßte Kersta unter das Kinn und sagte: »So'n hübsches Soldatenfrauchen muß nun lange fasten – ei – ei.« Das war schon ein gutes Zeichen für den Prozeß.

Es wurde schon Abend, als die lange Reihe der Schlitten sich auf den Heimweg machte. Feuerfarbene Wolkenstreifen, riesig und spitz, liefen über den bleichen Himmel. Die Sonne, himbeerrot und wie von dem Meere plattgedrückt, verschwand langsam. Über das krause, graue Meer rann ein purpurner Schimmer. Die Wellen rauschten leise und seidig. Die Soldatenfrauen waren von dem Gehen und Stehen und Trinken und Weinen erschöpft. Stumpf und geduldig saßen sie da und schauten mit gedankenleeren Augen in das Abendlicht. Im Walde, als es dunkel wurde und der Mond über die schwarzen Schöpfe der Fichten aufstieg, da wurde den Verlassenen das Herz schwer. Weinen konnten sie heute nicht mehr, – so sangen sie denn, das erste, beste Lied, riefen klagend die Töne in den Wald hinein:

> »Früher, Liebchen, gehe früher,
> Gehe nicht am Abend spät!
> Lose flattern Deine Tüchlein,
> Dornbusch am Wege steht.«

Was war denn bei der ganzen Heiraterei herausgekommen? Das Leben in Annlises Hütte ging dahin wie früher. Kersta melkte die Ziege, ging in den Wald Reisig sammeln, webte. In den Dezembertagen, in denen es um drei Uhr nachmittags schon finster wird, kroch sie um sechs Uhr in ihr schmales Mädchenbett. Ein anderes hatte man nicht angeschafft; wozu denn! Um zwei Uhr nachts war sie mit dem Schlafe fertig und setzte sich wieder fröstelnd an den Webstuhl. Immer dasselbe; gedankenlos und freudlos, wie das Weberschiffchen, das gleichmäßig hin und her durch die grauen Wollenfäden schießt. Daß sie verheiratet war, merkte Kersta nur daran, daß sie die Zöpfe nicht mehr wie die Mädchen über den Rücken niederhängen ließ, sondern sie aufband. An den Festtagen ging sie nicht mehr zum Tanz in den Krug, und in der Sonnabendnacht schlich sich kein Jung mehr zu ihr. Die große Beschäftigung des Mädchenlebens fehlte ihr jetzt: das Denken an die Jungen, das Warten auf die Jungen, das Weinen um die Jungen. Mit wem sollte sie denn überhaupt noch reden? Die Mädchen sprachen von ihren Jungen, die Frauen sprachen von ihren Kindern, Männern, ihrem Haushalt. Kersta hatte nichts von alledem. Sie wurde schweigsam und mürrisch. Schlimme Augenblicke kamen, wenn sie im Bette lag, sich von der einen Seite auf die andere warf und nicht schlafen konnte. Um sie her alles still. Durch die kleinen Fensterscheiben blinzelten grell die Wintersterne. Dann hörte sie jeden Ton in den benachbarten Hütten. Das Kind der Bille schrie. Jehze kam heim. Er war betrunken, er stolperte über die Schwelle. Jetzt prügelte er die Bille; sie schrie und schimpfte. Kersta wurde sehr einsam zumute. Warum hatte sie nicht auch all das? Sie wollte ihren Mann, sie wollte Thome. Die Tränen liefen ihr über die Backen und sie biß in ihr Bettuch.

Aber der Prozeß war da. Der füllte ihr Leben, gab ihr Würde und Wichtigkeit. Einmal wöchentlich wanderte sie den vier Stunden langen Weg bis in die Stadt, um ihren Advokaten zu sprechen. Jeden Baum, jeden Stein kannte sie auf dem weiten Wege. Bei jedem Wetter war sie ihn gegangen, war es nicht so kalt, daß die Finger froren, dann strickte sie im Gehen ihren Strumpf. Alle kannten die kleine Frau mit dem roten Kopftuch, dem Strickstrumpf und dem großen Prozeß. Im Walde riefen die Holzknechte sie an: »He, Soldaten-Kersta, wie geht's ohne Mann?« Kersta blieb stehen und wischte sich mit dem Ärmel über das heiße Gesicht: »Gut. Wie denn anders.« – »Der Thome kann noch sechs Jahre fortbleiben – was?«

»Laß er bleiben – meinetwegen.«

Die Holzknechte lachten laut in den Wald hinein: »Eine, der das Fasten schmeckt! No, und der Prozeß, wie steht's?«

»Gut. Wenn einer recht hat, ist ein Prozeß immer gut.«

»So – so.« –

Häufig begegnete ihr der Forstgehülfe, ein hübscher Jungherr, mit einem schwarzen Schnurrbart, braunen, ganz blanken Augen. Dazu eine Jacke mit grünem Kragen und eine silberne Uhrkette.

Die Soldaten-Kersta

Er hielt Kersta jedesmal an und sprach so spaßig. »Kleines Soldatenweibchen, wie geht's?« Kersta errötete ein wenig und bog den Kopf zurück, um den Forstgehülfen anzusehn: »Wie soll's gehn!« »Und der Thome kommt immer noch ohne Frau aus?«
»Oh! Der hat dort genug, Polinnen und Jüdinnen!«
»– So! Und du hast hier auch genug Mannsleute, was?«
»Genug sind schon da!«
»Gott! Wäre ich so'n hübsches Weibchen wie'n Apfel, ich würde nicht warten, bis so einer von den Soldaten zurückkommt.«
»Wer wartet denn?« Kersta lachte laut, wie man lachen muß, wenn ein Jung einen Witz macht.
»So! nicht? Wir beide würden gut passen; du klein wie'n Sperling, ich lang.«
»Gut, gut«, rief Kersta, weitergehend: »Zu Georgi wollen wir einen Kontrakt machen.« O, sie verstand es auch, mit Jungen zu spaßen. Einmal packte der Forstgehülfe sie, wollte sie küssen und umwerfen, sie aber riß sich los und lief davon. Noch den ganzen Tag über mußte sie darüber lachen. Zu Hause im Bett sah sie immer die Augen des Forstgehülfen vor sich, und als sie hörte, wie draußen die Jungen leise an die Fenster der Mädchen klopften, da machte sie das unruhig und ließ sie nicht schlafen.

Mit dem Frühling wurden die Gänge in die Stadt für Kersta leichter. Sie konnte sich auf dem Rückwege Zeit nehmen, denn die Nächte waren ganz hell. Sie ging dann oft so langsam, Schritt vor Schritt, als könnte sie sich nicht entschließen, aus dem Walde hinauszukommen: »Im Frühling bei nacht, da ist es eigen; man wird faul, ganz faul«, sagte sie sich: »Und nicht einmal an den Prozeß kann man dabei denken. Wunderlich!« Zwischen den hohen Föhren standen jungbelaubte Birken, als hätte jemand ein dünnes, grünes Tuch dort hingehängt. Oder etwas Weißes leuchtet im Walde, ganz weiß wie ein Mensch, der sich ein Bettlaken umgeworfen hat, das ist dann ein Faulbaum in voller Blüte; der duftet einem schon auf eine Werst entgegen. Auf der Waldwiese stehen Rehe, schwarz und still im Nebel wie in einem Teich von Milch. Und überall, von den Hügeln und Weiden, klingt das Singen der Mädchen herüber, die Lieder, die Kersta so gut kannte. Ja, als Mädchen ist man toll in solchen Nächten, keines kann schlafen. Kersta hatte das auch erlebt. Auch sie hatte nächtelang draußen gesessen, die Hände um die Knie geschlungen, hatte gesungen, immerzu gesungen, recht laut die Töne in die Nacht hineingerufen und dabei gewartet: wird nicht einer antworten? wird nicht einer kommen? wird ein blonder Schnurrbart nicht bald sich fest auf ihre Lippen drücken? Daran mußte Kersta immer wieder denken, während sie langsam, mit schlaffen Gliedern, die Landstraße entlang ging und in den Wald hineinhorchte.

In einer Nacht hörte Kersta es im Walde brechen. Ein Rehbock wurde aufgescheucht und bellte laut; wieder raschelte es, und der Forstgehülfe stand vor ihr: »Kleines, kleines Soldatenfrauchen!« sagte er. Der Mond stand gerade am Himmel, daher schienen die Augen und die breiten, weißen Zähne des Forstgehülfen so blank: »No – wieder unterwegs?«

Kersta blieb stehen und sah zu ihm hinauf: ja, sie war wieder in der Stadt gewesen, wie denn anders.

»Heute ist gut spazieren.«

Ja, gut war's schon.

Der Forstgehülfe lachte, sah Kersta an und schwieg. Sie schwieg auch und wartete. Endlich legte er seinen Arm um ihre Schultern und sagte: »Du und ich, du und ich, komm.«

»Was nu wieder«, meinte Kersta. Sie versuchte es, in dem rauhen, spaßigen Ton zu sprechen, den man mit Jungen haben muß, allein, es kam unsicher und leise heraus; auch ließ sie sich willig von der Landstraße in den Wald führen. Als unter den Bäumen der Forstgehülfe ihr mit seiner großen, heißen Hand über die Wange und über die Brust strich, da wußte sie es, daß sie tun würde, was er wollte.

Der Morgen dämmerte, der Birkhahn war schon auf die Waldwiese herausgekommen und kollerte, als Kersta eilig ihrem Dorfe zuschritt. »Na ja!« dachte sie: »wenn eine bei Nacht mit einem Jungen im Walde ist, dann geht's mal nicht anders. Was kann man da machen!«

Die Soldaten-Kersta

Von nun an fand sich der Forstgehülfe oft auf Kerstas Rückweg von der Stadt ein. Mutter Annlise brummte: »Was du jetzt spät nach Hause kommst!« »Der Prozeß«, meinte Kersta: »Gott! So'n Prozeß geht nicht so rasch wie'n Ei kochen.« Das Singen der Mädchen und das Klopfen der Jungen bei Nacht an den Mädchenfenstern beunruhigte Kersta nicht mehr.

Um die Zeit der Heuernte merkte Kersta, daß sie schwanger sei. Das war schlimm! Was nun? Sie ging in den Ziegenstall, wo keiner sie sah, und heulte eine Stunde, dann ging sie wieder still an die Arbeit. Als sie den Forstgehülfen traf, war sie sehr böse und schimpfte. Aber was half das? In sich gekehrt ging sie umher, bleich, mit fest aufeinandergekniffenen Lippen. Sie tat die schwere Sommerarbeit, war sehr unwirsch mit der Mutter, schlug die Ziege beim Melken und wanderte öfter denn je in die Stadt, den Prozeß zu betreiben. Ging es mit dem Prozeß schief, dann war sie verloren, dann schlug Thome sie und das Kind tot. Und überhaupt das Kind! Was weiß man! So'n Kind wird geboren und stirbt, und Thome kam noch lange nicht. Dennoch mußte sie immer wieder an das Kind denken, an die Wiege, an die Leinwand für die Laken, und wie es sein wird, wenn so was Kleines, Weiches, Warmes sich an sie drückt und sich bewegt und seine Lippen an ihre Brust legt: »Ach, ach – Dummheiten. Gebe Gott, daß nichts wird mit dem Kinde.«

Während der Kartoffelernte ließ sich Kerstas Zustand nicht mehr verbergen. Sie ging gerade, langsam und gebückt ihre Furche entlang und sammelte die Kartoffeln in ihren Rock, da hörte sie hinter sich die Bille sagen: »Na, die Kersta erwartet den Thome mit 'nem Geschenk. Der wird sich freuen.« Die anderen Frauen lachten laut, über den ganzen Kartoffelacker setzte sich das Lachen fort: »Kommen mußte das. Nun ist's da«, dachte Kersta. Ihre Knie zitterten, die Kartoffeln, die sie gesammelt, rollten wieder auf die Erde. Sie richtete sich auf und sah die Frauen mit dem bösen, hilflosen Blick der Tiere an, die nicht mehr entrinnen können. Dann beugte sie sich wieder auf die Furche nieder und sammelte schweigend weiter. Das Spotten nahm jetzt kein Ende. Wenn Kersta über das Feld gehen mußte, um ihre Kartoffeln in den Wagen zu schütten, war es wie Spießrutenlaufen: »Sag, wo hast du das Geschenk machen lassen? In der Stadt? Ja, da kriegt man so was billig. Das kommt wohl beim Prozeßmachen heraus. Oder hat's der Thome dir mit der Post geschickt?« Kersta schwieg. Sie werden sich schon ausreden und aushöhnen, und dann wird Ruhe sein. –

Schlimm war es auch mit der Mutter, die jammerte und schimpfte den ganzen Tag. Was half das! »Kommen wird, was kommt«, sagte sich Kersta: »Das Leben is nu mal schwer.« Das machte sie ruhig und stumpf.

Im Winter, als Kersta in den Wald gegangen war, um Reisig zu holen, da überkamen sie die Geburtswehen. Die Frauen legten sie auf den Schlitten und zogen sie lachend und schreiend in das Dorf zurück. Kersta wurde von einem Mädchen entbunden. Das Kind war also da, und sterben wollte es auch nicht, es war ein kräftiges Ding mit braunen, blanken Augen im sorgenvollen Säuglingsgesicht. Die Leute im Dorf hatten sich an die Tatsache gewöhnt, daß Kersta ein Kind hatte. Es fiel niemandem etwas Witziges mehr darüber ein. Kersta selbst aber hatte außer dem Prozeß jetzt noch etwas anderes, wofür sie leben konnte. Der Prozeß war die Hauptsache, gewiß! Aber so'n Kind hat einen den ganzen Tag nötig, man wiegt es, man gibt ihm die Brust, an warmen Abenden sitzt man mit ihm auf der Türschwelle und singt: »Rai-rai-r-a-a, tai-tai-ta-a.« –

»Liebe Kersta!« schrieb Thome: »Ich schreibe Dir, damit Du weißt; mir ist's schlecht gegangen. Krank bin ich gewesen. Jetzt schicken sie mich nach Hause. Ich komme nächste Woche. Bleib gesund; Dein Mann Thome.«

Kersta hatte den Brief vor dem Herdfeuer mühsam entziffert.

»Was schreibt er?« fragte die Mutter.

»Was soll er viel schreiben«, erwiderte Kersta. Sie setzte sich auf die Ofenbank, denn sie fühlte sich ein wenig schwach: »Is er gesund?« fragte die Mutter weiter. Kersta antwortete nicht, sondern starrte in das Herdfeuer: »Warum antwortest du nicht? Ich will doch wissen.«

»Zurück kommt er«, warf Kersta mit ruhiger, verdrießlicher Stimme hin.

»Wenn er dem Kinde nur nichts tut«, dachte Kersta. Die Mutter mußte ähnliche Gedanken gehabt haben, denn sie sagte: »Die Wiege wirst du so stellen müssen, daß er es nicht immer unter den Augen hat.« Ja, das konnte man machen. Eine Weile saßen sie noch stumm beieinander, dann seufzten sie und standen auf, um schlafen zu gehen. Im Bett fragte die Mutter noch: »Mit dem Prozeß ist's doch gut?«

»Wie dann soll's anders sein?«

»No denn!«

An einem Sonnabendnachmittag stand Kersta vor dem Kruge und wartete auf den Schlitten, der die entlassenen Soldaten aus der Stadt bringen sollte. Es fror. Am glashellen Himmel ging die Sonne rot unter. Alle Frauen des Dorfes waren vor dem Kruge versammelt. Sie wickelten die Hände in die Schürzen und sahen, die Nasen krausziehend, die Landstraße hinab. Da kamen die Männer! Sie schwenkten die Soldatenmützen und schrieen. »Was ist? Klein bist du geblieben und lebendig bist du auch«, sagte Thome, als er vor Kersta stand. Kersta wurde rot. Daß der Thome so groß war, hatte sie fast vergessen. Sie wurde ordentlich verlegen: »Warum soll ich nicht lebendig sein?« antwortete sie scherzend, aber die Tränen spritzten ihr in die Augen und sie streichelte Thomes Rockärmel: »Komm«, sagte sie, »das Essen ist fertig.« »Essen – ha – ha.« Thome lachte flott: »Die will mich auffüttern, ich bin ihr zu mager.« So gingen sie heim. Thome voran, Kersta hinterher.

Die Stube in der Häuslerei war geschmückt. Der Tisch weiß bedeckt. Zwei Talgkerzen brannten. Der Fußboden war mit Tannennadeln überstreut. Mutter Annlise stand am Herde und rührte im Kessel.

»Was, alte Mutter, Ihr lauft auch noch herum! Halten die alten Knochen noch beieinander?« rief Thome. »Es geht, solange es geht«, meinte Annlise, »gut, daß du da bist.«

Thome setzte sich an den Tisch und ließ sich das Schweinefleisch auftragen. Er aß langsam und aufmerksam, kaute jedes Stück lange, dabei sah er Kersta an und sagte mit vollem Munde: »Wirtin – Dundur-Wirtin.« Kersta saß ihm gegenüber, die Hände im Schoß gefaltet. »Eigen, wie hübsch so 'ne Mannsperson sein kann«, dachte sie. Das Gesicht war zwar so braun geworden, daß der blonde Schnurrbart darin fast weiß erschien, aber die Schultern, die Arme, der Nacken! Gut ist's, wenn ein Mann stark ist. – Thome hatte jetzt den ersten Hunger gestillt. Er fuhr mit dem Handrücken über seinen Schnurrbart und lehnte sich im Stuhl zurück: »Also der Prozeß; erzähl«, sagte er. Kerstas Gesicht nahm einen sehr überlegnen Ausdruck an, als sie zu berichten begann; lauter kluge Sachen, die der Advokat gesagt hatte, die sie gesagt und getan hatte. Das Gesinde war so gut wie ihres. Thome hörte gespannt und achtungsvoll zu: »Was nicht alles an Verstand in so einer Kleinen stecken kann!« Das feuerte Kersta noch mehr an. In der finstern Ecke des Zimmers begann ein leises Wimmern. Kersta, eifrig fortsprechend, erhob sich mechanisch, ging zu der Wiege hinüber, nestelte ihre Jacke auf, nahm das Kind und gab ihm die Brust. Sie erhob ein wenig die Stimme, um aus der Ecke verstanden zu werden. Dann plötzlich, mitten im Satze blieb sie stecken. Mutter Annlise verließ leise das Zimmer: »Ja, nun kommt es«, dachte Kersta. Thome kam schon auf sie zu, langsam, den Kopf vorgestreckt, als wollte er etwas fangen. Schnell legte sie das Kind in die Wiege zurück und stellte sich davor. Sie wurde sehr blaß, schob die Unterlippe vor, und die runden Augen öffneten sich ganz weit und wurden glasklar wie bei geängstigten Tieren. Weil die Hände ihr zitterten, faltete sie sie über dem Bauch. So wartete sie: »Jetzt kommt, was kommen muß.«

»Was ist das?« Thome sprach leise, als würgte ihn einer.

»Was soll es sein?«

»Wo – wo kommt das Kind her?«

»Ein Kind – nu ja. Wo soll's denn herkommen?«

Sie hatte das mißmutig und trotzig herausgebracht. Jetzt aber drückte sie die Knöchel beider Hände in die Augen und begann zu schreien, laut, mit weitgeöffnetem Munde, wie ein Kind, das über einer Untat ertappt worden ist. – »So – so – eine bist du«, fauchte Thome. Er faßte ihr Handgelenk und zerrte sie in die Mitte des Zimmers: »Den Mann betrügen – was? Hündin – Hündin! Totschlagen werd' ich dich und den Balg.«

Er begann Kersta zu schlagen, unbarmherzig. Sie jammerte – wehrte sich: »Eine Faust wie Eisen – ei – ei –«, dachte sie: »Der Mann ist stark. Gott! Er schlägt mich tot.« – Wie das schmerzte – und doch – und doch – etwas war in alldem – das wie Befriedigung, wie Wollust aussah. Sie fühlte doch, daß sie einen Mann hatte. Thome war außer Atem. Er schleuderte seine Frau mit einem Fluch von sich, spie aus und setzte sich wieder an den Tisch. Kersta lag still am Boden. Die Glieder brannten ihr. Sie schielte zu Thome hinüber. War es nun vorüber? Fast hätte sie gewünscht, es wäre nicht vorüber, als daß er so dasaß und sich nicht um sie bekümmerte. Thome, den Kopf in die Hand gestützt, brütete vor sich hin. Da erhob sich Kersta mühsam, setzte sich auf die Ofenbank, rieb sich ihre zerschlagenen Glieder und weinte still vor sich hin: »Der arme Mann!« dachte sie dabei.

Die Kerzen waren tief herabgebrannt und hatten lange schwarze Nasen. Kleine, harte Schneekörner klopften von draußen an die Fensterscheiben. Ein Heimchen begann eifrig im Herde zu schrillen. »Was wird er machen? Wird er mich heute abend noch schlagen?« dachte Kersta. Thome trank einen Schnaps, gähnte, begann sich die Stiefel auszuziehen. Kersta stand auf und zog ihm die Stiefel aus. Dann entkleidete er sich und warf sich auf das Bett; das Bett krachte, als wollte es zerbrechen. Kersta mußte lächeln. »Na ja – ein so schwerer Mann?« Sie löschte die Kerzen aus und setzte sich wieder auf die Ofenbank. Die glimmenden Kohlen im Herde warfen ein wenig rotes Licht und Wärme auf die nackten Füße der kleinen Frau, die bange und regungslos auf den Atem des Mannes horchte. »Du!« erscholl es plötzlich. Kersta schreckte auf: »Was sitzt du? Wirst du nicht schlafen?«

»Was soll ich sonst tun«, erwiderte Kersta mit ihrer brummigsten Stimme. Als sie aber zum Bett hinüberging, wurde ihr warm um das Herz: »Jetzt – war sie auch – wie andere Frauen!«

In der ersten Zeit war das Leben in der Häuslerei schwierig. Die Wut über das ihm angetane Unrecht stieg immer wieder in Thome auf; dann gab es Geschrei und Schläge. Im Kruge erklärte Thome, er wolle die Frau und das Kind totschlagen. Das Kind mußte beständig vor ihm versteckt werden: »Er wird sich schon gewöhnen«, sagte Kersta ruhig: »Na ja, ein Mann ist einmal nicht anders. Was kann man da machen.« Und wirklich, Thome begann immer weniger vom Kinde zu sprechen, dafür war um so mehr von dem Prozeß die Rede. Sie berieten, wieviel Kühe, wieviel Schweine sie im Gesinde halten würden; darüber war genug zu sagen. Er vergaß das Kind, er sah es nicht mehr, spie nicht mehr aus, wenn er an der Wiege vorüberging. Kersta konnte dem Kinde die Brust geben, ohne sich zu verstecken.

Thome beschloß, selbst in die Stadt zu fahren, um nach dem Rechten zu sehen. Für ein Weib war die Kersta klug genug, aber, was so wirklich Verstand ist, hat doch nur ein Mann. »Das ist schon richtig«, meinte Kersta ... »wer soll denn sonst Verstand haben?« So fuhr er ab. Spät abends kehrte er ein wenig angetrunken und sehr aufgeräumt heim. Der Prozeß war gewonnen: »Komm her, junge Dundur-Wirtin«, rief er: »hier ist was für dich.« Er legte Kersta ein rotseidenes Tuch auf den Kopf: »Eine Wirtin muß Staat machen.«

»Ein Tuch, wozu war das nötig«, meinte Kersta und lachte.

»Na – so« –; und halb abgewandt, wie verlegen, warf Thome eine Semmel auf den Tisch: »Und das da – hab ich gekauft – für – für den da ...«

»Für wen?«

»Nu – für den Balg.«

Kersta nahm die Semmel und drückte sie andächtig gegen ihr Mieder: – »So, – jetzt kam vielleicht auch für sie ein bißchen gute Zeit!«

Marie von Ebner-Eschenbach
Krambambuli

Vorliebe empfindet der Mensch für allerlei Gegenstände. Liebe, die echte, unvergängliche, die lernt er – wenn überhaupt – nur einmal kennen. So wenigstens meint der Herr Revierjäger Hopp. Wie viele Hunde hat er schon gehabt, und auch gern gehabt, aber lieb, was man sagt lieb und unvergeßlich, ist ihm nur einer gewesen – der Krambambuli. Er hatte ihn im Wirtshause Zum Löwen in Wischau von einem vazierenden Forstgehilfen gekauft oder eigentlich eingetauscht. Gleich beim ersten Anblick des Hundes war er von der Zuneigung ergriffen worden, die dauern sollte bis zu seinem letzten Atemzuge. Dem Herrn des schönen Tieres, der am Tische vor einem geleerten Branntweingläschen saß und über den Wirt schimpfte, weil dieser kein zweites umsonst hergeben wollte, sah der Lump aus den Augen. Ein kleiner Kerl, noch jung und doch so fahl wie ein abgestorbener Baum, mit gelbem Haar und gelbem spärlichem Barte. Der Jägerrock, vermutlich ein Überrest aus der vergangenen Herrlichkeit des letzten Dienstes, trug die Spuren einer im nassen Straßengraben zugebrachten Nacht. Obwohl sich Hopp ungern in schlechte Gesellschaft begab, nahm er trotzdem Platz neben dem Burschen und begann sogleich ein Gespräch mit ihm. Da bekam er es denn bald heraus, daß der Nichtsnutz den Stutzen und die Jagdtasche dem Wirt bereits als Pfänder ausgeliefert hatte und daß er jetzt auch den Hund als solches hergeben möchte; der Wirt jedoch, der schmutzige Leuteschinder, wollte von einem Pfand, das gefüttert werden muß, nichts hören.

Herr Hopp sagte vorerst kein Wort von dem Wohlgefallen, das er an dem Hunde gefunden hatte, ließ aber eine Flasche von dem guten Danziger Kirschbranntwein bringen, den der Löwenwirt damals führte, und schenkte dem Vazierenden fleißig ein. – Nun, in einer Stunde war alles in Ordnung. Der Jäger gab zwölf Flaschen von demselben Getränke, bei dem der Handel geschlossen worden – der Vagabund gab den Hund. Zu seiner Ehre muß man gestehen: nicht leicht. Die Hände zitterten ihm so sehr, als er dem Tiere die Leine um den Hals legte, daß es schien, er werde mit dieser Manipulation nimmermehr zurechtkommen. Hopp wartete geduldig und bewunderte im stillen den trotz der schlechten Kondition, in welcher er sich befand, wundervollen Hund. Höchstens zwei Jahre mochte er alt sein, und in der Farbe glich er dem Lumpen, der ihn hergab, doch war die seine um ein paar Schattierungen dunkler. Auf der Stirn hatte er ein Abzeichen, einen weißen Strich, der rechts und links in kleine Linien auslief, in der Art wie die Nadeln an einem Tannenreis. Die Augen waren groß, schwarz, leuchtend, von tauklaren, lichtgelben Reiflein umsäumt, die Ohren hoch angesetzt, lang, makellos. Und makellos war alles an dem ganzen Hunde von der Klaue bis zu der feinen Witternase; die kräftige, geschmeidige Gestalt, das über jedes Lob erhabene Piedestal. Vier lebende Säulen, die auch den Körper eines Hirsches getragen hätten und nicht viel dicker waren als die Läufe eines Hasen. Beim heiligen Hubertus! Dieses Geschöpf mußte einen Stammbaum haben, so alt und rein wie der eines deutschen Ordensritters.

Dem Jäger lachte das Herz im Leibe über den prächtigen Handel, den er gemacht. Er stand nun auf, ergriff die Leine, die zu verknoten dem Vazierenden endlich gelungen war, und fragte: »Wie heißt er denn?« – »Er heißt wie das, wofür Ihr ihn kriegt: Krambambuli«, lautete die Antwort. – »Gut, gut, Krambambuli! So komm! Wirst gehen? Vorwärts!« – Ja, er konnte lange rufen, pfeifen, zerren – der Hund gehorchte ihm nicht, wandte den Kopf demjenigen zu, den er noch für seinen Herrn hielt, heulte, als dieser ihm zuschrie: »Marsch!« und den Befehl mit einem tüchtigen Fußtritt begleitete, suchte sich aber immer wieder an ihn heranzudrängen. Erst nach einem heißen Kampfe gelang es Herrn Hopp, die Besitzergreifung des Hundes zu vollziehen. Gebunden und geknebelt mußte er zuletzt in einem Sacke auf die Schulter geladen und so bis in das mehrere Wegstunden entfernte Jägerhaus getragen werden.

Zwei volle Monate brauchte es, bevor der Krambambuli, halb totgeprügelt, nach jedem Fluchtversuche mit dem Stachelhalsband an die Kette gelegt, endlich begriff, wohin er jetzt gehöre. Dann aber, als seine Unterwerfung vollständig geworden war, was für ein Hund wurde er da! Keine Zunge schilderte, kein Wort ermißt die Höhe der Vollendung, die er erreichte, nicht nur in der Ausübung seines Berufes, sondern auch im täglichen Leben als eifrigen Diener, guter Kamerad und treuer Freund und Hüter. »Dem fehlt nur die Sprache«, heißt es von anderen intelligenten Hunden – dem Krambambuli fehlte sie nicht; sein Herr zum mindesten pflog lange Unterredungen mit ihm. Die Frau des Revierjägers wurde ordentlich eifersüchtig auf den »Buli«, wie sie ihn geringschätzig nannte. Manchmal machte sie ihrem Manne Vorwürfe. Sie hatte den ganzen Tag, in jeder Stunde, in der sie nicht aufräumte, wusch oder kochte, schweigend gestrickt. Am Abend, nach dem Essen, wenn sie wieder zu stricken begann, hätte sie gern eins dazu geplaudert.

»Weißt denn immer nur dem Buli was zu erzählen, Hopp, und mir nie? Du verlernst vor lauter Sprechen mit dem Vieh das Sprechen mit den Menschen.«

Der Revierjäger gestand sich, daß etwas Wahres an der Sache sei, aber zu helfen wußte er nicht. Wovon hätte er mit seiner Alten reden sollen? Kinder hatten sie nie gehabt, eine Kuh durften sie nicht halten, und das zahme Geflügel interessiert einen Jäger im lebendigen Zustande gar nicht und im gebratenen nicht sehr. Für Kulturen aber und für Jagdgeschichten hatte wieder die Frau keinen Sinn. Hopp fand zuletzt einen Ausweg aus diesem Dilemma; statt mit dem Krambambuli sprach er von dem Krambambuli, von den Triumphen, die er allenthalben mit ihm feierte, von dem Neide, den sein Besitz erregte, von den lächerlich hohen Summen, die ihm für den Hund geboten wurden und die er verächtlich von der Hand wies.

Zwei Jahre waren so vergangen, da erschien eines Tages die Gräfin, die Frau seines Brotherrn, im Hause des Jägers. Er wußte gleich, was der Besuch zu bedeuten hatte, und als die gute, schöne Dame begann: »Morgen, lieber Hopp, ist der Geburtstag des Grafen ...« setzte er ruhig und schmunzelnd fort: »Und da möchten

Hochgräfliche Gnaden dem Herrn Grafen ein Geschenk machen und sind überzeugt, mit nichts anderem soviel Ehre einlegen zu können als mit dem Krambambuli.« – »Ja, ja, lieber Hopp...« Die Gräfin errötete vor Vergnügen über dieses freundliche Entgegenkommen und sprach gleich von Dankbarkeit und bat den Preis nur zu nennen, der für den Hund zu entrichten wäre. Der alte Fuchs von einem Revierjäger kicherte, tat sehr demütig und rückte auf einmal mit der Erklärung heraus: »Hochgräfliche Gnaden! Wenn der Hund im Schlosse bleibt, nicht jede Leine zerbeißt, nicht jede Kette zerreißt, oder wenn er sie nicht zerreißen kann, sich bei den Versuchen, es zu tun, erwürgt, dann behalten ihn Hochgräfliche Gnaden umsonst – dann ist er mir nichts mehr wert.«

Die Probe wurde gemacht, aber zum Erwägen kam es nicht, denn der Graf verlor früher die Freude an dem eigensinnigen Tiere. Vergeblich hatte man es durch Liebe zu gewinnen, mit Strenge zu bändigen gesucht. Es biß jeden, der sich ihm näherte, versagte das Futter und – viel hat der Hund eines Jägers ohnehin nicht zuzusetzen – kam ganz herunter. Nach einigen Wochen erhielt Hopp die Botschaft, er könne sich seinen Köter abholen. Als er eilends von der Erlaubnis Gebrauch machte und den Hund in seinem Zwinger aufsuchte, da gab's ein Wiedersehen, unermeßlichen Jubels voll. Krambambuli erhob ein wahnsinniges Geheul, sprang an seinem Herrn empor, stemmte die Vorderpfoten auf dessen Brust und leckte die Freudentränen ab, die dem Alten über die Wangen liefen.

Am Abend dieses glücklichen Tages wanderten sie zusammen ins Wirtshaus. Der Jäger spielte Tarock mit dem Doktor und mit dem Verwalter. Krambambuli lag in der Ecke hinter seinem Herrn. Manchmal sah dieser sich nach ihm um, und der Hund, so tief er auch zu schlafen schien, begann augenblicklich mit dem Schwanze auf den Boden zu klopfen, als wollt er melden: Präsent! Und wenn Hopp, sich vergessend, recht wie einen Triumphgesang das Liedchen anstimmte: »Was macht denn mein Krambambuli?« richtete der Hund sich würde- und respektvoll auf, und seine hellen Augen antworteten: Es geht ihm gut!

Um dieselbe Zeit trieb, nicht nur in den gräflichen Forsten, sondern in der ganzen Umgebung, eine Bande Wildschützen auf wahrhaft tolldreiste Art ihr Wesen. Der Anführer sollte ein verlottertes Subjekt sein. Den »Gelben« nannten ihn die Holzknechte, die ihn in irgendeiner übel berüchtigten Spelunke beim Branntwein trafen, die Heger, die ihm hie und da schon auf der Spur gewesen, ihm aber nie hatten beikommen können, und endlich die Kundschafter, deren er unter dem schlechten Gesindel in jedem Dorfe mehrere besaß.

Er war wohl der frechste Gesell, der jemals ehrlichen Jägersmännern etwas aufzulösen gab, mußte auch selbst vom Handwerk gewesen sein, sonst hätte er das Wild nicht mit solcher Sicherheit aufspüren und nicht so geschickt jeder Falle, die ihm gestellt wurde, ausweichen können.

Die Wild- und Waldschäden erreichten eine unerhörte Höhe, das Forstpersonal befand sich in grimmigster Aufregung. Da begab es sich nur zu oft, daß die kleinen Leute, die bei irgendeinem unbedeutenden Waldfrevel ertappt wurden, eine härtere Behandlung erlitten, als zu anderer Zeit geschehen wäre und als gerade zu rechtfertigen war. Große Erbitterung herrschte darüber in allen Ortschaften. Dem Oberförster, gegen den der Haß sich zunächst wandte, kamen gutgemeinte Warnungen in Menge zu. Die Raubschützen, hieß es, hätten einen Eid darauf geschworen, bei der ersten Gelegenheit exemplarische Rache an ihm zu nehmen. Er, ein rascher, kühner Mann, schlug das Gerede in den Wind und sorgte mehr denn je dafür, daß weit und breit kund werde, wie er seinen Untergebenen die rücksichtsloseste Strenge anbefohlen und für etwaige schlimme Folgen die Verantwortung selbst übernommen habe. Am häufigsten rief der Oberförster dem Revierjäger Hopp die scharfe Handhabung seiner Amtspflicht ins Gedächtnis und warf ihm zuweilen Mangel an »Schneid« vor; wozu freilich der Alte nur lächelte. Der Krambambuli aber, den er bei solcher Gelegenheit von oben herunter anblinzelte, gähnte laut und wegwerfend. Übel nahmen er und sein Herr dem Oberförster nichts. Der Oberförster war ja der Sohn des Unvergeßlichen, bei dem Hopp das edle Waidwerk erlernt, und Hopp hatte wieder ihn als kleinen Jungen in die Rudimente des Berufs eingeweiht. Die Plage, die er einst mit ihm gehabt, hielt er heute noch für eine Freude, war stolz auf den ehemaligen Zögling und liebte ihn trotz der rauhen Behandlung, die er so gut wie jeder andere von ihm erfuhr.

Eines Junimorgens traf er ihn eben wieder bei einer Exekution.

Es war im Lindenrondell, am Ende des herrschaftlichen Parks, der an den »Grafenwald« grenzte, und in der Nähe der Kulturen, die der Oberförster am liebsten mit Pulverminen umgeben hätte. Die Linden standen just in schönster Blüte, und über diese hatte ein Dutzend kleiner Jungen sich hergemacht. Wie Eichkätzchen krochen sie auf den Ästen der herrlichen Bäume herum, brachen alle Zweige, die sie erwischen konnten, ab und warfen sie zur Erde. Zwei Weiber lasen die Zweige hastig auf und stopften sie in Körbe, die bereits mehr als zur Hälfte mit dem duftenden Raube gefüllt waren. Der Oberförster raste in unermeßlicher Wut. Er ließ durch seine Heger die Buben nur so von den Bäumen schütteln, unbekümmert um die Höhe, aus der sie fielen. Während sie wimmernd und schreiend um seine Füße krochen, der eine mit zerschlagenem Gesicht, der andere mit ausgerenktem Arm, ein dritter mit gebrochenem Bein, zerbleute er eigenhändig die beiden Weiber. In dem einen derselben erkannte Hopp die leichtfertige Dirne, die das Gerücht als die Geliebte des »Gelben« bezeichnete. Und als die Körbe und Tücher der Weiber und die Hüte der Buben in Pfand genommen wurden und Hopp den Auftrag bekam, sie aufs Gericht zu bringen, konnte er sich eines schlimmen Vorgefühls nicht erwehren.

Der Befehl, den ihm damals der Oberförster zurief, wild wie ein Teufel in der Hölle und wie ein solcher umringt von jammernden und gepeinigten Sündern, ist der letzte gewesen, den der Revierjäger im Leben von ihm erhalten hat. Eine Woche später traf er ihn wieder im Lindenrondell – tot. Aus dem Zustande, in dem die Leiche sich befand, war zu ersehen, daß sie hierher, und zwar durch Sumpf und Gerölle, geschleppt worden war, um an dieser

Stelle aufgebahrt zu werden. Der Oberförster lag auf abgehauenen Zweigen, die Stirn mit einem dichten Kranz aus Lindenblüten umflochten, einen ebensolchen als Bandelier um die Brust gewunden. Sein Hut stand neben ihm, mit Lindenblüten gefüllt. Auch die Jagdtasche hatte der Mörder ihm gelassen, nur die Patronen herausgenommen und statt ihrer Lindenblüten hineingetan. Der schöne Hinterlader des Oberförsters fehlte und war durch einen elenden Schießprügel ersetzt. Als man später die Kugel, die seinen Tod verursacht hatte, in der Brust des Ermordeten fand, zeigte es sich, daß sie genau in den Lauf dieses Schießprügels paßte, der dem Förster gleichsam zum Hohne über die Schulter gelegt worden war. Hopp stand beim Anblick der entstellten Leiche regungslos vor Entsetzen. Er hätte keinen Finger heben können, und auch das Gehirn war ihm wie gelähmt; er starrte nur und starrte und dachte anfangs gar nichts, und erst nach einer Weile brachte er es zu einer Beobachtung, einer stummen Frage: – Was hat denn der Hund?

Der Krambambuli beschnüffelt den toten Mann, läuft wie nicht gescheit um ihn herum, die Nase immer am Boden. Einmal winselt er, einmal stößt er einen schrillen Freudenschrei aus, macht ein paar Sätze, bellt, und es ist geradeso, als erwache in ihm eine längst erstorbene Erinnerung...

»Herein«, ruft Hopp, »da herein!« Und Krambambuli gehorcht, sieht aber seinen Herrn in allerhöchster Aufregung an, und – wie der Jäger sich auszudrücken pflegte – sagt ihm: »Ich bitte dich um alles in der Welt, siehst du denn nichts? Riechst du denn nichts?... O lieber Herr, schau doch! riech doch! O Herr, komm! Daher komm!...« Und tupft mit der Schnauze an des Jägers Knie und schleicht, sich oft umsehend, als frage er: Folgst du mir? zu der Leiche zurück und fängt an, das schwere Gewehr zu heben und zu schieben und ins Maul zu fassen, in der offenbaren Absicht, es zu apportieren.

Dem Jäger läuft ein Schauer über den Rücken, und allerlei Vermutungen dämmern in ihm auf. Weil das Spintisieren aber nicht seine Sache ist, es ihm auch nicht zukommt, der Obrigkeit Lichter aufzustecken, sondern vielmehr den gräßlichen Fund, den er getan hat, unberührt liegenzulassen und seiner Wege – das heißt in dem Fall recte zu Gericht – zu gehen, so tut er denn einfach, was ihm zukommt.

Nachdem es geschehen und alle Förmlichkeiten, die das Gesetz bei solchen Katastrophen vorschreibt, erfüllt, der ganze Tag und auch ein Stück der Nacht darüber hingegangen sind, nimmt Hopp, eh er schlafen geht, noch seinen Hund vor.

»Mein Hund«, spricht er, »jetzt ist die Gendarmerie auf den Beinen, jetzt gibt's Streifereien ohne Ende. Wollen wir es andern überlassen, den Schuft, der unsern Oberförster erschossen hat, wegzuputzen aus der Welt? – Mein Hund kennt den niederträchtigen Strolch, kennt ihn, ja, ja! Aber das braucht niemand zu wissen, das habe ich nicht gesagt ... Ich, hoho! ... Ich werd meinen Hund hineinbringen in die Geschichte ... Das könnt mir einfallen!« Er beugte sich über Krambambuli, der zwischen seinen ausgespreizten Knien saß, drückte die Wange an den Kopf des Tieres und nahm seine dankbaren Liebkosungen in Empfang. Dabei summte er: »Was macht denn mein Krambambuli?« bis der Schlaf ihn übermannte.

Seelenkundige haben den geheimnisvollen Drang zu erklären gesucht, der manchen Verbrecher stets wieder an den Schauplatz seiner Untat zurückjagt. Hopp wußte von diesen gelehrten Ausführungen nichts, strich aber dennoch ruh- und rastlos mit seinem Hunde in der Nähe des Lindenrondells herum.

Am zehnten Tage nach dem Tode des Oberförsters hatte er zum erstenmal ein paar Stunden lang an etwas anderes gedacht als an seine Rache und sich im »Grafenwald« mit dem Bezeichnen der Bäume beschäftigt, die beim nächsten Schlag ausgenommen werden sollten.

Wie er nun mit seiner Arbeit fertig ist, hängt er die Flinte wieder um und schlägt den kürzesten Weg ein, quer durch den Wald gegen die Kulturen in der Nähe des Lindenrondells. Im Augenblick, in dem er auf den Fußsteig treten will, der längs des Buchenzaunes läuft, ist ihm, als höre er etwas im Laube rascheln. Gleich darauf herrscht jedoch tiefe Stille, tiefe, anhaltende Stille. Fast hätte er gemeint, es sei nichts Bemerkenswertes gewesen, wenn nicht der Hund so merkwürdig dreingeschaut hätte. Der stand mit gesträubtem Haar, den Hals vorgestreckt, den Schwanz aufrecht, und glotzte eine Stelle des Zaunes an. Oho! dachte Hopp, wart, Kerl wenn du's bist; trat hinter einen Baum und spannte den Hahn seiner Flinte. Wie rasend pochte ihm das Herz, und der ohnehin kurze Atem wollte ihm völlig versagen, als jetzt plötzlich, Gottes Wunder! – durch den Zaun der »Gelbe« auf den Fußsteig trat. Zwei junge Hasen hängen an seiner Waidtasche, und auf seiner Schulter, am wohlbekannten Juchtenriemen, der Hinterlader des Oberförsters. Nun wär's eine Passion, den Racker niederzubrennen aus sicherem Hinterhalt.

Aber nicht einmal auf den schlechtesten Kerl schießt der Jäger Hopp, ohne ihn angerufen zu haben. Mit einem Satze springt er hinter dem Baum hervor und auf den Fußsteig und schreit: »Gib dich, Vermaldedeiter!« Und als der Wildschütz zur Antwort den Hinterlader von der Schulter reißt, gibt der Jäger Feuer... All ihr Heiligen – ein sauberes Feuer! Die Flinte knackst, anstatt zu knallen. Sie hat zu lange mit aufgesetzter Kapsel im feuchten Wald am Baum gelehnt – sie versagt.

Gute Nacht, so sieht das Sterben aus, denkt der Alte... Doch nein – er ist heil, sein Hut nur fliegt, von Schroten durchlöchert, ins Gras...

Der andere hat auch kein Glück; das war der letzte Schuß in seinem Gewehr, und zum nächsten zieht er eben erst die Patronen aus der Tasche...

»Pack an!« ruft Hopp seinem Hunde heiser zu: »Pack an!« Und: »Herein, zu mir! Herein, Krambambuli!« lockt es drüben mit zärtlicher, liebevoller – ach, mit altbekannter Stimme...

Der Hund aber – –

Was sich nun begab, begab sich viel rascher, als man es erzählen kann.

Krambambuli hatte seinen ersten Herrn erkannt und rannte auf ihn zu, bis – in die Mitte des Weges. Da pfeift Hopp, und der Hund macht kehrt, »der Gelbe« pfeift, und der Hund macht wieder kehrt und windet sich in Verzweiflung auf einem Fleck, in gleicher Distanz von dem Jäger wie von dem Wildschützen, zugleich hingerissen und gebannt ...

Zuletzt hat das arme Tier den trostlos unnötigen Kampf aufgegeben und seinen Zweifeln ein Ende gemacht, aber nicht seiner Qual. Bellend, heulend, den Bauch am Boden, den Körper gespannt wie eine Sehne, den Kopf emporgehoben, als riefe es den Himmel zum Zeugen seines Seelenschmerzes an, kriecht es – seinem ersten Herrn zu.

Bei dem Anblick wird Hopp von Blutdurst gepackt. Mit zitternden Fingern hat er die neue Kapsel aufgesetzt – mit ruhiger Sicherheit legt er an. Auch »der Gelbe« hat den Lauf wieder auf ihn gerichtet. Diesmal gilt's! Das wissen die beiden, die einander auf dem Korn haben, und was auch in ihnen vorgehen möge, sie zielen so ruhig wie ein paar gemalte Schützen.

Zwei Schüsse fallen. Der Jäger trifft, der Wildschütz fehlt.

Warum? Weil er – vom Hunde mit stürmischer Liebkosung angesprungen – gezuckt hat im Augenblick des Losdrückens. »Bestie!« zischt er noch, stürzt rücklings hin und rührt sich nicht mehr.

Der ihn gerichtet, kommt langsam herangeschritten. Du hast genug, denkt er, um jedes Schrotkorn wär's schad bei dir. Trotzdem stellt er die Flinte auf den Boden und lädt von neuem. Der Hund sitzt aufrecht vor ihm, läßt die Zunge heraushängen, keucht kurz und laut und sieht ihm zu. Und als der Jäger fertig ist und die Flinte wieder zur Hand nimmt, halten sie ein Gespräch, von dem kein Zeuge ein Wort vernommen hätte, wenn es auch statt eines toten ein lebendiger gewesen wäre.

»Weißt du, für wen *das* Blei gehört?«

»Ich kann es mir denken.«

»Deserteur, Kalfakter, pflicht- und treuvergessene Kanaille!«

»Ja, Herr, jawohl.«

»Du warst meine Freude. Jetzt ist's vorbei. Ich habe keine Freude mehr an dir.«

»Begreiflich, Herr«, und Krambambuli legte sich hin, drückte den Kopf auf die ausgestreckten Vorderpfoten und sah den Jäger an.

Ja, hätte das verdammte Vieh ihn nur nicht angesehen! Da würde er ein rasches Ende gemacht und sich und dem Hunde viel Pein erspart haben. Aber so geht's nicht! Wer könnte ein Geschöpf niederknallen, das einen so ansieht? Herr Hopp murmelt ein halbes Dutzend Flüche zwischen den Zähnen, einer gotteslästerlicher als der andere, hängt die Flinte wieder um, nimmt dem Raubschützen noch die jungen Hasen ab und geht.

Der Hund folgte ihm mit den Augen, bis er zwischen den Bäumen verschwunden war, stand dann auf, und sein mark- und beinerschütterndes Wehgeheul durchdrang den Wald. Ein paarmal drehte er sich im Kreise und setzte sich wieder aufrecht neben den Toten hin. So fand ihn die gerichtliche Kommission, die, von Hopp geleitet, bei sinkender Nacht erschien, um die Leiche des Raubschützen in Augenschein zu nehmen und fortschaffen zu lassen. Krambambuli wich einige Schritte zurück, als die Herren herantraten. Einer von ihnen sagte zu dem Jäger: »Das ist ja Ihr Hund.« – »Ich habe ihn hier als Schildwache zurückgelassen«, antwortete Hopp, der sich schämte, die Wahrheit zu gestehen. – Was half's? Sie kam doch heraus, denn als die Leiche auf den Wagen geladen war und fortgeführt wurde, trottete Krambambuli gesenkten Kopfes und mit eingezogenem Schwanze hinterher. Unweit der Totenkammer, in der »der Gelbe« lag, sah ihn der Gerichtsdiener noch am folgenden Tage herumstreichen. Er gab ihm einen Tritt und rief ihm zu: »Geh nach Hause!« – Krambambuli fletschte die Zähne gegen ihn und lief davon, wie der Mann meinte, in der Richtung des Jägerhauses. Aber dorthin kam er nicht, sondern führte ein elendes Vagabundenleben.

Verwildert, zum Skelett abgemagert, umschlich er einmal die armen Wohnungen der Häusler am Ende des Dorfes. Plötzlich stürzte er auf ein Kind los, das vor der letzten Hütte stand, und entriß ihm gierig das Stück Brot, von dem es aß. Das Kind blieb starr vor Schrecken, aber ein kleiner Spitz sprang aus dem Hause und bellte den Räuber an. Dieser ließ sogleich seine Beute fahren und entfloh.

Am selben Abend stand Hopp vor dem Schlafengehen am Fenster und blickte in die schimmernde Sommernacht hinaus. Da war ihm, als sähe er jenseits der Wiese am Waldessaum den Hund sitzen, die Stätte seines ehemaligen Glückes unverwandt und sehnsüchtig betrachtend – der Treueste der Treuen herrenlos!

Der Jäger schlug den Laden zu und ging zu Bette. Aber nach einer Weile stand er auf, trat wieder ans Fenster – der Hund war nicht mehr da. Und wieder wollte er sich zur Ruhe begeben und wieder fand er sie nicht.

Er hielt es nicht mehr aus. Sei es, wie es sei! ... Er hielt es nicht mehr aus ohne den Hund. – Ich hol ihn heim, dachte er und fühlte sich wie neugeboren nach diesem Entschluß.

Beim ersten Morgengrauen war er angekleidet, befahl seiner Alten, mit dem Mittagessen nicht auf ihn zu warten, und sputete sich hinweg. Wie er aber aus dem Hause trat, stieß sein Fuß an denjenigen, den er in der Ferne zu suchen ausging. Krambambuli lag verendet vor ihm, den Kopf an die Schwelle gepreßt, die zu überschreiten er nicht mehr gewagt hatte.

Der Jäger verschmerzte ihn nie. Die Augenblicke waren seine besten, in denen er vergaß, daß er ihn verloren hatte. In freundliche Gedanken versunken, intonierte er dann sein berühmtes: »Was macht denn mein Krambam ...« Aber mitten in dem Worte hielt er bestürzt inne, schüttelte das Haupt und sprach mit einem tiefen Seufzer: »Schad um den Hund!«

Arthur Schnitzler
Der Tod des Junggesellen

Es wurde an die Türe geklopft, ganz leise, doch der Arzt erwachte sofort, machte Licht und erhob sich aus dem Bett. Er warf einen Blick auf seine Frau, die ruhig weiterschlief, nahm den Schlafrock um und trat ins Vorzimmer. Er erkannte die Alte nicht gleich, die mit dem grauen Tuch um den Kopf dastand.

»Unserm gnädigen Herrn ist plötzlich sehr schlecht geworden«, sagte sie, »der Herr Doktor möchte so gut sein und gleich hinkommen.«

Nun erkannte der Arzt die Stimme. Es war die der Wirtschafterin seines Freundes, des Junggesellen. Der erste Gedanke des Doktors war: Mein Freund ist fünfundfünfzig Jahre alt, das Herz ist schon seit zwei Jahren nicht in Ordnung, es könnte wohl etwas Ernstes sein.

Und er sagte: »Ich komme sofort, wollen Sie so lange warten?«

»Herr Doktor entschuldigen, ich muß noch geschwind zu zwei anderen Herren fahren.« Und sie nannte die Namen des Kaufmanns und des Dichters.

»Was haben Sie bei denen zu tun?«

»Der gnädige Herr will sie noch einmal sehen.«

»Noch – einmal – sehen?«

»Ja, Herr Doktor.«

Er läßt seine Freunde rufen, dachte der Arzt, so nahe fühlt er sich dem Tode ... Und er fragte: »Ist wer bei Ihrem Herrn?«

Die Alte erwiderte: »Freilich, Herr Doktor, der Johann rührt sich nicht fort.« Und sie ging.

Der Doktor trat ins Schlafzimmer zurück, und während er sich rasch und möglichst geräuschlos ankleidete, stieg etwas Bitteres in seiner Seele auf. Es war weniger der Schmerz, daß er vielleicht bald einen guten, alten Freund verlieren sollte, als die peinliche Empfindung, daß sie nun so weit waren, sie alle, die noch vor wenig Jahren jung gewesen.

In einem offenen Wagen, durch die milde, schwere Frühlingsnacht fuhr der Arzt in die nahe Gartenstadt, wo der Junggeselle wohnte. Er sah zum Fenster des Schlafzimmers hinauf, das weit offen stand, und aus dem ein blasser Lichtschein in die Nacht herausgeflimmert kam.

Der Arzt ging die Treppe hinauf, der Diener öffnete, grüßte ernst und senkte traurig die linke Hand.

»Wie?« fragte der Arzt mit stockendem Atem, »komm ich zu spät?«

»Ja, Herr Doktor«, erwiderte der Diener, »vor einer Viertelstunde ist der gnädige Herr gestorben.«

Der Arzt atmete tief auf und trat ins Zimmer. Sein toter Freund lag da, mit schmalen, bläulichen, halb geöffneten Lippen, die Arme über der weißen Decke ausgestreckt; der dünne Vollbart war zerrauft, in die Stirne, die blaß und feucht war, fielen ein paar graue Haarsträhne. Vom Seidenschirm der elektrischen Lampe, die auf dem Nachtkästchen stand, breitete ein rötlicher Schatten sich über die Polster. Der Arzt betrachtete den Toten. Wann ist er das letztemal in unserem Haus gewesen? dachte er. Ich erinnere mich, es schneite an dem Abend. Im vergangenen Winter also. Man hat sich recht selten gesehen in der letzten Zeit.

Von draußen kam ein Geräusch vom Scharren der Pferde. Der Arzt wandte sich von dem Toten ab und sah drüben dünne Äste in die Nachtluft fließen.

Der Diener trat ein, und nun erkundigte sich der Arzt, wie alles gekommen sei.

Der Diener erzählte dem Arzt eine wohlbekannte Geschichte, von plötzlichem Übelbefinden, Atemnot, Herausspringen aus dem Bett, Auf- und Abgehen im Zimmer, Hineineilen zum Schreibtisch und Wiederzurückwanken ins Bett, von Durst und Stöhnen, von einem letzten Indiehöhefahren und Hinsinken in die Polster. Der Arzt nickte dazu, und seine rechte Hand hielt die Stirne des Toten berührt.

Ein Wagen fuhr vor. Der Arzt trat zum Fenster. Er sah den Kaufmann aussteigen, der einen fragenden Blick zu ihm heraufwarf.

Der Arzt senkte unwillkürlich die Hand, wie früher der Diener, der ihn empfangen hatte. Der Kaufmann warf den Kopf zurück, als wollte er's nicht glauben, der Arzt zuckte die Achseln, trat vom Fenster fort und setzte sich, plötzlich ermüdet, auf einen Sessel zu Füßen des Toten hin.

Der Kaufmann trat ein, im offenen, gelben Überzieher, legte seinen Hut auf ein kleines Tischchen nahe der Tür und drückte dem Arzte die Hand. »Das ist ja furchtbar«, sagte er, »wie ist es denn geschehen?« Und er starrte den Toten mit mißtrauischen Augen an.

Der Arzt berichtete, was er wußte, und setzte hinzu: »Auch wenn ich zurecht gekommen wäre, so hätt' ich nicht helfen können.« »Denken Sie«, sagte der Kaufmann, »es sind heute gerade acht Tage, daß ich ihn zuletzt im Theater gesprochen habe. Ich wollte nachher mit ihm soupieren, aber er hatte wieder eine seiner geheimnisvollen Verabredungen.« »Hatte er die noch immer?« fragte der Arzt mit einem trüben Lächeln.

Wieder hielt ein Wagen. Der Kaufmann trat ans Fenster. Als er den Dichter aussteigen sah, zog er sich zurück, denn nicht einmal durch eine Miene wollte er der Künder der traurigen Neuigkeit sein. Der Arzt hatte aus seinem Etui eine Zigarette genommen und drehte sie verlegen hin und her. »Es ist eine Gewohnheit aus meiner Spitalszeit«, bemerkte er entschuldigend. »Wenn ich nachts ein Krankenzimmer verließ, das erste war immer, daß ich mir draußen eine Zigarette anzündete, ob ich nun eine Morphiuminjektion gemacht hatte oder eine Totenbeschau.« »Wissen Sie«, sagte der Kaufmann, »wie lang ich keinen Toten gesehen habe? Vierzehn Jahre – seit mein Vater auf der Bahre lag.« »Und – Ihre Frau?« »Meine Frau hab' ich wohl in den letzten Augenblicken gesehen, aber – nachher nicht mehr.«

Der Dichter erschien, reichte den anderen die Hand, einen unsichern Blick zum Bett gerichtet. Dann trat er entschlossen näher und betrachtete den Leichnam ernst, doch nicht ohne ein verachtungsvolles Zucken der Lippen. Also er, sprach es in seinem Sinn. Denn oft hatte er mit der Frage gespielt, wer von seinen näheren

Bekannten bestimmt sein mochte, als der erste den letzten Weg zu gehen.

Die Wirtschafterin trat ein. Mit Tränen in den Augen sank sie vor dem Bette nieder, schluchzte und faltete die Hände. Der Dichter legte leicht und tröstend die Hand auf ihre Schulter.

Der Kaufmann und der Arzt standen am Fenster, die dunkle Frühlingsluft spielte um ihre Stirnen.

»Es ist eigentlich sonderbar«, begann der Kaufmann, »daß er um uns alle geschickt hat. Wollte er uns um sein Sterbebett versammelt sehen? Hatte er uns irgend etwas Wichtiges zu sagen?«

»Was mich anbelangt«, sagte der Doktor schmerzlich lächelnd, »so wär' es weiter nicht sonderbar, da ich ja Arzt bin. Und Sie«, wandte er sich an den Kaufmann, »waren wohl zuweilen sein geschäftlicher Beirat. So handelte es sich vielleicht um letztwillige Verfügungen, die er Ihnen persönlich anvertrauen wollte.«

»Das wäre möglich«, sagte der Kaufmann.

Die Wirtschafterin hatte sich entfernt, und die Freunde konnten hören, wie sie im Vorzimmer mit dem Diener redete. Der Dichter stand noch immer am Bett und hielt geheimnisvolle Zwiesprache mit dem Toten. »Er«, sagte der Kaufmann leise zum Arzt, »er, glaub ich, war in der letzten Zeit häufiger mit ihm zusammen. Vielleicht wird er uns Aufschluß geben können.« Der Dichter stand regungslos; er bohrte seine Blicke in die verschlossenen Augen des Toten. Die Hände, die den breitrandigen, grauen Hut hielten, hatte er am Rücken gekreuzt. Die beiden andern Herren wurden ungeduldig. Der Kaufmann trat näher und räusperte. »Vor drei Tagen«, trug der Dichter vor, »hab ich einen zweistündigen Spaziergang mit ihm gemacht, draußen auf den Weinbergen. Wollen Sie wissen, wovon er sprach? Von einer Reise nach Schweden, die er für den Sommer vorhatte, von der neuen Rembrandtmappe, die in London bei Watson herausgekommen ist und endlich von Santos Dumont. Er gab allerlei mathematisch-physikalische Erörterungen über das lenkbare Luftschiff, die ich, ehrlich gestanden, nicht vollkommen kapiert habe. Wahrhaftig er dachte nicht an den Tod. Allerdings dürfte es sich ja so verhalten, daß man in einem gewissen Alter wieder aufhört an den Tod zu denken.«

Der Arzt war ins Nebenzimmer getreten. Hier konnte er es wohl wagen, sich seine Zigarette anzuzünden. Es berührte ihn eigentümlich, gespensterhaft geradezu, als er auf dem Schreibtisch, in der bronzenen Schale, weiße Asche liegen sah. Warum bleib ich eigentlich noch da, dachte er, indem er sich auf dem Sessel vor dem Schreibtisch niederließ. Ich hätte am ehesten das Recht, fortzugehen, da ich doch offenbar nur als Arzt gerufen wurde. Denn mit unserer Freundschaft war es nicht weit her. In meinen Jahren, dachte er weiter, ist es für einen Menschen meiner Art wohl überhaupt nicht möglich, mit einem Menschen befreundet zu sein, der keinen Beruf hat, ja der niemals einen hatte. Wenn er nicht reich gewesen wäre, was hätte er wohl angefangen? Wahrscheinlich hätte er sich der Schriftstellerei ergeben; er war ja sehr geistreich. – Und er erinnerte sich mancher boshafttreffenden Bemerkung des Junggesellen, insbesondere über die Werke ihres gemeinsamen Freundes, des Dichters.

Der Dichter und der Kaufmann traten herein. Der Dichter machte ein verletztes Gesicht, als er den Doktor auf dem verwaisten Schreibtischsessel sitzen sah, eine Zigarette in der Hand, die übrigens noch immer nicht angebrannt war, und er schloß die Türe hinter sich zu. Nun war man hier doch gewissermaßen in einer anderen Welt. »Haben Sie irgendeine Vermutung?« fragte der Kaufmann. »Inwiefern?« fragte der Dichter zerstreut. »Was ihn veranlaßt haben könnte, nach uns zu schicken, gerade nach uns!« Der Dichter fand es überflüssig nach einer besonderen Ursache zu forschen. »Unser Freund«, erklärte er, »fühlte eben den Tod herannahen, und wenn er auch ziemlich einsam lebte, wenigstens in der letzten Zeit, – in einer solchen Stunde regt sich in Naturen, die ursprünglich zur Geselligkeit geschaffen sind, wahrscheinlich das Bedürfnis, Menschen um sich zu sehen, die ihnen nahe standen.« »Er hatte doch jedenfalls eine Geliebte«, bemerkte der Kaufmann. »Geliebte«, wiederholte der Dichter und zog die Augenbrauen verächtlich in die Höhe.

Jetzt gewahrte der Arzt, daß die mittlere Schreibtischlade halb geöffnet war. »Ob hier nicht sein Testament liegt«, sagte er. »Was kümmert uns das«, meinte der Kaufmann, »zum mindesten in diesem Augenblick. Übrigens lebt eine Schwester von ihm verheiratet in London.«

Der Diener trat ein. Er war so frei sich Ratschläge zu erbitten wegen der Aufbahrung, des Leichenbegängnisses, der Partezettel. Ein Testament sei wohl seines Wissens beim Notar des gnädigen Herrn hinterlegt, doch ob es Anordnungen über diese Dinge enthielte, sei ihm zweifelhaft. Der Dichter fand es dumpf und schwül im Zimmer. Er zog die schwere, rote Portiere von dem einen Fenster fort und öffnete beide Flügel. Ein breiter, dunkelblauer Streifen Frühlingsnacht floß herein. Der Arzt fragte den Diener, ob ihm nicht etwa bekannt sei, aus welchem Anlaß der Verstorbene nach ihnen habe senden lassen, denn wenn er es recht bedenke, in seiner Eigenschaft als Arzt sei er doch schon jahrelang nicht mehr in dieses Haus gerufen worden. Der Diener begrüßte die Frage wie eine erwartete, zog ein übergroßes Portefeuille aus seiner Rocktasche, entnahm ihm ein Blatt Papier und berichtete, daß der gnädige Herr schon vor sieben Jahren die Namen der Freunde aufgezeichnet hätte, die er an seinem Sterbebett versammelt wünschte. Also auch, wenn der gnädige Herr nicht mehr bei Bewußtsein gewesen wäre, er selbst aus eigener Machtvollkommenheit hätte sich erlaubt nach den Herren auszusenden.

Der Arzt hatte dem Diener den Zettel aus der Hand genommen und fand fünf Namen aufgeschrieben: außer denen der drei Anwesenden den eines vor zwei Jahren verstorbenen Freundes und den eines Unbekannten. Der Diener erläuterte, daß dieser letztere ein Fabrikant gewesen sei, in dessen Haus der Junggeselle vor neun oder zehn Jahren verkehrt hatte, und dessen Adresse in Verlust und Vergessenheit geraten wäre. Die Herren sahen einander an, befangen und erregt. »Wie ist das zu erklären?« fragte der Kaufmann. »Hatte er die Absicht eine Rede zu halten in seiner letzten Stunde?« »Sich selbst eine Leichenrede«, setzte der Dichter hinzu.

Der Arzt hatte den Blick auf die offene Schreibtischschublade gerichtet und plötzlich, in großen, römischen Lettern, starrten ihm von einem Kuvert die drei Worte entgegen: »An meine Freunde«.

Der Tod des Junggesellen

»O«, rief er aus, nahm das Kuvert, hielt es in die Höhe und wies es den anderen. »Dies ist für uns«, wandte er sich an den Diener und deutete ihm durch eine Kopfbewegung an, daß er hier überflüssig sei. Der Diener ging. »Für uns«, sagte der Dichter mit weit offenen Augen. »Es kann doch kein Zweifel sein«, meinte der Arzt, »daß wir berechtigt sind, dies zu eröffnen.« »Verpflichtet«, sagte der Kaufmann und knöpfte seinen Überzieher zu.

Der Arzt hatte von einer gläsernen Tasse ein Papiermesser genommen, öffnete das Kuvert, legte den Brief hin und setzte den Zwicker auf. Diesen Augenblick benutzte der Dichter, um das Blatt an sich zu nehmen und zu entfalten. »Da er für uns alle ist«, bemerkte er leicht und lehnte sich an den Schreibtisch, so daß das Licht des Deckenlüsters über das Papier hinlief. Neben ihn stellte sich der Kaufmann. Der Arzt blieb sitzen. »Vielleicht lesen Sie laut«, sagte der Kaufmann. Der Dichter begann:

»An meine Freunde.« Er unterbrach sich lächelnd. »Ja, hier steht es noch einmal, meine Herren«, und mit vorzüglicher Unbefangenheit las er weiter. »Vor einer Viertelstunde ungefähr hab' ich meine Seele ausgehaucht. Ihr seid an meinem Totenbett versammelt und bereitet Euch vor, gemeinsam diesen Brief zu lesen, – wenn er nämlich noch existiert in der Stunde meines Todes, füg ich hinzu. Denn es könnte sich ja ereignen, daß wieder eine bessere Regung über mich käme.« »Wie?« fragte der Arzt. »Bessere Regung über mich käme«, wiederholte der Dichter und las weiter, »und daß ich mich entschlösse, diesen Brief zu vernichten, der ja mir nicht den geringsten Nutzen bringt und Euch zum mindesten unangenehme Stunden verursachen dürfte, falls er nicht etwa einem oder dem anderen von Euch geradezu das Leben vergiftet.« »Leben vergiftet«, wiederholte fragend der Arzt und wischte die Gläser seines Zwickers. »Rascher«, sagte der Kaufmann mit belegter Stimme. Der Dichter las weiter. »Und ich frage mich, was ist das für eine seltsame Laune, die mich heute an den Schreibtisch treibt und mich Worte niederschreiben läßt, deren Wirkung ich ja doch nicht mehr auf Euern Mienen werde lesen können? Und wenn ich's auch könnte, das Vergnügen wäre zu mäßig, um als Entschuldigung gelten zu dürfen für die fabelhafte Gemeinheit, der ich mich soeben, und zwar mit dem Gefühle herzlichsten Behagens schuldig mache.« »Ho«, rief der Arzt mit einer Stimme, die er an sich nicht kannte. Der Dichter warf dem Arzt einen hastig-bösen Blick zu und las weiter, schneller und tonloser als früher. »Ja, Laune ist es, nichts anderes, denn im Grunde habe ich gar nichts gegen Euch. Hab' Euch sogar alle recht gern, in meiner, wie Ihr mich in Eurer Weise. Ich achte Euch nicht einmal gering, und wenn ich Eurer manchmal gespottet habe, so hab' ich Euch doch nie verhöhnt. Nicht einmal, ja am allerwenigsten in den Stunden, von denen in Euch allen sogleich die lebhaftesten und peinlichsten Vorstellungen sich entwickeln werden. Woher also diese Laune? Ist sie vielleicht doch aus einer tiefen und im Grunde edlen Lust geboren, nicht mit allzuviel Lügen aus der Welt zu gehen? Ich könnte mir's einbilden, wenn ich auch nur ein einzigesmal die leiseste Ahnung von dem verspürt hätte, was die Menschen Reue nennen.« »Lesen Sie doch endlich den Schluß«, befahl der Arzt mit seiner neuen Stimme. Der Kaufmann nahm dem Dichter, der eine Art Lähmung in seine Finger kriechen fühlte, den Brief einfach fort, ließ die Augen rasch nach unten fahren und las die Worte: »Es war ein Verhängnis, meine Lieben, und ich kann's nicht ändern. Alle Eure Frauen habe ich gehabt. Alle.« Der Kaufmann hielt plötzlich inne und blätterte zurück. »Was haben Sie?« fragte der Arzt. »Der Brief ist vor neun Jahren geschrieben«, sagte der Kaufmann. »Weiter«, befahl der Dichter. Der Kaufmann las: »Es waren natürlich sehr verschiedene Arten von Beziehungen. Mit der einen lebte ich beinahe wie in einer Ehe, durch viele Monate. Mit der anderen war es ungefähr das, was man ein tolles Abenteuer zu nennen pflegt. Mit der dritten kam es gar so weit, daß ich mit ihr gemeinsam in den Tod gehen wollte. Die vierte habe ich die Treppe hinunter geworfen, weil sie mich mit einem anderen betrog. Und eine war meine Geliebte nur ein einziges Mal. Atmet Ihr alle zugleich auf, meine Teuern? Tut es nicht. Es war vielleicht die schönste Stunde meines ... und ihres Lebens. So meine Freunde. Mehr habe ich Euch nicht zu sagen. Nun falte ich dieses Papier zusammen, lege es in meinen Schreibtisch, und hier mag es warten, bis ich's in einer anderen Laune vernichte, oder bis es Euch übergeben wird in der Stunde, da ich auf meinem Totenbette liege. Lebt wohl.«

Der Arzt nahm dem Kaufmann den Brief aus der Hand, las ihn anscheinend aufmerksam vom Anfang bis zum Ende. Dann sah er zum Kaufmann auf, der mit verschränkten Armen dastand und wie höhnisch zu ihm heruntersah. »Wenn Ihre Frau auch im vorigen Jahre gestorben ist«, sagte der Arzt ruhig, »deswegen bleibt es doch wahr.« Der Dichter ging im Zimmer auf und ab, warf einige Male den Kopf hin und her, wie in einem Krampf, plötzlich zischte er zwischen den Zähnen hervor »Kanaille« und blickte dem Worte nach, wie einem Ding, das in der Luft zerfloß. Er versuchte sich das Bild des jungen Wesens zurückzurufen, das er einst als Gattin in den Armen gehalten. Andere Frauenbilder tauchten auf, oft erinnerte und vergessen geglaubte, gerade das erwünschte zwang er nicht hervor. Denn seiner Gattin Leib war welk und ohne Duft für ihn, und allzu lange war es her, daß sie aufgehört hatte ihm die Geliebte zu bedeuten. Doch anderes war sie ihm geworden, mehr und edleres: eine Freundin, eine Gefährtin; voll Stolz auf seine Erfolge, voll Mitgefühl für seine Enttäuschungen, voll Einsicht in sein tiefstes Wesen. Es erschien ihm gar nicht unmöglich, daß der alte Junggeselle in seiner Bosheit nichts anderes versucht hatte, als ihm, dem insgeheim beneideten Freunde die Kameradin zu nehmen. Denn all jene anderen Dinge, – was hatten sie im Grunde zu bedeuten? Er gedachte gewisser Abenteuer aus vergangener und naher Zeit, die ihm in seinem reichen Künstlerleben nicht erspart geblieben waren, und über die seine Gattin hinweggelächelt oder -geweint hatte. Wo war dies heute alles hin? So verblaßt, wie jene ferne Stunde, da seine Gattin sich in die Arme eines nichtigen Menschen geworfen, ohne Überlegung, ohne Besinnung vielleicht; so ausgelöscht beinahe, wie die Erinnerung dieser selben Stunde in dem toten Haupt, das da drinnen auf qualvoll zerknülltem Polster ruhte. Ob es nicht sogar Lüge war, was in dem Testament geschrieben stand? Die letzte Rache des armseligen Alltagsmenschen, der sich zu ewigem Vergessen bestimmt wußte, an dem erlesenen

Mann, über dessen Werke dem Tode keine Macht gegeben war? Das hatte manche Wahrscheinlichkeit für sich. Aber wenn es selbst Wahrheit war, – kleinliche Rache blieb es doch und eine mißglückte in jedem Fall.

Der Arzt starrte auf das Blatt Papier, das vor ihm lag, und er dachte an die alternde, milde, ja gütige Frau, die jetzt zu Hause schlief. Auch an seine drei Kinder dachte er; den Ältesten, der heuer sein Freiwilligenjahr abdiente, die große Tochter, die mit einem Advokaten verlobt war, und die Jüngste, die so anmutig und reizvoll war, daß ein berühmter Künstler neulich erst auf einem Balle gebeten hatte, sie malen zu dürfen. Er dachte an sein behagliches Heim, und alles das, was ihm aus dem Brief des Toten entgegenströmte, schien ihm nicht so sehr unwahr, als vielmehr von einer rätselhaften, ja erhabenen Unwichtigkeit. Er hatte kaum die Empfindung, daß er in diesem Augenblick etwas Neues erfahren hatte. Eine seltsame Epoche seines Daseins kam ihm ins Gedächtnis, die vierzehn oder fünfzehn Jahre weit zurücklag, da ihn gewisse Unannehmlichkeiten in seiner ärztlichen Laufbahn betroffen und er, verdrossen und endlich bis zur Verwirrung aufgebracht, den Plan gefaßt hatte, die Stadt, seine Frau, seine Familie zu verlassen. Zugleich hatte er damals begonnen eine Art von wüster, leichtfertiger Existenz zu führen, in die ein sonderbares, hysterisches Frauenzimmer hineingespielt hatte, das sich später wegen eines anderen Liebhabers umbrachte. Wie sein Leben nachher allmählich wieder in die frühere Bahn eingelaufen war, daran vermochte er sich überhaupt nicht mehr zu erinnern. Aber in jener bösen Epoche, die wieder vergangen war, wie sie gekommen, einer Krankheit ähnlich, damals mußte es geschehen sein, daß seine Frau ihn betrogen hatte. Ja, gewiß verhielt es sich so, und es war ihm ganz klar, daß er es eigentlich immer gewußt hatte. War sie nicht einmal nahe daran gewesen, ihm die Sache zu gestehen? Hatte sie nicht Andeutungen gemacht? Vor dreizehn oder vierzehn Jahren ... Bei welcher Gelegenheit nur ...? War es nicht einmal im Sommer gewesen, auf einer Ferienreise – spät abends auf einer Hotelterrasse? ... Vergebens sann er den verhallten Worten nach.

Der Kaufmann stand am Fenster und sah in die milde, weiße Nacht. Er hatte den festen Willen, sich seiner toten Gattin zu erinnern. Aber so sehr er seine innern Sinne bemühte, anfangs sah er immer nur sich selbst im Lichte eines grauen Morgens zwischen den Pfosten einer ausgehängten Türe stehen, in schwarzem Anzug, teilnahmsvolle Händedrücke empfangen und erwidern, und hatte einen faden Geruch von Karbol und Blumen in der Nase. Erst allmählich gelang es ihm, sich das Bild seiner Gattin ins Gedächtnis zurückzurufen. Doch war es zuerst nichts als das Bild eines Bildes. Denn er sah nur das große, goldgerahmte Porträt, das daheim im Salon über dem Klavier hing und eine stolze Dame von dreißig Jahren in Balltoilette vorstellte. Dann erst erschien ihm sie selbst als junges Mädchen, das vor beinahe 25 Jahren, blaß und schüchtern, seine Werbung entgegengenommen hatte. Dann tauchte die Erscheinung einer blühenden Frau vor ihm auf, die neben ihm in der Loge gethront hatte, den Blick auf die Bühne gerichtet und innerlich fern. Dann erinnerte er sich eines sehnsüchtigen Weibes, das ihn mit unerwarteter Glut empfangen hatte, wenn er von einer langen Reise zurückgekehrt war. Gleich darauf gedachte er einer nervösen, weinerlichen Person, mit grünlich matten Augen, die ihm seine Tage durch allerlei schlimme Laune vergällt hatte. Dann wieder zeigte sich in hellem Morgenkleid eine geängstigte, zärtliche Mutter, die an eines kranken Kindes Bette wachte, das auch hatte sterben müssen. Endlich sah er ein bleiches Wesen daliegen mit schmerzlich heruntergezogenen Mundwinkeln, kühlen Schweißtropfen auf der Stirn, in einem von Äthergeruch erfüllten Raum, das seine Seele mit quälendem Mitleid erfüllt hatte. Er wußte, daß alle diese Bilder und noch hundert andere, die nun unbegreiflich rasch an seinem innern Auge vorüberflogen, ein und dasselbe Geschöpf vorstellten, das man vor zwei Jahren ins Grab gesenkt, das er beweint, und nach dessen Tod er sich erlöst gefühlt hatte. Es war ihm, als müßte er aus all den Bildern sich eines wählen, um zu einem unsicheren Gefühl zu gelangen; denn nun flatterten Beschämung und Zorn suchend ins Leere. Unentschlossen stand er da und betrachtete die Häuser drüben in den Gärten, die gelblich und rötlich im Mondschein schwammen und nur blaßgemalte Wände schienen, hinter denen Luft war.

»Gute Nacht«, sagte der Arzt und erhob sich. Der Kaufmann wandte sich um. »Ich habe hier auch nichts mehr zu tun.« Der Dichter hatte den Brief an sich genommen, ihn unbemerkt in seine Rocktasche gesteckt und öffnete nun die Tür ins Nebenzimmer. Langsam trat er an das Totenbett, und die anderen sahen ihn, wie er stumm auf den Leichnam niederblickte, die Hände auf dem Rücken. Dann entfernten sie sich.

Im Vorzimmer sagte der Kaufmann zum Diener: »Was das Begräbnis anbelangt, so wär' es ja doch möglich, daß das Testament beim Notar nähere Bestimmungen enthielte.« »Und vergessen Sie nicht«, fügte der Arzt hinzu, »an die Schwester des gnädigen Herrn nach London zu telegraphieren.« »Gewiß nicht«, erwiderte der Diener, indem er den Herren die Türe öffnete.

Auf der Treppe noch holte sie der Dichter ein. »Ich kann Sie beide mitnehmen«, sagte der Arzt, den sein Wagen erwartete. »Danke«, sagte der Kaufmann, »ich gehe zu Fuß.« Er drückte den beiden die Hände, spazierte die Straße hinab, der Stadt zu und ließ die Milde der Nacht um sich sein.

Der Dichter stieg mit dem Arzt in den Wagen. In den Gärten begannen die Vögel zu singen. Der Wagen fuhr an dem Kaufmann vorbei, die drei Herren lüfteten jeder den Hut, höflich und ironisch, alle mit den gleichen Gesichtern. »Wird man bald wieder etwas von Ihnen auf dem Theater zu sehen bekommen?« fragte der Arzt den Dichter mit seiner alten Stimme. Dieser erzählte von den außerordentlichen Schwierigkeiten, die sich der Aufführung seines neuesten Dramas entgegenstellten, das freilich, wie er gestehen müsse, kaum erhörte Angriffe auf alles mögliche enthielte, was den Menschen angeblich heilig sei. Der Arzt nickte und hörte nicht zu. Auch der Dichter tat es nicht, denn die oft gefügten Sätze kamen längst wie auswendig gelernt von seinen Lippen.

Vor dem Hause des Arztes stiegen beide Herren aus, und der Wagen fuhr davon.

Der Arzt klingelte. Beide standen und schwiegen. Als die Schritte des Hausmeisters nahten, sagte der Dichter: »Gute Nacht, lieber Doktor« und dann mit einem Zucken der Nasenflügel, langsam: »ich werd' es übrigens der meinen auch nicht sagen.« Der Arzt sah an ihm vorbei und lächelte süß. Das Tor wurde geöffnet, sie drückten einander die Hand, der Arzt verschwand im Flur, das Tor fiel zu. Der Dichter ging.

Er griff in seine Brusttasche. Ja, das Blatt war da. Wohlverwahrt und versiegelt sollte es die Gattin in seinem Nachlaß finden. Und mit der seltenen Einbildungskraft, die ihm nun einmal eigen war, hörte er sie schon an seinem Grabe flüstern: Du Edler ... Großer ...

Frank Wedekind
Die Schutzimpfung

Wenn ich euch, ihr lieben Freunde, diese Geschichte erzähle, so tue ich es keinesfalls, um euch ein neues Beispiel von der Durchtriebenheit des Weibes oder von der Dummheit der Männer zu geben; ich erzähle sie euch vielmehr, weil sie gewisse psychologische Kuriositäten enthält, die euch und jedermann interessieren werden und aus denen der Mensch, wenn er sich ihrer bewußt ist, großen Vorteil im Leben zu ziehen vermag. Vor allem aber möchte ich von vornherein den Vorwurf zurückweisen, als wollte ich mich meiner Übeltaten aus vergangenen Zeiten rühmen, jenes Leichtsinnes, den ich heute aus tiefster Seele bereue und zu dessen Betätigung mir jetzt, da meine Haare grau und meine Knie schlottrig geworden, weder Lust noch Fähigkeit mehr geblieben sind.

»Du hast nichts zu befürchten, mein lieber, süßer Junge«, sagte. Fanny eines schönen Abends zu mir, als ihr Mann eben nach Hause gekommen war, »denn die Ehemänner sind im großen ganzen nur so lange eifersüchtig, als sie keinen Grund dazu haben. Von dem Augenblicke an, wo ihnen wirklich Grund zur Eifersucht gegeben ist, sind sie wie mit unheilbarer Blindheit geschlagen.«

»Ich traue dem Ausdruck seines Gesichtes nicht«, entgegnete ich kleinlaut. »Mir scheint, er muß schon etwas gemerkt haben.«

»Diesen Ausdruck mißverstehst du, mein lieber Junge«, sagte sie. »Sein Gesichtsausdruck ist nur das Ergebnis jenes von mir erfundenen Mittels, das ich bei ihm anwandte, um ihn ein für allemal gegen jede Eifersucht zu feien und ihn für immer davor zu bewahren, daß er je von einem ihn beunruhigenden Verdacht gegen dich befallen wird.«

»Welcher Art ist dieses Mittel?« – fragte ich erstaunt.

»Es ist eine Art von Schutzimpfung. – An demselben Tage, als ich mich entschloß, dich zu meinem Geliebten zu nehmen, sagte ich ihm auch schon ganz offen ins Gesicht, daß ich dich liebe. Seitdem wiederhole ich es ihm täglich beim Aufstehen und beim Schlafengehen. Du hast allen Grund, sage ich, eifersüchtig auf den lieben Jungen zu sein; ich habe ihn wirklich von Herzen gern, und weder dein noch mein Verdienst ist es, wenn ich mich nicht gegen meine Pflichten versündige, sondern es liegt nur an ihm selbst, daß ich dir so unerschütterlich treu bleibe.«

In diesem Augenblick wurde mir klar, warum mich ihr Mann bei all seiner Liebenswürdigkeit manchmal, wenn er sich von mir nicht beobachtet glaubte, mit einem so eigentümlich mitleidig verächtlichen Lächeln ansah.

»Und glaubst du wirklich, daß dieses Mittel seine Wirksamkeit auf die Dauer behält?« fragte ich befangen.

»Es ist unfehlbar«, entgegnete sie mit der Zuversichtlichkeit eines Astronomen.

Trotzdem setzte ich noch großen Zweifel in die Unverbrüchlichkeit ihrer psychologischen Berechnungen, bis mich eines Tages folgendes Ereignis in staunenerregender Weise eines Besseren belehrte.

Ich bewohnte damals inmitten der Stadt in einer engen Gasse ein kleines möbliertes Zimmer im vierten Stock eines hohen Miethauses und hatte die Gewohnheit, bis in den hellen Tag hinein zu schlafen. – An einem sonnigen Morgen um neun Uhr etwa geht die Türe auf, und sie tritt ein. Was nun folgt, würde ich niemals erzählen, böte es nicht den Beweis für eine der überraschendsten und trotzdem begreiflichsten Verblendungen, die im Geistesleben des Menschen möglich sind. – Sie entledigt sich auch der letzten Hülle und gesellt sich zu mir. Weiter habt ihr lieben Freunde nichts Verfängliches, Anzügliches von meiner Erzählung zu gewärtigen. Ich muß immer wieder betonen, daß es mir nicht darum zu tun ist, euch mit Unschicklichkeiten zu unterhalten. – Kaum hat die Decke die Reize ihres Körpers verhüllt, als Schritte vor der Türe laut werden; es klopft und ich habe eben noch Zeit, durch rasches Emporziehen der Decke ihren Kopf zu verbergen, als ihr Mann eintritt, schweißtriefend und pustend infolge der Anstrengung, mit der er die hundertundzwanzig Stufen zu mir heraufgestiegen war, aber mit glückstrahlendem, freudig erregtem Gesicht.

»Ich wollte dich fragen, ob du mit Röbel, Schletter und mir einen Ausflug machst. Wir fahren per Bahn nach Ebenhausen und von dort mit dem Rad nach Ammerland. Eigentlich wollte ich heute zu Hause arbeiten; nun ist meine Frau aber schon früh zu Brüchmanns gegangen, um zu sehen, was deren Jüngstes macht, und da fand ich bei dem herrlichen Wetter keine rechte Sammlung mehr zu Hause. Im Café Luitpold traf ich Röbel und Schletter, und da haben wir die Partie verabredet. Um zehn Uhr siebenundfünfzig fährt unser Zug.«

Derweil hatte ich etwas Zeit gehabt, mich zu sammeln. »Du siehst«, sagte ich lächelnd, »daß ich nicht allein bin.«

»Ja, das merke ich«, entgegnete er mit dem nämlichen verständnisinnigen Lächeln. Dabei begannen seine Augen zu funkeln, und die Kinnlade wackelte auf und ab. Zögernd trat er einen Schritt vorwärts und stand nun dicht vor dem Stuhl, auf den ich meine Kleider zu legen pflegte. Zuoberst auf diesem Sessel lag ein feines batistenes Spitzenhemd ohne Ärmel mit rotgesticktem Namenszug und darüber zwei lange schwarzseidene, durchbrochene Strümpfe mit goldgelben Zwickeln. Da nichts anderes von einem weiblichen Wesen sichtbar war, hefteten sich seine Blicke mit unverkennbarer Lüsternheit auf diese Garderobestücke.

Dieser Augenblick war entscheidend. Nur ein Moment noch und er mußte sich erinnern, diese Kleidungsstücke irgendwo in diesem Leben schon einmal gesehen zu haben. Kostete, was es kosten wollte, ich mußte seine Aufmerksamkeit von dem verhängnisvollen Anblick ablenken und derart bannen, daß sie mir nicht mehr entglitt. Das war aber nur durch etwas Nochniedagewesenes zu erreichen. Dieser Gedankengang, der sich blitzartig in meinem Hirne vollzog, veranlaßte mich dazu, eine Roheit von solcher Ungeheuerlichkeit zu begehen, daß ich sie mir heute nach zwanzig Jahren, wiewohl sie damals die Situation rettete, noch nicht verziehen habe.

»Ich bin nicht allein«, sagte ich. »Wenn du aber eine Ahnung von der Herrlichkeit dieses Geschöpfes hättest, würdest du mich beneiden.« Dabei preßte sich mein Arm, der die Decke über ihren Kopf gelegt hatte, krampfhaft auf jene Stelle, wo ich den Mund vermutete, um auf die Gefahr hin, ihr den Atem zu nehmen, jede Lebensäußerung ihrerseits zu verhindern. Gierig glitten seine Blicke an den von der Decke gebildeten Wellenlinien auf und nieder.

Und nun kommt das Ungeheuerliche, das Nochniedagewesene. Ich ergriff die Decke an ihrem untersten Ende und schlug sie bis an den Hals empor, so daß nur ihr Kopf noch verhüllt war. – »Hast du je in deinem Leben eine solche Pracht gesehen?« fragte ich ihn.

Seine Augen standen weit aufgerissen, aber er geriet in sichtliche Verlegenheit.

»Ja, ja – das muß man sagen – du hast einen guten Geschmack – nun, ich – werde jetzt gehen – verzeih mir bitte, daß – daß ich dich gestört habe.« – Dabei zog er sich zur Türe zurück, und ich ließ den Schleier, ohne mich zu beeilen, wieder sinken. Darauf sprang ich rasch auf die Füße und stellte mich neben der Türe so vor ihn hin, daß er die Strümpfe, die auf dem Sessel lagen, unmöglich mehr sehen konnte.

»Ich komme jedenfalls mit dem Mittagszug nach Ebenhausen«, sagte ich, während er die Klinke schon in der Hand hielt. »Vielleicht erwartet ihr mich dort im Gasthof zur Post. Dann fahren wir zusammen nach Ammerland. Das wird eine prächtige Tour. Ich danke dir bestens für deine Einladung.«

Er machte noch einige wohlgemeinte, jovial-scherzhafte Bemerkungen und verließ darauf das Zimmer. Ich blieb wie angewurzelt stehen, bis ich seine Schritte unten im Hausgang verhallen hörte.

Ich will es mir ersparen, den entsetzlichen Zustand von Wut und Verzweiflung zu schildern, in dem sich die bedauernswürdige Frau nach dieser Szene befand. Sie war seelisch wie aus den Fugen gegangen und gab mir Beweise von Haß und Verachtung, wie ich sie nie in meinem Leben empfangen habe. Während sie sich hastig ankleidete, bedrohte sie mich damit, mir ins Gesicht zu spucken. Ich verzichtete natürlich auf jeden Versuch, mich zu verteidigen.

»Wohin denkst du denn jetzt zu gehen?«

»Ich weiß nicht – – ins Wasser – – nach Hause – – oder auch zu Brüchmanns – um zu sehen, wie es deren Jüngsten geht. – Ich weiß es nicht.«

– – Am Mittag gegen zwei Uhr saßen wir zusammen unter den schattigen Kastanienbäumen neben dem Gasthof zur Post in Ebenhausen, Röbel, Schletter, mein Freund und ich, und erlabten uns an gebratenen Hühnern und hellschimmerndem saftigen Kopfsalat. Mein Freund, dessen Seelenzustand ich argwöhnisch beobachtete, beruhigte mich durch die ganz außergewöhnlich fröhliche Laune, in der er sich befand. Er warf mir scherzhaft treffende Blicke zu und rieb sich siegreich schmunzelnd die Hände, ohne indessen zu verraten, was sein Inneres so froh bewegte. Die Tour verlief ohne weitere Störung, und gegen zehn Uhr abends waren wir wieder in der Stadt. Am Bahnhof angekommen, verabredeten wir uns in ein Bierlokal.

»Erlaubt mir nur«, sagte mein Freund, »daß ich eben nach Hause gehe und meine Frau hole. Sie hat den ganzen schönen Tag bei dem kranken Kinde gesessen und würde es uns übelnehmen, wenn wir sie nun den Abend zu Hause allein verbringen lassen.«

Bald darauf kam er mit ihr in den verabredeten Garten. Das Gespräch drehte sich natürlich um die überstandene Tour, deren Ereignislosigkeit von allen Teilnehmern nach Kräften zu erzählungswürdigen Abenteuern aufgebauscht wurde. Die junge Frau war etwas wortkarg, etwas betreten und würdigte mich keines Blickes. Er hingegen trug noch mehr als während des Nachmittags in seinem jovialen Gesicht jenes für mich so rätselhafte Siegesbewußtsein zur Schau. Seine überlegenen, triumphierenden Blicke galten jetzt aber mehr seiner versonnen dasitzenden Gattin als mir. Es war nicht anders, als hätte er irgendeine innere, ihn tief beseligende Genugtuung erfahren.

Erst einen Monat später, als ich mit der jungen Frau zum erstenmal wieder allein war, klärte sich mir dieses Rätsel auf. Nachdem ich noch einmal die heftigsten Vorwürfe über mich hatte ergehen lassen müssen, war eine oberflächliche Versöhnung erfolgt, nach deren mühevollem Zustandekommen sie mir anvertraute, wie ihr Mann, als sie am Abend jenes Tages zu Hause mit ihm allein war, ihr mit verschränkten Armen folgenden Vortrag gehalten hatte: »Deinen lieben, süßen Jungen, mein Kind, den habe ich jetzt aber gründlich kennen gelernt. Jeden Tag gestehst du mir, daß du ihn liebst, und ahnst dabei gar nicht, wie der sich über dich lustig macht. Heute morgen traf ich ihn in seiner Wohnung an; natürlich war er nicht allein. Freilich ist mir jetzt auch völlig klar geworden, warum er sich nichts aus dir macht und deine Empfindungen verächtlich zurückweist. Denn seine Geliebte ist ein Weib von so berückender, so überwältigender Körperschönheit, daß du mit deinen wenigen verblühten Reizen allerdings nicht mit ihr wetteifern kannst.«

Das, meine lieben Freunde, war die Wirkung der Schutzimpfung. Ich habe sie euch nur geschildert, damit ihr euch vor diesem Zaubermittel bewahren könnt.

Rainer Maria Rilke
Die Turnstunde

In der Militärschule zu Sankt Severin. Turnsaal. Der Jahrgang steht in den hellen Zwillichblusen, in zwei Reihen geordnet, unter den großen Gaskronen. Der Turnlehrer, ein junger Offizier mit hartem braunen Gesicht und höhnischen Augen, hat Freiübungen kommandiert und verteilt nun die Riegen. »Erste Riege Reck, zweite Riege Barren, dritte Riege Bock, vierte Riege Klettern! Abtreten!« Und rasch, auf den leichten, mit Kolophonium isolierten Schuhen, zerstreuen sich die Knaben. Einige bleiben mitten im Saale stehen, zögernd, gleichsam unwillig. Es ist die vierte Riege, die schlechten Turner, die keine Freude haben an der Bewegung bei den Geräten und schon müde sind von den zwanzig Kniebeugen und ein wenig verwirrt und atemlos.

Nur Einer, der sonst der Allerletzte blieb bei solchen Anlässen, Karl Gruber, steht schon an den Kletterstangen, die in einer etwas dämmerigen Ecke des Saales, hart vor den Nischen, in denen die abgelegten Uniformröcke hängen, angebracht sind. Er hat die nächste Stange erfaßt und zieht sie mit ungewöhnlicher Kraft nach vorn, so daß sie frei an dem zur Übung geeigneten Platze schwankt. Gruber läßt nicht einmal die Hände von ihr, er springt auf und bleibt, ziemlich hoch, die Beine ganz unwillkürlich im Kletterschluß verschränkt, den er sonst niemals begreifen konnte, an der Stange hängen. So erwartet er die Riege und betrachtet – wie es scheint – mit besonderem Vergnügen den erstaunten Ärger des kleinen polnischen Unteroffiziers, der ihm zuruft, abzuspringen. Aber Gruber ist diesmal sogar ungehorsam und Jastersky, der blonde Unteroffizier, schreit endlich: »Also, entweder Sie kommen herunter oder Sie klettern hinauf, Gruber! Sonst melde ich dem Herrn Oberlieutenant ...« Und da beginnt Gruber, zu klettern, erst heftig mit Überstürzung, die Beine wenig aufziehend und die Blicke aufwärts gerichtet, mit einer gewissen Angst das unermeßliche Stück Stange abschätzend, das noch bevorsteht. Dann verlangsamt sich seine Bewegung; und als ob er jeden Griff genösse, wie etwas Neues, Angenehmes, zieht er sich höher, als man gewöhnlich zu klettern pflegt. Er beachtet nicht die Aufregung des ohnehin gereizten Unteroffiziers, klettert und klettert, die Blicke immerfort aufwärts gerichtet, als hätte er einen Ausweg in der Decke des Saales entdeckt und strebte danach, ihn zu erreichen. Die ganze Riege folgt ihm mit den Augen. Und auch aus den anderen Riegen richtet man schon da und dort die Aufmerksamkeit auf den Kletterer, der sonst kaum das erste Dritteil der Stange keuchend, mit rotem Gesicht und bösen Augen erklomm. »Bravo, Gruber!« ruft jemand aus der ersten Riege herüber. Da wenden viele ihre Blicke aufwärts, und es wird eine Weile still im Saal, – aber gerade in diesem Augenblick, da alle Blicke an der Gestalt Grubers hängen, macht er hoch oben unter der Decke eine Bewegung, als wollte er sie abschütteln; und da ihm Das offenbar nicht gelingt, bindet er alle diese Blicke oben an den nackten eisernen Haken und saust die glatte Stange herunter, so daß alle immer noch hinaufsehen, als er schon längst, schwindelnd und heiß, unten steht und mit seltsam glanzlosen Augen in seine glühenden Handflächen schaut. Da fragt ihn der eine oder der andere der ihm zunächst stehenden Kameraden, was denn heute in ihn gefahren sei. »Willst wohl in die erste Riege kommen?« Gruber lacht und scheint etwas antworten zu wollen, aber er überlegt es sich und senkt schnell die Augen. Und dann, als das Geräusch und Getöse wieder seinen Fortgang hat, zieht er sich leise in die Nische zurück, setzt sich nieder, schaut ängstlich um sich und holt Atem, zweimal rasch, und lacht wieder und will was sagen ... aber schon achtet niemand mehr seiner. Nur Jerome, der auch in der vierten Riege ist, sieht, daß er wieder seine Hände betrachtet, ganz darüber gebückt wie einer, der bei wenig Licht einen Brief entziffern will. Und er tritt nach einer Weile zu ihm hin und fragt: »Hast du dir weh getan?« Gruber erschrickt. »Was?« macht er mit seiner gewöhnlichen, in Speichel watenden Stimme. »Zeig mal!« Jerome nimmt die eine Hand Grubers und neigt sie gegen das Licht. Sie ist am Ballen ein wenig abgeschürft. »Weißt du, ich habe etwas dafür«, sagt Jerome, der immer Englisches Pflaster von zu Hause geschickt bekommt, »komm dann nachher zu mir.« Aber es ist, als hätte Gruber nicht gehört; er schaut geradeaus in den Saal hinein, aber so, als sähe er etwas Unbestimmtes, vielleicht nicht im Saal, draußen vielleicht, vor den Fenstern, obwohl es dunkel ist, spät und Herbst.

In diesem Augenblick schreit der Unteroffizier in seiner hochfahrenden Art: »Gruber!« Gruber bleibt unverändert, nur seine Füße, die vor ihm ausgestreckt sind, gleiten, steif und ungeschickt, ein wenig auf dem glatten Parkett vorwärts. »Gruber!« brüllt der Unteroffizier und die Stimme schlägt ihm über. Dann wartet er eine Weile und sagt rasch und heiser, ohne den Gerufenen anzusehen: »Sie melden sich nach der Stunde. Ich werde Ihnen schon...« Und die Stunde geht weiter. »Gruber«, sagt Jerome und neigt sich zu dem Kameraden, der sich immer tiefer in die Nische zurücklehnt, »es war schon wieder an dir, zu klettern, auf dem Strick, geh mal, versuchs, sonst macht dir der Jastersky irgend eine Geschichte, weißt du ...« Gruber nickt. Aber statt aufzustehen, schließt er plötzlich die Augen und gleitet unter den Worten Jeromes durch, als ob eine Welle ihn trüge, fort, gleitet langsam und lautlos tiefer, tiefer, gleitet vom Sitz, und Jerome weiß erst, was geschieht, als er hört, wie der Kopf Grubers hart an das Holz des Sitzes prallt und dann vornüberfällt... »Gruber!« ruft er heiser. Erst merkt es niemand. Und Jerome steht ratlos mit hängenden Händen und ruft: »Gruber, Gruber!« Es fällt ihm nicht ein, den anderen aufzurichten. Da erhält er einen Stoß, jemand sagt ihm: »Schaf«, ein anderer schiebt ihn fort, und er sieht, wie sie den Reglosen aufheben. Sie tragen ihn vorbei, irgend wohin, wahrscheinlich in die Kammer nebenan. Der Oberleutnant springt herzu. Er gibt mit harter, lauter Stimme sehr kurze Befehle. Sein Kommando schneidet das Summen der vielen schwatzenden Knaben scharf ab. Stille. Man sieht nur da und dort noch Bewegungen, ein Ausschwingen am Gerät, einen leisen Absprung, ein verspätetes Lachen von einem, der nicht weiß, um was es sich handelt. Dann hastige Fragen: »Was? Was? Wer? Der Gruber? Wo?« Und immer mehr Fragen. Dann sagt jemand laut: »Ohnmächtig.« Und der Zugführer Jastersky läuft mit rotem Kopf hinter dem Oberlieutenant her und schreit mit seiner boshaften Stimme, zitternd vor Wut: »Ein Simulant, Herr Oberlieutenant, ein Simulant!« Der Oberlieutenant beachtet ihn gar nicht. Er sieht geradeaus, nagt an seinem Schnurrbart, wodurch das harte Kinn noch eckiger und energischer vortritt, und giebt von Zeit zu Zeit eine knappe Weisung. Vier Zöglinge, die Gruber tragen, und der Oberlieutenant verschwinden in der Kammer. Gleich darauf kommen die vier Zöglinge zurück. Ein Diener läuft durch den Saal. Die vier werden groß angeschaut und mit Fragen bedrängt: »Wie sieht er aus? Was ist mit ihm? Ist er schon zu sich gekommen?« Keiner von ihnen weiß eigentlich was. Und da ruft auch schon der Oberlieutenant herein, das Turnen möge weitergehen, und übergibt dem Feldwebel Goldstein das Kommando. Also wird wieder geturnt, beim Barren, beim Reck, und die kleinen dicken Leute der dritten Riege kriechen mit weitgekretschten Beinen über den hohen Bock. Aber doch sind alle Bewegungen anders als vorher; als hätte ein Horchen sich über sie gelegt. Die Schwingungen am Reck brechen so plötzlich ab und am Barren werden nur lauter kleine Übungen gemacht. Die Stimmen sind weniger verworren und ihre Summe summt feiner, als ob alle immer nur ein Wort sagten: »*Ess, Ess, Ess* ...« Der kleine schlaue Krix horcht inzwischen an der Kammertür. Der Unteroffizier der zweiten Riege jagt ihn davon, indem er zu einem Schlage auf seinen Hintern ausholt. Krix springt zurück, katzenhaft, mit hinterlistig blitzenden Augen. Er weiß schon genug. Und nach einer Weile, als ihn niemand betrachtet, giebt er dem Pawlowitsch weiter: »Der Regimentsarzt ist gekommen.« Nun, man kennt ja den Pawlowitsch; mit seiner ganzen Frechheit geht er, als hätte ihm irgendwer einen Befehl gegeben, quer durch den Saal von Riege zu Riege und sagt ziemlich laut: »Der Regimentsarzt ist drin.« Und es scheint, auch die Unteroffiziere interessieren sich für diese Nachricht. Immer häufiger wenden sich die Blicke nach der Tür, immer langsamer werden die Übungen; und ein Kleiner mit schwarzen Augen ist oben auf dem Bock hocken geblieben und starrt mit offenem Mund nach der Kammer. Etwas Lähmendes scheint in der Luft zu liegen. Die Stärksten bei der ersten Riege machen zwar noch einige Anstrengungen, gehen dagegen an, kreisen mit den Beinen; und Pombert, der kräftige Tiroler, biegt seinen Arm und betrachtet seine Muskeln, die sich durch den Zwillich hindurch breit und straff ausprägen. Ja, der kleine, gelenkige Baum schlägt sogar noch einige Armwellen, – und plötzlich ist diese heftige Bewegung die einzige im ganzen Saal, ein großer flimmernder Kreis, der etwas Unheimliches hat inmitten der allgemeinen Ruhe. Und mit einem Ruck bringt sich der kleine Mensch zum Stehen, läßt sich einfach unwillig in die Knie fallen und macht ein Gesicht, als ob er alle verachte. Aber auch seine kleinen stumpfen Augen bleiben schließlich an der Kammertür hängen.

Jetzt hört man das Singen der Gasflammen und das Gehen der Wanduhr. Und dann schnarrt die Glocke, die das Stundenzeichen gibt. Fremd und eigentümlich ist heute ihr Ton; sie hört auch ganz unvermittelt auf, unterbricht sich mitten im Wort. Feldwebel Goldstein aber kennt seine Pflicht. Er ruft: »Antreten!« Kein Mensch hört ihn. Keiner kann sich erinnern, welchen Sinn dieses Wort besaß, – vorher. Wann vorher? »Antreten!« krächzt der Feldwebel böse und gleich schreien jetzt die anderen Unteroffiziere ihm nach: »Antreten!« Und auch mancher von den Zöglingen sagt wie zu sich selbst, wie im Schlaf: »Antreten! Antreten!« Aber im Grunde wissen alle, daß sie noch etwas abwarten müssen. Und da geht auch schon die Kammertür auf; eine Weile nichts; dann tritt Oberlieutenant Wehl heraus und seine Augen sind groß und zornig und seine Schritte fest. Er marschiert wie beim Defilieren und sagt heiser: »Antreten!« Mit unbeschreiblicher Geschwindigkeit findet sich alles in Reihe und Glied. Keiner rührt sich. Als wenn ein Feldzeugmeister da wäre. Und jetzt das Kommando: »Achtung!« Pause und dann, trocken und hart: »Euer Kamerad Gruber ist soeben gestorben. Herzschlag. Abmarsch«! Pause.

Und erst nach einer Weile die Stimme des diensttuenden Zöglings, klein und leise: »Links um! Marschieren: Compagnie, Marsch!« Ohne Schritt und langsam wendet sich der Jahrgang zur Tür. Jerome als der letzte. Keiner sieht sich um. Die Luft aus dem Gang kommt, kalt und dumpfig, den Knaben entgegen. Einer meint, es rieche nach Karbol. Pombert macht laut einen gemeinen Witz in Bezug auf den Gestank. Niemand lacht. Jerome fühlt sich plötzlich am Arm gefaßt, so angesprungen. Krix hängt daran. Seine Augen glänzen und seine Zähne schimmern, als ob er beißen wollte. »Ich hab ihn gesehen«, flüstert er atemlos und preßt Jeromes Arm und ein Lachen ist innen in ihm und rüttelt ihn hin und her. Er kann kaum weiter: »Ganz nackt ist er und eingefallen und ganz lang. Und an den Fußsohlen ist er versiegelt . . .«

Und dann kichert er, spitz und kitzlich, kichert und beißt sich in den Ärmel Jeromes hinein.

Robert Walser
Ein unartiger Brief

Nun sei es in Ihrem Hause wieder still, schreiben Sie mir, verehrte Frau, gerade, als wenn es anders als still, als wenn es sehr laut zugegangen wäre, da ich mich für einige Stunden bei Ihnen aufhielt. Wir flüsterten doch ängstlich, vorsichtig und zaghaft genug miteinander, und worin bestand denn unsere Unterhaltung, wenn sie nicht hauptsächlich darin bestand, daß wir uns in einer langandauernden Verlegenheit, in einem Überrascht- und Erstauntsein anschauten? Ungefähr jede Minute fiel ein Wort, das vielleicht bloß eine gehauchte Silbe, ein kaum vernehmlicher Laut gewesen sein mochte. Erwarteten wir denn nicht jeden Moment das Auftreten, das urplötzlich sich geltend machende Erscheinen Ihres schätzenswerten Herrn Gemahls? Sprach ich in Ihrem Hause, im Zimmer, worin Sie mir das Vergnügen gewährten, Ihnen gegenüber zu sitzen und den Wohlgeruch Ihres Kleides einzuatmen, eigentlich anders als in einem fort um die Anmut, die Schätzenswürdigkeit Ihrer Ehre zitternd, an die ja auch Sie in einem fort dachten? Von Zeit zu Zeit fielen mir irgendwann und -wo gesehene Landschaften ins lebhaftest aufgestachelte Gedächtnis. Ich weiß nun natürlich nicht, wohin sich Ihre Gedanken verloren haben mochten; von den meinigen bin ich keinen Augenblick im Zweifel, wessen Sie sich in aller Lautlosigkeit und in aller Bangigkeit, die mich im tiefsten Inneren entzückte, erkühnten. Vielleicht ähnelte Ihr Denken in meinem Beisein einem um Hilfe rufenden klagenden Gejubel. Wie merkwürdig ich mich hier übrigens ausdrücke! Schon in Ihrem ersten, sehr liebenswürdigen Briefe nennen Sie mich auf eine mir nicht ohne weiteres verständliche Art und Weise Ihr Licht, eine Auffassung, womit Sie mir auch in Ihrem zweiten Schreiben geglaubt haben schmeicheln zu müssen. Darf ich Ihnen bekennen, ich sei der Meinung, einer Dame stehe es nicht sonderlich wohl an, einem Vertreter des stärkeren Teiles der Menschheit allzu große Artigkeiten zu sagen, obwohl ich Sie ja im übrigen ganz gut begreife, denn ein Lob auszusprechen ist kürzer, bequemer und angenehmer, als einem Tadel oder irgendeiner Mißachtung Ausdruck zu verleihen, aber die Kunst der Geselligkeit, gnädige Frau, besteht darin, daß man sich im schönen, verbindungenherstellenden Bemühen geübt hat, weder Über- noch Unterschätzung merken zu lassen, was beides als Bräuche zu bezeichnen sein könnten, die, ich bitte um Verzeihung, nach etwas wie Unkultur duften. Wissen Sie, daß Sie mir in der Tat sozusagen ein wenig als noch in einer gewissen Unwissenheit umhertappend vorkommen?

Ich rede sehr offenherzig, aber ich richte ja diesen Brief nicht an Sie, sondern an die Öffentlichkeit, die kein so zarter Apparat ist, daß man glauben müßte, sie zerbräche vor Gekränktheit über eine womöglich etwas schonungslose Aussage. Ich halte viele gebildetscheinende Frauen für in ziemlich umfangreichem Maß ungebildet, und es freut mich förmlich, den Einfall gefunden zu haben, zu sagen, was mir diesbezüglich längst im Gefühl oder im Gemüt schlummert. Es sei nun rund um Sie wieder alles, alles leer, und Sie hätten eine Sehnsucht, ein unabweisbares Verlangen, zu mir zu kommen, vor meiner Türe zu stehen, hielten Sie für angezeigt, mir zu schreiben, über welche Äußerung ich mir nicht erlaubt habe, auch nur mit einem Muskel meines Gesichtes zu zucken. Ich schaute diese Äußerung bloß, wie soll ich sagen, großen Auges an, als mache sie mich staunen, wie wenn mir diese Äußerung als etwas Gemäldeartiges vorgekommen wäre. Ich halte Sie nämlich nicht für unglücklich, also nicht für das, als was es Ihnen zu passen scheint, mir vorzukommen, obwohl ich mich vielleicht in dieser Hinsicht täuschen kann. Ich halte es aber für meine Pflicht, Sie nicht für unglücklich zu halten, sondern eher bloß für ein wenig gelangweilt, was doch aber weiter nicht schlimm ist, das werden Sie zugeben. Haben Sie etwa den Versuch machen wollen, mich sentimental zu machen? Wenn es so wäre, würde ich mir erlauben, Sie zu bitten, auf dieses Unternehmen zu verzichten, denn ich aß beispielsweise gestern eine Speise, die mich unbefriedigt ließ, und fühlte mich deswegen dennoch nicht im seelischen Gleichgewicht angegriffen, woraus Sie sehen können, wie schwierig es ist, mich zu anormalisieren. Ihre Aufgabe scheint darin zu bestehen, mir Mitleid mit Ihnen einzuflößen. Inwiefern Sie es nicht umgangen haben, mich Seelenfreund zu nennen, würde ich vielleicht das Recht haben, Sie zu bedauern, aber wenn Sie Lust haben, es Ihnen Vergnügen macht, wie eine Art Bettlerin vor der Türe meines Zimmers zu stehen, so dürfen Sie dies selbstverständlich zu jeder Tageszeit tun. Ich erlaube Ihnen, ganze Nächte lang in der Straße auf- und abzupromenieren, in der ich wohne; nur möchte ich Sie aufgefordert haben, sich für dies Geschäft möglichst warm anzuziehen, damit Sie sich nicht erkälten. Meine Meinung ist, daß man alles tun darf. Ich finde es also nicht unpassend, eher nur ein bißchen leichtsinnig von Ihnen, sich nach einer Berührung durch mich zu sehnen. Ich würde froh sein, wenn Sie sich dies alles lediglich eingeredet hätten, und wenn Sie sich, bei einigem Besinnen, von einer Romantik zurückziehen würden, die sich mir mit unserer heutigen Wirklichkeit nicht zu vertragen scheint. Was ich beifüge, ist, daß ich Sie für eine viel zu nette, feine und artige Frau halte, für eine viel zu zarte Seele, als daß Sie fähig zu sein vermöchten, meine Freundin oder Begleiterin zu sein, denn mir würde es vielleicht eines Tages einfallen, Sie dorthin zu ziehen, wo man mich mit allen Regeln der Kunst zu überlisten sucht. Sie würden in meiner Gesellschaft zu häufig Anlaß erhalten, Standhaftigkeit zu beweisen, und es wäre unhöflich von mir, Ihnen dies zuzumuten. Warum wollen Sie nicht das brave Frauchen bleiben, das Sie mit jeder Faser Ihres Wesens sind, und warum wollen Sie die nähere Bekanntschaft eines Menschen machen, der sich schon in Gemächern aufhielt, worin an der Wand vielleicht eine Abbildung hing, auf der ein hingerissenes Individuum vor einem gleichsam gläsernen, gelassenen hinkniete, und der sich überall befeindet und sich im Nu wieder zum Freund macht, was mitanzusehen für Sie viel zu enervierend wäre? Ich scheine etwas wie der Starke zu sein, der auf Sie, da Sie zart sind, anziehend einwirkt! Sie aber scheinen das Leben nicht zu kennen; Sie blickten bis dahin nur aus sauberster Distanz in die Welt hinein, mit deren Alltäglichkeiten ich vertraut bin, mit denen ich spiele. Für Sie wäre es aber nicht dasselbe. Sollte Ihr Herr Gemahl wirklich ein so unausstehliches Etwas sein, als das ihn eine Unverheiratete sicher nicht anschauen würde? Einer ledigen Dame würde er sicher im ganzen genommen gar nicht so unlieb sein.

Darf ich Sie bitten, sich vergegenwärtigen zu wollen, daß ich meine durchaus eigene, besondere, schöne, unschöne, liebliche, herbe Mission habe, und wie ich vor allem gern mir selber treu bleibe? Sie störten mich sehr, und was Ihre Ehe betrifft, so bin ich mindestens jede Woche einmal Passiv- oder Aktivmitglied bei einer Eifersuchtsaffäre. Für mich wäre das also nichts Neues. Bleiben Sie lieber, bitte, für mich ein fortwährendes, unauflösliches, hie und da zu Nachdenklichkeiten anlaßgebendes, hochanständiges, gutbürgerliches Rätsel. Auf mich machen Sie den Eindruck einer Frau, die sich mehr Bedeutung beimißt, als ihr gestattet zu sein scheint. Möchten Sie nicht den Schreiber dieser Zeilen sich zu denjenigen Frauen hingezogen fühlen lassen, die sich dadurch gewissermaßen auszeichnen, daß sie eher in Wirklichkeit bedeutend sind, als daß es ihnen darum zu tun wäre, so zu scheinen? Dies ist sicher ein sehr herzhafter, weil unartiger Brief.

Alfred Döblin
Die Ermordung einer Butterblume

Der schwarzgekleidete Herr hatte erst seine Schritte gezählt, eins, zwei, drei, bis hundert und rückwärts, als er den breiten Fichtenweg nach St. Ottilien hinanstieg, und sich bei jeder Bewegung mit den Hüften stark nach rechts und links gewiegt, so daß er manchmal taumelte; dann vergaß er es.

Die hellbraunen Augen, die freundlich hervorquollen, starrten auf den Erdboden, der unter den Füßen fortzog, und die Arme schlenkerten an den Schultern, daß die weißen Manschetten halb über die Hände fielen. Wenn ein gelbrotes Abendlicht zwischen den Stämmen die Augen zum Zwinkern brachte, zuckte der Kopf, machten die Hände entrüstete hastige Abwehrbewegungen. Das dünne Spazierstöckchen wippte in der Rechten über Gräser und Blumen am Wegrand und vergnügte sich mit den Blüten.

Es blieb, als der Herr immer ruhig und achtlos seines Weges zog, an dem spärlichen Unkraut hängen. Da hielt der ernste Herr nicht inne, sondern ruckte, weiter schlendernd, nur leicht am Griff, schaute sich dann, am Arm festgehalten, verletzt um, riß erst vergebens, dann erfolgreich mit beiden Fäusten das Stöckchen los und trat atemlos mit zwei raschen Blicken auf den Stock und den Rasen zurück, so daß die Goldkette auf der schwarzen Weste hochsprang.

Außer sich stand der Dicke einen Augenblick da. Der steife Hut saß ihm im Nacken. Er fixierte die verwachsenen Blumen, um dann mit erhobenem Stock auf sie zu stürzen und blutroten Gesichts auf das stumme Gewächs loszuschlagen. Die Hiebe sausten rechts und links. Über den Weg flogen Stiele und Blätter. Die Luft laut von sich blasend, mit blitzenden Augen ging der Herr weiter. Die Bäume schritten rasch an ihm vorbei; der Herr achtete auf nichts. Er hatte eine aufgestellte Nase und ein plattes bartloses Gesicht, ein ältliches Kindergesicht mit süßem Mündchen.

Bei einer scharfen Biegung des Weges nach oben galt es aufzuachten. Als er ruhiger marschierte und sich mit der Hand gereizt den Schweiß von der Nase wischte, tastete er, daß sein Gesicht sich ganz verzerrt hatte, daß seine Brust heftig keuchte. Er erschrak bei dem Gedanken, daß ihn jemand sehen könnte, etwa von seinen Geschäftsfreunden oder eine Dame. Er strich sein Gesicht und überzeugte sich mit einer verstohlenen Handbewegung, daß es glatt war.

Er ging ruhig. Warum keuchte er? Er lächelte verschämt. Vor die Blumen war er gesprungen und hatte mit dem Spazierstöckchen gemetzelt, ja mit jenen heftigen aber wohlgezielten Handbewegungen geschlagen, mit denen er seine Lehrlinge zu ohrfeigen gewohnt war, wenn sie nicht gewandt genug die Fliegen im Kontor fingen und nach der Größe sortiert ihm vorzeigten.

Häufig schüttelte der ernste Mann den Kopf über das sonderbare Vorkommnis. »Man wird nervös in der Stadt. Die Stadt macht mich nervös«, wiegte sich nachdenklich in den Hüften, nahm den steifen englischen Hut und fächelte die Tannenluft auf seinen Schopf.

Nach kurzer Zeit war er wieder dabei, seine Schritte zu zählen, eins, zwei, drei. Fuß trat vor Fuß, die Arme schlenkerten an den Schultern. Plötzlich sah Herr Michael Fischer, während sein Blick leer über den Wegrand strich, wie eine untersetzte Gestalt, er selbst, von dem Rasen zurücktrat, auf die Blumen stürzte und einer Butterblume den Kopf glatt abschlug. Greifbar geschah vor ihm, was sich vorhin begeben hatte an dem dunklen Weg. Diese Blume dort glich den andern auf ein Haar. Diese eine lockte seinen Blick, seine Hand, seinen Stock. Sein Arm hob sich, das Stöckchen sauste, wupp, flog der Kopf ab. Der Kopf überstürzte sich in der Luft, verschwand im Gras. Wild schlug das Herz des Kaufmanns. Plump sank jetzt der gelöste Pflanzenkopf und wühlte sich in das Gras. Tiefer, immer tiefer, durch die Grasdecke hindurch, in den Boden hinein. Jetzt fing er an zu sausen, in das Erdinnere, daß keine Hände ihn mehr halten konnten. Und von oben, aus dem Körperstumpf, tropfte es, quoll aus dem Halse weißes Blut, nach in das Loch, erst wenig, wie einem Gelähmten, dem der Speichel aus dem

Mundwinkel läuft, dann in dickem Strom, rann schleimig, mit gelbem Schaum auf Herrn Michael zu, der vergeblich zu entfliehen suchte, nach rechts hüpfte, nach links hüpfte, der drüber wegspringen wollte, gegen dessen Füße es schon anbrandete.

Mechanisch setzte Herr Michael den Hut auf den schweißbedeckten Kopf, preßte die Hände mit dem Stöckchen gegen die Brust. »Was ist geschehen?« fragte er nach einer Weile. »Ich bin nicht berauscht. Der Kopf darf nicht fallen, er muß liegen bleiben, er muß im Gras liegen bleiben. Ich bin überzeugt, daß er jetzt ruhig im Gras liegt. Und das Blut – –. Ich erinnere mich dieser Blume nicht, ich bin mir absolut nichts bewußt.«

Er staunte, verstört, mißtrauisch gegen sich selbst. In ihm starrte alles auf die wilde Erregung, sann entsetzt über die Blume, den gesunkenen Kopf, den blutenden Stiel. Er sprang noch immer über den schleimigen Fluß. Wenn ihn jemand sähe, von seinen Geschäftsfreunden oder eine Dame.

In die Brust warf sich Herr Michael Fischer, umklammerte den Stock mit der Rechten. Er blickte auf seinen Rock und stärkte sich an seiner Haltung. Die eigenwilligen Gedanken wollte er schon unterkriegen: Selbstbeherrschung. Diesem Mangel an Gehorsam würde er, der Chef, energisch steuern. Man muß diesem Volk bestimmt entgegentreten: »Was steht zu Diensten? In meiner Firma ist solch Benehmen nicht üblich. Hausdiener, raus mit dem Kerl.« Dabei fuchtelte er, stehen bleibend, mit dem Stöckchen in der Luft herum. Eine kühle, ablehnende Miene hatte Herr Fischer aufgesetzt; nun wollte er einmal sehen. Seine Überlegenheit ging sogar soweit, daß er oben auf der breiten Fahrstraße seine Furchtsamkeit bespöttelte. Wie würde es sich komisch machen, wenn an allen Anschlagsäulen Freiburgs am nächsten Morgen ein rotes Plakat hinge: »Mord begangen an einer erwachsenen Butterblume, auf dem Wege von Immental nach St. Ottilien, zwischen sieben und neun Uhr abends. Des Mordes verdächtig« et cetera. So spöttelte der schlaffe Herr in Schwarz und freute sich über die kühle Abendluft. Da unten würden die Kindermädchen, die Pärchen finden, was von seiner Hand geschehen war. Geschrei wird es geben und entsetztes Nachhauselaufen. An ihn würden die Kriminalbeamten denken, an den Mörder, der sich schlau ins Fäustchen lachte. Herr Michael erschauerte wüst über seine eigne Tollkühnheit, er hätte sich nie für so verworfen gehalten. Da unten lag aber sichtbar für die ganze Stadt ein Beweis seiner raschen Energie.

Der Rumpf ragt starr in die Luft, weißes Blut sickert aus dem Hals.

Herr Michael streckte leicht abwehrend die Hände vor.

Es gerinnt oben ganz dick und klebrig, so daß die Ameisen hängen bleiben.

Herr Michael strich sich die Schläfen und blies laut die Luft von sich.

Und daneben im Rasen fault der Kopf. Er wird zerquetscht, aufgelöst vom Regen, verwest. Ein gelber stinkender Matsch wird aus ihm, grünlich, gelblich, schillernd, schleimartig wie Erbrochenes. Das hebt sich lebendig, rinnt auf ihn zu, gerade auf Herrn Michael zu, will ihn ersäufen, strömt klatschend gegen seinen Leib, spritzt an seine Nase. Er springt, hüpft nur noch auf den Zehen.

Der feinfühlige Herr fuhr zusammen. Einen scheußlichen Geschmack fühlte er im Munde. Er konnte nicht schlucken vor Ekel, spie unaufhörlich. Häufig stolperte er, hüpfte unruhig, mit blaubleichen Lippen weiter.

»Ich weigere mich, ich weigere mich auf das entschiedenste, mit Ihrer Firma irgendwelche Beziehung anzuknüpfen.«

Das Taschentuch drückte er an die Nase. Der Kopf mußte fort, der Stiel zugedeckt werden, eingestampft, verscharrt. Der Wald roch nach der Pflanzenleiche. Der Geruch ging neben Herrn Michael einher, wurde immer intensiver. Eine andere Blume mußte an jene Stelle gepflanzt werden, eine wohlriechende, ein Nelkengarten. Der Kadaver mitten im Walde mußte fort. Fort

Im Augenblick, als Herr Fischer stehen bleiben wollte, fuhr es ihm durch den Kopf, daß es ja lächerlich war, umzukehren, mehr als lächerlich. Was ging ihn die Butterblume an? Bittere Wut lohte in ihm bei dem Gedanken, daß er fast überrumpelt war. Er hatte sich nicht zusammengenommen, biß sich in den Zeigefinger: »Paß auf, du, ich sag dir's, paß auf, Lump, verfluchter.« Zugleich warf sich hinterrücks Angst riesengroß über ihn.

Der finstere Dicke sah scheu um sich, griff in seine Hosentasche, zog ein kleines Taschenmesser heraus und klappte es auf.

Inzwischen gingen seine Füße weiter. Die Füße begannen ihn zu grimmen. Auch sie wollten sich zum Herrn aufwerfen; ihn empörte ihr eigenwilliges Vorwärtsdrängen. Diese Pferdchen wollte er bald kirren. Sie sollten es spüren. Ein scharfer Stich in die Flanken würde sie schon zähmen. Sie trugen ihn immer weiter fort. Es sah fast aus, als ob er von der Mordstelle fortliefe. Das sollte niemand glauben. Ein Rauschen von Vögeln, ein fernes Wimmern lag in der Luft und kam von unten herauf. »Halt, halt!« schrie er den Füßen zu. Da stieß er das Messer in einen Baum.

Mit beiden Armen umschlang er den Stamm und rieb die Wangen an der Borke. Seine Hände fingerten in der Luft, als ob sie etwas kneteten: »Nach Kanossa gehn wir nicht.« Mit angestrengt gerunzelter Stirn studierte der totblaße Herr die Risse des Baumes, duckte den Rücken, als ob von hinten etwas über ihn wegspringen sollte. Die Telegrafenverbindung zwischen sich und der Stelle hörte er immer wieder klirren, trotzdem er mit Fußstößen die Drähte verwirren und zudrücken wollte. Er suchte es sich zu verbergen, daß seine Wut schon gelähmt war, daß in ihm eine sachte Lüsternheit aufzuckte, eine Lüsternheit nachzugeben. Ganz hinten lüsterte ihn nach der Blume und der Mordstelle.

Herr Michael wippte versuchend mit den Knieen, schnupperte in die Luft, horchte nach allen Seiten, flüsterte ängstlich: »Nur einscharren will ich den Kopf, weiter nichts. Dann ist alles gut. Rasch, bitte, bitte.« Er schloß unglücklich die Augen, drehte sich wie versehentlich auf den Hacken um. Dann schlenderte er, als wäre nichts geschehen, geradeaus abwärts, in gleichgültigem Spaziergängerschritt, mit leisem Pfeifen, in das er einen sorglosen Ton legte, und streichelte, während er befreit aufatmete, die Baumstämme am Wege. Dabei lächelte er, und sein Mäulchen wurde rund wie ein Loch. Laut sang er ein Lied, das ihm plötzlich einfiel: »Häschen in der Grube saß und schlief.« Das frühere Tänzeln,

Wiegen der Hüften, Armschlenkem machte er nach. Das Stöckchen hatte er schuldbewußt hoch in den Ärmel hinaufgeschoben. Manchmal schlich er bei der Biegung des Weges rasch zurück, ob ihn jemand beobachte.

Vielleicht lebte sie überhaupt noch; ja woher wußte er denn, daß sie schon tot war? Ihm huschte durch den Kopf, daß er die Verletzte wieder heilen könnte, wenn er sie mit Hölzchen stützte und etwa ringsherum um Kopf und Stiel einen Klebeverband anlegte. Er fing an schneller zu gehen, seine Haltung zu vergessen, zu rennen. Mit einmal zitterte er vor Erwartung. Und stürzte lang an einer Biegung hin gegen einen abgeholzten Stamm, schlug sich Brust und Kinn, so daß er laut ächzte. Als er sich aufraffte, vergaß er den Hut im Gras; das zerbrochene Stöckchen zerriß ihm den Ärmel von innen; er merkte nichts. Hoho, man wollte ihn aufhalten, ihn sollte nichts aufhalten; er würde sie schon finden. Er kletterte wieder zurück. Wo war die Stelle? Er mußte die Stelle finden. Wenn er die Blume nur rufen könnte. Aber wie hieß sie denn? Er wußte nicht einmal, wie sie hieß. Ellen? Sie hieß vielleicht Ellen, gewiß Ellen. Er flüsterte ins Gras, bückte sich, um die Blumen mit der Hand anzustoßen.

»Ist Ellen hier? Wo liegt Ellen? Ihr, nun? Sie ist verwundet, am Kopf, etwas unterhalb des Kopfes. Ihr wißt es vielleicht noch nicht. Ich will ihr helfen; ich bin Arzt, Samariter. Nun, wo liegt sie? Ihr könnt es mir ruhig anvertrauen, sag ich euch.«

Aber wie sollte er, die er zerbrochen hatte, erkennen? Vielleicht faßte er sie gerade mit der Hand, vielleicht seufzte sie dicht neben ihm den letzten Atemzug aus.

Das durfte nicht sein.

Er brüllte: »Gebt sie heraus. Macht mich nicht unglücklich, ihr Hunde. Ich bin Samariter. Versteht ihr kein Deutsch?«

Ganz legte er sich auf die Erde, suchte, wühlte schließlich blind im Gras, zerknäulte und zerkratzte die Blumen, während sein Mund offen stand und seine Augen gradaus flackerten. Er dumpfte lange vor sich hin.

»Herausgeben. Es müssen Bedingungen gestellt werden. Präliminarien. Der Arzt hat ein Recht auf den Kranken. Gesetze müssen eingebracht werden.«

Die Bäume standen tiefschwarz in der grauen Luft am Wege und überall herum. Es war auch zu spät, der Kopf gewiß schon vertrocknet. Ihn entsetzte der endgültige Todesgedanke und schüttelte ihm die Schultern.

Die schwarze runde Gestalt stand aus dem Grase auf und torkelte am Wegrand entlang abwärts.

Sie war tot. Von seiner Hand.

Er seufzte und rieb sich sinnend die Stirn.

Man würde über ihn herfallen, von allen Seiten. Man sollte nur, ihn kümmerte nichts mehr. Ihm war alles gleichgültig. Sie würden ihm den Kopf abschlagen, die Ohren abreißen, die Hände in glühende Kohlen legen. Er konnte nichts mehr tun. Er wußte, es würde ihnen allen einen Spaß machen, doch er würde keinen Laut von sich geben, um die gemeinen Henkersknechte zu ergötzen. Sie hatten kein Recht, ihn zu strafen, waren selbst verworfen. Ja, er hatte die Blume getötet, und das ging sie gar nichts an, und das war sein gutes Recht, woran er festhielte gegen sie alle. Es war sein Recht, Blumen zu töten, und er fühlte sich nicht verpflichtet, das näher zu begründen. Soviel Blumen, wie er wollte, könnte er umbringen, im Umkreise von tausend Meilen, nach Norden, Süden, Westen, Osten, wenn sie auch darüber grinsten. Und wenn sie weiter so lachten, würde er ihnen an die Kehle springen.

Stehen blieb er; seine Blicke gifteten in das schwere Dunkel der Fichten. Seine Lippen waren prall mit Blut gefüllt. Dann hastete er weiter.

Er mußte wohl hier im Wald kondolieren, den Schwestern der Toten. Er wies darauf hin, daß das Unglück geschehen sei, fast ohne sein Zutun, erinnerte an die traurige Erschöpfung, in der er aufgestiegen war. Und an die Hitze. Im Grunde seien ihm allerdings alle Butterblumen gleichgültig.

Verzweifelt zuckte er wieder mit den Schultern: »Was werden sie noch mit mir machen?« Er strich sich mit den schmutzigen Fingern die Wangen; er fand sich nicht mehr zurecht.

Was sollte das alles; um Gotteswillen, was suchte er hier!

Auf dem kürzesten Wege wollte er davonschleichen, querabwärts durch die Bäume, sich einmal ganz klar und ruhig besinnen. Ganz langsam, Punkt für Punkt.

Um nicht auf dem glatten Boden auszugleiten, tastet er sich von Baum zu Baum. Die Blume, denkt er hinterlistig, kann ja auf dem Weg stehen bleiben, wo sie steht. Es gibt genug solch toten Unkrauts in der Welt.

Entsetzen packt ihn aber, als er sieht, wie aus einem Stamm, den er berührt, ein runder blaßheller Harztropfen tritt; der Baum weint. Im Dunkeln auf einen Pfad flüchtend, merkt er bald, daß sich der Weg sonderbar verengt, als ob der Wald ihn in eine Falle locken wolle. Die Bäume treten zum Gericht zusammen.

Er muß hinaus.

Wieder rennt er hart gegen eine niedrige Tanne; die schlägt mit aufgehobenen Händen auf ihn nieder. Da bricht er sich mit Gewalt Bahn, während ihm das Blut stromweise über das Gesicht fließt. Er speit, schlägt um sich, stößt laut schreiend mit den Füßen gegen die Bäume, rutscht sitzend und kollernd abwärts, läuft schließlich Hals über Kopf den letzten Abhang am Rand des Waldes herunter, den Dorflichtern zu, den zerfetzten Gehrock über den Kopf geschlagen, während hinter ihm der Berg drohsam rauscht, die Fäuste schüttelt und überall ein Bersten und Brechen von Bäumen sich hören läßt, die ihm nachlaufen und schimpfen.

Regungslos stand der dicke Herr an der Gaslaterne vor der kleinen Dorfkirche. Er trug keinen Hut auf dem Kopf, in seinem zerzausten Haarschopf war schwarze Erde und Tannennadeln, die er nicht abschüttelte. Er seufzte schwer. Als ihm warmes Blut den Nasenrücken entlang auf die Stiefel tropfte, nahm er langsam mit beiden Händen einen Rockschoß hoch und drückte ihn gegen das Gesicht. Dann hob er die Hände an das Licht und wunderte sich über die dicken blauen Adern auf dem Handrücken. Er strich an den dicken Knollen und konnte sie nicht wegstreichen. Beim Ansingen und Aufheulen der Elektrischen trollte er weiter, auf engen Gäßchen, nach Hause.

Nun saß er ganz blöde in seinem Schlafzimmer, sagte laut vor sich hin: »Da sitz ich, da sitz ich«, und sah sich verzweifelt im Zimmer um. Auf und ab ging er, zog seine Sachen aus und versteckte sie in einer Ecke des Kleiderspindes. Er zog einen andern schwarzen Anzug an und las auf seiner Chaiselongue das Tagblatt. Er zerknäulte es im Lesen; es war etwas geschehen, es war etwas geschehen. Und ganz spürte er es am nächsten Tage, als er an seinem Pulte saß. Er war versteinert, konnte nicht fluchen, und mit ihm ging eine sonderbare Stille herum.

Mit krampfhaftem Eifer sprach er sich vor, daß alles wohl geträumt sein müsse; aber die Risse an seiner Stirn waren echt. Dann muß es Dinge geben, die unglaublich sind. Die Bäume hatten nach ihm geschlagen, ein Geheul war um die Tote gewesen. Er saß versunken da und kümmerte sich zum Erstaunen des Personals nicht einmal um die brummenden Fliegen. Dann schikanierte er die Lehrlinge mit finsterer Miene, vernachlässigte seine Arbeit und ging auf und ab. Man sah ihn oft, wie er mit der Faust auf den Tisch schlug, die Backen aufblies, schrie, er würde einmal aufräumen im Geschäft und überall. Man würde es sehen. Er lasse sich nicht auf der Nase herumtanzen, von niemandem.

Als er rechnete, stand aber am nächsten Vormittag unerwartet etwas darauf, daß er der Butterblume zehn Mark gutschrieb. Er erschrak, verfiel in bitteres Sinnen über seine Ohnmacht und bat den Prokuristen, die Rechnung weiterzuführen. Am Nachmittag legte er selbst das Geld in einen besonderen Kasten mit stummer Kälte; er wurde sogar veranlaßt, ein eigenes Konto für sie anzulegen; er war müde geworden, wollte seine Ruhe haben. Bald drängte es ihn, ihr von Speise und Trank zu opfern. Ein kleines Näpfchen wurde jeden Tag für sie neben Herrn Michaels Platz gestellt. Die Wirtschafterin hatte die Hände zusammengeschlagen, als er ihr dies Gedeck befahl; aber der Herr hatte sich mit einem unerhörten Zornesausbruch jede Kritik verbeten.

Er büßte, büßte für seine geheimnisvolle Schuld. Er trieb Gottesdienst mit der Butterblume, und der ruhige Kaufmann behauptete jetzt, jeder Mensch habe seine eigene Religion; man müsse eine persönliche Stellung zu einem unaussprechlichen Gott einnehmen. Es gebe Dinge, die nicht jeder begreift. In den Ernst seines Äffchengesichts war ein leidender Zug gekommen; auch seine Körperfülle hatte abgenommen, seine Augen lagen tief. Wie ein Gewissen sah die Blume in seine Handlungen, streng, von den größten bis zu den kleinsten alltäglichen.

Die Sonne schien in diesen Tagen oft auf die Stadt, das Münster und den Schloßberg, schien mit aller Lebensfülle. Da weinte der Verhärtete eines Morgens am Fenster auf, zum ersten Male seit seiner Kindheit. Urplötzlich, weinte, daß ihm fast das Herz brach. All diese Schönheit raubte ihm Ellen, die verhaßte Blume, mit jeder Schönheit der Welt klagte sie ihn jetzt an. Der Sonnenschein leuchtet, sie sieht ihn nicht; sie darf den Duft des weißen Jasmins nicht atmen. Niemand wird die Stelle ihres schmählichen Todes betrachten, keine Gebete wird man dort sprechen: das durfte sie ihm alles zwischen die Zähne werfen, wie lachhaft es auch war und er die Hände rang. Ihr ist alles versagt: das Mondlicht, das Brautglück des Sommers, das ruhige Zusammenleben mit dem Kuckuck, den Spaziergängern, den Kinderwagen. Er preßte das Mündchen zusammen, – er wollte die Menschen zurückhalten, als sie den Berg hinaufzogen. Wenn doch die Welt mit einem Seufzer untergegangen wäre, damit der Blume das Maul gestopft sei. Ja, an Selbstmord dachte er, um diese Not endlich zu stillen.

Zwischendurch behandelte er sie erbittert, wegwerfend, drängte sie mit einem raschen Anlauf an die Wand. Er betrog sie in kleinen Dingen, stieß hastig, wie unabsichtlich, ihren Napf um, verrechnete sich zu ihrem Nachteil, behandelte sie manchmal listig wie einen Geschäftskonkurrenten. An dem Jahrestag ihres Todes stellte er sich, als ob er sich an nichts erinnerte. Erst als sie dringender auf eine stille Feier zu bestehen schien, widmete er ihrem Andenken einen halben Tag.

In einer Gesellschaft ging einmal die Frage nach dem Leibgericht herum. Als man Herrn Michael fragte, was er am liebsten esse, fuhr er mit kalter Überlegung heraus: »Butterblumen; Butterblumen sind mein Leibgericht.« Worauf alles in Gelächter ausbrach, Herr

Michael aber sich zusammenduckte auf seinem Stuhl, mit verbissenen Zähnen das Lachen hörte und die Wut der Butterblume genoß. Er fühlte sich als scheusäliger Drache, der geruhsam Lebendiges herunterschluckt, dachte an wirr Japanisches und Harakiri. Wenngleich er heimlich eine schwere Strafe von ihr erwartete.

Einen solchen Guerillakrieg führte er ununterbrochen mit ihr ununterbrochen schwebte er zwischen Todespein und Entzücken, er labte sich ängstlich an ihrem wütenden Schreien, das er manchmal zu hören glaubte. Täglich sann er auf neue Tücken, oft zog er sich, hoch aufgeregt, aus dem Kontor in sein Zimmer zurück, um ungestört Pläne zu schmieden. Und so heimlich verlief dieser Krieg, und niemand wußte darum.

Die Blume gehörte zu ihm, zum Komfort seines Lebens. Er dachte mit Verwunderung an die Zeit, in der er ohne die Blume gelebt hatte. Nun ging er oft mit trotziger Miene in den Wald nach St. Ottilien spazieren. Und während er sich eines sonnigen Abends auf einem gefallenen Baumstamm ausruhte, blitzte ihm der Gedanke: hier an der Stelle, wo er jetzt saß, hatte seine Butterblume, Ellen, gestanden. Hier mußte es gewesen sein. Wehmut und ängstliche Andacht ergriff den dicken Herrn. Wie hatte sich alles gewendet! Seit jenem Abend bis heute. Er ließ versunken die freundlichen, leicht verfinsterten Augen über das Unkraut gehen, die Schwestern, vielleicht Töchter Ellens. Nach langem Sinnen zuckte es spitzbübisch über sein glattes Gesicht. Oh, sollte seine liebe Blume jetzt eins bekommen. Wenn er eine Butterblume ausgrübe, eine Tochter der Toten, sie zu Hause einpflanzte, hegte und pflegte, so hatte die Alte eine junge Nebenbuhlerin. Ja, wenn er es recht überlegte, konnte er den Tod der Alten überhaupt sühnen. Denn er rettete dieser Blume das Leben und kompensierte den Tod der Mutter; diese Tochter verdarb doch sehr wahrscheinlich hier. Oh, würde er die Alte ärgern, sie ganz kaltstellen. Der gesetzkundige Kaufmann erinnerte sich eines Paragraphen über Kompensation der Schuld. Er grub ein nahes Pflänzchen mit dem Taschenmesser aus, trug es behutsam in der bloßen Hand heim und pflanzte es in einen goldprunkenden Porzellantopf, den er auf einem Mosaiktischchen seines Schlafzimmers postierte. Auf den Boden des Topfes schrieb er mit Kohle: »§ 2403 Absatz 5.«

Täglich begoß der Glückliche die Pflanze mit boshafter Andacht und opferte der Toten, Ellen. Sie war gesetzlich, eventuell unter polizeilichen Maßregeln zur Resignation gezwungen, bekam keinen Napf mehr, keine Speise, kein Geld. Oft glaubte er, auf dem Sofa liegend, ihr Winseln, ihr langgezogenes Stöhnen zu hören. Das Selbstbewußtsein des Herrn Michael stieg in ungeahnter Weise. Er hatte manchmal fast Anwandlungen von Größenwahn. Niemals verfloß sein Leben so heiter.

Als er eines Abends vergnügt aus seinem Kontor in seine Wohnung geschlendert war, erklärte ihm seine Wirtschafterin gleich an der Tür gelassen, daß das Tischchen beim Reinemachen umgestürzt, der Topf zerbrochen sei. Sie hätte die Pflanze, das gemeine Mistzeug, mit allen Scherben in den Mülleimer werfen lassen. Der nüchterne, leicht verächtliche Ton, in dem die Person von dem Unfall berichtete, ließ erkennen, daß sie mit dem Ereignis lebhaft sympathisiere.

Der runde Herr Michael warf die Tür ins Schloß, schlug die kurzen Hände zusammen, quiekte laut vor Glück und hob die überraschte Weibsperson an den Hüften in die Höhe, so weit es seine Kräfte und die Deckenlänge der Person erlaubten. Dann schwänzelte er aus dem Korridor in sein Schlafzimmer, mit flakkernden Augen, aufs höchste erregt; laut schnaufte er und stampften seine Beine; seine Lippen zitterten.

Es konnte ihm niemand etwas nachsagen; er hatte nicht mit dem geheimsten Gedanken den Tod dieser Blume gewünscht, nicht die Fingerspitze eines Gedankens dazu geboten. Die Alte, die Schwiegermutter, konnte jetzt fluchen und sagen, was sie wollte. Er hatte mit ihr nichts zu schaffen. Sie waren geschiedene Leute. Nun war er die ganze Butterblumensippschaft los. Das Recht und das Glück standen auf seiner Seite. Es war keine Frage. Er hatte den Wald übertölpelt.

Gleich wollte er nach St. Ottilien, in diesen brummigen, dummen Wald hinauf. In Gedanken schwang er schon sein schwarzes Stöckchen. Blumen, Kaulquappen, auch Kröten sollten daran glauben. Er konnte morden, so viel er wollte. Er pfiff auf sämtliche Butterblumen.

Vor Schadenfreude und Lachen wälzte sich der dicke, korrekt gekleidete Kaufmann Herr Michael Fischer auf seiner Chaiselongue.

Dann sprang er auf, stülpte seinen Hut auf den Schädel und stürmte an der verblüfften Haushälterin vorbei aus dem Hause auf die Straße.

Laut lachte und prustete er. Und so verschwand er in dem Dunkel des Bergwaldes.

Franz Kafka
Ein Hungerkünstler

In den letzten Jahrzehnten ist das Interesse an Hungerkünstlern sehr zurückgegangen. Während es sich früher gut lohnte, große derartige Vorführungen in eigener Regie zu veranstalten, ist dies heute völlig unmöglich. Es waren andere Zeiten. Damals beschäftigte sich die ganze Stadt mit dem Hungerkünstler; von Hungertag zu Hungertag stieg die Teilnahme; jeder wollte den Hungerkünstler zumindest einmal täglich sehn; an den spätern Tagen gab es Abonnenten, welche tagelang vor dem kleinen Gitterkäfig saßen; auch in der Nacht fanden Besichtigungen statt, zur Erhöhung der Wirkung bei Fackelschein; an schönen Tagen wurde der Käfig ins Freie getragen, und nun waren es besonders die Kinder, denen der Hungerkünstler gezeigt wurde; während er für die Erwachsenen oft nur ein Spaß war, an dem sie der Mode halber teilnahmen, sahen die Kinder staunend, mit offenem Mund, der Sicherheit halber einander bei der Hand haltend, zu, wie er bleich, im schwarzen Trikot, mit mächtig vortretenden Rippen, sogar einen Sessel verschmähend, auf hingestreutem Stroh saß, einmal höflich nickend, angestrengt lächelnd Fragen beantwortete, auch durch das Gitter den Arm streckte, um seine Magerkeit befühlen zu lassen, dann aber wieder ganz in sich selbst versank, um niemanden sich kümmerte, nicht einmal um den für ihn so wichtigen Schlag der Uhr, die das einzige Möbelstück des Käfigs war, sondern nur vor sich hinsah mit fast geschlossenen Augen und hie und da aus einem winzigen Gläschen Wasser nippte, um sich die Lippen zu feuchten.

Außer den wechselnden Zuschauern waren auch ständige, vom Publikum gewählte Wächter da, merkwürdigerweise gewöhnlich Fleischhauer, welche, immer drei gleichzeitig, die Aufgabe hatten, Tag und Nacht den Hungerkünstler zu beobachten, damit er nicht etwa auf irgendeine heimliche Weise doch Nahrung zu sich nehme. Es war das aber lediglich eine Formalität, eingeführt zur Beruhigung der Massen, denn die Eingeweihten wußten wohl, daß der Hungerkünstler während der Hungerzeit niemals, unter keinen Umständen, selbst unter Zwang nicht, auch das geringste nur gegessen hätte; die Ehre seiner Kunst verbot dies. Freilich, nicht jeder Wächter konnte das begreifen, es fanden sich manchmal nächtliche Wachgruppen, welche die Bewachung sehr lax durchführten, absichtlich in eine ferne Ecke sich zusammensetzten und dort sich ins Kartenspiel vertieften, in der offenbaren Absicht, dem Hungerkünstler eine kleine Erfrischung zu gönnen, die er ihrer Meinung nach aus irgendwelchen geheimen Vorräten hervorholen konnte. Nichts war dem Hungerkünstler quälender als solche Wächter; sie machten ihn trübselig; sie machten ihm das Hungern entsetzlich schwer; manchmal überwand er seine Schwäche und sang während dieser Wachzeit, solange er es nur aushielt, um den Leuten zu zeigen, wie ungerecht sie ihn verdächtigten. Doch half das wenig; sie wunderten sich dann nur über seine Geschicklichkeit, selbst während des Singens zu essen. Viel lieber waren ihm die Wächter, welche sich eng zum Gitter setzten, mit der trüben Nachtbeleuchtung des Saales sich nicht begnügten, sondern ihn mit den elektrischen Taschenlampen bestrahlten, die ihnen der Impresario zur Verfügung stellte. Das grelle Licht störte ihn gar nicht, schlafen konnte er ja überhaupt nicht, und ein wenig hindämmern konnte er immer, bei jeder Beleuchtung und zu jeder Stunde, auch im übervollen, lärmenden Saal. Er war sehr gerne bereit, mit solchen Wächtern die Nacht gänzlich ohne Schlaf zu verbringen; er war bereit, mit ihnen zu scherzen, ihnen Geschichten aus seinem Wanderleben zu erzählen, dann wieder ihre Erzählungen anzuhören, alles nur, um sie wachzuhalten, um ihnen immer wieder zeigen zu können, daß er nichts Eßbares im Käfig hatte und daß er hungerte, wie keiner von ihnen es könnte. Am glücklichsten aber war er, wenn dann der Morgen kam und ihnen auf seine Rechnung ein überreiches Frühstück gebracht wurde, auf das sie sich warfen mit dem Appetit gesunder Männer nach einer mühevoll durchwachten Nacht. Es gab zwar sogar Leute, die in diesem Frühstück eine ungebührliche Beeinflussung der Wächter sehen wollten, aber das ging doch zu weit, und wenn man sie fragte, ob etwa sie nur um der Sache willen ohne Frühstück die Nachtwache übernehmen wollten, verzogen sie sich, aber bei ihren Verdächtigungen blieben sie dennoch.

Dieses allerdings gehörte schon zu den vom Hungern überhaupt nicht zu trennenden Verdächtigungen. Niemand war ja imstande, alle die Tage und Nächte beim Hungerkünstler ununterbrochen als Wächter zu verbringen, niemand also konnte aus eigener Anschauung wissen, ob wirklich ununterbrochen, fehlerlos gehungert worden war; nur der Hungerkünstler selbst konnte das wissen, nur er also gleichzeitig der von seinem Hungern vollkommen befriedigte Zuschauer sein. Er aber war wieder aus einem andern Grunde niemals befriedigt; vielleicht war er gar nicht vom Hungern so sehr abgemagert, daß manche zu ihrem Bedauern den Vorführungen fernbleiben mußten, weil sie seinen Anblick nicht ertrugen, sondern er war nur so abgemagert aus Unzufriedenheit mit sich selbst. Er allein nämlich wußte, auch kein Eingeweihter sonst wußte es, wie leicht das Hungern war. Es war die leichteste Sache von der Welt. Er verschwieg es auch nicht, aber man glaubte ihm nicht, hielt ihn günstigenfalls für bescheiden, meist aber für reklamesüchtig oder gar für einen Schwindler, dem das Hungern allerdings leicht war, weil er es sich leicht zu machen verstand, und der auch noch die Stirn hatte, es halb zu gestehn. Das alles mußte er hinnehmen, hatte sich auch im Laufe der Jahre daran gewöhnt, aber innerlich nagte diese Unbefriedigtheit immer an ihm, und noch niemals, nach keiner Hungerperiode – dieses Zeugnis mußte man ihm ausstellen – hatte er freiwillig den Käfig verlassen. Als Höchstzeit für das Hungern hatte der Impresario vierzig Tage festgesetzt, darüber hinaus ließ er niemals hungern, auch in den Weltstädten nicht, und zwar aus gutem Grund. Vierzig Tage etwa konnte man erfahrungsgemäß durch allmählich sich steigernde Reklame das Interesse einer Stadt immer mehr aufstacheln, dann aber versagte das Publikum, eine wesentliche Abnahme des Zuspruchs war festzustellen; es bestanden natürlich in dieser Hinsicht kleine Unterschiede zwischen den Städten und Ländern, als Regel aber galt, daß vierzig Tage die Höchstzeit war. Dann also am vierzigsten Tage wurde die Tür des mit Blumen umkränzten Käfigs geöffnet, eine begeisterte Zuschauerschaft erfüllte das Amphitheater, eine Militärkapelle spielte, zwei Ärzte betraten den Käfig, um die nötigen Messungen am Hungerkünstler vorzunehmen, durch ein Megaphon wurden die Resultate dem Saale verkündet, und schließlich kamen zwei junge Damen, glücklich darüber, daß gerade sie ausgelost worden waren, und wollten den Hungerkünstler aus dem Käfig ein paar Stufen hinab führen, wo auf einem kleinen Tischchen eine sorgfältig ausgewählte Krankenmahlzeit serviert war. Und in diesem Augenblick wehrte sich der Hungerkünstler immer. Zwar legte er noch freiwillig seine Knochenarme in die hilfsbereit ausgestreckten Hände der zu ihm hinabgebeugten Damen, aber aufstehen wollte er nicht.

Warum gerade jetzt nach vierzig Tagen aufhören? Er hätte es noch lange, unbeschränkt lange ausgehalten; warum gerade jetzt aufhören, wo er im besten, ja noch nicht einmal im besten Hungern war? Warum wollte man ihn des Ruhmes berauben, weiter zu hungern, nicht nur der größte Hungerkünstler aller Zeiten zu werden, der er ja wahrscheinlich schon war, aber auch noch sich selbst zu übertreffen bis ins Unbegreifliche, denn für seine Fähigkeit zu hungern fühlte er keine Grenzen. Warum hatte diese Menge, die ihn so sehr zu bewundern vorgab, so wenig Geduld mit ihm; wenn er es aushielt, noch weiter zu hungern, warum wollte sie es nicht aushalten? Auch war er müde, saß gut im Stroh und sollte sich nun hoch und lang aufrichten und zu dem Essen gehn, das ihm schon allein in der Vorstellung Übelkeiten verursachte, deren Äußerung er nur mit Rücksicht auf die Damen mühselig unterdrückte. Und er blickte empor in die Augen der scheinbar so freundlichen, in Wirklichkeit so grausamen Damen und schüttelte den auf dem schwachen Halse überschweren Kopf. Aber dann geschah, was immer geschah. Der Impresario kam, hob stumm – die Musik machte das Reden unmöglich – die Arme über dem Hungerkünstler, so, als lade er den Himmel ein, sich sein Werk hier auf dem Stroh einmal anzusehn, diesen bedauernswerten Märtyrer, welcher der

Hungerkünstler allerdings war, nur in ganz anderem Sinn; faßte den Hungerkünstler um die dünne Taille, wobei er durch übertriebene Vorsicht glaubhaft machen wollte, mit einem wie gebrechlichen Ding er es hier zu tun habe; und übergab ihn – nicht ohne ihn im geheimen ein wenig zu schütteln, so daß der Hungerkünstler mit den Beinen und dem Oberkörper unbeherrscht hin und her schwankte – den inzwischen totenbleich gewordenen Damen. Nun duldete der Hungerkünstler alles; der Kopf lag auf der Brust, es war, als sei er hingerollt und halte sich dort unerklärlich; der Leib war ausgehöhlt; die Beine drückten sich im Selbsterhaltungstrieb fest in den Knien aneinander, scharrten aber doch den Boden, so, als sei es nicht der wirkliche, den wirklichen suchten sie erst; und die ganze, allerdings sehr kleine Last des Körpers lag auf einer der Damen, welche hilfesuchend, mit fliegendem Atem – so hatte sie sich dieses Ehrenamt nicht vorgestellt – zuerst den Hals möglichst streckte, um wenigstens das Gesicht vor der Berührung mit dem Hungerkünstler zu bewahren, dann aber, da ihr dies nicht gelang und ihre glücklichere Gefährtin ihr nicht zu Hilfe kam, sondern sich damit begnügte, zitternd die Hand des Hungerkünstlers, dieses kleine Knochenbündel, vor sich herzutragen, unter dem entzückten Gelächter des Saales in Weinen ausbrach und von einem längst bereitgestellten Diener abgelöst werden mußte. Dann kam das Essen, von dem der Impresario dem Hungerkünstler während eines ohnmachtähnlichen Halbschlafes ein wenig einflößte, unter lustigem Plaudern, das die Aufmerksamkeit vom Zustand des Hungerkünstlers ablenken sollte; dann wurde noch ein Trinkspruch auf das Publikum ausgebracht, welcher dem Impresario angeblich vom Hungerkünstler zugeflüstert worden war; das Orchester bekräftigte alles durch einen großen Tusch, man ging auseinander, und niemand hatte das Recht, mit dem Gesehenen unzufrieden zu sein, niemand, nur der Hungerkünstler, immer nur er.

So lebte er mit regelmäßigen kleinen Ruhepausen viele Jahre, in scheinbarem Glanz, von der Welt geehrt, bei alledem aber meist in trüber Laune, die immer noch trüber wurde dadurch, daß niemand sie ernst zu nehmen verstand. Womit sollte man ihn auch trösten? Was blieb ihm zu wünschen übrig? Und wenn sich einmal ein Gutmütiger fand, der ihn bedauerte und ihm erklären wollte, daß seine Traurigkeit wahrscheinlich von dem Hungern käme, konnte es, besonders bei vorgeschrittener Hungerzeit, geschehn, daß der Hungerkünstler mit einem Wutausbruch antwortete und zum Schrecken aller wie ein Tier an dem Gitter zu rütteln begann. Doch hatte für solche Zustände der Impresario ein Strafmittel, das er gern anwandte. Er entschuldigte den Hungerkünstler vor versammeltem Publikum, gab zu, daß nur die durch das Hungern hervorgerufene, für satte Menschen nicht ohne weiteres begreifliche Reizbarkeit das Benehmen des Hungerkünstlers verzeihlich machen könne; kam dann im Zusammenhang damit auch auf die ebenso zu erklärende Behauptung des Hungerkünstlers zu sprechen, er könnte noch viel länger hungern, als er hungere; lobte das hohe Streben, den guten Willen, die große Selbstverleugnung, die gewiß auch in dieser Behauptung enthalten seien; suchte dann aber die Behauptung einfach genug durch Vorzeigen von Photographien, die gleichzeitig verkauft wurden, zu widerlegen, denn auf den Bildern sah man den Hungerkünstler an einem vierzigsten Hungertag, im Bett, fast verlöscht vor Entkräftung. Diese dem Hungerkünstler zwar wohlbekannte, immer aber von neuem ihn entnervende Verdrehung der Wahrheit war ihm zu viel. Was die Folge der vorzeitigen Beendigung des Hungerns war, stellte man hier als die Ursache dar! Gegen diesen Unverstand, gegen diese Welt des Unverstandes zu kämpfen, war unmöglich. Noch hatte er immer wieder im guten Glauben begierig am Gitter dem Impresario zugehört, beim Erscheinen der Photographien aber ließ er das Gitter jedesmal los, sank mit Seufzen ins Stroh zurück, und das beruhigte Publikum konnte wieder herankommen und ihn besichtigen.

Wenn die Zeugen solcher Szenen ein paar Jahre später daran zurückdachten, wurden sie sich oft selbst unverständlich. Denn inzwischen war jener erwähnte Umschwung eingetreten; fast plötzlich war das geschehen; es mochte tiefere Gründe haben, aber wem lag daran, sie aufzufinden; jedenfalls sah sich eines Tages der verwöhnte Hungerkünstler von der vergnügungssüchtigen Menge verlassen, die lieber zu anderen Schaustellungen strömte. Noch einmal jagte der Impresario mit ihm durch halb Europa, um zu sehn, ob sich nicht noch hie und da das alte Interesse wiederfände; alles vergeblich; wie in einem geheimen Einverständnis hatte sich überall geradezu eine Abneigung gegen das Schauhungern ausgebildet. Natürlich hatte das in Wirklichkeit nicht plötzlich so kommen können, und man erinnerte sich jetzt nachträglich an manche zu ihrer Zeit im Rausch der Erfolge nicht genügend beachtete, nicht genügend unterdrückte Vorboten, aber jetzt etwas dagegen zu unternehmen, war zu spät. Zwar war es sicher, daß einmal auch für das Hungern wieder die Zeit kommen werde, aber für die Lebenden war das kein Trost. Was sollte nun der Hungerkünstler tun? Der, welchen Tausende umjubelt hatten, konnte sich nicht in Schaubuden auf kleinen Jahrmärkten zeigen, und um einen andern Beruf zu ergreifen, war der Hungerkünstler nicht nur zu alt, sondern vor allem dem Hungern allzu fanatisch ergeben. So verabschiedete er denn den Impresario, den Genossen einer Laufbahn ohnegleichen, und ließ sich von einem großen Zirkus engagieren; um seine Empfindlichkeit zu schonen, sah er die Vertragsbedingungen gar nicht an.

Ein großer Zirkus mit seiner Unzahl von einander immer wieder ausgleichenden und ergänzenden Menschen und Tieren und Apparaten kann jeden und zu jeder Zeit gebrauchen, auch einen Hungerkünstler, bei entsprechend bescheidenen Ansprüchen natürlich, und außerdem war es ja in diesem besonderen Fall nicht nur der Hungerkünstler selbst, der engagiert wurde, sondern auch sein alter berühmter Name, ja man konnte bei der Eigenart dieser im zunehmenden Alter nicht abnehmenden Kunst nicht einmal sagen, daß ein ausgedienter, nicht mehr auf der Höhe seines Könnens stehender Künstler sich in einen ruhigen Zirkusposten flüchten wolle, im Gegenteil, der Hungerkünstler versicherte, daß er, was durchaus glaubwürdig war, ebensogut hungere wie früher, ja er behauptete sogar, er werde, wenn man ihm seinen Willen lasse, und dies versprach man ihm ohne weiteres, eigentlich erst jetzt die Welt in berechtigtes Erstaunen setzen, eine Behauptung allerdings, die mit Rücksicht auf die Zeitstimmung, welche der Hungerkünstler im Eifer leicht vergaß, bei den Fachleuten nur ein Lächeln hervorrief.

Im Grunde aber verlor auch der Hungerkünstler den Blick für die wirklichen Verhältnisse nicht und nahm es als selbstverständlich hin, daß man ihn mit seinem Käfig nicht etwa als Glanznummer mitten in die Manege stellte, sondern draußen an einem im übrigen recht gut zugänglichen Ort in der Nähe der Stallungen unterbrachte. Große, bunt gemalte Aufschriften umrahmten den Käfig und verkündeten, was dort zu sehen war. Wenn das Publikum in den Pausen der Vorstellung zu den Ställen drängte, um die Tiere zu besichtigen, war es fast unvermeidlich, daß es beim Hungerkünstler vorüberkam und ein wenig dort haltmachte, man wäre vielleicht länger bei ihm geblieben, wenn nicht in dem schmalen Gang die Nachdrängenden, welche diesen Aufenthalt auf dem Weg zu den ersehnten Ställen nicht verstanden, eine längere ruhige Betrachtung unmöglich gemacht hätten. Dies war auch der Grund, warum der Hungerkünstler vor diesen Besuchszeiten, die er als seinen Lebenszweck natürlich herbeiwünschte, doch auch wieder zitterte. In der ersten Zeit hatte er die Vorstellungspausen kaum erwarten können; entzückt hatte er der sich heranwälzenden Menge entgegengesehn, bis er sich nur zu bald – auch die hartnäckigste, fast bewußte Selbsttäuschung hielt den Erfahrungen nicht stand – davon überzeugte, daß es zumeist der Absicht nach, immer wieder, ausnahmslos, lauter Stallbesucher waren. Und dieser Anblick von der Ferne blieb noch immer der schönste. Denn wenn sie bis zu ihm herangekommen waren, umtobte ihn sofort Geschrei und Schimpfen der ununterbrochen neu sich bildenden Parteien, jener, welche – sie wurde dem Hungerkünstler bald die peinlichere – ihn bequem ansehen wollte, nicht etwa aus Verständnis, sondern aus Laune und Trotz, und jener zweiten, die zunächst nur nach den Ställen verlangte. War der große Haufe vorüber, dann kamen die Nachzügler, und diese allerdings, denen es nicht mehr verwehrt war, stehenzubleiben, solange sie nur Lust hatten, eilten mit langen Schritten, fast ohne Seitenblick, vorüber, um rechtzeitig zu den Tieren zu kommen. Und es war kein allzu häufiger Glücksfall, daß ein Familienvater mit seinen Kindern kam, mit dem Finger auf den Hungerkünstler zeigte, ausführlich erklärte, um was es sich hier handelte, von früheren Jahren erzählte, wo er bei ähnlichen, aber unvergleichlich großartigeren Vorführungen gewesen war, und dann die Kinder, wegen ihrer ungenügenden Vorbereitung von Schule und Leben her, zwar immer noch verständnislos blieben – was war ihnen Hungern? – aber doch in dem Glanz ihrer forschenden Augen etwas von neuen, kommenden, gnädigeren Zeiten verrieten. Vielleicht, so sagte sich der Hungerkünstler dann manchmal, würde alles doch ein wenig besser werden, wenn sein Standort nicht gar so nahe bei den Ställen wäre. Den Leuten wurde dadurch die Wahl zu leicht gemacht, nicht zu reden davon, daß ihn die Ausdünstungen der Ställe, die Unruhe der Tiere in der Nacht, das Vorübertragen der rohen Fleischstücke für die Raubtiere, die Schreie bei der Fütterung sehr verletzten und dauernd bedrückten. Aber bei der Direktion vorstellig zu werden, wagte er nicht; immerhin verdankte er ja den Tieren die Menge der Besucher, unter denen sich hie und da auch ein für ihn Bestimmter finden konnte, und wer wußte, wohin man ihn verstecken würde, wenn er an seine Existenz erinnern wollte und damit auch daran, daß er, genau genommen, nur ein Hindernis auf dem Weg zu den Ställen war.

Ein kleines Hindernis allerdings, ein immer kleiner werdendes Hindernis. Man gewöhnte sich an die Sonderbarkeit, in den heutigen Zeiten Aufmerksamkeit für einen Hungerkünstler beanspruchen zu wollen, und mit dieser Gewöhnung war das Urteil über ihn gesprochen. Er mochte so gut hungern, als er nur konnte, und er tat es, aber nichts konnte ihn mehr retten, man ging an ihm vorüber. Versuche, jemandem die Hungerkunst zu erklären! Wer es nicht fühlt, dem kann man es nicht begreiflich machen. Die schönen Aufschriften wurden schmutzig und unleserlich, man riß sie herunter, niemandem fiel es ein, sie zu ersetzen; das Täfelchen mit der Ziffer der abgeleisteten Hungertage, das in der ersten Zeit sorgfältig täglich erneuert worden war, blieb schon längst immer das gleiche, denn nach den ersten Wochen war das Personal selbst dieser kleinen Arbeit überdrüssig geworden; und so hungerte zwar der Hungerkünstler weiter, wie er es früher einmal erträumt hatte, und es gelang ihm ohne Mühe ganz so, wie er es damals vorausgesagt hatte, aber niemand zählte die Tage, niemand, nicht einmal der Hungerkünstler selbst wußte, wie groß die Leistung schon war, und sein Herz wurde schwer. Und wenn einmal in der Zeit ein Müßiggänger stehenblieb, sich über die alte Ziffer lustig machte und von Schwindel sprach, so war das in diesem Sinn die dümmste Lüge, welche Gleichgültigkeit und eingeborene Bösartigkeit erfinden konnten, denn nicht der Hungerkünstler betrog, er arbeitete ehrlich, aber die Welt betrog ihn um seinen Lohn.

Doch vergingen wieder viele Tage, und auch das nahm ein Ende. Einmal fiel einem Aufseher der Käfig auf, und er fragte die Diener, warum man hier diesen gut brauchbaren Käfig mit dem verfaulten Stroh drinnen unbenützt stehenlasse; niemand wußte es, bis sich einer mit Hilfe der Ziffertafel an den Hungerkünstler erinnerte. Man rührte mit Stangen das Stroh auf und fand den Hungerkünstler darin. »Du hungerst noch immer?« fragte der Aufseher, »wann wirst du denn endlich aufhören?« »Verzeiht mir alle«, flüsterte der Hungerkünstler; nur der Aufseher, der das Ohr ans Gitter hielt, verstand ihn. »Gewiß«, sagte der Aufseher und legte den Finger an die Stirn, um damit den Zustand des Hungerkünstlers dem Personal anzudeuten, »wir verzeihen dir.« »Immerfort wollte ich, daß ihr mein Hungern bewundert«, sagte der Hungerkünstler. »Wir bewundern es auch«, sagte der Aufseher entgegenkommend. »Ihr solltet es aber nicht bewundern«, sagte der Hungerkünstler. »Nun, dann bewundern wir es also nicht«, sagte der Aufseher, »warum sollen wir es denn nicht bewundern?« »Weil ich hungern muß, ich kann nicht anders«, sagte der Hungerkünstler. »Da sieh mal einer«, sagte der Aufseher, »warum kannst du denn nicht anders?« »Weil ich«, sagte der Hungerkünstler, hob das

Köpfchen ein wenig und sprach mit wie zum Kuß gespitzten Lippen gerade in das Ohr des Aufsehers hinein, damit nichts verloren ginge, »weil ich nicht die Speise finden konnte, die mir schmeckt. Hätte ich sie gefunden, glaube mir, ich hätte kein Aufsehen gemacht und mich vollgegessen wie du und alle.« Das waren die letzten Worte, aber noch in seinen gebrochenen Augen war die feste, wenn auch nicht mehr stolze Überzeugung, daß er weiterhungere.

»Nun macht aber Ordnung!« sagte der Aufseher, und man begrub den Hungerkünstler samt dem Stroh. In den Käfig aber gab man einen jungen Panther. Es war eine selbst dem stumpfsten Sinn fühlbare Erholung, in dem so lange öden Käfig dieses wilde Tier sich herumwerfen zu sehn. Ihm fehlte nichts. Die Nahrung, die ihm schmeckte, brachten ihm ohne langes Nachdenken die Wächter; nicht einmal die Freiheit schien er zu vermissen, dieser edle, mit allem Nötigen bis knapp zum Zerreißen ausgestattete Körper schien auch die Freiheit mit sich herumzutragen; irgendwo im Gebiß schien sie zu stecken; und die Freude am Leben kam mit derart starker Glut aus seinem Rachen, daß es für die Zuschauer nicht leicht war, ihr standzuhalten. Aber sie überwanden sich, umdrängten den Käfig und wollten sich gar nicht fortführen.

Franz Kafka
Ein Landarzt

Ich war in großer Verlegenheit: eine dringende Reise stand mir bevor; ein Schwerkranker wartete auf mich in einem zehn Meilen entfernten Dorfe; starkes Schneegestöber füllte den weiten Raum zwischen mir und ihm; einen Wagen hatte ich, leicht, großräderig, ganz wie er für unsere Landstraßen taugt; in den Pelz gepackt, die Instrumententasche in der Hand, stand ich reisefertig schon auf dem Hofe; aber das Pferd fehlte, das Pferd. Mein eigenes Pferd war in der letzten Nacht, infolge der Überanstrengung in diesem eisigen Winter, verendet; mein Dienstmädchen lief jetzt im Dorf umher, um ein Pferd geliehen zu bekommen; aber es war aussichtslos, ich wußte es, und immer mehr vom Schnee überhäuft, immer unbeweglicher werdend, stand ich zwecklos da. Am Tor erschien das Mädchen, allein, schwenkte die Laterne; natürlich wer leiht jetzt sein Pferd her zu solcher Fahrt? Ich durchmaß noch einmal den Hof; ich fand keine Möglichkeit; zerstreut, gequält stieß ich mit dem Fuß an die brüchige Tür des schon seit Jahren unbenützten Schweinestalles. Sie öffnete sich und klappte in den Angeln auf und zu. Wärme und Geruch wie von Pferden kam hervor. Eine trübe Stallaterne schwankte drin an einem Seil. Ein Mann, zusammengekauert in dem niedrigen Verschlag, zeigte sein offenes blauäugiges Gesicht. »Soll ich anspannen?« fragte er, auf allen vieren hervorkriechend. Ich wußte nichts zu sagen und beugte mich nur, um zu sehen, was es noch in dem Stalle gab. Das Dienstmädchen stand neben mir. »Man weiß nicht, was für Dinge man im eigenen Hause vorrätig hat«, sagte es, und wir beide lachten. »Holla, Bruder, holla, Schwester!« rief der Pferdeknecht, und zwei Pferde, mächtige flankenstarke Tiere, schoben sich hintereinander, die Beine eng am Leib, die wohlgeformten Köpfe wie Kamele senkend, nur durch die Kraft der Wendungen ihres Rumpfes aus dem Türloch, das sie restlos ausfüllten. Aber gleich standen sie aufrecht, hochbeinig, mit dicht ausdampfendem Körper. »Hilf ihm«, sagte ich, und das willige Mädchen eilte, dem Knecht das Geschirr des Wagens zu reichen. Doch kaum war es bei ihm, umfaßt es der Knecht und schlägt sein Gesicht an ihres. Es schreit auf und flüchtet sich zu mir; rot eingedrückt sind zwei Zahnreihen in des Mädchens Wange. »Du Vieh«, schreie ich wütend, »willst du die Peitsche?«, besinne mich aber gleich, daß es ein Fremder ist; daß ich nicht weiß, woher er kommt, und daß er mir freiwillig aushilft, wo alle andern versagen. Als wisse er von meinen Gedanken, nimmt er meine Drohung nicht übel, sondern wendet sich nur einmal, immer mit den Pferden beschäftigt, nach mir um. »Steig ein«, sagt er dann, und tatsächlich: alles ist bereit. Mit so schönem Gespann, das merke ich, bin ich noch nie gefahren, und ich steige fröhlich ein. »Kutschieren werde aber ich, du kennst nicht den Weg«, sage ich. »Gewiß«, sagt er, »ich fahre gar nicht mit, ich bleibe bei Rosa.« »Nein«, schreit Rosa und läuft im richtigen Vorgefühl der Unabwendbarkeit ihres Schicksals ins Haus; ich höre die Türkette klirren, die sie vorlegt; ich höre das Schloß einspringen; ich sehe, wie sie überdies im Flur und weiterjagend durch die Zimmer alle Lichter verlöscht, um sich unauffindbar zu machen. »Du fährst mit«, sage ich zu dem Knecht, »oder ich verzichte auf die Fahrt, so dringend sie auch ist. Es fällt mir nicht ein, dir für die Fahrt das Mädchen als Kaufpreis hinzugeben.« »Munter!« sagt er; klatscht in die Hände; der Wagen wird fortgerissen, wie Holz in die Strömung; noch höre ich, wie die Tür meines Hauses unter dem Ansturm des Knechts birst und splittert, dann sind mir Augen und Ohren von einem zu allen Sinnen gleichmäßig dringenden Sausen erfüllt. Aber auch das nur einen Augenblick, denn, als öffne sich unmittelbar vor meinem Hoftor der Hof meines Kranken, bin ich schon dort; ruhig stehen die Pferde; der Schneefall hat aufgehört; Mondlicht ringsum; die Eltern des Kranken eilen aus dem Haus; seine Schwester hinter ihnen; man hebt mich fast aus dem Wagen; den verwirrten Reden entnehme ich nichts; im Krankenzimmer ist die Luft kaum atembar; der vernachlässigte Herdofen raucht; ich werde das Fenster aufstoßen; zuerst aber will ich den Kranken sehen. Mager, ohne Fieber, nicht kalt, nicht warm, mit leeren Augen, ohne Hemd hebt sich der Junge unter dem Federbett, hängt sich an meinen Hals, flüstert mir ins Ohr: »Doktor, laß mich sterben.« Ich sehe mich um; niemand hat es gehört; die Eltern stehen stumm vorgebeugt und erwarten mein Urteil; die Schwester hat einen Stuhl für meine Handtasche gebracht. Ich öffne die Tasche und suche unter meinen Instrumenten; der Junge tastet immerfort aus dem Bett nach mir hin, um mich an seine Bitte zu erinnern; ich fasse eine Pinzette, prüfe sie im Kerzenlicht und lege sie wieder hin. ›Ja‹, denke ich lästernd, ›in solchen Fällen helfen die Götter, schicken das fehlende Pferd, fügen der Eile wegen noch ein zweites hinzu, spenden zum Übermaß noch den Pferdeknecht.‹ Jetzt erst fällt mir wieder Rosa ein; was tue ich, wie rette ich sie, wie ziehe ich sie unter diesem Pferdeknecht hervor, zehn Meilen von ihr entfernt, unbeherrschbare Pferde vor meinem Wagen? Diese Pferde, die jetzt die Riemen irgendwie gelockert haben; die Fenster, ich weiß nicht wie, von außen aufstoßen? jedes durch ein Fenster den Kopf stecken und, unbeirrt durch den Aufschrei der Familie, den Kranken betrachten. ›Ich fahre gleich wieder zurück‹, denke ich, als forderten mich die Pferde zur Reise auf, aber ich dulde es, daß die Schwester, die mich durch die Hitze betäubt glaubt, den Pelz mir abnimmt. Ein Glas Rum wird mir bereitgestellt, der Alte klopft mir auf die Schulter, die Hingabe seines Schatzes rechtfertigt diese Vertraulichkeit. Ich schüttle den Kopf; in dem engen Denkkreis des Alten würde mir übel; nur aus diesem Grunde lehne ich es ab zu trinken. Die Mutter steht am Bett und lockt mich hin; ich folge und lege, während ein Pferd laut zur Zimmerdecke wiehert, den Kopf an die Brust des Jungen, der unter meinem nassen Bart erschauert. Es bestätigt sich, was ich weiß: der Junge ist gesund, ein wenig schlecht durchblutet, von der sorgenden Mutter mit Kaffee durchtränkt, aber gesund und am besten mit einem Stoß aus dem Bett zu treiben. Ich bin kein Weltverbesserer und lasse ihn liegen. Ich bin vom Bezirk angestellt und tue meine Pflicht bis zum Rand, bis dorthin, wo es fast zu viel wird. Schlecht bezahlt, bin ich doch freigebig und hilfsbereit gegenüber den Armen. Noch für Rosa muß ich sorgen, dann mag der Junge recht haben und auch ich will sterben. Was tue ich hier in diesem endlosen Winter! Mein Pferd ist verendet, und da ist niemand im Dorf, der mir seines leiht. Aus dem Schweinestall muß ich mein Gespann ziehen; wären es nicht zufällig Pferde, müßte ich mit Säuen fahren. So ist es. Und ich nicke der Familie zu. Sie wissen nichts davon, und wenn sie es wüßten, würden sie es nicht glauben. Rezepte schreiben ist leicht, aber im übrigen sich mit den Leuten verständigen, ist schwer. Nun, hier wäre also mein Besuch zu Ende, man hat mich wieder einmal unnötig bemüht, daran bin ich gewöhnt, mit Hilfe meiner Nachtglocke martert mich der ganze Bezirk, aber daß ich diesmal auch noch Rosa hingeben mußte, dieses schöne Mädchen, das jahrelang, von mir kaum beachtet, in meinem Hause lebte – dieses Opfer ist zu groß, und ich muß es mir mit Spitzfindigkeiten aushilfsweise in meinem Kopf irgendwie zurechtlegen, um nicht auf diese Familie loszufahren, die mir ja beim besten Willen Rosa nicht zurückgeben kann. Als ich aber meine Handtasche schließe und nach meinem Pelz winke, die Familie beisammensteht, der Vater schnuppernd über dem Rumglas in seiner Hand, die Mutter, von mir wahrscheinlich enttäuscht – ja, was erwartet denn das Volk? – tränenvoll in die Lippen beißend und die Schwester ein schwer blutiges Handtuch schwenkend, bin ich irgendwie bereit, unter Umständen zuzugeben, daß der Junge doch vielleicht krank ist. Ich gehe zu ihm, er lächelt mir entgegen, als brächte ich ihm etwa die allerstärkste Suppe – ach, jetzt wiehern beide Pferde; der Lärm soll wohl, höhern Orts angeordnet, die Untersuchung erleichtern – und nun finde ich: ja, der Junge ist krank. In seiner rechten Seite, in der Hüftengegend hat sich eine handtellergroße Wunde aufgetan. Rosa, in vielen Schattierungen, dunkel in der Tiefe, hellwerdend zu den Rändern, zartkörnig, mit ungleichmäßig sich aufsammelndem Blut, offen wie ein Bergwerk obertags. So aus der Entfernung. In der Nähe zeigt sich noch eine Erschwerung. Wer kann das ansehen ohne leise zu pfeifen? Würmer, an Stärke und Länge meinem kleinen Finger gleich, rosig aus eigenem und außerdem blutbespritzt, winden sich, im Innern der Wunde festgehalten, mit weißen Köpfchen, mit vielen Beinchen ans Licht. Armer Junge, dir ist nicht zu helfen. Ich habe deine große Wunde aufgefunden; an dieser Blume in deiner Seite gehst du zugrunde. Die Familie ist glücklich, sie sieht mich in Tätigkeit; die Schwester sagt's der Mutter, die Mutter dem Vater, der Vater einigen Gästen, die auf den Fußspitzen, mit ausgestreckten Armen balancierend, durch den Mondschein der offenen Tür hereinkommen. »Wirst du mich retten?« flüstert schluchzend der Junge, ganz geblendet durch das Leben in seiner Wunde. So sind die Leute in meiner Gegend. Immer das Unmögliche vom Arzt verlangen. Den alten Glauben haben sie verloren; der Pfarrer sitzt zu Hause und zerzupft die Meßgewänder, eines nach dem andern; aber der Arzt soll alles leisten mit seiner zarten chirurgischen Hand. Nun, wie es beliebt: ich habe mich nicht angeboten; verbraucht ihr mich zu heiligen Zwecken, lasse ich auch das mit mir geschehen; was will ich Besseres, alter Landarzt, meines Dienstmädchens beraubt! Und sie kommen, die Familie und die Dorfältesten, und entkleiden mich; ein Schulchor mit dem Lehrer an der Spitze steht vor dem Haus und singt eine äußerst einfache Melodie auf den Text:

> Entkleidet ihn, dann wird er heilen,
> Und heilt er nicht, so tötet ihn!
> 's ist nur ein Arzt, 's ist nur ein Arzt.

Dann bin ich entkleidet und sehe, die Finger im Barte, mit geneigtem Kopf die Leute ruhig an. Ich bin durchaus gefaßt und allen überlegen und bleibe es auch, trotzdem es mir nichts hilft, denn jetzt nehmen sie mich beim Kopf und bei den Füßen und tragen mich ins Bett. Zur Mauer, an die Seite der Wunde legen sie mich. Dann gehen alle aus der Stube; die Tür wird zugemacht; der Gesang verstummt; Wolken treten vor den Mond; warm liegt das Bettzeug um mich, schattenhaft schwanken die Pferdeköpfe in den Fensterlöchern. »Weißt du«, höre ich, mir ins Ohr gesagt, »mein Vertrauen zu dir ist sehr gering. Du bist ja auch nur irgendwo abgeschüttelt, kommst nicht auf eigenen Füßen. Statt zu helfen, engst du mir mein Sterbebett ein. Am liebsten kratzte ich dir die Augen aus.« »Richtig«, sage ich, »es ist eine Schmach. Nun bin ich aber Arzt. Was soll ich tun? Glaube mir, es wird auch mir nicht leicht.« »Mit dieser Entschuldigung soll ich mich begnügen? Ach, ich muß wohl. Immer muß ich mich begnügen. Mit einer schönen Wunde kam ich auf die Welt; das war meine ganze Ausstattung.« »Junger Freund«, sage ich, »dein Fehler ist: du hast keinen Überblick. Ich, der ich schon in allen Krankenstuben, weit und breit, gewesen bin, sage dir: deine Wunde ist so übel nicht. Im spitzen Winkel mit zwei Hieben der Hacke geschaffen. Viele bieten ihre Seite an und hören kaum die Hacke im Forst, geschweige denn, daß sie ihnen näher kommt.« »Ist es wirklich so oder täuschest du mich im Fieber?« »Es ist wirklich so, nimm das Ehrenwort eines Amtsarztes mit hinüber.« Und er nahm's und wurde still. Aber jetzt war es Zeit, an meine Rettung zu denken. Noch standen treu die Pferde an ihren Plätzen. Kleider, Pelz und Tasche waren schnell zusammengerafft; mit dem Ankleiden wollte ich mich nicht aufhalten; beeilten sich die Pferde wie auf der Herfahrt, sprang ich ja gewissermaßen aus diesem Bett in meines. Gehorsam zog sich ein Pferd vom Fenster zurück; ich warf den Ballen in den Wagen; der Pelz flog zu weit, nur mit einem Ärmel hielt er sich an einem Haken fest. Gut genug. Ich schwang mich aufs Pferd. Die Riemen lose schleifend, ein Pferd kaum mit dem andern verbunden, der Wagen irrend hinterher, den Pelz als letzter im Schnee. »Munter!« sagte ich, aber munter ging's nicht; langsam wie alte Männer zogen wir durch die Schneewüste; lange klang hinter uns der neue, aber irrtümliche Gesang der Kinder:

> Freuet euch, ihr Patienten,
> Der Arzt ist euch ins Bett gelegt!

Niemals komme ich so nach Hause; meine blühende Praxis ist verloren; ein Nachfolger bestiehlt mich, aber ohne Nutzen, denn er kann mich nicht ersetzen; in meinem Hause wütet der ekle Pferdeknecht; Rosa ist sein Opfer; ich will es nicht ausdenken. Nackt, dem Froste dieses unglückseligsten Zeitalters ausgesetzt, mit irdischem Wagen, unirdischen Pferden, treibe ich alter Mann mich umher. Mein Pelz hängt hinten am Wagen, ich kann ihn aber nicht erreichen, und keiner aus dem beweglichen Gesindel der Patienten rührt den Finger. Betrogen! Betrogen! Einmal dem Fehlläuten der Nachtglocke gefolgt – es ist niemals gutzumachen.

Franz Kafka
Vor dem Gesetz

Vor dem Gesetz steht ein Türhüter. Zu diesem Türhüter kommt ein Mann vom Lande und bittet um Eintritt in das Gesetz. Aber der Türhüter sagt, daß er ihm jetzt den Eintritt nicht gewähren könne. Der Mann überlegt und fragt dann, ob er also später werde eintreten dürfen. »Es ist möglich«, sagt der Türhüter, »jetzt aber nicht.« Da das Tor zum Gesetz offensteht wie immer und der Türhüter beiseite tritt, bückt sich der Mann, um durch das Tor in das Innere zu sehn. Als der Türhüter das merkt, lacht er und sagt: »Wenn es dich so lockt, versuche es doch, trotz meines Verbotes hineinzugehn. Merke aber: Ich bin mächtig. Und ich bin nur der unterste Türhüter. Von Saal zu Saal stehn aber Türhüter, einer mächtiger als der andere. Schon den Anblick des dritten kann nicht einmal ich mehr ertragen.« Solche Schwierigkeiten hat der Mann vom Lande nicht erwartet; das Gesetz soll doch jedem und immer zugänglich sein, denkt er, aber als er jetzt den Türhüter in seinem Pelzmantel genauer ansieht, seine große Spitznase, den langen, dünnen, schwarzen tatarischen Bart, entschließt er sich, doch lieber zu warten, bis er die Erlaubnis zum Eintritt bekommt. Der Türhüter gibt ihm einen Schemel und läßt ihn seitwärts von der Tür sich niedersetzen. Dort sitzt er Tage und Jahre. Er macht viele Versuche, eingelassen zu werden, und ermüdet den Türhüter durch seine Bitten. Der Türhüter stellt öfters kleine Verhöre mit ihm an, fragt ihn über seine Heimat aus und nach vielem andern, es sind aber teilnahmslose Fragen, wie sie große Herren stellen, und zum Schlusse sagt er ihm immer wieder, daß er ihn noch nicht einlassen könne. Der Mann, der sich für seine Reise mit vielem ausgerüstet hat, verwendet alles, und sei es noch so wertvoll, um den Türhüter zu bestechen. Dieser nimmt zwar alles an, aber sagt dabei: »Ich nehme es nur an, damit du nicht glaubst, etwas versäumt zu haben.« Während der vielen Jahre beobachtet der Mann den Türhüter fast ununterbrochen. Er vergißt die andern Türhüter, und dieser erste schien ihm das einzige Hindernis für den Eintritt in das Gesetz. Er verflucht den unglücklichen Zufall, in den ersten Jahren rücksichtslos und laut, später, als er alt wird, brummt er nur noch vor sich hin. Er wird kindisch, und, da er in dem jahrelangen Studium des Türhüters auch die Flöhe in seinem Pelzkragen erkannt hat, bittet er auch die Flöhe, ihm zu helfen und den Türhüter umzustimmen. Schließlich wird sein Augenlicht schwach, und er weiß nicht, ob es um ihn wirklich dunkler wird, oder ob ihn nur seine Augen täuschen. Wohl aber erkennt er jetzt im Dunkel einen Glanz, der unverlöschlich aus der Türe des Gesetzes bricht. Nun lebt er nicht mehr lange. Vor seinem Tode sammeln sich in seinem Kopfe alle Erfahrungen der ganzen Zeit zu einer Frage, die er bisher an den Türhüter noch nicht gestellt hat. Er winkt ihm zu, da er seinen erstarrenden Körper nicht mehr aufrichten kann. Der Türhüter muß sich tief zu ihm hinunterneigen, denn der Größenunterschied hat sich sehr zuungunsten des Mannes verändert. »Was willst du denn jetzt noch wissen?« fragt der Türhüter, »du bist unersättlich.« »Alle streben doch nach dem Gesetz«, sagt der Mann, »wieso kommt es, daß in den vielen Jahren niemand außer mir Einlaß verlangt hat?« Der Türhüter erkennt, daß der Mann schon an seinem Ende ist, und, um sein vergehendes Gehör noch zu erreichen, brüllt er ihn an: »Hier konnte niemand sonst Einlaß erhalten, denn dieser Eingang war nur für dich bestimmt. Ich gehe jetzt und schließe ihn.«

Franz Kafka
Das Urteil

Es war an einem Sonntagvormittag im schönsten Frühjahr. Georg Bendemann, ein junger Kaufmann, saß in seinem Privatzimmer im ersten Stock eines der niedrigen, leichtgebauten Häuser, die entlang des Flusses in einer langen Reihe, fast nur in der Höhe und Färbung unterschieden, sich hinzogen. Er hatte gerade einen Brief an einen sich im Ausland befindenden Jugendfreund beendet, verschloß ihn in spielerischer Langsamkeit und sah dann, den Ellbogen auf den Schreibtisch gestützt, aus dem Fenster auf den Fluß, die Brücke und die Anhöhen am anderen Ufer mit ihrem schwachen Grün.

Er dachte darüber nach, wie dieser Freund, mit seinem Fortkommen zu Hause unzufrieden, vor Jahren schon nach Rußland sich förmlich geflüchtet hatte. Nun betrieb er ein Geschäft in Petersburg, das anfangs sich sehr gut angelassen hatte, seit langem aber schon zu stocken schien, wie der Freund bei seinen immer seltener werdenden Besuchen klagte. So arbeitete er sich in der Fremde nutzlos ab, der fremdartige Vollbart verdeckte nur schlecht das seit den Kinderjahren wohlbekannte Gesicht, dessen gelbe Hautfarbe auf eine sich entwickelnde Krankheit hinzudeuten schien. Wie er erzählte, hatte er keine rechte Verbindung mit der dortigen Kolonie seiner Landsleute, aber auch fast keinen gesellschaftlichen Verkehr mit einheimischen Familien und richtete sich so für ein endgültiges Junggesellentum ein.

Was wollte man einem solchen Manne schreiben, der sich offenbar verrannt hatte, den man bedauern, dem man aber nicht helfen konnte. Sollte man ihm vielleicht raten, wieder nach Hause zu kommen, seine Existenz hierher zu verlegen, alle die alten freundschaftlichen Beziehungen wieder aufzunehmen wofür ja kein Hindernis bestand – und im übrigen auf die Hilfe der Freunde zu vertrauen? Das bedeutete aber nichts anderes, als daß man ihm gleichzeitig, je schonender, desto kränkender, sagte, daß seine bisherigen Versuche mißlungen seien, daß er endlich von ihnen ablassen solle, daß er zurückkehren und sich als ein für immer Zurückgekehrter von allen mit großen Augen anstaunen lassen müsse, daß nur seine Freunde etwas verstünden und daß er ein altes Kind sei, das den erfolgreichen, zu Hause gebliebenen Freunden einfach zu folgen habe. Und war es dann noch sicher, daß alle die Plage, die man ihm antun müßte, einen Zweck hätte? Vielleicht gelang es nicht einmal ihn überhaupt nach Hause zu bringen – er sagte ja selbst, daß er die Verhältnisse in der Heimat nicht mehr verstünde –, und so bliebe er dann trotz allem in seiner Fremde, verbittert durch die Ratschläge und den Freunden noch ein Stück mehr entfremdet. Folgte er aber wirklich dem Rat und würde hier – natürlich nicht mit der Absicht, aber durch die Tatsachen – niedergedrückt, fände sich nicht in seinen Freunden und nicht ohne sie zurecht, litte an Beschämung, hätte jetzt wirklich keine Heimat und keine Freunde mehr, war es da nicht viel besser für ihn, er blieb in der Fremde, so wie er war? Konnte man denn bei solchen Umständen daran denken, daß er es hier tatsächlich vorwärts bringen würde?

Aus diesen Gründen konnte man ihm, wenn man noch überhaupt die briefliche Verbindung aufrecht erhalten wollte, keine eigentlichen Mitteilungen machen, wie man sie ohne Scheu auch den entferntesten Bekannten machen würde. Der Freund war nun schon über drei Jahre nicht in der Heimat gewesen und erklärte dies sehr notdürftig mit der Unsicherheit der politischen Verhältnisse in Rußland, die demnach also auch die kürzeste Abwesenheit eines kleinen Geschäftsmannes nicht zuließen, während hunderttausende Russen ruhig in der Welt herumfuhren. Im Laufe dieser drei Jahre hatte sich aber gerade für Georg vieles verändert. Von dem Todesfall von Georgs Mutter, der vor etwa zwei Jahren erfolgt war und seit welchem Georg mit seinem alten Vater in gemeinsamer Wirtschaft lebte, hatte der Freund wohl noch erfahren und sein Beileid in einem Brief mit einer Trockenheit ausgedrückt, die ihren Grund nur darin haben konnte, daß die Trauer über ein solches Ereignis in der Fremde ganz unvorstellbar wird. Nun hatte aber Georg seit jener Zeit, so wie alles andere, auch sein Geschäft mit größerer Entschlossenheit angepackt. Vielleicht hatte ihn der Vater bei Lebzeiten der Mutter dadurch, daß er im Geschäft nur seine Ansicht gelten lassen wollte, an einer wirklichen eigenen Tätigkeit gehindert, vielleicht war der Vater seit dem Tode der Mutter, trotzdem er noch immer im Geschäft arbeitete, zurückhaltender geworden, vielleicht spielten – was sogar sehr wahrscheinlich war – glückliche Zufälle eine weit wichtigere Rolle, jedenfalls aber hatte sich das Geschäft in diesen zwei Jahren ganz unerwartet entwickelt, das Personal hatte man verdoppeln müssen, der Umsatz hatte sich verfünffacht, ein weiterer Fortschritt stand zweifellos bevor.

Der Freund aber hatte keine Ahnung von dieser Veränderung. Früher, zum letztenmal vielleicht in jenem Beileidsbrief, hatte er Georg zur Auswanderung nach Rußland überreden wollen und sich über die Aussichten verbreitet, die gerade für Georgs Geschäftszweig in Petersburg bestanden. Die Ziffern waren verschwindend gegenüber dem Umfang, den Georgs Geschäft jetzt angenommen hatte. Georg aber hatte keine Lust gehabt, dem Freund von seinen geschäftlichen Erfolgen zu schreiben, und hätte er es jetzt nachträglich getan, es hätte wirklich einen merkwürdigen Anschein gehabt.

So beschränkte sich Georg darauf, dem Freund immer nur über bedeutungslose Vorfälle zu schreiben, wie sie sich, wenn man an einem ruhigen Sonntag nachdenkt, in der Erinnerung ungeordnet aufhäufen. Er wollte nichts anderes, als die Vorstellung ungestört lassen, die sich der Freund von der Heimatstadt in der langen Zwischenzeit wohl gemacht und mit welcher er sich abgefunden hatte. So geschah es Georg, daß er dem Freund die Verlobung eines gleichgültigen Menschen mit einem ebenso gleichgültigen Mädchen dreimal in ziemlich weit auseinanderliegenden Briefen anzeigte, bis sich dann allerdings der Freund, ganz gegen Georgs Absicht, für diese Merkwürdigkeit zu interessieren begann.

Georg schrieb ihm aber solche Dinge viel lieber, als daß er zugestanden hätte, daß er selbst vor einem Monat mit einem Fräulein Frieda Brandenfeld, einem Mädchen aus wohlhabender Familie, sich verlobt hatte. Oft sprach er mit seiner Braut über diesen Freund und das besondere Korrespondenzverhältnis, in welchem er zu ihm stand. »Er wird also gar nicht zu unserer Hochzeit kommen,« sagte sie, »und ich habe doch das Recht, alle deine Freunde kennen zu lernen.« »Ich will ihn nicht stören,« antwortete Georg, »verstehe mich recht, er würde wahrscheinlich kommen, wenigstens glaube ich es, aber er würde sich gezwungen und geschädigt fühlen, vielleicht mich beneiden und sicher unzufrieden und unfähig, diese Unzufriedenheit jemals zu beseitigen, allein wieder zurückfahren. Allein – weißt du, was das ist?« »Ja, kann er denn von unserer Heirat nicht auch auf andere Weise erfahren?« »Das kann ich allerdings nicht verhindern, aber es ist bei seiner Lebensweise unwahrscheinlich.« »Wenn du solche Freunde hast, Georg, hättest du dich überhaupt nicht verloben sollen.« »Ja, das ist unser beider Schuld; aber ich wollte es auch jetzt nicht anders haben.« Und wenn sie dann, rasch atmend unter seinen Küssen, noch vorbrachte: »Eigentlich kränkt es mich doch,« hielt er es wirklich für unverfänglich, dem Freund alles zu schreiben. »So bin ich und so hat er mich hinzunehmen«, sagte er sich, »ich kann nicht aus mir einen Menschen herausschneiden, der vielleicht für die Freundschaft mit ihm geeigneter wäre, als ich es bin.«

Und tatsächlich berichtete er seinem Freunde in dem langen Brief, den er an diesem Sonntagvormittag schrieb, die erfolgte Verlobung mit folgenden Worten: »Die beste Neuigkeit habe ich mir bis zum Schluß aufgespart. Ich habe mich mit einem Fräulein Frieda Brandenfeld verlobt, einem Mädchen aus einer wohlhabenden Familie, die sich hier erst lange nach Deiner Abreise angesiedelt hat, die Du also kaum kennen dürftest. Es wird sich noch Gelegenheit finden, Dir Näheres über meine Braut mitzuteilen, heute genüge Dir, daß ich recht glücklich bin und daß sich in unserem gegenseitigen Verhältnis nur insofern etwas geändert hat, als Du jetzt in mir statt eines ganz gewöhnlichen Freundes einen glücklichen Freund haben wirst. Außerdem bekommst Du in meiner Braut, die Dich herzlich grüßen läßt, und die Dir nächstens selbst schreiben wird, eine aufrichtige Freundin, was für einen Junggesellen nicht ganz ohne Bedeutung ist. Ich weiß, es hält Dich vielerlei von einem Besuche bei uns zurück, wäre aber nicht gerade meine Hochzeit die richtige Gelegenheit, einmal alle Hindernisse über den Haufen zu werfen? Aber wie dies auch sein mag, handle ohne alle Rücksicht und nur nach Deiner Wohlmeinung.«

Mit diesem Brief in der Hand war Georg lange, das Gesicht dem Fenster zugekehrt, an seinem Schreibtisch gesessen. Einem Bekannten, der ihn im Vorübergehen von der Gasse aus gegrüßt hatte, hatte er kaum mit einem abwesenden Lächeln geantwortet.

Endlich steckte er den Brief in die Tasche und ging aus seinem Zimmer quer durch einen kleinen Gang in das Zimmer seines Vaters, in dem er schon seit Monaten nicht gewesen war. Es bestand auch sonst keine Nötigung dazu, denn er verkehrte mit seinem Vater ständig im Geschäft, das Mittagessen nahmen sie gleichzeitig in einem Speisehaus ein, abends versorgte sich zwar jeder nach Belieben, doch saßen sie dann meistens, wenn nicht Georg, wie es am häufigsten geschah, mit Freunden beisammen war oder jetzt seine Braut besuchte, noch ein Weilchen, jeder mit seiner Zeitung, im gemeinsamen Wohnzimmer.

Georg staunte darüber, wie dunkel das Zimmer des Vaters selbst an diesem sonnigen Vormittag war. Einen solchen Schatten warf also die hohe Mauer, die sich jenseits des schmalen Hofes erhob. Der Vater saß beim Fenster in einer Ecke, die mit verschiedenen Andenken an die selige Mutter ausgeschmückt war, und las die Zeitung, die er seitlich vor die Augen hielt, wodurch er irgendeine Augenschwäche auszugleichen suchte. Auf dem Tisch standen die Reste des Frühstücks, von dem nicht viel verzehrt zu sein schien.

»Ah, Georg!« sagte der Vater und ging ihm gleich entgegen. Sein schwerer Schlafrock öffnete sich im Gehen, die Enden umflatterten ihn – »mein Vater ist noch immer ein Riese«, sagte sich Georg.

»Hier ist es ja unerträglich dunkel«, sagte er dann.

»Ja, dunkel ist es schon«, antwortete der Vater.

»Das Fenster hast du auch geschlossen?«

»Ich habe es lieber so.«

»Es ist ja ganz warm draußen«, sagte Georg, wie im Nachhang zu dem Früheren, und setzte sich.

Der Vater räumte das Frühstücksgeschirr ab und stellte es auf einen Kasten.

»Ich wollte dir eigentlich nur sagen,« fuhr Georg fort, der den Bewegungen des alten Mannes ganz verloren folgte, »daß ich nun doch nach Petersburg meine Verlobung angezeigt habe.« Er zog den Brief ein wenig aus der Tasche und ließ ihn wieder zurückfallen.

»Nach Petersburg?« fragte der Vater.

»Meinem Freunde doch«, sagte Georg und suchte des Vaters Augen. – »Im Geschäft ist er doch ganz anders,« dachte er, »wie er hier breit sitzt und die Arme über der Brust kreuzt.«

»Ja. Deinem Freunde«, sagte der Vater mit Betonung.

»Du weißt doch, Vater, daß ich ihm meine Verlobung zuerst verschweigen wollte. Aus Rücksichtnahme, aus keinem anderen Grunde sonst. Du weißt selbst, er ist ein schwieriger Mensch. Ich sagte mir, von anderer Seite kann er von meiner Verlobung wohl erfahren, wenn das auch bei seiner einsamen Lebensweise kaum wahrscheinlich ist – das kann ich nicht hindern –, aber von mir selbst soll er es nun einmal nicht erfahren.«

»Und jetzt hast du es dir wieder anders überlegt?« fragte der Vater, legte die große Zeitung auf den Fensterbord und auf die Zeitung die Brille, die er mit der Hand bedeckte.

»Ja, jetzt habe ich es mir wieder überlegt. Wenn er mein guter Freund ist, sagte ich mir, dann ist meine glückliche Verlobung auch für ihn ein Glück. Und deshalb habe ich nicht mehr gezögert, es ihm anzuzeigen. Ehe ich jedoch den Brief einwarf, wollte ich es dir sagen.«

»Georg,« sagte der Vater und zog den zahnlosen Mund in die Breite, »hör' einmal! Du bist wegen dieser Sache zu mir gekommen, um dich mit mir zu beraten. Das ehrt dich ohne Zweifel. Aber es ist nichts, es ist ärger als nichts, wenn du mir jetzt nicht die volle

Wahrheit sagst. Ich will nicht Dinge aufrühren, die nicht hierher gehören. Seit dem Tode unserer teuren Mutter sind gewisse unschöne Dinge vorgegangen. Vielleicht kommt auch für sie die Zeit und vielleicht kommt sie früher, als wir denken. Im Geschäft entgeht mir manches, es wird mir vielleicht nicht verborgen – ich will jetzt gar nicht die Annahme machen, daß es mir verborgen wird –, ich bin nicht mehr kräftig genug, mein Gedächtnis läßt nach, ich habe nicht mehr den Blick für alle die vielen Sachen. Das ist erstens der Ablauf der Natur, und zweitens hat mich der Tod unseres Mütterchens viel mehr niedergeschlagen als dich. – Aber weil wir gerade bei dieser Sache halten, bei diesem Brief, so bitte ich dich, Georg, täusche mich nicht. Es ist eine Kleinigkeit, es ist nicht des Atems wert, also täusche mich nicht. Hast du wirklich diesen Freund in Petersburg?«

Georg stand verlegen auf. »Lassen wir meine Freunde sein. Tausend Freunde ersetzen mir nicht meinen Vater. Weißt du, was ich glaube? Du schonst dich nicht genug. Aber das Alter verlangt seine Rechte. Du bist mir im Geschäft unentbehrlich, das weißt du ja sehr genau, aber wenn das Geschäft deine Gesundheit bedrohen sollte, sperre ich es noch morgen für immer. Das geht nicht. Wir müssen da eine andere Lebensweise für dich einführen. Aber von Grund aus. Du sitzt hier im Dunkel, und im Wohnzimmer hättest du schönes Licht. Du nippst vom Frühstück, statt dich ordentlich zu stärken. Du sitzt bei geschlossenem Fenster, und die Luft würde dir so gut tun. Nein, mein Vater! Ich werde den Arzt holen und seinen Vorschriften werden wir folgen. Die Zimmer werden wir wechseln, du wirst ins Vorderzimmer ziehen, ich hierher. Es wird keine Veränderung für dich sein, alles wird mit übertragen werden. Aber das alles hat Zeit, jetzt lege dich noch ein wenig ins Bett, du brauchst unbedingt Ruhe. Komm, ich werde dir beim Ausziehen helfen, du wirst sehn, ich kann es. Oder willst du gleich ins Vorderzimmer gehn, dann legst du dich vorläufig in mein Bett. Das wäre übrigens sehr vernünftig.«

Georg stand knapp neben seinem Vater, der den Kopf mit dem struppigen weißen Haar auf die Brust hatte sinken lassen.

»Georg«, sagte der Vater leise, ohne Bewegung.

Georg kniete sofort neben dem Vater nieder, er sah die Pupillen in dem müden Gesicht des Vaters übergroß in den Winkeln der Augen auf sich gerichtet.

»Du hast keinen Freund in Petersburg. Du bist immer ein Spaßmacher gewesen und hast dich auch mir gegenüber nicht zurückgehalten. Wie solltest du denn gerade dort einen Freund haben! Das kann ich gar nicht glauben.«

»Denk doch einmal nach, Vater,« sagte Georg, hob den Vater vom Sessel und zog ihm, wie er nun doch recht schwach dastand, den Schlafrock aus, »jetzt wird es bald drei Jahre her sein, da war ja mein Freund bei uns zu Besuch. Ich erinnere mich noch, daß du ihn nicht besonders gern hattest. Wenigstens zweimal habe ich ihn vor dir verleugnet, trotzdem er gerade bei mir im Zimmer saß. Ich konnte ja deine Abneigung gegen ihn ganz gut verstehen, mein Freund hat seine Eigentümlichkeiten. Aber dann hast du dich doch auch wieder ganz gut mit ihm unterhalten. Ich war damals noch so stolz darauf, daß du ihm zuhörtest, nicktest und fragtest. Wenn du nachdenkst, mußt du dich erinnern. Er erzählte damals unglaubliche Geschichten von der russischen Revolution. Wie er z. B. auf einer Geschäftsreise in Kiew bei einem Tumult einen Geistlichen auf einem Balkon gesehen hatte, der sich ein breites Blutkreuz in die flache Hand schnitt, diese Hand erhob und die Menge anrief. Du hast ja selbst diese Geschichte hie und da wiedererzählt.«

Währenddessen war es Georg gelungen, den Vater wieder niederzusetzen und ihm die Trikothose, die er über den Leinenunterhosen trug, sowie die Socken vorsichtig auszuziehn. Beim Anblick der nicht besonders reinen Wäsche machte er sich Vorwürfe, den Vater vernachlässigt zu haben. Es wäre sicherlich auch seine Pflicht gewesen, über den Wäschewechsel seines Vaters zu wachen. Er hatte mit seiner Braut darüber, wie sie die Zukunft des Vaters einrichten wollten, noch nicht ausdrücklich gesprochen, denn sie hatten stillschweigend vorausgesetzt, daß der Vater allein in der alten Wohnung bleiben würde. Doch jetzt entschloß er sich kurz mit aller Bestimmtheit, den Vater in seinen künftigen Haushalt mitzunehmen. Es schien ja fast, wenn man genauer zusah, daß die Pflege, die dort dem Vater bereitet werden sollte, zu spät kommen könnte.

Auf seinen Armen trug er den Vater ins Bett. Ein schreckliches Gefühl hatte er, als er während der paar Schritte zum Bett hin merkte, daß an seiner Brust der Vater mit seiner Uhrkette spielte. Er konnte ihn nicht gleich ins Bett legen, so fest hielt er sich an dieser Uhrkette.

Kaum war er aber im Bett, schien alles gut. Er deckte sich selbst zu und zog dann die Bettdecke noch besonders weit über die Schulter. Er sah nicht unfreundlich zu Georg hinauf.

»Nicht wahr, du erinnerst dich schon an ihn?« fragte Georg und nickte ihm aufmunternd zu.

»Bin ich jetzt gut zugedeckt?« fragte der Vater, als könne er nicht nachschauen, ob die Füße genug bedeckt seien.

»Es gefällt dir also schon im Bett«, sagte Georg und legte das Deckzeug besser um ihn.

»Bin ich gut zugedeckt?« fragte der Vater noch einmal und schien auf die Antwort besonders aufzupassen.

»Sei nur ruhig, du bist gut zugedeckt.«

»Nein!« rief der Vater, daß die Antwort an die Frage stieß, warf die Decke zurück mit einer Kraft, daß sie einen Augenblick im Fluge sich ganz entfaltete, und stand aufrecht im Bett. Nur eine Hand hielt er leicht an den Plafond. »Du wolltest mich zudecken, das weiß ich, mein Früchtchen, aber zugedeckt bin ich noch nicht. Und ist es auch die letzte Kraft, genug für dich, zuviel für dich. Wohl kenne ich deinen Freund. Er wäre ein Sohn nach meinem Herzen. Darum hast du ihn auch betrogen die ganzen Jahre lang. Warum sonst? Glaubst du, ich habe nicht um ihn geweint? Darum doch sperrst du dich in dein Bureau, niemand soll stören, der Chef ist beschäftigt – nur damit du deine falschen Briefchen nach Rußland schreiben kannst. Aber den Vater muß glücklicherweise niemand lehren, den Sohn zu durchschauen. Wie du jetzt geglaubt hast, du hättest ihn untergekriegt, so untergekriegt, daß du dich mit deinem Hintern auf ihn setzen kannst und er rührt sich nicht, da hat sich mein Herr Sohn zum Heiraten entschlossen!«

Georg sah zum Schreckbild seines Vaters auf. Der Petersburger Freund, den der Vater plötzlich so gut kannte, ergriff ihn, wie noch nie. Verloren im weiten Rußland sah er ihn. An der Türe des leeren, ausgeraubten Geschäftes sah er ihn. Zwischen den Trümmern der Regale, den zerfetzten Waren, den fallenden Gasarmen stand er gerade noch. Warum hatte er so weit wegfahren müssen!

»Aber schau mich an!« rief der Vater, und Georg lief, fast zerstreut, zum Bett, um alles zu fassen, stockte aber in der Mitte des Weges.

»Weil sie die Röcke gehoben hat,« fing der Vater zu flöten an, »weil sie die Röcke so gehoben hat, die widerliche Gans,« und er hob, um das darzustellen, sein Hemd so hoch, daß man an seinem Oberschenkel die Narbe aus seinen Kriegsjahren sah, »weil sie die Röcke so und so und so gehoben hat, hast du dich an sie herangemacht, und damit du an ihr ohne Störung dich befriedigen kannst, hast du unserer Mutter Andenken geschändet, den Freund verraten und deinen Vater ins Bett gesteckt, damit er sich nicht rühren kann. Aber kann er sich rühren oder nicht?«

Und er stand vollkommen frei und warf die Beine. Er strahlte vor Einsicht.

Georg stand in einem Winkel, möglichst weit vom Vater. Vor einer langen Weile hatte er sich fest entschlossen, alles vollkommen genau zu beobachten, damit er nicht irgendwie auf Umwegen, von hinten her, von oben herab überrascht werden könne. Jetzt erinnerte er sich wieder an den längst vergessenen Entschluß und vergaß ihn, wie man einen kurzen Faden durch ein Nadelöhr zieht.

»Aber der Freund ist nun doch nicht verraten!« rief der Vater und sein hin- und herbewegter Zeigefinger bekräftigte es. »Ich war sein Vertreter hier am Ort.«

»Komödiant!« konnte sich Georg zu rufen nicht enthalten, er kannte sofort den Schaden und biß, nur zu spät, – die Augen erstarrt – in seine Zunge, daß er vor Schmerz einknickte.

»Ja, freilich habe ich Komödie gespielt! Komödie! Gutes Wort. Welcher andere Trost blieb dem alten verwitweten Vater? Sag –

und für den Augenblick der Antwort sei du noch mein lebender Sohn –, was blieb mir übrig, in meinem Hinterzimmer, verfolgt vom ungetreuen Personal, alt bis in die Knochen? Und mein Sohn ging im Jubel durch die Welt, schloß Geschäfte ab, die ich vorbereitet hatte, überpurzelte sich vor Vergnügen und ging vor seinem Vater mit dem verschlossenen Gesicht eines Ehrenmannes davon! Glaubst du, ich hätte dich nicht geliebt, ich, von dem du ausgingst?«

»Jetzt wird er sich vorbeugen,« dachte Georg, »wenn er fiel und zerschmetterte!« Dieses Wort durchzischte seinen Kopf.

Der Vater beugte sich vor, fiel aber nicht. Da Georg sich nicht näherte, wie er erwartet hatte, erhob er sich wieder.

»Bleib, wo du bist, ich brauche dich nicht! Du denkst, du hast noch die Kraft, hierher zu kommen und hältst dich bloß zurück, weil du so willst. Daß du dich nicht irrst! Ich bin noch immer der viel Stärkere. Allein hätte ich vielleicht zurückweichen müssen, aber so hat mir die Mutter ihre Kraft abgegeben, mit deinem Freund habe ich mich herrlich verbunden, deine Kundschaft habe ich hier in der Tasche!«

»Sogar im Hemd hat er Taschen!« sagte sich Georg und glaubte, er könne ihn mit dieser Bemerkung in der ganzen Welt unmöglich machen. Nur einen Augenblick dachte er das, denn immerfort vergaß er alles.

»Häng dich nur in deine Braut ein und komm mir entgegen! Ich fege sie dir von der Seite weg, du weißt nicht wie!«

Georg machte Grimassen, als glaube er das nicht. Der Vater nickte bloß, die Wahrheit dessen, was er sagte, beteuernd, in Georgs Ecke hin.

»Wie hast du mich doch heute unterhalten, als du kamst und fragtest, ob du deinem Freund von der Verlobung schreiben sollst. Er weiß doch alles, dummer Junge, er weiß doch alles! Ich schrieb ihm doch, weil du vergessen hast, mir das Schreibzeug wegzunehmen. Darum kommt er schon seit Jahren nicht, er weiß ja alles hundertmal besser als du selbst, deine Briefe zerknüllt er ungelesen in der linken Hand, während er in der Rechten meine Briefe zum Lesen sich vorhält!«

Seinen Arm schwang er vor Begeisterung über dem Kopf. »Er weiß alles tausendmal besser!« rief er.

»Zehntausendmal!« sagte Georg, um den Vater zu verlachen, aber noch in seinem Munde bekam das Wort einen toternsten Klang.

»Seit Jahren passe ich schon auf, daß du mit dieser Frage kämest! Glaubst du, mich kümmert etwas anderes? Glaubst du, ich lese Zeitungen? Da!« und er warf Georg ein Zeitungsblatt, das irgendwie mit ins Bett getragen worden war, zu. Eine alte Zeitung, mit einem Georg schon ganz unbekannten Namen.

»Wie lange hast du gezögert, ehe du reif geworden bist! Die Mutter mußte sterben, sie konnte den Freudentag nicht erleben, der Freund geht zugrunde in seinem Rußland, schon vor drei Jahren war er gelb zum Wegwerfen, und ich, du siehst ja, wie es mit mir steht. Dafür hast du doch Augen!«

»Du hast mir also aufgelauert!« rief Georg.

Mitleidig sagte der Vater nebenbei: »Das wolltest du wahrscheinlich früher sagen. Jetzt paßt es ja gar nicht mehr.«

Und lauter: »Jetzt weißt du also, was es noch außer dir gab, bisher wußtest du nur von dir! Ein unschuldiges Kind warst du ja eigentlich, aber noch eigentlicher warst du ein teuflischer Mensch! – Und darum wisse: Ich verurteile dich jetzt zum Tode des Ertrinkens!«

Georg fühlte sich aus dem Zimmer gejagt, den Schlag, mit dem der Vater hinter ihm aufs Bett stürzte, trug er noch in den Ohren davon. Auf der Treppe, über deren Stufen er wie über eine schiefe Fläche eilte, überrumpelte er seine Bedienerin, die im Begriffe war, heraufzugehen, um die Wohnung nach der Nacht aufzuräumen. »Jesus!« rief sie und verdeckte mit der Schürze das Gesicht, aber er war schon davon. Aus dem Tor sprang er, über die Fahrbahn zum Wasser trieb es ihn. Schon hielt er das Geländer fest, wie ein Hungriger die Nahrung. Er schwang sich über, als der ausgezeichnete Turner, der er in seinen Jugendjahren zum Stolz seiner Eltern gewesen war. Noch hielt er sich mit schwächer werdenden Händen fest, erspähte zwischen den Geländerstangen einen Autoomnibus, der mit Leichtigkeit seinen Fall übertönen würde, rief leise: »Liebe Eltern, ich habe euch doch immer geliebt«, und ließ sich hinabfallen.

In diesem Augenblick ging über die Brücke ein geradezu unendlicher Verkehr.

Lion Feuchtwanger
Höhenflugrekord

Am 2. Juli, einem sehr heißen Tage, morgens um 10 Uhr 20 Minuten, stieg der Leutnant Victor Crecy auf, um den bisherigen Weltrekord von 11 702 Metern Höhe zu brechen. Die Grenze, die für Flugzeuge erreichbar ist, war mathematisch festgestellt. Nicht aber, trotz vieler Versuche im Laboratorium, gab es eine sichere Formel für die Höhe, bis zu der Menschen lebend gelangen können. Fünf Flieger hatten sich bis jetzt ernsthaft und aussichtsvoll an dem Kampf um den Höhenflugrekord beteiligt. Leutnant Crecy war der sechste.

Langsam schraubte sich sein Flugzeug »Marie Lemaire« (S A III 26) hinauf in die dünne, von sausendem Wind durchhetzte Atmosphäre. Denn dauernd fegt vom Rand des luftleeren Raumes ein sehr starker Ostwind. In gleicher Höhe mit dem Flugzeug ›Marie Lemaire‹ stieg der Horizont, wurde weiter, undeutlicher. Leutnant Crecy steuerte sein Flugzeug höher, langsam, vorsichtig, wohl wissend, daß der menschliche Körper, unvermittelt in solche Höhen gebracht, bersten müßte; denn es saugt der Raum an jeder Zelle des Leibes um ihr Quentchen Luft, zieht durch die Haut hindurch das Blut heraus. In kurzer Zeit, doch ihm schien es langsam, gelangte der Leutnant in die eisige Dünne der ganz großen Höhe. Ein paar Wolken, ein Schneesturm, kommend von nirgendwoher, den Boden nie erreichend. So fegte der einsame Mann dahin.

Die Hebelarme seines 280-PS-Motors tanzten, ab und zu wurden die Propellerflügel sichtbar. Sonst sah der Flieger nichts außer den schmalen Zeigern seiner Instrumente. Längst waren die Städte zu handbreiten Flecken geschrumpft und verschwunden, längst die Ströme zu dünnen Drähten geschrumpft und verschwunden. Kein Echo war, nur das Surren des Motors. Nichts war im Raum außer dem Leutnant und seiner Maschine.

Leutnant Crecy war 28 Jahre alt, während des Krieges infolge außerordentlicher Leistungen im Tagesbericht der französischen

Heeresleitung zweimal genannt. Jetzt hatte er das Ziel, der Internationalen Aeronautischen Föderation in Paris versiegelte Instrumente vorzulegen mit so beschaffenen Lesungen und Ergebnissen, daß dieses Institut sie als Rekord aushängen könnte. Er kannte von elf Höhenflügen und von den Versuchen im Laboratorium her die Wirkungen der dünnen Luft. Er wußte von der weißen Mittsommersonne, die ihn, da ihn die Atmosphäre nicht schützte, mit gleichmäßiger Unbarmherzigkeit bestrahlte. Er kannte gut den Winter, der in diesen Höhen auch im Juli friert. Crecy war dicht in Pelze gewickelt, schwere Pelzhandschuhe trug er an den Händen; elektrische Heizkörper wärmten überdies das eine Bein, das infolge einer Steifheit gegen Kälte rasch empfindlich war. Das Gesicht war dick mit Fett beschmiert. Die Augen, ins linke war ein Monokel geklemmt, waren durch eine mächtige Brille abgeschlossen und geschützt.

Er stieg höher. Trotz aller Vorsicht schnitt der Wind wie eine Säge in seine Knochen. Mehrere Stellen seines Gesichtes, trotz des Fettschutzes, bedeckten sich unter der Sonne mit Blasen. Unter der Kälte zogen sich die Metallteile seines Flugzeugs zusammen, einzelne brachen durch die Vibrationen des Motors ab wie spröder Schiefer. Durch eine kleine Röhre, gleich als ob er rauchte, atmete er Sauerstoff ein.

Der Leutnant Victor Crecy, in der Höhe zwischen 9000 und 9500 Metern, freute sich an dem Bewußtsein, daß er das erste atmende Wesen war, das in diesen Teil des Raumes vorstieß. Er war ein mutiger Mann. Er hatte Nahkämpfe mit sehr gefürchteten Gegnern hinter sich, er war eine lange, ewige Weile, gestürzt, spritzendes Blei um sich, zwischen Graben und Drahtverhau gelegen. Sein unbewegtes, scharfzügiges Gesicht, ein Pokergesicht nannten es seine Freunde, war die Freude der Photographen; Millionen von Menschen war es, mit dem Flugzeug »Marie Lemaire« als Folie, bestätigendes Sinnbild der Kühnheit der Generation. Dann aber, in der Höhe von 10 300 Metern, verzerrte sich plötzlich unter der dicken Fettschicht dieses Gesicht, der Mund schnappte hilflos auf und zu. Der Leutnant hörte den Motor nicht mehr, die Sonne wurde undeutlich, Zunge und Gaumen waren peinigend trocken, er war erschöpft vor Hunger. Es wurde dunkler, gleich wird es Nacht sein. Er begann mit sich selbst zu reden. Dies hatte er noch nie getan. Er sagte: »10 982 Meter unter dem Meeresspiegel. Meine Mutter ist eigentlich nicht schwarz, sondern eher braun. Jetzt klettere ich schon 2900 Stunden und bin immer erst 11 Meter hoch. Ich möchte jetzt ein Beefsteak. Es ist verflucht, wie die Zeit vergeht. Ich habe doch 29 gelesen, es ist aber 92.«

Im Begriff, das Bewußtsein zu verlieren, während die Sonne in seltsame Ausbuchtungen zerfloß und komisch zu wackeln begann, merkte er, daß in dem gefrorenen automatischen Apparat sein Sauerstoff ausgegangen war. Mit mechanischer Bewegung griff er zur Ersatzflasche. Im Bruchteil eines Augenblicks waren alle anderen Gedanken weggefegt durch den Befehl: Kontrolle! Kontrolle! Die Sonne bekam ihren Glanz zurück, der Motor surrte seinen alten Rhythmus. Der Hunger war fort. Er wußte, daß seine Mutter blond war und daß er um 10 Uhr 20 Minuten gestartet, also noch nicht 70 Minuten unterwegs war. Da lachte der Leutnant Crecy, er lachte laut, jung, schallend, aber so hoch im Raum war es kein lauter Schall.

Er sah auf den Registrierapparat und sah, daß er 11 404 Meter erreicht hatte.

Die nächsten 100 Höhenmeter erzielte er gleichmäßig und sicher wie in einer Höhe von 4000 Metern. Dann aber von neuem begann das Flugzeug »Marie Lemaire« zu schwanken, schwamm willkürlich, ungehorsam dem Steuer, in der dünnen Luft. Kälter als die Kälte des leeren Raumes drang der Gedanke in ihn, daß sein Sauerstoffapparat nicht vorhalten werde. Wird er die 11 702 Meter unter sich lassen, die John Macready erreicht hat? Die Zeit schlich grauenvoll langsam. Schon wieder schnappte er, spürte er sein Herz, kämpfte er um Luft. Er bemühte sich angespannt, an die Versuche im Laboratorium zu denken und daß dies ein frühes Stadium sei ohne Gefahr. Aber es schnellten so viele Fische um ihn herum, große und kleine, glasäugig, dumm, ihrem Element entgegen. Zwischendurch wußte er, daß er in sehr großer Höhe flog, und daß irgend etwas falsch war. Er wußte auch, daß man dem durch einen einfachen Handgriff abhelfen konnte. Aber der qualvoll um Luft japsende Mann konnte auf diesen Handgriff nicht kommen. Es waren die vielen herumschnellenden Fische, die ihn behinderten.

Jetzt hatte er es. Mit dem mittleren Hebel mußte er etwas vornehmen. Er hob die Hand. Da raste der Hebel weg von ihm, wich nach vorne aus, nach links, er konnte den verdammten Hebel nicht finden. Er lüftete, vermutlich um die schnellenden Fische zu vertreiben, die mächtige Brille, daß seine Augen, das linke unter dem geklemmten Monokel, bloßlagen. Er spürte einen sich ins Hirn drehenden Stich, dann nichts mehr.

Das Flugzeug ›Marie Lemaire‹ (S A III 26) wurde noch am gleichen Tage aufgefischt, auf einem Wasser treibend. Es war seltsamerweise nicht übermäßig beschädigt. Der tote Leutnant Crecy saß am Steuer, seine Hand war ans Steuer festgefroren; auch die Augen waren gefroren, vors linke war noch immer das Monokel geklemmt. Die versiegelten Instrumente zeigten, daß die erreichte Höhe 12 149 Meter betrug, 447 Meter mehr als der letzte Rekord.

Ernst Bloch
Fall ins Jetzt

Man kann auch sonderbar aufs Hier und Da kommen, das ist nie weit von uns. Ich kenne eine kleine, fast niedere, ostjüdische Geschichte, an der freilich der Schluß merkwürdig enttäuscht. Ihr Ende soll offenbar ein Witz sein, ein recht verlegener und matter, unlustiger, jedoch eben einer, der nur die Grube zuschaufeln soll, in die man gefallen ist. Die Grube ist unser Jetzt, in dem alle sind und von dem *nicht* wegerzählt wird, wie sonst meistens; die kleine Falltür ist also herzusetzen.

Man hatte gelernt und sich gestritten, war darüber müde geworden. Da unterhielten sich die Juden, im Bethaus der kleinen Stadt, was man sich wünschte, wenn ein Engel käme. Der Rabbi sagte, er wäre schon froh, wenn er seinen Husten los wäre. Und ich wünschte mir, sagte ein Zweiter, ich hätte meine Töchter verheiratet. Und ich wollte, rief ein Dritter, ich hätte überhaupt keine Töchter, sondern einen Sohn, der mein Geschäft übernimmt. Zuletzt wandte sich der Rabbi an einen Bettler, der gestern abend zugelaufen war und nun zerlumpt und kümmerlich auf der hinteren Bank saß. »Was möchtest du dir denn wünschen, Lieber? Gott sei es geklagt, du siehst nicht aus, wie wenn du ohne Wunsch sein könntest.« – »Ich wollte«, sagte der Bettler, »ich wäre ein großer König und hätte ein großes Land. In jeder Stadt hätte ich einen Palast, und in der allerschönsten meine Residenz, aus Onyx, Sandel und Marmor. Da säße ich auf dem Thron, wäre gefürchtet von meinen Feinden, geliebt von meinem Volk, wie der König Salomo. Aber im Krieg habe ich nicht Salomos Glück; der Feind bricht ein, meine Heere werden geschlagen und alle Städte und Wälder gehen in Brand auf. Der Feind steht schon vor meiner Residenz, ich höre das Getümmel auf den Straßen und sitze im Thronsaal ganz allein, mit Krone, Szepter, Purpur und Hermelin, verlassen von allen meinen Würdeträgern und höre, wie das Volk nach meinem Blut schreit. Da ziehe ich mich aus bis aufs Hemd und werfe alle Pracht von mir, springe durchs Fenster hinab in den Hof. Komme hindurch durch die Stadt, das Getümmel, das freie Feld und laufe, laufe durch mein verbranntes Land, um mein Leben. Zehn Tage lang bis zur Grenze, wo mich niemand mehr kennt, und komme hinüber, zu andern Menschen, die nichts von mir wissen, nichts von mir wollen, bin gerettet und *seit gestern abend sitze ich hier.*« – Lange Pause und ein Chok dazu, der Bettler war aufgesprungen, der Rabbi sah ihn an. »Ich muß schon sagen«, sprach der Rabbi langsam, »ich muß schon sagen, du bist ein merkwürdiger Mensch. Wozu wünschst du dir denn alles, wenn du alles wieder verlierst. Was hättest du dann von deinem Reichtum und deiner Herrlichkeit?« – »Rabbi«, sprach der Bettler und setzte sich wieder, »ich hätte schon etwas, ein Hemd.« – Nun lachten die Juden und schüttelten die Köpfe und schenkten dem König das Hemd, mit einem Witz war der Chok zugedeckt. Dieses merkwürdige Jetzt als Ende oder Ende des Jetzt in dem Wort: Seit gestern abend sitze ich hier, dieser Durchbruch des Hierseins mitten aus dem Traum heraus. Sprachlich vermittelt durch den vertrackten Übergang, den der erzählende Bettler aus der Wunschform, mit der er beginnt, über das historische plötzlich zum wirklichen Präsens nimmt. Den Hörer überläuft es etwas, wenn er landet, wo er ist; kein Sohn übernimmt dies Geschäft.

Bertolt Brecht
Der Augsburger Kreidekreis

Zu der Zeit des Dreißigjährigen Krieges besaß ein Schweizer Protestant namens Zingli eine große Gerberei mit einer Lederhandlung in der freien Reichsstadt Augsburg am Lech. Er war mit einer Augsburgerin verheiratet und hatte ein Kind von ihr. Als die Katholischen auf die Stadt zu marschierten, rieten ihm seine Freunde dringend zur Flucht, aber, sei es, daß seine kleine Familie ihn hielt, sei es, daß er seine Gerberei nicht im Stich lassen wollte, er konnte sich jedenfalls nicht entschließen, beizeiten wegzureisen.

So war er noch in der Stadt, als die kaiserlichen Truppen sie stürmten, und als am Abend geplündert wurde, versteckte er sich in einer Grube im Hof, wo die Farben aufbewahrt wurden. Seine Frau sollte mit dem Kind zu ihren Verwandten in die Vorstadt ziehen, aber sie hielt sich zu lange damit auf, ihre Sachen, Kleider, Schmuck und Betten zu packen, und so sah sie plötzlich, von einem Fenster des ersten Stockes aus, eine Rotte kaiserlicher Soldaten in den Hof dringen. Außer sich vor Schrecken ließ sie alles stehen und liegen und rannte durch eine Hintertür aus dem Anwesen.

So blieb das Kind im Hause zurück. Es lag in der großen Diele in seiner Wiege und spielte mit einem Holzball, der an einer Schnur von der Decke hing.

Nur eine junge Magd war noch im Hause. Sie hantierte in der Küche mit dem Kupferzeug, als sie Lärm von der Gasse her hörte. Ans Fenster stürzend, sah sie, wie aus dem ersten Stock des Hauses gegenüber von Soldaten allerhand Beutestücke auf die Gasse geworfen wurden. Sie lief in die Diele und wollte eben das Kind aus der Wiege nehmen, als sie das Geräusch schwerer Schläge gegen die eichene Haustür hörte. Sie wurde von Panik ergriffen und flog die Treppe hinauf.

Die Diele füllte sich mit betrunkenen Soldaten, die alles kurz und klein schlugen. Sie wußten, daß sie sich im Haus eines Protestanten befanden. Wie durch ein Wunder blieb bei der Durchsuchung und

Plünderung Anna, die Magd, unentdeckt. Die Rotte verzog sich, und aus dem Schrank herauskletternd, in dem sie gestanden war, fand Anna auch das Kind in der Diele unversehrt. Sie nahm es hastig an sich und schlich mit ihm auf den Hof hinaus. Es war inzwischen Nacht geworden, aber der rote Schein eines in der Nähe brennenden Hauses erhellte den Hof, und entsetzt erblickte sie die übel zugerichtete Leiche des Hausherrn. Die Soldaten hatten ihn aus seiner Grube gezogen und erschlagen.

Erst jetzt wurde der Magd klar, welche Gefahr sie lief, wenn sie mit dem Kind des Protestanten auf der Straße aufgegriffen wurde. Sie legte es schweren Herzens in die Wiege zurück, gab ihm etwas Milch zu trinken, wiegte es in Schlaf und machte sich auf den Weg in den Stadtteil, wo ihre verheiratete Schwester wohnte. Gegen zehn Uhr nachts drängte sie sich, begleitet vom Mann ihrer Schwester, durch das Getümmel der ihren Sieg feiernden Soldaten, um in der Vorstadt Frau Zingli, die Mutter des Kindes, aufzusuchen. Sie klopften an die Tür eines mächtigen Hauses, die sich nach geraumer Zeit auch ein wenig öffnete. Ein kleiner alter Mann, Frau Zinglis Onkel, steckte den Kopf heraus. Anna berichtete atemlos, daß Herr Zingli tot, das Kind aber unversehrt im Hause sei. Der Alte sah sie kalt aus fischigen Augen an und sagte, seine Nichte sei nicht mehr da, und er selber habe mit dem Protestantenbankert nichts zu schaffen. Damit machte er die Tür wieder zu. Im Weggehen sah Annas Schwager, wie sich ein Vorhang in einem der Fenster bewegte, und gewann die Überzeugung, daß Frau Zingli da war. Sie schämte sich anscheinend nicht, ihr Kind zu verleugnen.

Eine Zeitlang gingen Anna und ihr Schwager schweigend nebeneinander her. Dann erklärte sie ihm, daß sie in die Gerberei zurück und das Kind holen wolle. Der Schwager, ein ruhiger, ordentlicher Mann, hörte sie erschrocken an und suchte ihr die gefährliche Idee auszureden. Was hatte sie mit diesen Leuten zu tun? Sie war nicht einmal anständig behandelt worden.

Anna hörte ihm still zu und versprach ihm, nichts Unvernünftiges zu tun. Jedoch wollte sie unbedingt noch schnell in die Gerberei schauen, ob dem Kind nichts fehle. Und sie wollte allein gehen.

Sie setzte ihren Willen durch. Mitten in der zerstörten Halle lag das Kind ruhig in seiner Wiege und schlief. Anna setzte sich müde zu ihm und betrachtete es. Sie hatte nicht gewagt, ein Licht anzuzünden, aber das Haus in der Nähe brannte immer noch, und bei diesem Licht konnte sie das Kind ganz gut sehen. Es hatte einen winzigen Leberfleck am Hälschen.

Als die Magd einige Zeit, vielleicht eine Stunde, zugesehen hatte, wie das Kind atmete und an seiner kleinen Faust saugte, erkannte sie, daß sie zu lange gesessen und zuviel gesehen hatte, um noch ohne das Kind weggehen zu können. Sie stand schwerfällig auf, und mit langsamen Bewegungen hüllte sie es in die Leinendecke, hob es auf den Arm und verließ mit ihm den Hof, sich scheu umschauend, wie eine Person mit schlechtem Gewissen, eine Diebin.

Sie brachte das Kind, nach langen Beratungen mit Schwester und Schwager, zwei Wochen darauf aufs Land in das Dorf Großaitingen, wo ihr älterer Bruder Bauer war. Der Bauernhof gehörte der Frau, er hatte nur eingeheiratet. Es war ausgemacht worden, daß sie vielleicht nur dem Bruder sagen sollte, wer das Kind war, denn sie hatten die junge Bäurin nie zu Gesicht bekommen und wußten nicht, wie sie einen so gefährlichen kleinen Gast aufnehmen würde.

Anna kam gegen Mittag im Dorf an. Ihr Bruder, seine Frau und das Gesinde saßen beim Mittagessen. Sie wurde nicht schlecht empfangen, aber ein Blick auf ihre neue Schwägerin veranlaßte sie, das Kind sogleich als ihr eigenes vorzustellen. Erst nachdem sie erzählt hatte, daß ihr Mann in einem entfernten Dorf eine Stellung in einer Mühle hatte und sie dort mit dem Kind in ein paar Wochen erwartete, taute die Bäuerin auf, und das Kind wurde gebührend bewundert.

Nachmittags begleitete sie ihren Bruder ins Gehölz, Holz sammeln. Sie setzten sich auf Baumstümpfe, und Anna schenkte ihm reinen Wein ein. Sie konnte sehen, daß ihm nicht wohl in seiner Haut war. Seine Stellung auf dem Hof war noch nicht gefestigt, und er lobte Anna sehr, daß sie seiner Frau gegenüber den Mund gehalten hatte. Es war klar, daß er seiner jungen Frau keine besonders großzügige Haltung gegenüber dem Protestantenkind zutraute. Er wollte, daß die Täuschung aufrechterhalten wurde.

Das war nun auf die Länge nicht leicht.

Anna arbeitete bei der Ernte mit und pflegte »ihr« Kind zwischendurch, immer wieder vom Feld nach Hause laufend, wenn die andern ausruhten. Der Kleine gedieh und wurde sogar dick, lachte, sooft er Anna sah, und suchte kräftig den Kopf zu heben. Aber dann kam der Winter, und die Schwägerin begann sich nach Annas Mann zu erkundigen.

Es sprach nichts dagegen, daß Anna auf dem Hof blieb, sie konnte sich nützlich machen. Das Schlimme war, daß die Nachbarn sich über den Vater von Annas Jungen wunderten, weil der nie kam, nach ihm zu sehen. Wenn sie keinen Vater für ihr Kind zeigen konnte, mußte der Hof bald ins Gerede kommen.

An einem Sonntagmorgen spannte der Bauer an und hieß Anna laut mitkommen, ein Kalb in einem Nachbardorf abzuholen. Auf dem ratternden Fahrweg teilte er ihr mit, daß er für sie einen Mann gesucht und gefunden hätte. Es war ein todkranker Häusler, der kaum den ausgemergelten Kopf vom schmierigen Laken heben konnte, als die beiden in seiner niedrigen Hütte standen.

Er war willig, Anna zu ehelichen. Am Kopfende des Lagers stand eine gelbhäutige Alte, seine Mutter. Sie sollte ein Entgelt für den Dienst, der Anna erwiesen wurde, bekommen.

Das Geschäft war in zehn Minuten ausgehandelt, und Anna und ihr Bruder konnten weiterfahren und ihr Kalb erstehen. Die Verehelichung fand Ende derselben Woche statt. Während der Pfarrer die Trauungsformel murmelte, wandte der Kranke nicht ein einziges Mal den glasigen Blick auf Anna. Ihr Bruder zweifelte nicht, daß sie den Totenschein in wenigen Tagen haben würden. Dann war Annas Mann und Kindsvater auf dem Weg zu ihr in einem Dorf bei Augsburg irgendwo gestorben, und niemand würde sich wundern, wenn die Witwe im Haus ihres Bruders bleiben würde.

Anna kam froh von ihrer seltsamen Hochzeit zurück, auf der es weder Kirchenglocken noch Blechmusik, weder Jungfern noch Gäste gegeben hatte. Sie verzehrte als Hochzeitsschmaus ein Stück

Brot mit einer Scheibe Speck in der Speisekammer und trat mit ihrem Bruder dann vor die Kiste, in der das Kind lag, das jetzt einen Namen hatte. Sie stopfte das Laken fester und lachte ihren Bruder an.

Der Totenschein ließ allerdings auf sich warten.

Es kam weder die nächste noch die übernächste Woche Bescheid von der Alten. Anna hatte auf dem Hof erzählt, daß ihr Mann nun auf dem Weg zu ihr sei. Sie sagte nunmehr, wenn man sie fragte, wo er bliebe, der tiefe Schnee mache wohl die Reise beschwerlich. Aber nachdem weitere drei Wochen vergangen waren, fuhr ihr Bruder doch, ernstlich beunruhigt, in das Dorf bei Augsburg.

Er kam spät in der Nacht zurück. Anna war noch auf und lief zur Tür, als sie das Fuhrwerk auf dem Hof knarren hörte. Sie sah, wie langsam der Bauer ausspannte, und ihr Herz krampfte sich zusammen.

Er brachte üble Nachricht. In die Hütte tretend, hatte er den Todgeweihten beim Abendessen am Tisch sitzend vorgefunden, in Hemdsärmeln, mit beiden Backen kauend. Er war wieder völlig gesundet.

Der Bauer sah Anna nicht ins Gesicht, als er weiter berichtete. Der Häusler, er hieß übrigens Otterer, und seine Mutter schienen über die Wendung ebenfalls überrascht und waren wohl noch zu keinem Entschluß gekommen, was zu geschehen hätte. Otterer habe keinen unangenehmen Eindruck gemacht. Er hatte wenig gesprochen, jedoch einmal seine Mutter, als sie darüber jammern wollte, daß er nun ein ungewünschtes Weib und ein fremdes Kind auf dem Hals habe, zum Schweigen verwiesen. Er aß bedächtig seine Käsespeise weiter während der Unterhaltung und aß noch, als der Bauer wegging.

Die nächsten Tage war Anna natürlich sehr bekümmert. Zwischen ihrer Hausarbeit lehrte sie den Jungen gehen. Wenn er den Spinnrocken losließ und mit ausgestreckten Ärmchen auf sie zugewackelt kam, unterdrückte sie ein trockenes Schluchzen und umklammerte ihn fest, wenn sie ihn auffing.

Einmal fragte sie ihren Bruder: Was ist er für einer? Sie hatte ihn nur auf dem Sterbebett gesehen und nur abends, beim Schein einer schwachen Kerze. Jetzt erfuhr sie, daß ihr Mann ein abgearbeiteter Fünfziger sei, halt so, wie ein Häusler ist.

Bald darauf sah sie ihn. Ein Hausierer hatte ihr mit einem großen Aufwand an Heimlichkeit ausgerichtet, daß »ein gewisser Bekannter« sie an dem und dem Tag zu der und der Stunde bei dem und dem Dorf, da wo der Fußweg nach Landsberg abgeht, treffen wolle. So begegneten die Verehelichten sich zwischen ihren Dörfern wie die antiken Feldherren zwischen ihren Schlachtreihen, im offenen Gelände, das von Schnee bedeckt war.

Der Mann gefiel Anna nicht.

Er hatte kleine graue Zähne, sah sie von oben bis unten an, obwohl sie in einem dicken Schafspelz steckte und nicht viel zu sehen war, und gebrauchte dann die Wörter »Sakrament der Ehe«. Sie sagte ihm kurz, sie müsse sich alles noch überlegen und er möchte ihr durch irgendeinen Händler oder Schlächter, der durch Großaitingen kam, vor ihrer Schwägerin ausrichten lassen, er werde jetzt bald kommen und sei nur auf dem Weg erkrankt.

Otterer nickte in seiner bedächtigen Weise. Er war über einen Kopf größer als sie und blickte immer auf ihre linke Halsseite beim Reden, was sie aufbrachte.

Die Botschaft kam aber nicht, und Anna ging mit dem Gedanken um, mit dem Kind einfach vom Hof zu gehen und weiter südwärts, etwa in Kempten oder Sonnthofen, eine Stellung zu suchen. Nur die Unsicherheit der Landstraßen, über die viel geredet wurde, und daß es mitten im Winter war, hielt sie zurück.

Der Aufenthalt auf dem Hof wurde aber jetzt schwierig. Die Schwägerin stellte am Mittagstisch vor allem Gesinde mißtrauische Fragen nach ihrem Mann. Als sie einmal sogar, mit falschem Mitleid auf das Kind sehend, laut »armes Wurm« sagte, beschloß Anna, doch zu gehen, aber da wurde das Kind krank.

Es lag unruhig mit hochrotem Kopf und trüben Augen in seiner Kiste, und Anna wachte ganze Nächte über ihm in Angst und Hoffnung. Als es sich wieder auf dem Weg zur Besserung befand und sein Lächeln zurückgefunden hatte, klopfte es eines Vormittags an die Tür, und herein trat Otterer.

Der Augsburger Kreidekreis

Es war niemand außer Anna und dem Kind in der Stube, so daß sie sich nicht verstellen mußte, was ihr bei ihrem Schrecken auch wohl unmöglich gewesen wäre. Sie standen eine gute Weile wortlos, dann äußerte Otterer, er habe die Sache seinerseits überlegt und sei gekommen, sie zu holen. Er erwähnte wieder das Sakrament der Ehe.

Anna wurde böse. Mit fester, wenn auch unterdrückter Stimme sagte sie dem Mann, sie denke nicht daran, mit ihm zu leben, sie sei die Ehe nur eingegangen ihres Kindes wegen und wolle von ihm nichts, als daß er ihr und dem Kind seinen Namen gebe.

Otterer blickte, als sie von dem Kind sprach, flüchtig nach der Richtung der Kiste, in der es lag und brabbelte, trat aber nicht hinzu. Das nahm Anna noch mehr gegen ihn ein.

Er ließ ein paar Redensarten fallen; sie solle sich alles noch einmal überlegen, bei ihm sei Schmalhans Küchenmeister, und seine Mutter könne in der Küche schlafen. Dann kam die Bäuerin herein, begrüßte ihn neugierig und lud ihn zum Mittagessen. Den Bauern begrüßte er, schon am Teller sitzend, mit einem nachlässigen Kopfnicken, weder vortäuschend, er kenne ihn nicht, noch verratend, daß er ihn kannte. Auf die Fragen der Bäuerin antwortete er einsilbig, seine Blicke nicht vom Teller hebend, er habe in Mering eine Stelle gefunden, und Anna könne zu ihm ziehen. Jedoch sagte er nichts mehr davon, daß dies gleich sein müsse.

Am Nachmittag vermied er die Gesellschaft des Bauern und hackte hinter dem Haus Holz, wozu ihn niemand aufgefordert hatte. Nach dem Abendessen, an dem er wieder schweigend teilnahm, trug die Bäuerin selber ein Deckbett in Annas Kammer, damit er dort übernachten konnte, aber da stand er merkwürdigerweise schwerfällig auf und murmelte, daß er noch am selben Abend zurück müsse. Bevor er ging, starrte er mit abwesendem Blick in die Kiste mit dem Kind, sagte aber nichts und rührte es nicht an.

In der Nacht wurde Anna krank und verfiel in ein Fieber, das wochenlang dauerte. Die meiste Zeit lag sie teilnahmslos, nur ein paarmal gegen Mittag, wenn das Fieber etwas nachließ, kroch sie zu der Kiste mit dem Kind und stopfte die Decke zurecht.

In der vierten Woche ihrer Krankheit fuhr Otterer mit einem Leiterwagen auf dem Hof vor und holte sie und das Kind ab. Sie ließ es wortlos geschehen.

Nur sehr langsam kam sie wieder zu Kräften, kein Wunder bei den dünnen Suppen der Häuslerhütte. Aber eines Morgens sah sie, wie schmutzig das Kind gehalten war, und stand entschlossen auf.

Der Kleine empfing sie mit seinem freundlichen Lächeln, von dem ihr Bruder immer behauptet hatte, er habe es von ihr. Er war gewachsen und kroch mit unglaublicher Geschwindigkeit in der Kammer herum, mit den Händen aufpatschend und kleine Schreie ausstoßend, wenn er auf das Gesicht niederfiel. Sie wusch ihn in einem Holzzuber und gewann ihre Zuversicht zurück.

Wenige Tage später freilich konnte sie das Leben in der Hütte nicht mehr aushalten. Sie wickelte den Kleinen in ein paar Decken, steckte ein Brot und etwas Käse ein und lief weg.

Sie hatte vor, nach Sonnthofen zu kommen, kam aber nicht weit. Sie war noch recht schwach auf den Beinen, die Landstraße lag unter der Schneeschmelze, und die Leute in den Dörfern waren durch den Krieg sehr mißtrauisch und geizig geworden. Am dritten Tag ihrer Wanderung verstauchte sie sich den Fuß in einem Straßengraben und wurde nach vielen Stunden, in denen sie um das Kind bangte, auf einen Hof gebracht, wo sie im Stall liegen mußte. Der Kleine kroch zwischen den Beinen der Kühe herum und lachte nur, wenn sie ängstlich aufschrie. Am Ende mußte sie den Leuten des Hofs den Namen ihres Mannes sagen, und er holte sie wieder nach Mering.

Von nun an machte sie keinen Fluchtversuch mehr und nahm ihr Los hin. Sie arbeitete hart. Es war schwer, aus dem kleinen Acker etwas herauszuholen und die winzige Wirtschaft in Gang zu halten. Jedoch war der Mann nicht unfreundlich zu ihr, und der Kleine wurde satt. Auch kam ihr Bruder mitunter herüber und brachte dies und jenes als Präsent, und einmal konnte sie dem Kleinen sogar ein Röcklein rot einfärben lassen. Das, dachte sie, mußte dem Kind eines Färbers gut stehen.

Mit der Zeit wurde sie ganz zufrieden gestimmt und erlebte viele Freude bei der Erziehung des Kleinen. So vergingen mehrere Jahre.

Aber eines Tages ging sie ins Dorf Sirup holen, und als sie zurückkehrte, war das Kind nicht in der Hütte, und ihr Mann berichtete ihr, daß eine feingekleidete Frau in einer Kutsche vorgefahren sei und das Kind geholt habe. Sie taumelte an die Wand vor Entsetzen, und am selben Abend noch machte sie sich, nur ein Bündel mit Eßbarem tragend, auf den Weg nach Augsburg.

Ihr erster Gang in der Reichsstadt war zur Gerberei. Sie wurde nicht vorgelassen und bekam das Kind nicht zu sehen.

Schwester und Schwager versuchten vergebens, ihr Trost zuzureden. Sie lief zu den Behörden und schrie außer sich, man habe ihr Kind gestohlen. Sie ging so weit, anzudeuten, daß Protestanten ihr Kind gestohlen hätten. Sie erfuhr daraufhin, daß jetzt andere Zeiten herrschten und zwischen Katholiken und Protestanten Friede geschlossen worden sei.

Sie hätte kaum etwas ausgerichtet, wenn ihr nicht ein besonderer Glücksumstand zu Hilfe gekommen wäre. Ihre Rechtssache wurde an einen Richter verwiesen, der ein ganz besonderer Mann war.

Es war das der Richter Ignaz Dollinger, in ganz Schwaben berühmt wegen seiner Grobheit und Gelehrsamkeit, vom Kurfürsten von Bayern, mit dem er einen Rechtsstreit der freien Reichsstadt ausgetragen hatte, »dieser lateinische Mistbauer« getauft, vom niedrigen Volk aber in einer langen Moritat löblich besungen.

Von Schwester und Schwager begleitet kam Anna vor ihn. Der kurze, aber ungemein fleischige alte Mann saß in einer winzigen kahlen Stube zwischen Stößen von Pergamenten und hörte sie nur ganz kurz an. Dann schrieb er etwas auf ein Blatt, brummte: »Tritt dorthin, aber mach schnell!« und dirigierte sie mit seiner kleinen plumpen Hand an eine Stelle des Raums, auf die durch das schmale Fenster das Licht fiel. Für einige Minuten sah er genau ihr Gesicht an, dann winkte er sie mit einem Stoßseufzer weg.

Am nächsten Tag ließ er sie durch einen Gerichtsdiener holen und schrie sie, als sie noch auf der Schwelle stand, an: »Warum hast du keinen Ton davon gesagt, daß es um eine Gerberei mit einem pfundigen Anwesen geht?«

Anna sagte verstockt, daß es ihr um das Kind gehe.

»Bild dir nicht ein, daß du die Gerberei schnappen kannst«, schrie der Richter. »Wenn der Bankert wirklich deiner ist, fällt das Anwesen an die Verwandten von dem Zingli.«

Anna nickte, ohne ihn anzuschauen. Dann sagte sie: »Er braucht die Gerberei nicht.«

»Ist er deiner?« bellte der Richter.

»Ja«, sagte sie leise. »Wenn ich ihn nur so lange behalten dürfte, bis er alle Wörter kann. Er weiß erst sieben.«

Der Richter hustete und ordnete die Pergamente auf seinem Tisch. Dann sagte er ruhiger, aber immer noch in ärgerlichem Ton:

»Du willst den Knirps, und die Ziege da mit ihren fünf Seidenröcken will ihn. Aber er braucht die rechte Mutter.«

»Ja«, sagte Anna und sah den Richter an.

»Verschwind«, brummte er. »Am Samstag halt ich Gericht.«

An diesem Samstag war die Hauptstraße und der Platz vor dem Rathaus am Perlachturm schwarz von Menschen, die dem Prozeß um das Protestantenkind beiwohnen wollten. Der sonderbare Fall hatte von Anfang an viel Aufsehen erregt, und in Wohnungen und Wirtschaften wurde darüber gestritten, wer die echte und wer die falsche Mutter war. Auch war der alte Dollinger weit und breit berühmt wegen seiner volkstümlichen Prozesse mit ihren bissigen Redensarten und Weisheitssprüchen. Seine Verhandlungen waren beliebter als Plärrer und Kirchweih.

So stauten sich vor dem Rathaus nicht nur viele Augsburger; auch nicht wenige Bauersleute der Umgegend waren da. Freitag war Markttag, und sie hatten in Erwartung des Prozesses in der Stadt übernachtet.

Der Saal, in dem der Richter Dollinger verhandelte, war der sogenannte Goldene Saal. Er war berühmt als einziger Saal von dieser Größe in ganz Deutschland, der keine Säulen hatte; die Decke war an Ketten im Dachfirst aufgehängt.

Der Richter Dollinger saß, ein kleiner runder Fleischberg, vor dem geschlossenen Erztor der einen Längswand. Ein gewöhnliches Seil trennte die Zuhörer ab. Aber der Richter saß auf ebenem Boden und hatte keinen Tisch vor sich. Er hatte selber vor Jahren diese Anordnung getroffen; er hielt viel von Aufmachung.

Anwesend innerhalb des abgeseilten Raums waren Frau Zingli mit ihren Eltern, die zugereisten Schweizer Verwandten des verstorbenen Herrn Zingli, zwei gutgekleidete würdige Männer, aussehend wie wohlbestallte Kaufleute, und Anna Otterer mit ihrer Schwester. Neben Frau Zingli sah man eine Amme mit dem Kind.

Alle, Parteien und Zeugen, standen. Der Richter Dollinger pflegte zu sagen, daß die Verhandlungen kürzer ausfielen, wenn die Beteiligten stehen mußten. Aber vielleicht ließ er sie auch nur stehen, damit sie ihn vor dem Publikum verdeckten, so daß man ihn nur sah, wenn man sich auf die Fußzehen stellte und den Hals ausrenkte.

Zu Beginn der Verhandlung kam es zu einem Zwischenfall. Als Anna das Kind erblickte, stieß sie einen Schrei aus und trat vor, und das Kind wollte zu ihr, strampelte heftig in den Armen der Amme und fing an zu brüllen. Der Richter ließ es aus dem Saal bringen.

Dann rief er Frau Zingli auf.

Sie kam vorgerauscht und schilderte, ab und zu ein Sacktüchlein an die Augen lüftend, wie bei der Plünderung die kaiserlichen Soldaten ihr das Kind entrissen hätten. Noch in derselben Nacht war die Magd in das Haus ihres Vaters gekommen und hatte berichtet, das Kind sei noch im Haus, wahrscheinlich in Erwartung eines Trinkgelds. Eine Köchin ihres Vaters habe jedoch das Kind, in die Gerberei geschickt, nicht vorgefunden, und sie nehme an, die Person (sie deutete auf Anna) habe sich seiner bemächtigt, um irgendwie Geld erpressen zu können. Sie wäre auch wohl über kurz oder lang mit solchen Forderungen hervorgekommen, wenn man ihr nicht zuvor das Kind abgenommen hätte.

Der Richter Dollinger rief die beiden Verwandten des Herrn Zingli auf und fragte sie, ob sie sich damals nach Herrn Zingli erkundigt hätten und was ihnen von Frau Zingli erzählt worden sei.

Sie sagten aus, Frau Zingli habe sie wissen lassen, ihr Mann sei erschlagen worden, und das Kind habe sie einer Magd anvertraut, bei der es in guter Hut sei. Sie sprachen sehr unfreundlich von ihr, was allerdings kein Wunder war, denn das Anwesen fiel an sie, wenn der Prozeß für Frau Zingli verlorenging.

Nach ihrer Aussage wandte sich der Richter wieder an Frau Zingli und wollte von ihr wissen, ob sie nicht einfach bei dem Überfall damals den Kopf verloren und das Kind im Stich gelassen habe.

Frau Zingli sah ihn mit ihren blassen blauen Augen wie verwundert an und sagte gekränkt, sie habe ihr Kind nicht im Stich gelassen.

Der Richter Dollinger räusperte sich und fragte sie interessiert, ob sie glaube, daß keine Mutter ihr Kind im Stich lassen könnte.

Ja, das glaube sie, sagte sie fest.

Ob sie dann glaube, fragte der Richter weiter, daß einer Mutter, die es doch tue, der Hintern verhauen werden müßte, gleichgültig, wie viele Röcke sie darüber trage?

Frau Zingli gab keine Antwort, und der Richter rief die frühere Magd Anna auf. Sie trat schnell vor und sagte mit leiser Stimme, was sie schon bei der Voruntersuchung gesagt hatte. Sie redete aber, als ob sie zugleich horchte, und ab und zu blickte sie nach der großen Tür, hinter die man das Kind gebracht hatte, als fürchtete sie, daß es immer noch schreie.

Sie sagte aus, sie sei zwar in jener Nacht zum Haus von Frau Zinglis Onkel gegangen, dann aber nicht in die Gerberei zurückgekehrt, aus Furcht vor den Kaiserlichen und weil sie Sorgen um ihr eigenes, lebendiges Kind gehabt habe, das bei guten Leuten im Nachbarort Lechhausen untergebracht gewesen sei.

Der alte Dollinger unterbrach sie grob und schnappte, es habe also zumindest eine Person in der Stadt gegeben, die so etwas wie Furcht verspürt habe. Er freue sich, das feststellen zu können, denn es beweise, daß eben zumindest eine Person damals einige Vernunft besessen habe. Schön sei es allerdings von der Zeugin nicht gewesen, daß sie sich nur um ihr eigenes Kind gekümmert habe, andererseits aber heiße es ja im Volksmund, Blut sei dicker als Wasser, und was eine rechte Mutter sei, die gehe auch stehlen für ihr Kind, das sei aber vom Gesetz streng verboten, denn Eigentum sei Eigentum, und wer stehle, der lüge auch, und lügen sei ebenfalls vom Gesetz verboten. Und dann hielt er eine seiner weisen und derben Lektionen über die Abgefeimtheit der Menschen, die das Gericht anschwindelten, bis sie blau im Gesicht seien, und nach einem kleinen Abstecher über die Bauern, die die Milch unschuldiger Kühe mit Wasser verpanschten, und den Magistrat der Stadt, der zu hohe Marktsteuern von den Bauern nehme, der überhaupt nichts mit dem Prozeß zu tun hatte, verkündigte er, daß die Zeugenaussage geschlossen sei und nichts ergeben habe.

Dann machte er eine lange Pause und zeigte alle Anzeichen der Ratlosigkeit, sich umblickend, als erwarte er von irgendeiner Seite her einen Vorschlag, wie man zu einem Schluß kommen könnte.

Die Leute sahen sich verblüfft an, und einige reckten die Hälse, um einen Blick auf den hilflosen Richter zu erwischen. Es blieb aber sehr still im Saal, nur von der Straße herauf konnte man die Menge hören.

Dann ergriff der Richter wieder seufzend das Wort.

»Es ist nicht festgestellt worden, wer die rechte Mutter ist«, sagte er. »Das Kind ist zu bedauern. Man hat schon gehört, daß die Väter sich oft drücken und nicht die Väter sein wollen, die Schufte, aber hier melden sich gleich zwei Mütter. Der Gerichtshof hat ihnen so lange zugehört, wie sie es verdienen, nämlich einer jeden geschlagene fünf Minuten, und der Gerichtshof ist zu der Überzeugung gelangt, daß beide wie gedruckt lügen. Nun ist aber, wie gesagt, auch noch das Kind zu bedenken, das eine Mutter haben muß. Man muß also, ohne auf bloßes Geschwätz einzugehen, feststellen, wer die rechte Mutter des Kindes ist.«

Und mit ärgerlicher Stimme rief er den Gerichtsdiener und befahl ihm, eine Kreide zu holen.

Der Gerichtsdiener ging und brachte ein Stück Kreide.

»Zieh mit der Kreide da auf dem Fußboden einen Kreis, in dem drei Personen stehen können«, wies ihn der Richter an.

Der Gerichtsdiener kniete nieder und zog mit der Kreide den gewünschten Kreis.

»Jetzt bring das Kind«, befahl der Richter.

Das Kind wurde hereingebracht. Es fing wieder an zu heulen und wollte zu Anna. Der alte Dollinger kümmerte sich nicht um das Geplärr und hielt seine Ansprache nur in etwas lauterem Ton.

»Diese Probe, die jetzt vorgenommen werden wird«, verkündete er, »habe ich in einem alten Buch gefunden, und sie gilt als recht gut. Der einfache Grundgedanke der Probe mit dem Kreidekreis ist, daß die echte Mutter an ihrer Liebe zum Kind erkannt wird. Also muß die Stärke dieser Liebe erprobt werden. Gerichtsdiener, stellt das Kind in diesen Kreidekreis.«

Der Gerichtsdiener nahm das plärrende Kind von der Hand der Amme und führte es in den Kreis. Der Richter fuhr fort, sich an Frau Zingli und Anna wendend:

»Stellt auch ihr euch in den Kreidekreis, faßt jede eine Hand des Kindes, und wenn ich ›los‹ sage, dann bemüht euch, das Kind aus dem Kreis zu ziehen. Die von euch die stärkere Liebe hat, wird auch mit der größeren Kraft ziehen und so das Kind auf ihre Seite bringen.«

Im Saal war es unruhig geworden. Die Zuschauer stellten sich auf die Fußspitzen und stritten sich mit den vor ihnen Stehenden.

Es wurde aber wieder totenstill, als die beiden Frauen in den Kreis traten und jede eine Hand des Kindes faßte. Auch das Kind war verstummt, als ahnte es, um was es ging. Es hielt sein tränenüberströmtes Gesichtchen zu Anna emporgewendet. Dann kommandierte der Richter »los«.

Und mit einem einzigen heftigen Ruck riß Frau Zingli das Kind aus dem Kreidekreis. Verstört und ungläubig sah Anna ihm nach. Aus Furcht, es könne Schaden erleiden, wenn es an beiden Ärmchen zugleich in zwei Richtungen gezogen würde, hatte sie es sogleich losgelassen.

Der alte Dollinger stand auf.

»Und somit wissen wir«, sagte er laut, »wer die rechte Mutter ist. Nehmt der Schlampe das Kind weg. Sie würde es kalten Herzens in Stücke reißen.« Und er nickte Anna zu und ging schnell aus dem Saal, zu seinem Frühstück.

Und in den nächsten Wochen erzählten sich die Bauern der Umgebung, die nicht auf den Kopf gefallen waren, daß der Richter, als er der Frau aus Mering das Kind zusprach, mit den Augen gezwinkert habe.

Elisabeth Langgässer
Saisonbeginn

Die Arbeiter kamen mit ihrem Schild und einem hölzernen Pfosten, auf den es genagelt werden sollte, zu dem Eingang der Ortschaft, die hoch in den Bergen an der letzten Paßkehre lag. Es war ein heißer Spätfrühlingstag, die Schneegrenze hatte sich schon hinauf zu den Gletscherwänden gezogen. Überall standen die Wiesen wieder in Saft und Kraft; die Wucherblume verschwendete sich, der Löwenzahn strotzte und blähte sein Haupt über den milchigen Stengeln; Trollblumen, welche wie eingefettet mit gelber Sahne waren, platzten vor Glück, und in strahlenden Tümpeln kleinblütiger Enziane spiegelte sich ein Himmel von unwahrscheinlichem Blau. Auch die Häuser und Gasthöfe waren wie neu: ihre Fensterläden frisch angestrichen, die Schindeldächer gut ausgebessert, die Scherenzäune ergänzt. Ein Atemzug noch: dann würden die Fremden, die Sommergäste, kommen – die Lehrerinnen, die mutigen Sachsen, die Kinderreichen, die Alpinisten, aber vor allem die Autobesitzer in ihren großen Wagen ... Röhr und Mercedes, Fiat und Opel, blitzend von Chrom und Glas. Das Geld würde anrollen. Alles war darauf vorbereitet. Ein Schild kam zum andern, die Haarnadelkurve zu dem Totenkopf, Kilometerschilder und Schilder für Fußgänger: Zwei Minuten zum Café Alpenrose. An der Stelle, wo die Männer den Pfosten in die Erde einrammen wollten, stand ein Holzkreuz, über dem Kopf des Christus war auch ein Schild angebracht. Seine Inschrift war bis heute die gleiche, wie sie Pilatus entworfen hatte: J. N. R. J. – die Enttäuschung darüber, daß es im Grund hätte heißen sollen: er behauptet nur, dieser König zu sein, hatte im Lauf der Jahrhunderte an Heftigkeit eingebüßt. Die beiden Männer, welche den Pfosten, das Schild und die große Schaufel, um den Pfosten in die Erde zu graben, auf ihren Schultern trugen, setzten alles unter dem Wegekreuz ab; der dritte stellte den Werkzeugkasten, Hammer, Zange und Nägel daneben und spuckte ermunternd aus.

Nun beratschlagten die drei Männer, an welcher Stelle die Inschrift des Schildes am besten zur Geltung käme; sie sollte für alle, welche das Dorf auf dem breiten Paßweg betraten, besser: befuhren, als Blickfang dienen und nicht zu verfehlen sein. Man kam also überein, das Schild kurz vor dem Wegekreuz anzubringen, gewissermaßen als Gruß, den die Ortschaft jedem Fremden entgegenschickte. Leider stellte sich aber heraus, daß der Pfosten dann in den Pflasterbelag einer Tankstelle hätte gesetzt werden müssen – eine Sache, die sich von selbst verbot, da die Wagen, besonders die größeren, dann am Wenden behindert waren. Die Männer schleppten also den Pfosten noch ein Stück weiter hinaus bis zu der Gemeindewiese und wollten schon mit der Arbeit beginnen, als ihnen auffiel, daß diese Stelle bereits zu weit von dem Ortsschild entfernt war, das den Namen angab und die Gemeinde, zu welcher der Flecken gehörte. Wenn also das Dorf den Vorzug dieses Schildes und seiner Inschrift für sich beanspruchen wollte, mußte das Schild wieder näherrücken – am besten gerade dem Kreuz gegenüber, so daß Wagen und Fußgänger zwischen beiden hätten passieren müssen.

Dieser Vorschlag, von dem Mann mit den Nägeln und dem Hammer gemacht, fand Beifall. Die beiden anderen luden von neuem den Pfosten auf ihre Schultern und schleppten ihn vor das Kreuz. Nun sollte also das Schild mit der Inschrift zu dem Wegekreuz senkrecht stehen; doch zeigte es sich, daß die uralte Buche, welche gerade hier ihre Äste mit riesiger Spanne nach beiden Seiten wie eine Mantelmadonna ihren Umhang entfaltete, die Inschrift im Sommer verdeckt und ihr Schattenspiel deren Bedeutung verwischt, aber mindestens abgeschwächt hätte.

Es blieb daher nur noch die andere Seite neben dem Herrenkreuz, und da die erste, die in das Pflaster der Tankstelle überging, gewissermaßen den Platz des Schächers zur Linken bezeichnet hätte, wurde jetzt der Platz zur Rechten gewählt und endgültig beibehalten. Zwei Männer hoben die Erde aus, der dritte nagelte rasch das Schild mit wuchtigen Schlägen auf; dann stellten sie den Pfosten gemeinsam in die Grube und rammten ihn rings von allen Seiten mit größeren Feldsteinen an.

Ihre Tätigkeit blieb nicht unbeachtet. Schulkinder machten sich gegenseitig die Ehre streitig, dabei zu helfen, den Hammer, die Nägel hinzureichen und passende Steine zu suchen; auch einige Frauen blieben stehen, um die Inschrift genau zu studieren. Zwei Nonnen, welche die Blumenvase zu Füßen des Kreuzes aufs neue füllten, blickten einander unsicher an, bevor sie weitergingen. Bei den Männern, die von der Holzarbeit oder vom Acker kamen, war die Wirkung verschieden: einige lachten, andere schüttelten nur den Kopf, ohne etwas zu sagen; die Mehrzahl blieb davon unberührt und gab weder Beifall noch Ablehnung kund, sondern war gleichgültig, wie sich die Sache auch immer entwickeln würde. Im ganzen genommen konnten die Männer mit der Wirkung zufrieden sein. Der Pfosten, kerzengerade, trug das Schild mit der weithin sichtbaren Inschrift, die Nachmittagssonne glitt wie ein Finger über die zollgroßen Buchstaben hin und fuhr jeden einzelnen langsam nach wie den Richtspruch auf einer Tafel ...

Auch der sterbende Christus, dessen blasses, blutüberronnenes Haupt im Tod nach der rechten Seite geneigt war, schien sich mit letzter Kraft zu bemühen, die Inschrift aufzunehmen: man merkte, sie ging ihn gleichfalls an, welcher bisher von den Leuten als einer der ihren betrachtet und wohl gelitten war. Unerbittlich und dauerhaft wie sein Leiden, würde sie ihm nun für lange Zeit schwarz auf weiß gegenüberstehen.

Als die Männer den Kreuzigungsort verließen und ihr Handwerkszeug wieder zusammenpackten, blickten alle drei noch einmal befriedigt zu dem Schild mit der Inschrift auf. Sie lautete: »In diesem Kurort sind Juden unerwünscht.«

Marie Luise Kaschnitz
Lange Schatten

Langweilig, alles langweilig, die Hotelhalle, der Speisesaal, der Strand, wo die Eltern in der Sonne liegen, einschlafen, den Mund offenstehen lassen, aufwachen, gähnen, ins Wasser gehen, eine Viertelstunde vormittags, eine Viertelstunde nachmittags, immer zusammen. Man sieht sie von hinten, Vater hat zu dünne Beine, Mutter zu dicke, mit Krampfadern, im Wasser werden sie dann munter und spritzen kindisch herum. Rosie geht niemals zusammen mit den Eltern schwimmen, sie muß währenddessen auf die Schwestern achtgeben, die noch klein sind, aber nicht mehr süß, sondern alberne Gänse, die einem das Buch voll Sand schütten oder eine Qualle auf den nackten Rücken legen. Eine Familie zu haben ist entsetzlich, auch andere Leute leiden unter ihren Familien, Rosie sieht das ganz deutlich, zum Beispiel der braune Mann mit dem Goldkettchen, den sie den Schah nennt, statt bei den Seinen unterm Sonnenschirm hockt er an der Bar oder fährt mit dem Motorboot, wilde Schwünge, rasend schnell und immer allein. Eine Familie ist eine Plage, warum kann man nicht erwachsen auf die Welt kommen und gleich seiner Wege gehen. Ich gehe meiner Wege, sagt Rosie eines Tages nach dem Mittagessen und setzt vorsichtshalber hinzu, in den Ort, Postkarten kaufen, Ansichtskarten, die an die Schulfreundinnen geschrieben werden sollen, als ob sie daran dächte, diesen dummen Gören aus ihrer Klasse Kärtchen zu schicken, Gruß vom blauen Mittelmeer, wie geht es dir, mir geht es gut. Wir kommen mit, schreien die kleinen Schwestern, aber gottlob nein, sie dürfen nicht, sie müssen zum Nachmittagsschlafen ins Bett. Also nur die Fahrstraße hinauf bis zum Marktplatz und gleich wieder zurück, sagt der Vater, und mit niemandem sprechen, und geht der Mutter und den kleinen Schwestern nach mit seinem armen, krummen Bürorücken, er war heute mit dem Boot auf dem Wasser, aber ein Seefahrer wird er nie. Nur die Fahrstraße hinauf, oben sieht man, mit Mauern und Türmen an den Berg geklebt, den

Ort liegen, aber die Eltern waren noch nie dort, der Weg war ihnen zu lang, zu heiß, was er auch ist, kein Schatten weit und breit. Rosie braucht keinen Schatten, wozu auch, ihr ist überall wohl, wohl in ihrer sonnenölglänzenden Haut, vorausgesetzt, daß niemand an ihr herumerzieht und niemand sie etwas fragt. Wenn man allein ist, wird alles groß und merkwürdig und beginnt einem allein zu gehören, meine Straße, meine schwarze räudige Katze, mein toter Vogel, eklig, von Ameisen zerfressen, aber unbedingt in die Hand zu nehmen, mein. Meine langen Beine in verschossenen Leinenhosen, meine weißen Sandalen, ein Fuß vor den andern, niemand ist auf der Straße, die Sonne brennt. Dort, wo die Straße den Hügel erreicht, fängt sie an, eine Schlangenlinie zu beschreiben, blaue Schlange im goldenen Reblaub, und in den Feldern zirpen die Grillen wie toll. Rosie benützt den Abkürzungsweg durch die Gärten, eine alte Frau kommt ihr entgegen, eine Mumie, um Gottes willen, was da noch so herumläuft und gehört doch längst ins Grab. Ein junger Mann überholt Rosie und bleibt stehen, und Rosie macht ein strenges Gesicht. Die jungen Männer hier sind zudringliche Taugenichtse, dazu braucht man keine Eltern, um das zu wissen, wozu überhaupt braucht man Eltern, der Teufel, den sie an die Wand malen, hat schon längst ein ganz anderes Gesicht. Nein, danke, sagt Rosie höflich, ich brauche keine Begleitung, und geht an dem jungen Mann vorbei, wie sie es den Mädchen hier abgeguckt hat, steiles Rückgrat, Wirbel über Wirbel, das Kinn angezogen, die Augen finster niedergeschlagen, und er murmelt nur noch einiges Schmeichelhafte, das in Rosies Ohren grenzenlos albern klingt. Weingärten, Kaskaden von rosa Geranienblüten, Nußbäume, Akazien, Gemüsebeete, weiße Häuser, rosa Häuser, Schweiß in den Handflächen, Schweiß auf dem Gesicht. Endlich ist die Höhe erreicht, die Stadt auch, das Schiff Rosie bekommt Wind unter die Leinwand und segelt glücklich durch Schattenstraßen, an Obstständen und flachen Blechkästen voll farbiger, glitzernder, rundäugiger Fische hin. Mein Markt, meine Stadt, mein Laden mit Herden von Gummitieren und einem Firmament von Strohhüten, auch mit Ständern voll Ansichtskarten, von denen Rosie, der Form halber, drei schreiendblaue Meeresausblicke wählt. Weiter auf den Platz, keine Ah- und Oh-Gedanken angesichts des Kastells und der Kirchenfassaden, aber interessierte Blicke auf die bescheidenen Auslagen, auch in die Schlafzimmer zu ebener Erde, wo über gußeisernen, vielfach verschnörkelten Ehebettstellen süßliche Madonnenbilder hängen. Auf der Straße ist zu dieser frühen Nachmittagsstunde fast niemand mehr, ein struppiger, kleiner Hund von unbestimmbarer Rasse kläfft zu einem Fenster hinauf, wo ein Junge steht und ihm Grimassen schneidet. Rosie findet in ihrer Hosentasche ein halbes Brötchen vom zweiten Frühstück. Fang, Scherenschleifer, sagt sie und hält es dem Hund hin, und der Hund tanzt lustig wie ein dressiertes Äffchen um sie herum. Rosie wirft ihm das Brötchen zu und jagt es ihm gleich wieder ab, das häßliche, auf zwei Beinen hüpfende Geschöpf macht sie lachen, am Ende hockt sie im Rinnstein und krault ihm den schmutzig-weißen Bauch. Ehi, ruft der Junge vom Fenster herunter, und Rosie ruft Ehi zurück, ihre Stimmen hallen, einen Augenblick lang ist es, als seien sie beide die einzigen, die wach sind in der heißen, dösenden Stadt. Daß der Hund ihr, als sie weitergeht, nachläuft, gefällt dem Mädchen, nichts gefragt werden, aber Gesellschaft haben, sprechen können, komm mein Hündchen, jetzt gehen wir zum Tor hinaus. Das Tor ist ein anderes als das, durch welches Rosie in die Stadt gekommen ist, und die Straße führt keinesfalls zum Strand hinunter, sondern bergauf, durchquert einen Steineichenwald und zieht dann, mit vollem Blick auf das Meer, hochoben den fruchtbaren Hang entlang. Hier hinauf und weiter zum Leuchtturm haben die Eltern einen gemeinsamen Spaziergang geplant; daß sie jetzt hinter der Bergnase in ihrem verdunkelten Zimmer auf den Betten liegen, ist beruhigend, Rosie ist in einem anderen Land, mein Ölwald, mein Orangenbaum, mein Meer, mein Hündchen, bring mir den Stein zurück. Der Hund apportiert und bellt auf dem dunkelblauen, schmelzenden Asphaltband, jetzt läuft er ein Stück stadtwärts, da kommt jemand um die Felsenecke, ein Junge, der Junge, der am Fenster gestanden und Grimassen geschnitten hat, ein stämmiges, braunverbranntes Kind. Dein Hund? fragt

Rosie, und der Junge nickt, kommt näher und fängt an, ihr die Gegend zu erklären. Rosie, die von einem Aufenthalt im Tessin her ein wenig Italienisch versteht, ist zuerst erfreut, dann enttäuscht, da sie sich schon hat denken können, daß das Meer das Meer, der Berg der Berg und die Inseln die Inseln sind. Sie geht schneller, aber der vierschrötige Junge bleibt ihr auf den Fersen und redet weiter auf sie ein, alles, auf das er mit seinen kurzen braunen Fingern zeigt, verliert seinen Zauber, was übrigbleibt, ist eine Ansichtskarte wie die von Rosie erstandenen, knallblau und giftgrün. Er soll nach Hause gehen, denkt sie, mitsamt seinem Hund, auch an dem hat sie plötzlich keine Freude mehr. Als sie in einiger Entfernung zur Linken einen Pfad von der Straße abzweigen und zwischen Felsen und Macchia steil bergabführen sieht, bleibt sie stehen, holt aus ihrer Tasche die paar Münzen, die von ihrem Einkauf übriggeblieben sind, bedankt sich und schickt den Jungen zurück, vergißt ihn auch sogleich und genießt das Abenteuer, den Felsenpfad, der sich bald im Dickicht verliert. Die Eltern und Geschwister hat Rosie erst recht vergessen, auch sich selbst als Person, mit Namen und Alter, die Schülerin Rosie Walter, Obersekunda, könnte mehr leisten; nichts mehr davon, eine schweifende Seele, auf trotzige Art verliebt in die Sonne, die Salzluft, das Tun- und Lassenkönnen, ein erwachsener Mensch wie der Schah, der leider nie spazierengeht, sonst könnte man ihm hier begegnen und mit ihm zusammen, ohne dummes Gegacker, nach fern vorüberziehenden Dampfern Ausschau halten. Der Pfad wird zur Treppe, die sich um den Felsen windet, auf eine Stufe setzt sich Rosie, befühlt den rissigen Stein mit allen zehn Fingern, riecht an der Minze, die sie mit den Handflächen zerreibt. Die Sonne glüht, das Meer blitzt und blendet. Pan sitzt auf dem Ginsterhügel, aber Rosies Schulbildung ist lückenhaft, von dem weiß sie nichts. Pan schleicht der Nymphe nach, aber Rosie sieht nur den Jungen, den zwölfjährigen, da ist er weiß Gott schon wieder, sie ärgert sich sehr. Die Felsentreppe herunter kommt er lautlos auf staubgrauen Füßen, jetzt ohne sein Hündchen, gesprungen.

Was willst du? sagt Rosie, geh heim, und will ihren Weg fortsetzen, der gerade jetzt ein Stück weit ganz ohne Geländer an der Felswand hinführt, drunten liegt der Abgrund und das Meer. Der Junge fängt gar nicht wieder an mit seinem Ecco il mare, ecco l'isola, aber er läßt sich auch nicht nach Hause schicken, er folgt ihr und gibt jetzt einen seltsamen, fast flehenden Laut von sich, der etwas Unmenschliches hat und der Rosie erschreckt. Was hat er, was will er? denkt sie, sie ist nicht von gestern, aber das kann doch wohl nicht sein, er ist höchstens zwölf Jahre alt, ein Kind. Es kann doch sein, der Junge hat zuviel gehört von den älteren Freunden, den großen Brüdern, ein Gespräch ist da im Ort, ein ewiges halblautes Gespräch von den fremden Mädchen, die so liebessüchtig und willfährig sind und die allein durch die Weingärten und die Ölwälder schweifen, kein Ehemann, kein Bruder zieht den Revolver, und das Zauberwort amore amore schon lockt ihre Tränen, ihre Küsse hervor. Herbstgespräche sind das, Wintergespräche, im kalten, traurigen Café oder am nassen, grauen, überaus einsamen Strand, Gespräche, bei denen die Glut des Sommers wieder entzündet wird. Warte nur, Kleiner, in zwei Jahren, in drei Jahren kommt auch für dich eine, über den Marktplatz geht sie, du stehst am Fenster, und sie lächelt dir zu. Dann lauf nur hinterher, Kleiner, genier dich nicht, pack sie, was sagst du, sie will nicht, aber sie tut doch nur so, sie will.

Nicht daß der Junge, der Herr des äffigen Hündchens, sich in diesem Augenblick an solche Ratschläge erinnert hätte, an den großen Liebes- und Sommergesang des Winters, und die zwei, drei Jahre sind auch noch keineswegs herum. Er ist noch immer der Peppino, die Rotznase, dem seine Mutter eins hinter die Ohren gibt, wenn er aus dem Marmeladeneimer nascht. Er kann nicht wie die Großen herrisch auftreten, lustig winken und schreien, ah, bella, jetzt wo er bei dem Mädchen, dem ersten, das ihm zugelächelt und seinen Hund an sich gelockt hat, sein Glück machen will. Sein Glück, er weiß nicht, was das ist, ein Gerede und Geraune der Großen, oder weiß er es doch plötzlich, als Rosie vor ihm zurückweicht, seine Hand wegstößt und sich, ganz weiß im Gesicht, an die Felswand drückt? Er weiß es, und weil er nicht fordern kann, fängt er an zu bitten und zu betteln, in der den Fremden verständlichen Sprache, die nur aus Nennformen besteht. Zu mir kommen, bitte, mich umarmen, bitte, küssen bitte, lieben bitte, alles ganz rasch hervorgestoßen mit zitternder Stimme und Lippen, über die der Speichel rinnt. Als Rosie zuerst noch, aber schon ängstlich, lacht und sagt: Unsinn, was fällt dir ein, wie alt bist du denn überhaupt? weicht er zurück, fährt aber gleich sozusagen vor ihren Augen aus seiner Kinderhaut, bekommt zornige Stirnfalten und einen wilden, gierigen Blick. Er soll mich nicht anrühren, er soll mir nichts tun, denkt Rosie und sieht sich, aber vergebens, nach Hilfe um, die Straße liegt hoch oben, hinter den Felsen, auf dem Zickzackpfad ihr zu Füßen ist kein Mensch zu sehen, und drunten am Meer erstickt das Geräusch der Brandung gewiß jeden Schrei. Drunten am Meer, da nehmen die Eltern jetzt ihr zweites Bad, wo nur Rosie bleibt, sie wollte doch nur Ansichtskarten für ihre Schulfreundinnen kaufen. Ach, das Klassenzimmer, so gemütlich dunkel im November, das hast du hübsch gemalt, Rosie, diesen Eichelhäherflügel, der kommt in den Wechselrahmen, wir stellen ihn aus. Rosie Walter und dahinter ein Kreuz, eure liebe Mitschülerin, gestorben am blauen Mittelmeer, man sagt besser nicht, wie. Unsinn, denkt Rosie und versucht noch einmal mit unbeholfenen Worten, dem Jungen gut zuzureden, es hätten aber auch beholfenere in diesem Augenblick nichts mehr vermocht. Der kleine Pan, flehend, stammelnd, glühend, will seine Nymphe haben, er reißt sich das Hemd ab, auch die Hose, er steht plötzlich nackt in der grellheißen Steinmulde vor dem gelben Strauch und schweigt erschrocken, und ganz still ist es mit einemmal, und von drunten hört man das geschwätzige, gefühllose Meer.

Rosie starrt den nackten Jungen an und vergißt ihre Angst, so schön erscheint er ihr plötzlich mit seinen braunen Gliedern, seinem Badehosengürtel von weißer Haut, seiner Blütenkrone um das schweißnasse schwarze Haar. Nur daß er jetzt aus seinem goldenen Heiligenschein tritt und auf sie zukommt und die langen weißen Zähne fletscht, da ist er der Wolf aus dem Märchen, ein wildes Tier. Gegen Tiere kann man sich wehren, Rosies eigener schmalbrüstiger Vater hat das einmal getan, aber Rosie war noch klein damals, sie hat es vergessen, aber jetzt fällt es ihr wieder ein. Nein, Kind, keinen Stein, Hunden muß man nur ganz fest in die Augen sehen, so, laß ihn herankommen, ganz starr ins Auge, siehst du, er zittert, er drückt sich an den Boden, er läuft fort. Der Junge ist ein streunender Hund, er stinkt, er hat Aas gefressen, vielleicht hat er die Tollwut, ganz still jetzt, Vater, ich kann es auch. Rosie, die zusammengesunken wie ein Häufchen Unglück an der Felswand kauert, richtet sich auf, wächst, wächst aus ihren Kinderschultern und sieht dem Jungen zornig und starr in die Augen, viele Sekunden lang, ohne ein einziges Mal zu blinzeln und ohne ein Glied zu bewegen. Es ist noch immer furchtbar still und riecht nun plötzlich betäubend aus Millionen von unscheinbaren, honigsüßen, kräuterbitteren Macchiastauden, und in der Stille und dem Duft fällt doch der Junge wirklich in sich zusammen, wie eine Puppe, aus der das Sägemehl rinnt. Man begreift es nicht, man denkt nur, entsetzlich muß Rosies Blick gewesen sein, etwas von einer Urkraft muß in ihm gelegen haben, Urkraft der Abwehr, so wie in dem Flehen und Stammeln und in der letzten wilden Geste des Knaben die Urkraft des Begehrens lag. Alles neu, alles erst erwacht an diesem heißen, strahlenden Nachmittag, lauter neue Erfahrungen, Lebensliebe, Begehren und Scham, diese Kinder, Frühlings Erwachen, aber ohne Liebe, nur Sehnsucht und Angst. Beschämt zieht sich der Junge unter Rosies Basiliskenblick zurück, Schritt für Schritt, wimmernd wie ein kranker Säugling, und auch Rosie schämt sich, eben der Wirkung dieses Blickes, den etwa vor einem Spiegel später zu wiederholen sie nie den Mut finden wird. Am Ende sitzt der Junge, der sich, seine Kleider in der Hand, rasch umgedreht hat und die Felsenstiege lautlos hinaufgelaufen ist, nur das Hündchen ist plötzlich wieder da und bellt unbekümmert und frech, der Junge sitzt auf dem Mäuerchen, knöpft sich das Hemd zu und murmelt vor sich hin, zornig und tränenblind. Rosie läuft den Zickzackweg hinab und will erleichtert sein, noch einmal davongekommen, nein, diese Väter, was man von den Vätern doch lernen kann, und ist im Grunde doch nichts als traurig, stolpert zwischen Wolfsmilchstauden und weißen Dornenbüschen, tränenblind. Eure Mitschülerin Rosie, ich höre, du warst sogar in Italien, ja danke, es war sehr schön. Schön und entsetzlich war es, und am Ufer angekommen, wäscht sich Rosie das Gesicht und den Hals mit Meerwasser, denkt, erzählen, auf keinen Fall, kein Wort, und schlendert dann, während oben auf der Straße der Junge langsam nach Hause trottet, am Saum der Wellen zum Badestrand, zu den Eltern hin. Und so viel Zeit ist über all dem vergangen, daß die Sonne bereits schräg über dem Berge steht und daß sowohl Rosie wie der Junge im Gehen lange Schatten werfen, lange, weit voneinander entfernte Schatten, über die Kronen der jungen Pinien am Abhang, über das schon blassere Meer.

Elias Canetti
Die Verleumdung

Am liebsten stellten sich die Bettelkinder in der Nähe des Restaurants ›Kutubiya‹ auf. Hier nahmen wir alle, mittags wie abends, unsere Mahlzeiten ein und sie wußten, daß wir ihnen so nicht entgehen würden. Für das Restaurant, das auf seinen guten Ruf hielt, waren diese Kinder kein erwünschter Schmuck. Wenn sie der Tür zu nahe kamen, wurden sie vom Inhaber verjagt. Es war für sie günstiger, sich an der Ecke gegenüber aufzustellen und uns, die wir gewöhnlich in kleinen Gruppen von drei oder vier zum Essen kamen, rasch zu umringen, sobald sie unser ansichtig wurden.

Manche, die sich schon Monate in der Stadt aufhielten, waren des Gebens müde und trachteten die Kinder abzuschütteln. Andere zögerten, bevor sie ihnen etwas gaben, weil sie sich dieser ›Schwäche‹ vor ihren Bekannten schämten. Schließlich mußte man es einmal lernen, hier zu leben, und die ansässigen Franzosen gingen einem mit gutem oder schlechtem Beispiel, wie man es nimmt, voran: Sie griffen prinzipiell nie für einen Bettler in die Tasche und taten sich auf diese Dickhäutigkeit noch einiges zugute. Ich war noch frisch und sozusagen jung in der Stadt. Es war mir gleichgültig, was man von mir dachte. Mochte man mich für einen Schwachkopf halten, ich liebte die Kinder.

Wenn sie mich einmal versäumten, war ich unglücklich und suchte sie selber, ohne es sie merken zu lassen. Ich mochte ihre lebhaften Gesten, die kleinen Finger, mit denen sie in ihren Mund zeigten, wenn sie mit kläglichen Mienen ›manger! manger!‹ – winselten, die unsäglich traurigen Gesichter, die sie schnitten, so als ob sie wirklich vor Schwäche und Hunger am Zusammenbrechen wären. Ich mochte ihre tolle Ausgelassenheit, sobald sie etwas in Empfang genommen hatten, den lachenden Eifer, mit dem sie davonrannten, ihre armselige Beute in der Hand; den unglaublichen Wechsel in ihren Gesichtern, von Ersterbenden waren sie plötzlich zu Glückseligen geworden. Ich mochte ihre kleinen Schliche, mit denen sie mir Säuglinge entgegentrugen, deren winzige und beinahe fühllose Händchen sie mir hinstreckten, wozu sie ›für ihn auch, für ihn auch, manger! manger!‹ bettelten, um ihre Gabe zu verdoppeln. Es waren nicht wenige Kinder, ich trachtete gerecht zu sein, aber natürlich hatte ich meine Lieblinge unter ihnen, solche, deren Gesichter von einer Schönheit und Lebhaftigkeit waren, daß ich mich nie an ihnen sattsehen konnte. Sie folgten mir bis an die Türe des Restaurants, unter meinem Schutze fühlten sie sich sicher. Sie wußten, daß ich ihnen gut gesinnt war und es lockte sie, in die Nähe dieses märchenhaften Platzes zu gelangen, der ihnen verboten war und wo man so viel aß.

Der Inhaber, ein Franzose mit rundem Glatzkopf und Augen wie Fliegenpapier, der für seine Stammgäste warme, gute Blicke hatte, mochte diese Annäherung der Bettelkinder an sein Lokal nicht leiden. Ihre Lumpen nahmen sich nicht fein aus. Die gutangezogenen Gäste sollten in Behagen ihr teures Essen bestellen und dabei nicht immer an Hunger und Läuse erinnert werden. Wenn ich beim Eintreten die Türe öffnete und er, zufällig in der Nähe stehend, einen Blick auf die Schar der Kinder draußen warf, schüttelte er unmutig den Kopf. Aber da ich zu einer Gruppe von fünfzehn Engländern gehörte, die täglich zwei sichere Mahlzeiten bei ihm einnahmen, wagte er es nicht, mir etwas zu sagen, und wartete eine günstige Gelegenheit ab, da sich das mit Ironie und Fröhlichkeit erledigen ließe.

Eines Mittags, als es sehr stickig war, blieb die Türe des Restaurants offen, um etwas frische Luft einzulassen. Ich hatte mit zweien meiner Freunde den Überfall der Kinder absolviert und wir nahmen an einem freien Tische in der Nähe der offenen Türe Platz. Die Kinder blieben, da sie uns im Auge behalten konnten, ziemlich nahe vor der Türe draußen stehen. Da wollten sie ihre Freundschaft mit uns fortsetzen und vielleicht auch zusehen, was wir alles essen würden. Sie machten uns Zeichen und ganz besonderen Spaß fanden sie an unseren Schnurrbärten. Eine vielleicht Zehnjährige, die hübscheste von allen, die längst bemerkt hatte, daß ich sie gut leiden konnte, zeigte immer wieder auf die winzige Fläche zwischen ihrer Oberlippe und ihrer Nase und packte dort einen illusorischen Schnurrbart zwischen zwei Fingern, an dem sie heftig zupfte und zog. Dazu lachte sie herzlich und die anderen Kinder lachten mit.

Der Restaurateur kam an unseren Tisch, um unsere Bestellung entgegenzunehmen und sah die lachenden Kinder. Mit strahlender Miene sagte er zu mir: »Das spielt schon die kleinen Kokotten!« Ich war verletzt über diese Insinuation, vielleicht wollte ich ihm auch nicht glauben, weil ich meine Bettelkinder wirklich mochte, und fragte unschuldig: »Was, doch nicht in diesem Alter!«

»Haben Sie eine Ahnung«, sagte er, »um 50 Franken können Sie jede von ihnen haben. Da geht eine jede sofort mit Ihnen um die Ecke.«

Ich war sehr empört und widersprach ihm heftig. »Das gibt's nicht, das ist unmöglich.«

»Sie wissen nicht, wie es hier zugeht«, sagte er. »Sie müßten sich ein wenig das Nachtleben in Marrakesch ansehen. Ich lebe schon lange hier. Als ich zuerst herkam, das war während des Krieges, da war ich noch ein Junggeselle« – er warf einen flüchtigen, aber feierlichen Blick zu seiner ältlichen Frau hinüber, die wie immer an der Kasse saß –, »da war ich mit ein paar Freunden und wir haben uns das alles angesehen. Da wurden wir einmal in ein Haus geführt und kaum hatten wir uns gesetzt, da waren wir gleich von einer Menge nackter kleiner Mädchen umgeben. Die kauerten sich zu unseren Füßen und drückten sich von allen Seiten an uns, sie waren nicht größer als die draußen, manche kleiner.«

Ich schüttelte ungläubig den Kopf.

»Es gab nichts, was man nicht haben konnte. Wir haben's uns gutgehen lassen und unseren Spaß haben wir auch oft gehabt. Einmal haben wir uns einen großartigen Streich geleistet, das muß ich Ihnen erzählen. Wir waren zu Dritt, drei Freunde. Einer von uns ging zu einer Fatma in ihr Zimmer« – so nannten Franzosen verächtlich eingeborene Frauen –, »das war aber kein Kind, und wir zwei anderen sahen von außen durch ein Loch ins Zimmer hinein. Erst verhandelte er lange mit ihr, dann einigten sie sich über den

Preis und er gab ihr das Geld. Sie steckte es in ein Nachttischchen, das neben dem Lager stand. Dann machte sie dunkel und die beiden legten sich zusammen hin. Wir hatten von außen alles mit angesehen. Sobald es dunkel war, schlich sich einer von uns in die Kammer hinein, ganz leise und kroch bis zum kleinen Nachttisch. Er steckte die Hand vorsichtig in die Lade, und während die beiden ihr Geschäft verrichteten, nahm er das Geld zurück. Dann kroch er rasch wieder heraus und wir rannten beide davon. Bald kam unser Freund nach. Er war so umsonst bei der Fatma gewesen. Sie können sich vorstellen, wie wir lachten! Das war nur einer von unseren Streichen.«

Wir konnten es uns vorstellen, denn er lachte aus vollem Halse, er schüttelte sich vor Lachen und riß den Mund weit auf. Wir wußten gar nicht, daß er einen so großen Mund hatte, wir hatten ihn noch nie so gesehen. Er pflegte sonst mit einiger Würde in seinem Restaurant hin und her zu gehen und nahm die Speisen seiner bevorzugten Gäste mit Anstand und vollkommener Zurückhaltung auf, so als wäre es ihm ganz gleichgültig, was man bestelle. Die Ratschläge, die er gab, waren nie aufdringlich und klangen so, als würden sie allein dem Gast zuliebe gegeben. Heute hatte er jede Reserve verloren, er jubelte über seine Geschichte. Es muß eine herrliche Zeit für ihn gewesen sein, und er tat nur eines, was an sein sonstiges Gehaben erinnerte. Mitten in seiner Erzählung näherte sich ein kleiner Kellner unserem Tisch. Er schickte ihn barsch mit einem Auftrag weg, damit der nicht höre, was er uns erzähle.

Wir aber gefroren zu Angelsachsen. Meine beiden Freunde, von denen der eine ein Neuengländer, der andere ein Engländer war und ich, der ich seit fünfzehn Jahren unter ihnen lebte, hatte dasselbe Gefühl verächtlichen Ekels. Wir waren auch gerade unser drei, es ging uns zu gut, und vielleicht fühlten wir uns irgendwie schuldig für die andern drei, die mit vereinten Kräften eine armselige Eingeborene um ihren Lohn geprellt hatten. Er hatte es strahlend und stolz erzählt, er sah nur den Spaß darin, seine Begeisterung hielt an, als wir mit sauren Mienen lächelten und verlegen Beifall nickten.

Die Türe war noch immer offen, die Kinder standen draußen, erwartungsvoll und geduldig. Sie fühlten, daß sie während seiner Erzählung nicht verjagt werden würden. Ich dachte daran, daß sie ihn nicht verstehen konnten. Er, der mit solcher Verachtung für sie begonnen hatte, hatte sich in kürzester Zeit selber verächtlich gemacht. Ob er sie verleumdete oder ob er die Wahrheit über sie sprach, was immer die Bettelkinder taten, er stand nun tief unter ihnen und ich wünschte mir, daß es doch eine Art der Strafe gäbe, wo er auf *ihre* Fürsprache angewiesen wäre.

Wolfgang Koeppen
Ein Kaffeehaus

Der Kaiser oder des Kaisers Baumeister oder des Kaisers Knecht hatte zum Gedenken des alten Kaisers, von dem der junge Kaiser das Reich und die Würde nahm, die romanische Kirche gebaut und sich selber gehuldigt, indem er mit der zeitgemäßen romanischen Kirche dem alten Kaiser huldigte und Kaiser Carolus Magnus und Kaiser Barbarossa und Lohengrin mit dem Schwan und dem Großen Kurfürsten mit dem Exerzierstock und Fridericus Rex mit dem Krückstock und dem von Säckingen mit der Trompete und Martin Luther wegen der festen Burg, die unser Gott ist, und Gustav Freytag wegen der Ahnen, auf die wir stolz sind, und dem Hofprediger Stöcker, der ein Fels war gegen die Auflösung der rechten Zucht, und dann hatte einer gedacht von der Königlichen Bauakademie oder von der Baufirma Heilmann & Littmann oder auch von der Deutschen Bank oder der Herr von Bleichröder, daß man zur romanischen Kirche ein romanisches Haus bauen solle mit Rundbogen und schmucken Säulen und traulichen Erkern zum Hinausstrecken von Ritterfahnen und hübschen Balkonen für Herolde und für Burgfräulein, die den Turnieren auf dem Platz zuschauen mochten, dem Drachentöter, der des millionenköpfigen, millionenfüßigen Untiers nicht Herr wurde, das auf allen Straßen herankroch, vielleicht wollten sie auch noch dem Klang der Laute lauschen, dem privilegierten Minnelied oder der Siegeshymne, es wurde nur ein Zapfenstreich, doch auch Fahrende kamen mit allerlei Kunststücken, andere als man geladen und erwartet hatte, später, und es zogen Geschäftsleute in das romanische Haus und handelten mit Stahl oder mit Schläue, und ein Zahntechniker und ein Nervenarzt eröffneten ihre Praxen und heilten oder heilten nicht, und ein Oberst wohnte im Haus, der Kommandant der Garde, in zehn oder in zwölf oder in zwanzig Zimmern, durch hohe Tore verbunden, daß das Regiment der Gardes du Corps hätte hindurchreiten können mit Adlerhelm und bewimpelten

Lanzen, im Fahrstuhl von Otis in die Beletage gehoben, und sie alle blickten zu den romanischen Fenstern hinaus oder konnten zu den säulchenumrahmten Fenstern hinausblicken, wenn sie es wollten, und sahen am Sonntag die Gemeinde in die Kirche gehen, unterm Zylinderhut oder unterm Kaiserin-Augusta-Victoria-Hut oder unter der Pickelhaube des Reserveoffiziers, ein aktiver General schritt mit im Chor, unter weißem Flederwisch, das lutherische Gesangbuch an die goldenen Tressen oder die silberne Schärpe gepreßt, ein Flügeladjutant, ein protestantischer Erzengel, vom Kadettenmeister gezähmt, und am Sabbat wanderten die anderen Herren, nur unterm Zylinderhut, doch hier und dort einer in stolzer Uniform oder stolz in der Uniform als Garderesevezahlmeister, vielleicht auch Leutnant vom Troß oder von der Armierungstruppe, den Weg etwas weiter hin, zum Bethaus hin, und auch da die Fürbitte für die Majestät, nicht weniger dankbar, nicht minder untertan, und die Garde zog aus im August und nicht nur die Garde, auch der Train kam ins Feuer, und die Armierungssoldaten gingen ins Gas, sie zogen nicht wieder ein im November, nicht die Garde zu Pferd, nicht der Troß, die Schipper hatten ihre Spaten bei den Toten gelassen, kein Triumphzug vor den romanischen Fenstern, und viele brauchten nun ihren Zylinderhut und die Uniform nie mehr, die Kirchgänger gingen mit Schlapphüten zur Kirche, nur die Sabbatgänger wahrten noch die Würde des steifen Hutes, und im Schatten der dem Gedächtnis des alten und schon vergessenen Kaisers geweihten Kirche und im Schatten des romanischen Hauses lag das *Romanische Café* mit seiner Sommerterrasse wie ein Schiff, verankert oder auf freier Fahrt, flott oder schon gestrandet, ein Leib aus Beton und die Maste aus Eisen, Ebbe und Flut des Geldes kam, Sturmflut der Not kam, die Armada der Automobile zog vorüber, ein Hurrikan zog auf und wuchs, Mond und Sterne der Kinoreklame gingen auf und unter, die Passagiere auf dem Schiff drängten in die spärliche Sonne, die Fahrenden, die gekommen und nicht geladen waren, und die Götter, zu denen sie beteten oder die sie verleugneten, die Götter hatten sich wohl schon abgewandt von ihnen, voll Entsetzen, oder die Götter waren nie da gewesen, so träumten die Gäste den neuen Traum, daß Gott tot sei, oder sie träumten den alten Traum, daß sein Name über alle Namen sei, und als ich mich zugesellte, das gelobte Land erreichte vom pommerschen Acker her, vierter Klasse, mit Milchkannen und Kartoffelsäcken, und vom Stettiner Bahnhof nach dem Stadtplan zu Fuß, auf dem Weg nach Eden, da schien mir der Tempel zu strahlen, wie mein Verlangen es mir verkündet hatte, ich lauschte den Dichtern und Philosophen, hörte den Malern und Schauspielern zu, begegnete den klugen Herren der großen und mächtigen Zeitungen, den zuversichtlichen Abgeordneten der großen und mächtigen Volksparteien, ich liebte die Anarchisten und die anarchischen Mädchen, die bei ihnen saßen, und die Träumer vom ewigen Frieden und die Schwärmer von Freiheit, Gleichheit und Brüderlichkeit, und ich lernte den Sohn eines Wunderrabbi aus Miropolje in Galizien kennen, der schwebte, ein schulbleicher hungriger Seraph, an der Terrasse vorbei, wo sie sich im Gespräch erhitzten und glaubten, Zukunft zu haben oder wenigstens Dauer der Gegenwart, und der Sohn des Wunderrabbis trug einen fettigstaubigen Samt- oder Pelzhut und sagte ein jiddisches oder hebräisches Wort, ich habe es vergessen und nicht vergessen, es klang wie hävter, und es bedeutete Sand oder Wind oder Sand im Wind, und er und ich, wir sahen die Terrasse und das Kaffeehaus wegwehen, verschwinden mit seiner Geistesfracht, sich in Nichts auflösen, als sei es nie gewesen, und es marschierten die Standarten auf, die Bewegung bewegte sich zur Kirche oder in die Kirche oder in die Kinos, es war kein Unterschied, die Bewegung wurde in der Kirche empfangen und gesegnet und im Kino gefeiert, das Bethaus wurde entflammt, ein erstes Licht, das aufging bevor die Stadt in Lichtern strahlte, und die Gäste des Cafés zerstreuten sich in alle Welt oder wurden gefangen oder wurden getötet oder brachten sich um oder duckten sich und saßen noch im Café bei mäßiger Lektüre und schämten sich der geduldeten Presse und des großen Verrates, und wenn sie miteinander sprachen, flüsterten sie, und wenn sie gingen, bereuten sie, daß sie selbst nur geflüstert hatten, und nicht die Garde zog aus und nicht die Garde kam wieder, jedermann zog aus, Mann, Weib und Kind und kam nicht wieder, und ich floh in einer Nacht im November durch die Kanäle der Stadt, durch die dunklen Adern ihrer unterirdischen Kommunikation, über die stromlosen Schienen der Untergrundbahn, ich traf Hadesgespenster, die kleinen Herren der kleinen ohnmächtigen Zeitungen, geprügelte verfolgte Politiker, verstummte Dichter, gefesselte Künstler und Bekanntschaften, die sich den Stern der Schande abgerissen hatten, die nicht ihre Schande war, wir waren in Schlafdecken gehüllt oder in Säcke, wir schützten das Gesicht mit feuchten Tüchern vor dem beißenden Rauch, wir waren im Purgatorium zwischen Wittenbergplatz und Zoologischer Garten, ein Verleger stolperte über Schotter und Schwellen und sagte, Sie werden das schreiben, und ich dachte, ich werde es schreiben, und wußte, daß ich starb, in dieser Zeit, in diesen Jahren, auch wenn ich nicht gehenkt würde oder erschlagen oder verbrannt, über uns loderte die Stadt, brauste der Feuersturm, ich stieg aus dem Schacht, der Turm der Kirche war zerschmettert, und das romanische Haus mit dem Romanischen Café glühte, als leuchtete im Sieg die Oriflamme eines geheimen Vaterlandes.

Max Frisch
Der andorranische Jude

In Andorra lebte ein junger Mann, den man für einen Juden hielt. Zu erzählen wäre die vermeintliche Geschichte seiner Herkunft, sein täglicher Umgang mit den Andorranern, die in ihm den Juden sehen: das fertige Bildnis, das ihn überall erwartet. Beispielsweise ihr Mißtrauen gegenüber seinem Gemüt, das ein Jude, wie auch die Andorraner wissen, nicht haben kann. Er wird auf die Schärfe seines Intellektes verwiesen, der sich eben dadurch schärft, notgedrungen. Oder sein Verhältnis zum Geld, das in Andorra auch eine große Rolle spielt: er wußte, er spürte, was alle wortlos dachten; er prüfte sich, ob es wirklich so war, daß er stets an das Geld denke, er prüfte sich, bis er entdeckte, daß es stimmt, es war so, in der Tat, er dachte stets an das Geld. Er gestand es; er stand dazu, und die Andorraner blickten sich an, wortlos, fast ohne ein Zucken der Mundwinkel. Auch in Dingen des Vaterlandes wußte er genau, was sie dachten; sooft er das Wort in den Mund genommen, ließen sie es liegen wie eine Münze, die in den Schmutz gefallen ist. Denn der Jude, auch das wußten die Andorraner, hat Vaterländer, die er wählt, die er kauft, aber nicht ein Vaterland wie wir, nicht ein zugeborenes, und wiewohl er es meinte, wenn es um andorranische Belange ging, er redete in ein Schweigen hinein, wie in Watte. Später begriff er, daß es ihm offenbar an Takt fehlte, ja, man sagte es ihm einmal rundheraus, als er, verzagt über ihr Verhalten, geradezu leidenschaftlich wurde. Das Vaterland gehörte den andern, ein für allemal, und daß er es lieben könnte, wurde von ihm nicht erwartet, im Gegenteil, seine beharrlichen Versuche und Werbungen öffneten nur eine Kluft des Verdachtes; er buhlte um eine Gunst, um einen Vorteil, um eine Anbiederung, die man als Mittel zum Zweck empfand auch dann, wenn man selber keinen möglichen Zweck erkannte. So wiederum ging es, bis er eines Tages entdeckte, mit seinem rastlosen und alles zergliedernden Scharfsinn entdeckte, daß er das Vaterland wirklich nicht liebte, schon das bloße Wort nicht, das jedesmal, wenn er es brauchte, ins Peinliche führte. Offenbar hatten sie recht. Offenbar konnte er überhaupt nicht lieben, nicht im andorranischen Sinn; er hatte die Hitze der Leidenschaft, gewiß, dazu die Kälte seines Verstandes, und diesen empfand man als eine immer bereite Geheimwaffe seiner Rachsucht; es fehlte ihm das Gemüt, das Verbindende; es fehlte ihm, und das war unverkennbar, die Wärme des Vertrauens. Der Umgang mit ihm war anregend, ja, aber nicht angenehm, nicht gemütlich. Es gelang ihm nicht, zu sein wie alle andern, und nachdem er es umsonst versucht hatte, nicht aufzufallen, trug er sein Anderssein sogar mit einer Art von Trotz, von Stolz und lauernder Feindschaft dahinter, die er, da sie ihm selber nicht gemütlich war, hinwiederum mit einer geschäftigen Höflichkeit überzuckerte; noch wenn er sich verbeugte, war es eine Art von Vorwurf, als wäre die Umwelt daran schuld, daß er ein Jude ist –

Die meisten Andorraner taten ihm nichts.

Also auch nichts Gutes.

Auf der andern Seite gab es auch Andorraner eines freieren und fortschrittlichen Geistes, wie sie es nannten, eines Geistes, der sich der Menschlichkeit verpflichtet fühlte; sie achteten den Juden, wie sie betonten, gerade um seiner jüdischen Eigenschaften willen, Schärfe des Verstandes und so weiter. Sie standen zu ihm bis zu seinem Tode, der grausam gewesen ist, so grausam und ekelhaft, daß sich auch jene Andorraner entsetzten, die es nicht berührt hatte, daß schon das ganze Leben grausam war. Das heißt, sie beklagten ihn eigentlich nicht, oder ganz offen gesprochen: sie vermißten ihn nicht – sie empörten sich nur über jene, die ihn getötet hatten, und über die Art, wie das geschehen war, vor allem die Art.

Man redete lange davon.

Bis es sich eines Tages zeigt, was er selber nicht hat wissen können, der Verstorbene: daß er ein Findelkind gewesen, dessen Eltern man später entdeckt hat, ein Andorraner wie unsereiner –

Man redete nicht mehr davon.

Die Andorraner aber, sooft sie in den Spiegel blickten, sahen mit Entsetzen, daß sie selber die Züge des Judas tragen, jeder von ihnen.

Du sollst dir kein Bildnis machen, heißt es, von Gott. Es dürfte auch in diesem Sinne gelten: Gott als das Lebendige in jedem Menschen, das, was nicht erfaßbar ist. Es ist eine Versündigung, die wir, so wie sie an uns begangen wird, fast ohne Unterlaß wieder begehen –
    Ausgenommen wenn wir lieben.

Wolfgang Hildesheimer
Das Ende einer Welt

Die letzte Abendgesellschaft der Marchesa Montetristo hat mir einen bleibenden Eindruck hinterlassen. Dazu hat natürlicherweise der seltsame Abschluß beigetragen, denn schon allein dieser mußte ja die Gelegenheit rückwirkend zu einem unvergeßlichen Ereignis gestalten. Aber einmal ganz davon abgesehen hat sich dieser Abend in meiner Erinnerung denkwürdig eingeprägt. Meine Bekanntschaft mit der Marchesa – einer geborenen Watermann aus Little Gidding, Ohio – beruhte auf einem Zufall. Ich hatte ihr nämlich durch Vermittlung meines Freundes, Herrn von Perlhuhn (des Abraham-a-Santa-Clara-Forschers, *nicht* des Neo-Mystikers), die Badewanne verkauft, in welcher Marat ermordet worden ist, die sich – was vielleicht nicht allgemein bekannt ist – bis dahin in meinem Besitz befunden hatte. Spielschulden hatten mich gezwungen, dieses Gerät zu veräußern. Ich geriet also, wie gesagt, an die Marchesa, die dieses Stück für ihre Sammlung von Waschutensilien des achtzehnten Jahrhunderts schon lange gesucht hatte. Bei dieser Gelegenheit lernte ich sie kennen, und unser Gespräch, dessen Ausgangspunkt die Wanne gewesen war, geriet bald in die Bahn allgemeinerer ästhetischer Themen. Ich bemerkte, daß ich durch den Besitz dieses Sammlerstückes in ihren Augen ein gewisses Prestige gewonnen hatte, und war daher nicht erstaunt, als ich eines Tages zu einer ihrer berühmten Gesellschaften in ihrem Palazzo auf der künstlichen Insel San Amerigo eingeladen wurde.

Die Insel hatte sich die Marchesa einige Kilometer südöstlich von Murano aufschütten lassen, einer plötzlichen Eingebung entsprechend, denn sie verabscheute das Festland – sie sagte, es sei ihrem seelischen Gleichgewicht schädlich – und unter dem bereits vorhandenen Inselbestand hatte sie keine Wahl treffen können. Hier nun residierte sie und widmete ihr Leben der Kultur des Altbewährten und Vergessenen oder, wie sie es auszudrücken pflegte, des »Echten und Bleibenden«.

Auf der Einladungskarte war die Gesellschaft um acht Uhr angesetzt, was bedeutete, daß die Gäste um zehn Uhr erwartet wurden. So erforderte es die Sitte, die überdies erforderte, daß man in Gondeln kam. Auf diese Weise dauerte die Überfahrt zwar beinahe zwei Stunden und war außerdem bei bewegtem Seegang beschwerlich, aber nur ein Barbar hätte an diesen ungeschriebenen Stilregeln gerüttelt, und Barbaren waren nicht eingeladen. Übrigens jüngere und von der Würde der Gelegenheit noch weniger überzeugte Gäste mieteten sich oft ein Vaporetto, in welchem sie bis einige hundert Meter vor die Insel fuhren, um sich von hier in einer Gondel, die am Boot angebunden war, nacheinander hinüberrudern zu lassen.

Den Prunk des Gebäudes brauche ich nicht zu schildern, denn außen war es eine genaue Replika des Palazzo Vendramin, und innen waren sämtliche Perioden von der Gotik an vertreten, aber natürlich nicht verwoben; eine jede hatte einen eigenen Raum; des Stilbruches konnte man die Marchesa nicht beschuldigen. Auch der Luxus der Bewirtung sei hier nicht erwähnt: wer jemals an einem Staatsbankett in einer Monarchie teilgenommen hat – und an solche wende ich mich ja in der Hauptsache – weiß, wie es zuging. Zudem ist es wohl kaum im Sinne der Marchesa und ihres Kreises, kulinarische Genüsse zu erwähnen, vor allem hier, wo es gilt, die letzten Stunden einiger illustrer Köpfe des Jahrhunderts zu beschreiben, deren Zeuge zu sein ich als einzig Überlebender das Glück hatte.

Nachdem ich mit der Gastgeberin einige Höflichkeiten getauscht und ihren langhaarigen Pekinesen gestreichelt hatte, der niemals von ihrer Seite wich, wurde ich der Dombrowska vorgestellt und lernte so zum erstenmal in meinem Leben eine Doppelbegabung kennen: denn die Dombrowska hat nicht nur für die Erhaltung und Entwicklung des rhythmischen Ausdruckstanzes, dieser immer mehr verschwindenden Kunstgattung, Bleibendes geleistet, sondern sie war auch die Verfasserin des Buches »Zurück zur Jugend«, welches, wie der Titel schon besagt, sich für die Rückkehr zum Jugendstil einsetzt und inzwischen, wie ich wohl kaum zu erwähnen brauche, in größerem Kreise Schule gemacht hat. Während wir miteinander plauderten, kam ein älterer, hochaufgerichteter Herr auf uns zu. Es war Golch. *Der* Golch. (Wer er ist, weiß jedermann: sein Beitrag zum geistigen Bestand ist Allgemeingut geworden.) Die Dombrowska stellte mich vor: »Herr Sebald, der ehemalige Besitzer von Marats Badewanne.« Es hatte sich herumgesprochen.

»Aha«, sagte Golch. Aus seinem Tonfall entnahm ich, daß er mich als Nachwuchs für die Elite der Kulturträger in Betracht zog. Ich fragte ihn, wie ihm die Ausstellung zeitgenössischer Malerei im Luxembourg gefallen habe. Denn man durfte – ja, sollte – annehmen, daß die hier Versammelten alles gesehen, gelesen und gehört hatten, was wahre Bedeutung hatte. Dazu waren sie hier. Golch hob die Augen, als suche er ein Wort im Raum und sagte: »passé.« (Er gebrauchte die damals übliche englische Betonung des Wortes. Auch die Wörter »cliché« und »pastiche« wurden damals englisch ausgesprochen. Wie man es jetzt tut, weiß ich nicht. Der Alltag nimmt mich zu sehr gefangen, als daß ich mich um diese Dinge kümmern könnte.) Jedenfalls hatte ich hier wohl einen faux pas gemacht, indem ich das Zeitgenössische erwähnt hatte. Ich war eine Stufe zurückgerutscht, hatte aber durch die Ermahnung gelernt.

Nun ging man zum Büfett. Hier stieß ich auf Signora Sgambati, die Astrologin, deren Theorie, daß aus den Sternen nicht nur das Schicksal des einzelnen ersichtlich ist, sondern ganze kulturgeschichtliche Strömungen abgelesen werden können, vor einiger Zeit großes Aufsehen erregt hatte. Sie war keine Alltagserscheinung, diese Sgambati, man sah es ihr an. Dennoch ist es mir unbegreiflich, daß sie unter den Umständen in der Sternkonstellation nicht den drohenden Untergang einiger wesentlicher Mitglieder der Geisteswelt gesehen hatte. Sie war in ein Gespräch mit Professor Kuntz-Sartori vertieft, dem Politiker und Verfechter der royalistischen Idee, der seit Jahrzehnten versuchte, in der Schweiz eine Monarchie einzuführen. Ein markanter Kopf.

Nachdem man eine Erfrischung zu sich genommen hatte, begab man sich in den Silbersaal, denn nun kam der Höhepunkt des Abends, eine Darbietung besonderer Art: die Erstaufführung zweier Flötensonaten des Antonio Gianbattista Bloch, eines Zeitgenossen und Freundes Rameaus, den der Musikforscher Weltli – er war natürlich auch zugegen – entdeckt hatte. Sie wurden gespielt von dem Flötisten Béranger (jawohl, ein Nachkomme) und von der Marchesa selbst begleitet, und zwar auf dem Cembalo, auf welchem schon Célestine Rameau ihrem Sohn die Grundprinzipien des Kontrapunktes erläutert hatte und welches man aus Paris hatte kommen lassen. Auch die Flöte hatte ihre Geschichte, aber ich habe sie vergessen. Die beiden Interpreten hatten zu dieser Gelegenheit Rokokokleidung angelegt, und das kleine Ensemble glich – sie hatten sich absichtlich so angeordnet – einem Watteau-Gemälde. Die Darbietung fand selbstverständlich bei mattem Kerzenlicht statt. Es war keiner zugegen, der für eine solche Gelegenheit elektrisches Licht nicht als unerträglich empfunden hätte. Eine weitere feinfühlige Laune der Marchesa hatte es verlangt, daß man nach der ersten Sonate (D-Dur) vom Silbersaal (Barock) in den goldenen Saal (Frührokoko) hinüberwechselte, um dort die zweite Sonate (f-Moll) zu genießen. Denn jener Saal hatte eine Dur-Tönung, dieser aber war – und das hätte wahrlich niemand bestritten – Moll.

Hier muß ich nun allerdings sagen, daß die öde Eleganz, die den Flötensonaten zweitklassiger und vor allem neuentdeckter Meister dieser Periode anhaftet, sich in diesem Falle dadurch erklärt, daß Antonio Gianbattista Bloch niemals wirklich gelebt hat, die hier aufgeführten Werke also aus der Feder des Forschers Weltli stammen. Obgleich sich dieser Umstand erst viel später herausgestellt hat, empfinde ich es nachträglich als entwürdigend für die Marchesa, daß sie ihre letzten Minuten mit der – allerdings meisterhaften – Interpretation einer Fälschung verbracht hat.

Während des zweiten Satzes der f-Moll-Sonate sah ich eine Ratte an der Wand entlang huschen. Das erstaunte mich. Zuerst dachte ich, das Flötenspiel habe sie angelockt, denn das soll ja vorkommen, aber sie huschte in der entgegengesetzten Richtung. Ihr folgte eine andere. Ich sah auf die anderen Gäste. Sie hatten nichts bemerkt, zumal die meisten die Augen geschlossen hielten, um sich so den Klängen der Weltlischen Fälschung hingeben zu können. Nun vernahm ich ein dumpfes Rollen wie ganz fernes Donnern. Der Fußboden vibrierte. Wieder sah ich auf die Gäste. Wenn sie etwas hörten – und sie mußten es hören – war es aus ihren zusammengesunkenen Posen jedenfalls nicht ersichtlich. Mich aber beunruhigten diese merkwürdigen Symptome.

Ein Diener kam herein. Daß er in der seltsamen Kleidung, die die Dienerschaft der Marchesa trug, wie eine Figur aus »Tosca« aussah, gehört nicht hierher. Er ging auf die Vortragenden zu und flüsterte der Marchesa etwas ins Ohr. Ich sah sie erblassen – es war recht kleidsam im matten Kerzenlicht – aber sie faßte sich und führte gelassen das Andante zu Ende, ohne ihr Spiel zu unterbrechen. Dann gab sie dem Flötisten einen Wink, stand auf und wandte sich an die Zuhörer.

»Verehrte Gäste«, sagte sie, »wie ich soeben erfahre, lösen sich die Fundamente der Insel und damit des Palastes. Die Meerestiefbaubehörden sind benachrichtigt. Ich glaube, es ist in unserer aller Sinne, wenn wir mit der Musik fortfahren.«

Damit setzte sie sich wieder hin, gab Monsier Béranger das Zeichen, und nun spielten sie das Allegro con brio, den letzten Satz, der mir, obgleich ich damals noch nicht wußte, daß es sich um eine Fälschung handle, der Einmaligkeit der Situation wenig gerecht zu werden schien.

Auf dem Parkett bildeten sich kleine Pfützen. Das Rollen hatte zugenommen und klang näher. Die meisten Gäste saßen inzwischen aufrecht, und mit ihren bei Kerzenbeleuchtung aschfahlen Gesichtern sahen sie aus, als seien sie ohnehin schon längst tot. Ich stand auf und sagte, »ich gehe«, leise genug, um die Musiker nicht zu verletzen, aber laut genug, um den anderen Gästen zu bedeuten, daß ich mutig genug war, meine Angst einzugestehen. Auf dem Fußboden stand nun ein fast gleichmäßig verteilter Wasserspiegel. Obgleich ich beim Hinausgehen auf Zehenspitzen trat, wurden meine Füße naß, und ich konnte es auch nicht vermeiden, daß beim Vorbeigehen einige Abendkleider mit Wasser bespritzt wurden, aber dieser Schaden war ja nun in Anbetracht dessen, was bald kommen würde, unerheblich. Wenige der Gäste würdigten mich eines Blickes, aber das war mir gleichgültig. Als ich die Flügeltür öffnete, stürzte eine Flutwelle in den Raum und veranlaßte Lady Fitzwilliam (die Pflegerin keltischen Brauchtums), ihren Pelzmantel fester um sich zu ziehen, zweifelsohne eine Reflexhandlung, denn nützen konnte es ja auch nichts. Bevor ich die Tür hinter mir schloß, sah ich noch Herrn von Perlhuhn (den Neo-Mystiker, *nicht* den Abraham-a-Santa-Clara-Forscher) mir einen halb verächtlichen, halb traurigen Blick zuwerfen. Auch er saß nun fast bis zu den Knien im Wasser, wie auch die Marchesa, die nicht mehr in der Lage war, die Pedale zu gebrauchen. Ich weiß allerdings nicht, ob sie beim Cembalo sehr wesentlich sind. Ich dachte noch, daß, wenn das Stück eine Cello-Sonate gewesen wäre, man es nun gezwungenermaßen hätte unterbrechen müssen, da im Wasser der Instrumentenkörper keine Resonanz gibt. Es ist seltsam, an welch abwegige Dinge man in solchen Momenten oft denkt.

In der Vorhalle war es plötzlich still wie in einer Grotte, nur von fern hörte man ein Brausen. Ich entledigte mich meiner Frackjacke und schwamm nun durch den sinkenden Palast der Pforte zu; die Wände und Säulen gaben den von mir verursachten Wellen ein unheimliches Echo. Kein Mensch war zu sehen. Die Dienerschaft war offensichtlich geflohen. Und warum auch nicht? *Sie* hatten ja keine Verpflichtung der wahren und echten Kultur gegenüber, und die hier Versammelten bedurften ihrer Dienste nicht mehr.

Draußen schien der Mond, als geschähe nichts, und doch versank hier – im wahren Sinne des Wortes – eine Welt. Wie aus weiter Ferne hörte ich noch die höheren Flötentöne Monsieur Bérangers. Er hat einen schönen Ansatz gehabt; das muß man ihm lassen.

Ich band die letzte Gondel los, die die fliehende Dienerschaft übriggelassen hatte, und stach sozusagen in See. Durch die Fenster, an denen ich vorbeiruderte, stürzten nun die Fluten in den Palast. Ich sah, daß sich die Gäste von den Sitzen erhoben hatten. Die Sonate mußte zu Ende sein, denn sie klatschten Beifall, zu welchem Zwecke sie die Hände hoch über den Köpfen hielten, denn das

Wasser stand ihnen bis zum Kinn. Mit Würde nahmen die Marchesa und Monsieur Béranger den Beifall auf. Verbeugen konnten sie sich allerdings unter den Umständen nicht.

Nun erreichte das Wasser die Kerzen. Sie verloschen langsam, und mit zunehmender Dunkelheit wurde es still; der Beifall verstummte. Plötzlich setzte das Getöse eines zusammenstürzenden Gebäudes ein. Der Palazzo fiel. Ich lenkte die Gondel seewärts, um nicht von herabfallendem Stuck getroffen zu werden.

Nachdem ich einige hundert Meter durch die Lagune in der Richtung auf die Insel San Giorgio hin gerudert war, drehte ich mich noch einmal um. Das Meer lag im Mondlicht spiegelglatt, als habe dort niemals eine Insel gestanden.

Schade um die Badewanne, dachte ich, denn dieser Verlust war nicht wieder gutzumachen. Der Gedanke war vielleicht kaltherzig, aber man braucht ja erfahrungsgemäß einen gewissen Abstand, um ein solches Erlebnis in seiner ganzen Tragweite zu erfassen.

Heinrich Böll
Wanderer, kommst du nach Spa...

Als der Wagen hielt, brummte der Motor noch eine Weile; draußen wurde irgendwo ein großes Tor aufgerissen. Licht fiel durch das zertrümmerte Fenster in das Innere des Wagens, und ich sah jetzt, daß auch die Glühbirne oben an der Decke zerfetzt war; nur ihr Gewinde stak noch in der Schrauböffnung, ein paar flimmernde Drähtchen mit Glasresten. Dann hörte der Motor auf zu brummen, und draußen schrie eine Stimme: »Die Toten hierhin, habt ihr Tote dabei?«

»Verflucht«, rief der Fahrer zurück, »verdunkelt ihr schon nicht mehr?«

»Da nützt kein Verdunkeln mehr, wenn die ganze Stadt wie eine Fackel brennt«, schrie die fremde Stimme. »Ob ihr Tote habt, habe ich gefragt!«

»Weiß nicht.«

»Die Toten hierhin, hörst du? Und die anderen die Treppe hinauf in den Zeichensaal, verstehst du?«

»Ja, ja.«

Aber ich war noch nicht tot, ich gehörte zu den anderen, und sie trugen mich die Treppe hinauf. Erst ging es in einen langen, schwach beleuchteten Flur, dessen Wände mit grüner Ölfarbe gestrichen waren; krumme, schwarze, altmodische Kleiderhaken waren in die Wände eingelassen, und da waren Türen mit Emailleschildchen: VI a und VI b, und zwischen diesen Türen hing, sanftglänzend unter Glas in einem schwarzen Rahmen, die Medea von Feuerbach und blickte in die Ferne; dann kamen Türen mit V a und V b, und dazwischen hing ein Bild des Dornausziehers, eine wunderbare rötlich schimmernde Fotografie in braunem Rahmen. Auch die große Säule in der Mitte vor dem Treppenaufgang war da, und hinter ihr, lang und schmal, wunderbar gemacht, eine Nachbildung des Parthenonfrieses in Gips, gelblich schimmernd, echt, antik, und alles kam, wie es kommen mußte: der griechische

Hoplit, bunt und gefährlich, wie ein Hahn sah er aus, gefiedert, und im Treppenhaus selbst, auf der Wand, die hier mit gelber Ölfarbe gestrichen war, da hingen sie alle der Reihe nach: vom Großen Kurfürsten bis Hitler ...

Und dort, in dem schmalen kleinen Gang, wo ich endlich wieder für ein paar Schritte gerade auf meiner Bahre lag, da war das besonders schöne, besonders große, besonders bunte Bild des Alten Fritzen mit der himmelblauen Uniform, den strahlenden Augen und dem großen, golden glänzenden Stern auf der Brust.

Wieder lag ich dann schief auf der Bahre und wurde vorbeigetragen an den Rassegesichtern: da war der nordische Kapitän mit dem Adlerblick und dem dummen Mund, die westische Moselanerin, ein bißchen hager und scharf, der ostische Grinser mit der Zwiebelnase und das lange adamsapfelige Bergfilmprofil; und dann kam wieder ein Flur, wieder lag ich für ein paar Schritte gerade auf meiner Bahre, und bevor die Träger in die zweite Treppe hineinschwenkten, sah ich es noch eben: das Kriegerdenkmal mit dem großen, goldenen Eisernen Kreuz obendrauf und dem steinernen Lorbeerkranz.

Das ging alles sehr schnell: ich bin nicht schwer, und die Träger rasten. Immerhin: alles konnte auch Täuschung sein; ich hatte hohes Fieber, hatte überall Schmerzen. Im Kopf, in den Armen und Beinen, und mein Herz schlug wie verrückt; was sieht man nicht alles im Fieber!

Aber als wir an den Rassegesichtern vorbei waren, kam alles andere: die drei Büsten von Cäsar, Cicero, Marc Aurel, brav nebeneinander, wunderbar nachgemacht, ganz gelb und echt, antik und würdig standen sie an der Wand, und auch die Hermessäule kam, als wir um die Ecke schwenkten, und ganz hinten im Flur – der Flur war hier rosenrot gestrichen – ganz, ganz hinten im Flur hing die große Zeusfratze über dem Eingang zum Zeichensaal; doch die Zeusfratze war noch weit. Rechts sah ich durch das Fenster den Feuerschein, der ganze Himmel war rot, und schwarze, dicke Wolken von Qualm zogen feierlich vorüber ... Und wieder mußte ich links sehen, und wieder sah ich Schildchen über den

Türen O I a und O I b, und zwischen den bräunlichen muffigen Türen sah ich nur Nietzsches Schnurrbart und seine Nasenspitze in einem goldenen Rahmen, denn sie hatten die andere Hälfte des Bildes mit einem Zettel überklebt, auf dem zu lesen war: ›Leichte Chirurgie‹...

Wenn jetzt, dachte ich flüchtig... wenn jetzt... aber da war es schon: das Bild von Togo, bunt und groß, flach wie ein alter Stich, ein prachtvoller Druck, und vorne, vor den Kolonialhäusern, vor den Negern und dem Soldaten, der da sinnlos mit seinem Gewehr herumstand, vor allem war das große, ganz naturgetreu abgebildete Bündel Bananen: links ein Bündel, rechts ein Bündel, und auf der mittleren Banane im rechten Bündel, da war etwas hingekritzelt, ich sah es; ich selbst mußte es hingeschrieben haben...

Aber nun wurde die Tür zum Zeichensaal aufgerissen, und ich schwebte unter der Zeusbüste hinein und schloß die Augen. Ich wollte nichts mehr sehen. Der Zeichensaal roch nach Jod, Scheiße, Mull und Tabak, und es war laut. Sie setzten mich ab, und ich sagte zu den Trägern: »Steck mir 'ne Zigarette in den Mund, links oben in der Tasche.«

Ich spürte, wie einer mir an der Tasche herumfummelte, dann zischte ein Streichholz, und ich hatte die brennende Zigarette im Mund. Ich zog daran. »Danke«, sagte ich.

Alles das, dachte ich, ist kein Beweis. Letzten Endes gibt es in jedem Gymnasium einen Zeichensaal, Gänge, in denen krumme, alte Kleiderhaken in grün und gelb gestrichene Wände eingelassen sind; letzten Endes ist es kein Beweis, daß ich in meiner Schule bin, wenn die Medea zwischen VI a und VI b hängt und Nietzsches Schnurrbart zwischen O I a und O I b. Gewiß gibt es eine Vorschrift, die besagt, daß er da hängen muß. Hausordnung für humanistische Gymnasien in Preußen: Medea zwischen VI a und VI b, Dornauszieher dort, Cäsar, Marc Aurel und Cicero im Flur und Nietzsche oben, wo sie schon Philosophie lernen. Parthenonfries, ein buntes Bild von Togo. Dornauszieher und Parthenonfries sind schließlich gute, alte, generationenlang bewährte Schulrequisiten, und gewiß bin ich nicht der einzige, der den Einfall gehabt hat, auf eine Banane zu schreiben: Es lebe Togo. Auch die Witze, die sie in den Schulen machen, sind immer dieselben. Und außerdem besteht die Möglichkeit, daß ich Fieber habe, daß ich träume.

Schmerzen hatte ich jetzt nicht mehr. Im Auto war es noch schlimm gewesen; wenn sie durch die kleinen Schlaglöcher fuhren, schrie ich jedesmal; da waren die großen Trichter schon besser: das Auto hob und senkte sich wie ein Schiff in einem Wellental. Aber jetzt schien die Spritze schon zu wirken, die sie mir irgendwo im Dunkeln in den Arm gehauen hatten: ich hatte gespürt, wie die Nadel sich durch die Haut bohrte und wie es unten am Bein ganz heiß wurde.

Es kann ja nicht wahr sein, dachte ich, so viele Kilometer kann das Auto ja gar nicht gefahren sein: fast dreißig. Und außerdem: du spürst nichts; kein Gefühl sagt es dir, nur die Augen; kein Gefühl sagt dir, daß du in deiner Schule bist, in deiner Schule, die du vor drei Monaten erst verlassen hast. Acht Jahre sind keine Kleinigkeit, solltest du nach acht Jahren das alles nur mit den Augen erkennen?

Hinter meinen geschlossenen Lidern sah ich alles noch einmal, wie ein Film lief es ab: unterer Flur, grün gestrichen, Treppe rauf, gelb gestrichen, Kriegerdenkmal, Flur, Treppe rauf, Cäsar, Cicero, Marc Aurel ... Hermes ... Nietzscheschnurrbart, Togo, Zeusfratze ...

Ich spuckte meine Zigarette aus und schrie; es war immer gut, zu schreien; man mußte nur laut schreien; schreien war herrlich; ich schrie wie verrückt. Als sich jemand über mich beugte, machte ich immer noch nicht die Augen auf; ich spürte einen fremden Atem, warm und widerlich roch er nach Tabak und Zwiebeln, und eine Stimme fragte ruhig: »Was ist denn?«

»Was zu trinken«, sagte ich, »und noch 'ne Zigarette, die Tasche oben.«

Wieder fummelte einer an meiner Tasche herum, wieder zischte ein Streichholz, und jemand steckte mir 'ne brennende Zigarette in den Mund.

»Wo sind wir?« fragte ich.

»In Bendorf.«

»Danke«, sagte ich und zog.

Immerhin schien ich wirklich in Bendorf zu sein, zu Hause also, und wenn ich nicht außergewöhnlich hohes Fieber hatte, stand wohl fest, daß ich in einem humanistischen Gymnasium war: eine Schule war es bestimmt. Hatte die Stimme unten nicht geschrien: »Die anderen in den Zeichensaal!«? Ich war ein anderer, ich lebte; die lebten, waren offenbar die anderen. Der Zeichensaal war also da, und wenn ich richtig hörte, warum sollte ich nicht richtig sehen? und dann stimmte es wohl auch, daß ich Cäsar, Cicero und Marc Aurel erkannt hatte, und das konnte nur in einem humanistischen Gymnasium sein; ich glaube nicht, daß sie diese Kerle in den anderen Schulen auf den Fluren an die Wand stellen.

Endlich brachte er mir Wasser: wieder roch ich den Tabak- und Zwiebelatem aus seinem Gesicht, und ich machte, ohne es zu wollen, die Augen auf: da war ein müdes, altes, unrasiertes Gesicht über einer Feuerwehruniform, und eine alte Stimme sagte leise: »Trink, Kamerad!«

Ich trank; es war Wasser, aber Wasser ist herrlich; ich spürte den metallenen Geschmack des Kochgeschirrs auf meinen Lippen, und es war schön zu spüren, welch eine Menge Wasser noch nachdrängte, aber der Feuerwehrmann riß mir das Kochgeschirr von den Lippen und ging: ich schrie, aber er wandte sich nicht um, zuckte nur müde die Schultern und ging weiter; einer, der neben mir lag, sagte ruhig: »Hat gar keinen Zweck zu brüllen, sie haben nicht mehr Wasser; die Stadt brennt, du siehst es doch.«

Ich sah es durch die Verdunkelung hindurch, es glühte und wummerte hinter den schwarzen Vorhängen, Rot hinter Schwarz, wie in einem Ofen, auf den man neue Kohlen geschüttet hat. Ich sah es: ja, die Stadt brannte.

»Wie heißt die Stadt?« fragte ich den, der neben mir lag.

»Bendorf«, sagte er.

»Danke.«

Ich blickte ganz gerade vor mich hin auf die Fensterreihe und manchmal zur Decke. Die Decke war noch tadellos, weiß und glatt, mit einem schmalen klassizistischen Stuckrand; aber sie haben doch in allen Schulen klassizistische Stuckränder an den Dekken in den Zeichensälen, wenigstens in den guten, alten humanistischen Gymnasien. Das ist doch klar.

Ich mußte mir jetzt zugestehen, daß ich im Zeichensaal eines humanistischen Gymnasiums in Bendorf lag. Bendorf hat drei humanistische Gymnasien: die Schule ›Friedrich der Große‹, die Albertus-Schule und – vielleicht brauche ich es nicht zu erwähnen – aber die letzte, die dritte war die Adolf-Hitler-Schule. Hing nicht in der Schule ›Friedrich der Große‹ das Bild des Alten Fritz besonders bunt, besonders schön, besonders groß im Treppenhaus? Ich war auf dieser Schule gewesen, acht Jahre lang, aber warum konnte nicht in den anderen Schulen dieses Bild genauso an derselben Stelle hängen, so deutlich und auffallend, daß es den Blick fangen mußte, wenn man die erste Treppe hinaufstieg?

Draußen hörte ich jetzt die schwere Artillerie schießen. Sonst war es fast ruhig; nur manchmal drang das Fressen der Flammen durch, und im Dunkeln stürzte irgendwo ein Giebel ein. Die Artillerie schoß ruhig und regelmäßig, und ich dachte: Gute Artillerie! Ich weiß, das ist gemein, aber ich dachte es. Mein Gott, wie beruhigend war die Artillerie, wie gemütlich: dunkel und rauh, ein sanftes, fast feines Orgeln. Irgendwie vornehm. Ich finde, die Artillerie hat etwas Vornehmes, auch wenn sie schießt. Es hört sich so anständig an, richtig nach Krieg in den Bilderbüchern ... Dann dachte ich daran, wieviel Namen wohl auf dem Kriegerdenkmal stehen würden, wenn sie es wieder einweihten, mit einem noch größeren goldenen Eisernen Kreuz darauf und einem noch größeren steinernen Lorbeerkranz, und plötzlich wußte ich es: wenn ich wirklich in meiner alten Schule war, würde mein Name auch darauf stehen, eingehauen in Stein, und im Schulkalender würde hinter meinem Namen stehen – ›zog von der Schule ins Feld und fiel für ...‹

Aber ich wußte noch nicht, wofür, und wußte noch nicht, ob ich in meiner alten Schule war. Ich wollte es jetzt unbedingt herauskriegen. Am Kriegerdenkmal war auch nichts Besonderes gewesen, nichts Auffallendes, es war wie überall, es war ein Konfektionskriegerdenkmal, ja, sie bekamen sie aus irgendeiner Zentrale...

Ich sah mir den Zeichensaal an, aber die Bilder hatten sie abgehängt, und was ist schon an ein paar Bänken zu sehen, die in einer Ecke gestapelt sind, und an den Fenstern, schmal und hoch, viele nebeneinander, damit viel Licht hereinfällt, wie es sich für einen Zeichensaal gehört? Mein Herz sagte mir nichts. Hätte es nicht etwas gesagt, wenn ich in dieser Bude gewesen wäre, wo ich acht Jahre lang Vasen gezeichnet und Schriftzeichen geübt hatte, schlanke, feine, wunderbar nachgemachte römische Glasvasen, die der Zeichenlehrer vorne auf einen Ständer setzte, und Schriften aller Art, Rundschrift, Antiqua, Römisch, Italienne? Ich hatte diese Stunden gehaßt wie nichts in der ganzen Schule, ich hatte die Langeweile gefressen stundenlang, und niemals hatte ich Vasen zeichnen können oder Schriftzeichen malen. Aber wo waren meine Flüche, wo war mein Haß angesichts dieser dumpfgetönten, langweiligen Wände? Nichts sprach in mir, und ich schüttelte stumm den Kopf.

Immer wieder hatte ich radiert, den Bleistift gespitzt, radiert... nichts...

Ich wußte nicht genau, wie ich verwundet war; ich wußte nur, daß ich meine Arme nicht bewegen konnte und das rechte Bein nicht, nur das linke ein bißchen; ich dachte, sie hätten mir die Arme an den Leib gewickelt, so fest, daß ich sie nicht bewegen konnte.

Ich spuckte die zweite Zigarette in den Gang zwischen den Strohsäcken und versuchte, meine Arme zu bewegen, aber es tat so weh, daß ich schreien mußte; ich schrie weiter; es war immer wieder schön, zu schreien; ich hatte auch Wut, weil ich die Arme nicht bewegen konnte.

Dann stand der Arzt vor mir; er hatte die Brille abgenommen und blinzelte mich an; er sagte nichts; hinter ihm stand der Feuerwehrmann, der mir das Wasser gegeben hatte. Er flüsterte dem Arzt etwas ins Ohr, und der Arzt setzte die Brille auf: deutlich sah ich seine großen grauen Augen mit den leise zitternden Pupillen hinter den dicken Brillengläsern. Er sah mich lange an, so lange, daß ich wegsehen mußte, und er sagte leise: »Augenblick, Sie sind gleich an der Reihe ...«

Dann hoben sie den auf, der neben mir lag, und trugen ihn hinter die Tafel; ich blickte ihnen nach: sie hatten die Tafel auseinandergezogen und quer gestellt und die Lücke zwischen Wand und Tafel mit einem Bettuch zugehängt; dahinter brannte grelles Licht ...

Nichts war zu hören, bis das Tuch wieder beiseite geschlagen und der, der neben mir gelegen hatte, hinausgetragen wurde; mit müden, gleichgültigen Gesichtern schleppten die Träger ihn zur Tür.

Ich schloß wieder die Augen und dachte, du mußt doch herauskriegen, was du für eine Verwundung hast und ob du in deiner alten Schule bist.

Mir kam das alles so kalt und gleichgültig vor, als hätten sie mich durch das Museum einer Totenstadt getragen, durch eine Welt, die mir ebenso gleichgültig wie fremd war, obwohl meine Augen sie erkannten, nur meine Augen; es konnte doch nicht wahr sein, daß ich vor drei Monaten noch hier gesessen, Vasen gezeichnet und Schriften gemalt hatte, daß ich in den Pausen hinuntergegangen war mit meinem Marmeladenbutterbrot, vorbei an Nietzsche, Hermes, Togo, Cäsar, Cicero, Marc Aurel, ganz langsam bis in den Flur unten, wo die Medea hing, dann zum Hausmeister, zu Birgeler, um Milch zu trinken, Milch in diesem dämmerigen kleinen Stübchen, wo man es auch riskieren konnte, eine Zigarette zu rauchen, obwohl es verboten war. Sicher trugen sie den, der neben mir gelegen hatte, untenhin, wo die Toten lagen, vielleicht lagen die Toten in Birgelers grauem kleinem Stübchen, wo es nach warmer Milch roch, nach Staub und Birgelers schlechtem Tabak ...

Endlich kamen die Träger wieder herein, und jetzt hoben sie mich auf und trugen mich hinter die Tafel. Ich schwebte wieder, jetzt an der Tür vorbei, und im Vorbeischweben sah ich, daß auch das stimmte: über der Tür hatte einmal ein Kreuz gehangen, als die Schule noch Thomas-Schule hieß, und damals hatten sie das Kreuz weggemacht, aber da blieb ein frischer dunkelgelber Fleck an der Wand, kreuzförmig, hart und klar, der fast noch deutlicher zu sehen war als das alte, schwache, kleine Kreuz selbst, das sie abgehängt hatten; sauber und schön blieb das Kreuzzeichen auf der verschossenen Tünche der Wand. Damals hatten sie aus Wut die ganze Wand neu gepinselt, aber es hatte nichts genützt; der Anstreicher hatte den Ton nicht richtig getroffen: das Kreuz blieb da, bräunlich und deutlich, aber die ganze Wand war rosa. Sie hatten geschimpft, aber es hatte nichts genützt: das Kreuz blieb da, braun und deutlich auf dem Rosa der Wand, und ich glaube, ihr Etat für Farbe war erschöpft, und sie konnten nichts machen. Das Kreuz war noch da, und wenn man genau hinsah, konnte man sogar noch die deutliche Schrägspur über dem rechten Balken sehen, wo jahrelang der Buchsbaumzweig gehangen hatte, den der Hausmeister Birgeler dahinterklemmte, als es noch erlaubt war, Kreuze in die Schulen zu hängen... Das alles fiel mir in der kleinen Sekunde ein, als ich an der Tür vorbeigetragen wurde hinter die Tafel, wo das grelle Licht brannte.

Ich lag auf dem Operationstisch und sah mich selbst ganz deutlich, aber sehr klein, zusammengeschrumpft, oben in dem klaren Glas der Glühbirne, winzig und weiß, ein schmales, mullfarbenes Paketchen wie ein außergewöhnlich subtiler Embryo: das war also ich da oben.

Der Arzt drehte mir den Rücken zu und stand an einem Tisch, wo er in Instrumenten herumkramte; breit und alt stand der Feuerwehrmann vor der Tafel und lächelte mich an; er lächelte müde und traurig, und sein bärtiges, schmutziges Gesicht war wie das Gesicht eines Schlafenden; an seiner Schulter vorbei auf der schmierigen Rückseite der Tafel sah ich etwas, was mich zum ersten Male, seitdem ich in diesem Totenhaus war, mein Herz spüren machte: irgendwo in einer geheimen Kammer meines Herzens erschrak ich tief und schrecklich, und es fing heftig an zu schlagen: da war meine Handschrift an der Tafel. Oben in der obersten Zeile. Ich kenne meine Handschrift: es ist schlimmer, als wenn man sich im Spiegel sieht, viel deutlicher, und ich hatte keine Möglichkeit, die Identität meiner Handschrift zu bezweifeln. Alles andere war kein Beweis gewesen, weder Medea noch Nietzsche, nicht das dinarische Bergfilmprofil noch die Banane aus Togo, und nicht einmal das Kreuzzeichen über der Tür: das alles war in allen Schulen dasselbe, aber ich glaube nicht, daß sie in anderen Schulen mit meiner Handschrift an die Tafeln schreiben. Da stand er noch, der Spruch, den wir damals hatten schreiben müssen, in diesem verzweifelten Leben, das erst drei Monate zurücklag: Wanderer, kommst du nach Spa...

Oh, ich weiß, die Tafel war zu kurz gewesen, und der Zeichenlehrer hatte geschimpft, daß ich nicht richtig eingeteilt hatte, die Schrift zu groß gewählt, und er selbst hatte es kopfschüttelnd in der gleichen Größe darunter geschrieben: Wanderer, kommst du nach Spa...

Siebenmal stand es da: in meiner Schrift, in Antiqua, Fraktur, Kursiv, Römisch, Italienne und Rundschrift; siebenmal deutlich und unerbittlich: Wanderer, kommst du nach Spa...

Der Feuerwehrmann war jetzt auf einen leisen Ruf des Arztes hin beiseite getreten, so sah ich den ganzen Spruch, der nur ein bißchen verstümmelt war, weil ich die Schrift zu groß gewählt hatte, der Punkte zu viele.

Ich zuckte hoch, als ich einen Stich in den linken Oberschenkel spürte, ich wollte mich aufstützen, aber ich konnte es nicht: ich blickte an mir herab, und nun sah ich es: sie hatten mich ausgewickelt, und ich hatte keine Arme mehr, auch kein rechtes Bein mehr, und ich fiel ganz plötzlich nach hinten, weil ich mich nicht aufstützen konnte; ich schrie; der Arzt und der Feuerwehrmann blickten mich entsetzt an, aber der Arzt zuckte nur die Schultern und drückte weiter auf den Kolben seiner Spritze, der langsam und ruhig nach unten sank; ich wollte wieder auf die Tafel blicken, aber der Feuerwehrmann stand nun ganz nah neben mir und verdeckte sie; er hielt mich an den Schultern fest, und ich roch nur noch den brandigen, schmutzigen Geruch seiner verschmierten Uniform, sah nur sein müdes, trauriges Gesicht, und nun erkannte ich ihn: es war Birgeler.

»Milch«, sagte ich leise ...

Wolfdietrich Schnurre
Das Manöver

In Kürze schon konnte der Ordonnanzoffizier der Manöverleitung melden, daß sich kein menschliches Wesen mehr innerhalb der Sperrzone befand. Der General ordnete zwar noch einige Stichproben an, doch seine Sorge erwies sich als unbegründet: jedes der untersuchten Gehöfte war leer; die Übung konnte beginnen. Zuerst setzten sich die Geländewagen der Manöverleitung in Marsch, gefolgt von der Jeepkette der Militärdelegationen. Den Abschluß bildete ein Sanitätsfahrzeug. Es herrschte strahlendes Wetter; ein Bussardpaar kreiste vor der Sonne, Lerchen hingen über der Heide, und alle paar hundert Meter saß in den Büschen am Weg ein Raubwürger oder stob leuchtend ein Goldammernschwarm ab.

Die Herren waren blendender Laune. Sie hatten nicht mehr lange zu fahren, eine dreiviertel Stunde vielleicht; dann bog das Fahrzeug des Generals, langsam von den anderen gefolgt, vom Feldweg ab und hielt am Rand eines kurzen, mit Ginster bestandenen Höhenzugs. Hier war schon alles vorbereitet. Eine Goulaschkanone dampfte, Marketenderware lag aus, Feldkabelleitungen wurden gezogen, Klappstühle standen herum, und durch die bereitgehaltenen Ferngläser konnte man weithin über die Ebene sehen.

Der General gab zunächst einen kurzen Aufriß der geplanten Gefechtsübungen; sie sollten vornehmlich von Panzern und Infanterieeinheiten bestritten werden. Der General war noch jung, Ende Vierzig vielleicht, er sprach abgehackt, wegwerfend und in leicht ironischem Tonfall; er wünschte, man möchte ihm anmerken, daß er dieses Manöver für eine Farce hielt, denn es fehlte die Luftwaffe.

Das Manövergelände wurde im Norden von einer ausgedehnten Kusselkiefernschonung und im Süden von einem verlandeten Luch abgegrenzt. Nach Osten zu ging es in eine dunstflimmernde Heidelandschaft über. Es war schwer zu übersehen, zahlreiche Wacholdergruppen und allerlei mit Heide oder Ginster bewachsene Hügel und Bodensenken würden es den Panzern nicht leicht machen; zudem waren die dazwischen verstreuten Gehöfte, wie sich der Adjutant ausgedrückt hatte, für PAK- und IG-Nester geradezu prädestiniert.

Es war Mittag geworden. Die Ordonnanzen hatten eben die Blechteller, von denen die Herren ihr Essen zu sich genommen hatten, wieder eingesammelt, und allerorts auf dem Hügel stiegen blaue Zigarettenwölkchen in die reglose Luft, da mischte sich in das Lerchengedudel und das monotone Zirpen der Grillen von fern das dumpfe Gleitkettenrasseln und asthmatische Motorgedröhn der sich nähernden Panzerverbände. Zugleich wurden überall im Gelände wandernde Büsche sichtbar, die jedoch ständig wieder mit dem Landschaftsbild verschmolzen. Lediglich die unruhig hier und dort aufsteigenden Goldammerntrupps ließen vermuten, daß die Infanterie dort Stellung bezog.

Es dauerte eine halbe Stunde vielleicht, da brachen, mit den Ferngläsern eben erkennbar, aus den Kusselkiefern die ersten Panzer hervor, dicht auf von kleineren, jedoch ungetarnten Infanterieeinheiten gefolgt; und nicht lange, und man sah auch um das Luch herum sich ein tief gestaffeltes Feld von Panzern heranschieben. Die Luft dröhnte; der Lärm hatte den Lerchengesang ausgelöscht, es blieb jedoch zu vermuten, daß er weiter ertönte, denn die Lerchen hingen noch genau so in der Luft wie zuvor. Die getarnte Infanterie hatte sich inzwischen eingegraben. Auch die in der Nähe der Gehöfte in Stellung gegangenen IG's und PAK's waren ganz unter ihren Tarnnetzen verschwunden.

Jetzt sahen sich allmählich auch jene Offiziere genötigt, ihre Ferngläser vor die Augen zu heben, die bisher etwas gelangweilt abseits gestanden hatten, denn nun eröffneten die Panzer das Feuer. Anfangs streuten sie zwar noch wahllos das Gelände ab, doch als dann auch das sich von Süden her nähernde Feld beidrehte, um sich durch eine weit ausholende Zangenbewegung mit dem nördlichen zu vereinigen, fraßen sich die Einschläge immer mehr auf das eigentliche Übungsgelände zu.

Die eingegrabenen Infanterieverbände ließen sich überrollen. Sie warteten, bis das Gros der Panzer vorbei war; dann erst ging Gruppe um Gruppe, unterstützt von PAK's und IG's, zum Angriff teils auf die begleitende Infanterie, teils, mit allerlei Spezialwaffen, auf die einzelnen Panzer über, die sich nachhaltig, wenn auch etwas schwerfällig, zur Wehr setzten. Nun war die Schlacht in vollem Gang.

Unglücklicherweise war aber ein Wind aufgekommen, der die Staub- und Pulverdampfwolken auf den Hügel der Manöverleitung zutrieb, so daß den Offizieren einige Zeit jede Sicht entzogen war. In den Ginsterbüschen um sie herum waren indes allerlei verängstigte Vögel eingefallen, Stieglitze, Goldammern und einige Raubwürger. Ihre Angst hatte sie zutraulich gemacht, sie schienen die Offiziere ebenfalls für eine Schar durch die Schlacht in Mitleidenschaft gezogener Heidebewohner zu halten. Der General mußte sich Mühe geben, sich sein Ungehaltensein nicht anmerken zu lassen. Es gelang ihm nur schwer; er ärgerte sich, daß der Wind sich ihm widersetzte. Plötzlich flaute der Gefechtslärm unvermutet ab, und als im selben Augenblick eine Bö den Qualmschleier zerriß, bot sich den Offizieren ein merkwürdiges Bild. Das gesamte Übungsgelände, durch die Zangenbewegung der Panzer nun etwa auf einen knappen Quadratkilometer zusammengeschrumpft, wimmelte von Schafen, die, von offensichtlicher Todesangst gejagt, in mehreren unglaublich breiten, gegeneinander anprallenden und ineinander verschmelzenden Strömen zwischen den Panzern umherrasten.

Die Panzer hatten gehalten und, um die Tiere nicht noch kopfscheuer zu machen, auch ihre Motoren abgestellt. Die PAK's und IG's schwiegen ebenfalls, und durch die Ferngläser konnte man erkennen, wie hier und dort in den Fenstern der zunächst gelegenen Gehöfte neugierige Soldatengesichter erschienen, die gebannt auf das seltsame Schauspiel herabsahen. Auch die Turmluks der Panzer gingen jetzt auf, immer zwei bis drei ölverschmierten Gesichtern Raum lassend, und plötzlich war die Luft, eben noch bis zum Bersten geschwellt vom Gefechtslärm, mit nichts angefüllt, als dem tausend- und abertausendfachen Getrappel der Schafhufe, einem Geräusch, das sich auf dem ausgedörrten Boden wie ein gewaltiger, drohend aufbrandender Trommelwirbel anhörte, der lediglich hin und wieder mal ein halb ersticktes Blöken freigab.

Der General, fleckig vor Zorn im Gesicht, sah sich nach seinem Ordonnanzoffizier um, der mit der Evakuierung des Geländes beauftragt gewesen war.

Der war blaß geworden. Er stammelte einige unbeholfene Entschuldigungen und vermochte sich nur mühsam soweit zu rechtfertigen, daß er behauptete, die Schafe könnten einzig von außerhalb des Gefechtsgeländes eingebrochen sein.

Mit Rücksicht auf die anwesenden Gäste verbiß sich der General eine Erwiderung und rief den Gefechtsstand an. Die Schafe, befahl er mit bebender Stimme, hätten umgehend zu verschwinden, die verantwortlichen Herren sollten sofort die entsprechenden Befehle erteilen.

Die Offiziere am Gefechtsstand sahen sich an. Auch ihnen war die Peinlichkeit der Situation klar. Doch wie sich gegen diese Flut von Sinnen gekommener Schafherden zur Wehr zu setzen? Sie fanden, daß der General es sich etwas leicht machte. Immerhin, sie gaben an die nördliche Flanke einen Feuerbefehl und befahlen gleichzeitig den Panzern auf dem südlichen Flügel, den Tieren einen Durchlaß zu öffnen, in der Hoffnung, daß das immer noch wirr durcheinanderwogende Feld so fluchtartig sich ordnen und ausbrechen werde.

Doch die Tiere gehorchten anderen Gesetzen. Als die Schußsalve ertönte, fuhr zwar ein großer Schreck in die einzelnen Herden, aber vor der erhofften Ausbruchstelle stauten sich die Tierströme plötzlich, bäumten sich auf und fluteten, womöglich noch kopfloser als vorher, wieder in den Kessel zurück, wobei die in ihren Erdlöchern kauernden Infanteristen alle Mühe hatten, sich der über sie wegdonnernden Schafhufe zu erwehren.

Nun konnte der General sein Ungehaltensein nicht länger verbergen. Er rief abermals den Gefechtsstand an und schrie in die Muschel, er werde die verantwortlichen Offiziere nach Beendigung des Manövers zur Rechenschaft ziehen, und sie sollten jetzt gefälligst mal achtgeben, wie man mit so einer Schafherde umspränge, er, der General, würde es ihnen jetzt vorexerzieren. Darauf entschuldigte er sich bei den Delegationen, befahl dem Ordonnanzoffizier, ihn zu vertreten, begab sich den Hang hinunter zu seinem Jeep und ließ sich, so weit es ging, in das Getümmel der Schafleiber hineinfahren.

Es ging aber längst nicht so weit, wie er gedacht hatte; die Tiere scheuten zwar vor den Panzern, doch der Jeep des Generals war ihrer Angst zu unbedeutend, und im Nu war er derart eingekeilt, daß er weder vorwärts konnte noch rückwärts.

Der General hatte eigentlich vorgehabt, ein paar Züge Infanterie zusammenzuraffen und mit ihrer Hilfe die Schafe zu jener Ausbruchstelle zu treiben; jetzt mußte er einsehen, daß das unmöglich war. Aber er sah noch etwas ein; er sah ein, daß er sich lächerlich gemacht hatte. Er spürte im Nacken, daß die Militärattachés auf dem Hügel ihn durch ihre Ferngläser beobachteten, und in Gedanken hörte er sie lachend allerlei Witzeleien austauschen. Ein maßloser Zorn stieg plötzlich in ihm auf; ihn, der sich in zwei Weltkriegen und Dutzenden von Schlachten bewährt hatte, ihn sollte dieses Gewimmel dumpfer, nur ihrem Herdeninstinkt gehorchender Tiere der Lächerlichkeit preisgeben?

Er spürte, wie ihm das Blut ins Gehirn stieg, er schrie den Chauffeur an, er solle Gas geben und weiterfahren; der Chauffeur gehorchte auch, aufheulend fraßen die Räder sich in den staubigen Boden; aber der Wagen rührte sich nicht, der Gegendruck der ihn umwogenden Schafherden war stärker. Da riß der General, verrückt fast vor Zorn, die Pistole aus dem Gurt und schoß, wahllos in die Herden hineinhaltend, sein Magazin leer. Im selben Augenblick wurde der Wagen auf der einen Seite eine Kleinigkeit angehoben, er schwankte, als würde er von windbewegten Wellen getragen, neigte sich etwas, und ehe noch der General und der Chauffeur sich hätten auf die entgegengesetzte Seite werfen können, stürzte er langsam und fast vorsichtig um.

Es dauerte eine Weile, bis der General sich gegen die über ihn hinrasenden Schafhufe nachhaltig genug zur Wehr setzen konnte und die schmerzenden Beine unter der Jeepkante hervorgezogen hatte. Benommen erhob er sich und blickte sich um.

Die Welt schien nur aus Schafen zu bestehen; so weit das Auge reichte, reihte sich Wollrücken an Wollrücken, die Panzer ragten wie zum Untergang bestimmte Stahlinseln aus dieser Tierflut hervor.

Jetzt erst bemerkte der General, daß sich um ihn und den Jeep ein winziger freier Platz gebildet hatte, die Schafe schienen vor irgend etwas zurückgewichen zu sein. Der General wollte sich eben dem Chauffeur zuwenden, der sich den Kopf angeschlagen hatte und ohnmächtig geworden war, da gewahrte er, daß sich noch jemand innerhalb des Bannkreises befand: ein riesiger, schweratmender Widder.

Reglos stand er da, den zottigen Schädel mit dem unförmigen Schneckengehörn abwartend gesenkt; das Weiß seiner Augen spielte ins Rötliche, Brust und Vorderbeine des Tieres zitterten wie von einem im Innern laufenden Motor erschüttert, Hals und Gehörnansatz wiesen mehrere frische Schußwunden auf, aus denen in schmalen Rinnsalen fast tiefschwarzes Blut quoll, das sich langsam im klettenverklebten Brustfell verlief.

Der General wußte sofort: dieses Tier hatte er vorhin verwundet, und diesem Tier würde er sich jetzt stellen müssen. Er tastete nach seiner Pistolentasche, sie war leer. Behutsam, ohne den Widder dabei aus den Augen zu lassen, machte er einen tastenden Schritt zum Jeep hin, den er gern zwischen sich und den Widder gebracht hätte. Doch kaum sah der sich den Gegner aus seiner Starre lösen, da raste er mit zwei, drei federnden Sätzen heran, der General warf sich zur Seite, und der Kopf des Widders krachte gegen die Karosserie. Er schüttelte sich und starrte einen Augenblick betäubt vor sich nieder.

Dem General schlug das Herz bis in den Hals, er spürte, wie ihm Stirn und Handflächen feucht wurden. Sein Zorn war verflogen. Er dachte auch nicht mehr an die Bemerkungen der Herren auf dem Manöverhügel, er dachte nur: Er darf mich nicht töten, er darf mich nicht töten. Er war jetzt kein General mehr, er war nur noch Angst, nackte, bebende Angst; nichts anderes hatte mehr in ihm Platz, nur diese Angst.

Da warf sich der Widder herum; der General spürte einen wahnsinnigen Schmerz in den Eingeweiden, eine Motorsäge kreischte in seinem Kopf auf, er mußte sich übergeben, er stürzte, und noch während er umsank, stieß ihm der Widder abermals das klobige Schneckengehörn in die Bauchgrube; der General spürte, wie etwas, das ihn an diese Erde gebunden hatte, zerriß, dann ging das Kreischen der Motorsäge in einen unsagbar monotonen Geigenstrich über, und ihm schwanden die Sinne.

Niemand hatte geahnt, daß der General sich in Lebensgefahr befunden hatte. Einige der Panzerbesatzungen und die Offiziere auf dem Manöverhügel hatten zwar, als der Jeep umgekippt und dann plötzlich der Widder auf den General losgegangen war, den Eindruck von etwas Ehrenrührigem und Peinlichem gehabt, aber auf die Idee, der Widder könnte dem General gefährlich werden, war niemand gekommen. Die Offiziere fühlten sich daher, als der General sich nicht wieder erhob, etwas merkwürdig berührt; ein Teil versuchte sich abzulenken; ein Teil überlegte aber auch, wie man durch dieses Meer von Tierleibern hindurch zu ihm hingelangen könnte.

Es waren die Schafe selbst, die die Herren der Peinlichkeit ihres Untätigseinmüssens enthoben. Ganz plötzlich, wie auf einen unhörbaren Befehl hin, entstand nämlich inmitten der immer noch hektisch gegeneinander anbrandenden Herden so etwas wie eine Art ordnender Wirbel, der ständig breitere Tierströme mit einbezog, bis sich auf einmal eine gewaltige Sogwelle von ihm ablöste, die ihn im Nu aufgerollt hatte und, das gesamte Feld hinter sich herreißend, sich ostwärts in die dunstflimmernde Heide ergoß, wo die Tiere, innerhalb kürzester Frist, hinter einer riesigen, rötlichen Staubwolke verschwunden waren.

Als der Ordonnanzoffizier, zugleich mit den Offizieren vom Gefechtsstand, bei dem umgestürzten Jeep angelangt war, hatten die Sanitäter, unterstützt von einigen Panzersoldaten, den Leichnam des Generals schon auf eine Leichtmetallbahre gehoben und waren dabei, ihn zum Krankenwagen zu tragen; der Chauffeur des Generals half ihnen dabei.

Eine Wiederaufnahme der Gefechtsübungen erschien nicht ratsam. Da die Panzer sich hierfür wieder auf ihre Ausgangspositionen hätten zurückziehen müssen, was gleichbedeutend mit einem gut dreifachen Spritverbrauch gewesen wäre, glaubte der rangälteste Offizier es verantworten zu können, die Übung kurzerhand abzublasen.

Enttäuscht schlenderten die Herren wieder zu ihren Geländewagen, die Fahrer ließen die Motoren an, und langsam, vorbei an den schwerfällig wendenden Panzern und den Trupps sich sammelnder Infanterie, setzte die Jeepkette sich in Marsch; den Abschluß bildete der Sanitätswagen.

Es dauerte nicht lange, da zog auch die Infanterie ab; ihr folgten die PAK's und IG's; und zuletzt war nur noch die Feldküche übrig, auf die die Ordonnanzen die Klappstühle verluden, während zwei Nachrichtenleute die Feldkabel abbauten. Bald war auch diese Arbeit getan. Der Fahrer der Feldküche pfiff die Leute zusammen, sie stiegen auf, und einen sorgsam mit Wasser besprengten Aschenhaufen zurücklassend, rollte die Feldküche mit halb angezogenen Bremsen den Abhang hinab.

Nun kehrte den Vogelscharen, die zu Beginn des Gefechts auf dem Ginsterhügel eingefallen waren, der Lebensmut wieder. Sie schüttelten sich, sie putzten sich umständlich, und Schwarm nach Schwarm stoben sie ab, hinab in die Ebene; über der immer noch, fast unbeweglich, die Lerchen hingen, deren Gesang nun wieder mit dem monotonen Zirpen der Grillen, dem Summen der Bienen und dem trunkenen Schrei des Bussardpaares verschmolz.

Wolfgang Borchert
Das Brot

Plötzlich wachte sie auf. Es war halb drei. Sie überlegte, warum sie aufgewacht war. Ach so! In der Küche hatte jemand gegen einen Stuhl gestoßen. Sie horchte nach der Küche. Es war still. Es war zu still und als sie mit der Hand über das Bett neben sich fuhr, fand sie es leer. Das war es, was es so besonders still gemacht hatte: sein Atem fehlte. Sie stand auf und tappte durch die dunkle Wohnung zur Küche. In der Küche trafen sie sich. Die Uhr war halb drei. Sie sah etwas Weißes am Küchenschrank stehen. Sie machte Licht. Sie standen sich im Hemd gegenüber. Nachts. Um halb drei. In der Küche.

Auf dem Küchentisch stand der Brotteller. Sie sah, daß er sich Brot abgeschnitten hatte. Das Messer lag noch neben dem Teller. Und auf der Decke lagen Brotkrümel. Wenn sie abends zu Bett gingen, machte sie immer das Tischtuch sauber. Jeden Abend. Aber nun lagen Krümel auf dem Tuch. Und das Messer lag da. Sie fühlte, wie die Kälte der Fliesen langsam an ihr hochkroch. Und sie sah von dem Teller weg.

»Ich dachte, hier wär was«, sagte er und sah in der Küche umher.

»Ich habe auch was gehört«, antwortete sie und dabei fand sie, daß er nachts im Hemd doch schon recht alt aussah. So alt wie er war. Dreiundsechzig. Tagsüber sah er manchmal jünger aus. Sie sieht doch schon alt aus, dachte er, im Hemd sieht sie doch ziemlich alt aus. Aber das liegt vielleicht an den Haaren. Bei den Frauen liegt das nachts immer an den Haaren. Die machen dann auf einmal so alt.

»Du hättest Schuhe anziehen sollen. So barfuß auf den kalten Fliesen. Du erkältest dich noch.«

Sie sah ihn nicht an, weil sie nicht ertragen konnte, daß er log. Daß er log, nachdem sie neununddreißig Jahre verheiratet waren.

»Ich dachte, hier wäre was«, sagte er noch einmal und sah wieder so sinnlos von einer Ecke in die andere, »ich hörte hier was. Da dachte ich, hier wäre was.«

»Ich hab auch was gehört. Aber es war wohl nichts.« Sie stellte den Teller vom Tisch und schnippte die Krümel von der Decke.

»Nein, es war wohl nichts«, echote er unsicher.

Sie kam ihm zu Hilfe: »Komm man. Das war wohl draußen. Komm man zu Bett. Du erkältest dich noch. Auf den kalten Fliesen.«

Er sah zum Fenster hin. »Ja, das muß wohl draußen gewesen sein. Ich dachte, es wäre hier.«

Sie hob die Hand zum Lichtschalter. Ich muß das Licht jetzt ausmachen, sonst muß ich nach dem Teller sehen, dachte sie. Ich darf doch nicht nach dem Teller sehen. »Komm man«, sagte sie und machte das Licht aus, »das war wohl draußen. Die Dachrinne schlägt immer bei Wind gegen die Wand. Es war sicher die Dachrinne. Bei Wind klappert sie immer.«

Sie tappten sich beide über den dunklen Korridor zum Schlafzimmer. Ihre nackten Füße platschten auf den Fußboden.

»Wind ist ja«, meinte er. »Wind war schon die ganze Nacht.«

Als sie im Bett lagen, sagte sie: »Ja, Wind war schon die ganze Nacht. Es war wohl die Dachrinne.«

»Ja, ich dachte, es wäre in der Küche. Es war wohl die Dachrinne.« Er sagte das, als ob er schon halb im Schlaf wäre.

Aber sie merkte, wie unecht seine Stimme klang, wenn er log. »Es ist kalt«, sagte sie und gähnte leise, »ich krieche unter die Decke. Gute Nacht.«

»Nacht«, antwortete er und noch: »ja, kalt ist es schon ganz schön.«

Dann war es still. Nach vielen Minuten hörte sie, daß er leise und vorsichtig kaute. Sie atmete absichtlich tief und gleichmäßig, damit er nicht merken sollte, daß sie noch wach war. Aber sein Kauen war so regelmäßig, daß sie davon langsam einschlief.

Als er am nächsten Abend nach Hause kam, schob sie ihm vier Scheiben Brot hin. Sonst hatte er immer nur drei essen können.

»Du kannst ruhig vier essen«, sagte sie und ging von der Lampe weg. »Ich kann dieses Brot nicht so recht vertragen. Iß du man eine mehr. Ich vertrag es nicht so gut.«

Sie sah, wie er sich tief über den Teller beugte. Er sah nicht auf. In diesem Augenblick tat er ihr leid.

»Du kannst doch nicht nur zwei Scheiben essen«, sagte er auf seinen Teller.

»Doch. Abends vertrag ich das Brot nicht gut. Iß man. Iß man.«

Erst nach einer Weile setzte sie sich unter die Lampe an den Tisch.

Ilse Aichinger
Spiegelgeschichte

Wenn einer dein Bett aus dem Saal schiebt, wenn du siehst, daß der Himmel grün wird, und wenn du dem Vikar die Leichenrede ersparen willst, so ist es Zeit für dich, aufzustehen, leise, wie Kinder aufstehen, wenn am Morgen Licht durch die Läden schimmert, heimlich, daß es die Schwester nicht sieht – und schnell!

Aber da hat er schon begonnen, der Vikar, da hörst du seine Stimme, jung und eifrig und unaufhaltsam, da hörst du ihn schon reden. Laß es geschehen! Laß seine guten Worte untertauchen in dem blinden Regen. Dein Grab ist offen. Laß seine schnelle Zuversicht erst hilflos werden, daß ihr geholfen wird. Wenn du ihn läßt, wird er am Ende nicht mehr wissen, ob er schon begonnen hat. Und weil er es nicht weiß, gibt er den Trägern das Zeichen. Und die Träger fragen nicht viel und holen deinen Sarg wieder herauf. Und sie nehmen den Kranz vom Deckel und geben ihn dem jungen Mann zurück, der mit gesenktem Kopf am Rand des Grabes steht. Der junge Mann nimmt seinen Kranz und streicht verlegen alle Bänder glatt, er hebt für einen Augenblick die Stirne, und da wirft ihm der Regen ein paar Tränen über die Wangen. Dann bewegt sich der Zug die Mauern entlang wieder zurück. Die Kerzen in der kleinen häßlichen Kapelle werden noch einmal angezündet und der Vikar sagt die Totengebete, damit du leben kannst. Er schüttelt dem jungen Mann heftig die Hand und wünscht ihm vor Verlegenheit viel Glück. Es ist sein erstes Begräbnis, und er errötet bis zum Hals hinunter. Und ehe er sich verbessern kann, ist auch der junge Mann verschwunden. Was bleibt jetzt zu tun? Wenn einer einem Trauernden viel Glück gewünscht hat, bleibt ihm nichts übrig, als den Toten wieder heimzuschicken.

Gleich darauf fährt der Wagen mit deinem Sarg die lange Straße wieder hinauf. Links und rechts sind Häuser, und an allen Fenstern stehen gelbe Narzissen, wie sie ja auch in alle Kränze gewunden sind, dagegen ist nichts zu machen. Kinder pressen ihre Gesichter an die verschlossenen Scheiben, es regnet, aber eins davon wird trotzdem aus der Haustür laufen. Es hängt sich hinten an den Leichenwagen, wird abgeworfen und bleibt zurück. Das Kind legt beide Hände über die Augen und schaut euch böse nach. Wo soll denn eins sich aufschwingen, solang es auf der Friedhofstraße wohnt?

Dein Wagen wartet an der Kreuzung auf das grüne Licht. Es regnet schwächer. Die Tropfen tanzen auf dem Wagendach. Das Heu riecht aus der Ferne. Die Straßen sind frisch getauft, und der Himmel legt seine Hand auf alle Dächer. Dein Wagen fährt aus reiner Höflichkeit ein Stück neben der Trambahn her. Zwei kleine Jungen am Straßenrand wetten um ihre Ehre. Aber der auf die Trambahn gesetzt hat, wird verlieren. Du hättest ihn warnen können, aber um dieser Ehre willen ist noch keiner aus dem Sarg gestiegen.

Sei geduldig. Es ist ja Frühsommer. Da reicht der Morgen noch lange in die Nacht hinein. Ihr kommt zurecht. Bevor es dunkel wird und alle Kinder von den Straßenrändern verschwunden sind, biegt auch der Wagen schon in den Spitalshof ein, ein Streifen Mond fällt zugleich in die Einfahrt. Gleich kommen die Männer und heben deinen Sarg vom Leichenwagen. Und der Leichenwagen fährt fröhlich nach Hause.

Sie tragen deinen Sarg durch die zweite Einfahrt über den Hof in die Leichenhalle. Dort wartet der leere Sockel schwarz und schief und erhöht, und sie setzen den Sarg darauf und öffnen ihn wieder, und einer von ihnen flucht, weil die Nägel zu fest eingeschlagen sind. Diese verdammte Gründlichkeit!

Gleich darauf kommt auch der junge Mann und bringt den Kranz zurück, es war schon hohe Zeit. Die Männer ordnen die Schleifen und legen ihn vorne hin, da kannst du ruhig sein, der Kranz liegt gut. Bis morgen sind die welken Blüten frisch und schließen sich zu Knospen. Die Nacht über bleibst du allein, das Kreuz zwischen den Händen, und auch den Tag über wirst du viel Ruhe haben. Du wirst es später lange nicht mehr fertig bringen, so still zu liegen.

Am nächsten Tag kommt der junge Mann wieder. Und weil der Regen ihm keine Tränen gibt, starrt er ins Leere und dreht die Mütze zwischen seinen Fingern. Erst bevor sie den Sarg wieder auf das Brett heben, schlägt er die Hände vor das Gesicht. Er weint. Du bleibst nicht länger in der Leichenhalle. Warum weint er? Der Sargdeckel liegt nur mehr lose, und es ist heller Morgen. Die Spatzen schreien fröhlich. Sie wissen nicht, daß es verboten ist, die Toten zu erwecken. Der junge Mann geht vor deinem Sarg her, als stünden Gläser zwischen seinen Schritten. Der Wind ist kühl und verspielt, ein unmündiges Kind.

Sie tragen dich ins Haus und die Stiegen hinauf. Du wirst aus dem Sarg gehoben. Dein Bett ist frisch gerichtet. Der junge Mann starrt durch das Fenster in den Hof hinunter, da paaren sich zwei Tauben und gurren laut, geekelt wendet er sich ab.

Und da haben sie dich schon in das Bett zurückgelegt. Und sie haben dir das Tuch wieder um den Mund gebunden, und das Tuch macht dich so fremd. Der Mann beginnt zu schreien und wirft sich über dich. Sie führen ihn sachte weg. »Bewahret Ruhe!« steht an allen Wänden, die Krankenhäuser sind zur Zeit überfüllt, die Toten dürfen nicht zu früh erwachen.

Vom Hafen heulen die Schiffe. Zur Abfahrt oder zur Ankunft? Wer soll das wissen? Still! Bewahret Ruhe! Erweckt die Toten nicht, bevor es Zeit ist, die Toten haben einen leisen Schlaf. Doch die Schiffe heulen weiter. Und ein wenig später werden sie dir das Tuch vom Kopf nehmen müssen, ob sie es wollen oder nicht. Und sie werden dich waschen und deine Hemden wechseln, und einer von ihnen wird sich schnell über dein Herz beugen, schnell, solang du noch tot bist. Es ist nicht mehr viel Zeit, und daran sind die Schiffe schuld. Der Morgen wird schon dunkler. Sie öffnen deine Augen und die funkeln weiß. Sie sagen jetzt auch nichts mehr davon, daß du friedlich aussiehst, dem Himmel sei Dank dafür, es erstirbt ihnen im Mund. Warte noch! Gleich sind sie gegangen. Keiner will Zeuge sein, denn dafür wird man heute noch verbrannt.

Sie lassen dich allein. So allein lassen sie dich, daß du die Augen aufschlägst und den grünen Himmel siehst, so allein lassen sie dich, daß du zu atmen beginnst, schwer und röchelnd und tief, rasselnd wie eine Ankerkette, wenn sie sich löst. Du bäumst dich auf und schreist nach der Mutter. Wie grün der Himmel ist!

»Die Fieberträume lassen nach«, sagt eine Stimme hinter dir, »der Todeskampf beginnt!«

Ach die! Was wissen die?

Geh jetzt! Jetzt ist der Augenblick! Alle sind weggerufen. Geh, eh sie wiederkommen und eh ihr Flüstern wieder laut wird, geh die Stiegen hinunter, an dem Pförtner vorbei, durch den Morgen, der Nacht wird. Die Vögel schreien in der Finsternis, als hätten deine Schmerzen zu jubeln begonnen. Geh nach Hause! Und leg dich in dein eigenes Bett zurück, auch wenn es in den Fugen kracht und noch zerwühlt ist. Da wirst du schneller gesund! Da tobst du nur drei Tage lang gegen dich und trinkst dich satt am grünen Himmel, da stößt du nur drei Tage lang die Suppe weg, die dir die Frau von oben bringt, am vierten nimmst du sie.

Und am siebenten, der der Tag der Ruhe ist, am siebenten gehst du weg. Die Schmerzen jagen dich, den Weg wirst du ja finden. Erst links, dann rechts und wieder links, quer durch die Hafengassen, die so elend sind, daß sie nicht anders können, als zum Meer zu führen. Wenn nur der junge Mann in deiner Nähe wäre, aber der junge Mann ist nicht bei dir, im Sarg warst du viel schöner. Doch jetzt ist dein Gesicht verzerrt von Schmerzen, die Schmerzen haben zu jubeln aufgehört. Und jetzt steht auch der Schweiß wieder auf deiner Stirne, den ganzen Weg lang, nein, im Sarg, da warst du schöner!

Die Kinder spielen mit den Kugeln am Weg. Du läufst in sie hinein, du läufst, als liefst du mit dem Rücken nach vorn, und keines ist dein Kind. Wie soll denn auch eines davon dein Kind sein, wenn du zur Alten gehst, die bei der Kneipe wohnt? Das weiß der ganze Hafen, wovon die Alte ihren Schnaps bezahlt.

Sie steht schon an der Tür. Die Tür ist offen, und sie streckt dir ihre Hand entgegen, die ist schmutzig. Alles ist dort schmutzig. Am Kamin stehen die gelben Blumen, und das sind dieselben, die sie in die Kränze winden, das sind schon wieder dieselben. Und die Alte ist viel zu freundlich. Und die Treppen knarren auch hier. Und die Schiffe heulen, wohin du immer gehst, die heulen überall. Und die Schmerzen schütteln dich, aber du darfst nicht schreien. Die Schiffe dürfen heulen, aber du darfst nicht schreien. Gib der Alten das Geld für den Schnaps! Wenn du ihr erst das Geld gegeben hast, hält sie dir deinen Mund mit beiden Händen zu. Die ist ganz nüchtern von dem vielen Schnaps, die Alte. Die träumt nicht von den Ungeborenen. Die unschuldigen Kinder wagen's nicht, sie bei den Heiligen zu verklagen, und die schuldigen wagen's auch nicht. Aber du – du wagst es!

»Mach mir mein Kind wieder lebendig!«

Das hat noch keine von der Alten verlangt. Aber du verlangst es. Der Spiegel gibt dir Kraft. Der blinde Spiegel mit den Fliegenflekken läßt dich verlangen, was noch keine verlangt hat.

»Mach es lebendig, sonst stoß ich deine gelben Blumen um, sonst kratz ich dir die Augen aus, sonst reiß ich deine Fenster auf und schrei über die Gasse, damit sie hören müssen, was sie wissen, ich schrei – –«

Und da erschrickt die Alte. Und in dem großen Schrecken, in dem blinden Spiegel erfüllt sie deine Bitte. Sie weiß nicht, was sie tut, doch in dem blinden Spiegel gelingt es ihr. Die Angst wird furchtbar, und die Schmerzen beginnen endlich wieder zu jubeln. Und eh du schreist, weißt du das Wiegenlied: Schlaf, Kindlein, schlaf! Und eh du schreist, stürzt dich der Spiegel die finsteren Treppen wieder hinab und läßt dich gehen, laufen läßt er dich. Lauf nicht zu schnell!

Heb lieber deinen Blick vom Boden auf, sonst könnt es sein, daß du da drunten an den Planken um den leeren Bauplatz in einen Mann hineinläufst, in einen jungen Mann, der seine Mütze dreht. Daran erkennst du ihn. Das ist derselbe, der zuletzt an deinem Sarg die Mütze gedreht hat, da ist er schon wieder! Da steht er, als wäre er nie weggewesen, da lehnt er an den Planken. Du fällst in seine Arme. Er hat schon wieder keine Tränen, gib ihm von den deinen. Und nimm Abschied, eh du dich an seinen Arm hängst. Nimm von ihm Abschied! Du wirst es nicht vergessen, wenn er es auch vergißt: Am Anfang nimmt man Abschied. Ehe man miteinander weitergeht, muß man sich an den Planken um den leeren Bauplatz für immer trennen.

Dann geht ihr weiter. Es gibt da einen Weg, der an den Kohlenlagern vorbei zur See führt. Ihr schweigt. Du wartest auf das erste Wort, du läßt es ihm, damit dir nicht das letzte bleibt. Was wird er sagen? Schnell, eh ihr an der See seid, die unvorsichtig macht! Was sagt er? Was ist das erste Wort? Kann es denn so schwer sein, daß es ihn stammeln läßt, daß es ihn zwingt, den Blick zu senken? Oder sind es die Kohlenberge, die über die Planken ragen und ihm Schatten unter die Augen werfen und ihn mit ihrer Schwärze blenden? Das erste Wort – jetzt hat er es gesagt: es ist der Name einer Gasse. So heißt die Gasse, in der die Alte wohnt. Kann denn das sein? Bevor er weiß, daß du das Kind erwartest, nennt er dir schon die Alte, bevor er sagt, daß er dich liebt, nennt er die Alte. Sei ruhig! Er weiß nicht, daß du bei der Alten schon gewesen bist, er kann es auch nicht wissen, er weiß nichts von dem Spiegel. Aber kaum hat er's gesagt, hat er es auch vergessen. Im Spiegel sagt man alles, daß es vergessen sei. Und kaum hast du gesagt, daß du das Kind erwartest, hast du es auch verschwiegen. Der Spiegel spiegelt alles. Die Kohlenberge weichen hinter euch zurück, da seid ihr an der See und seht die weißen Boote wie Fragen an der Grenze eures Blicks, seid still, die See nimmt euch die Antwort aus dem Mund, die See verschlingt, was ihr noch sagen wolltet.

Von da ab geht ihr viele Male den Strand hinauf, als ob ihr ihn hinabgingt, nach Hause, als ob ihr weglieft, und weg, als gingt ihr heim.

Was flüstern die in ihren hellen Hauben? »Das ist der Todeskampf!« Die laßt nur reden.

Eines Tages wird der Himmel blaß genug sein, so blaß, daß seine Blässe glänzen wird. Gibt es denn einen anderen Glanz als den der letzten Blässe?

An diesem Tag spiegelt der blinde Spiegel das verdammte Haus. Verdammt nennen die Leute ein Haus, das abgerissen wird, verdammt nennen sie das, sie wissen es nicht besser. Es soll euch nicht erschrecken. Der Himmel ist jetzt blaß genug. Und wie der Himmel in der Blässe erwartet auch das Haus am Ende der Verdammung die Seligkeit. Vom vielen Lachen kommen leicht die Tränen. Du hast genug geweint. Nimm deinen Kranz zurück. Jetzt wirst du auch die Zöpfe bald wieder lösen dürfen. Alles ist im Spiegel. Und hinter allem, was ihr tut, liegt grün die See. Wenn ihr das Haus verlaßt, liegt sie vor euch. Wenn ihr durch die eingesunkenen Fenster wieder aussteigt, habt ihr vergessen. Im Spiegel tut man alles, daß es vergeben sei.

Von da ab drängt er dich, mit ihm hineinzugehen. Aber in dem Eifer entfernt ihr euch davon und biegt vom Strand ab. Ihr wendet euch nicht um. Und das verdammte Haus bleibt hinter euch zurück. Ihr geht den Fluß hinauf, und euer eigenes Fieber fließt euch entgegen, es fließt an euch vorbei. Gleich läßt sein Drängen nach. Und in demselben Augenblick bist du nicht mehr bereit, ihr werdet scheuer. Das ist die Ebbe, die die See von allen Küsten wegzieht. Sogar die Flüsse sinken zur Zeit der Ebbe. Und drüben auf der anderen Seite lösen die Wipfel endlich die Krone ab. Weiße Schindeldächer schlafen darunter.

Gib acht, jetzt beginnt er bald von der Zukunft zu reden, von den vielen Kindern und vom langen Leben, und seine Wangen brennen vor Eifer. Sie zünden auch die deinen an. Ihr werdet streiten, ob ihr Söhne oder Töchter wollt, und du willst lieber Söhne. Und er wollte sein Dach lieber mit Ziegeln decken, und du willst lieber – – – aber da seid ihr den Fluß schon viel zu weit hinauf gegangen. Der Schrecken packt euch. Die Schindeldächer auf der anderen Seite sind verschwunden, da drüben sind nur mehr Auen und feuchte Wiesen. Und hier? Gebt auf den Weg acht. Es dämmert – so nüchtern, wie es nur am Morgen dämmert. Die Zukunft ist vorbei. Die Zukunft ist ein Weg am Fluß, der in die Auen mündet. Geht zurück!

Was soll jetzt werden?

Drei Tage später wagt er nicht mehr, den Arm um deine Schultern zu legen. Wieder drei Tage später fragt er dich, wie du heißt, und du fragst ihn. Nun wißt ihr voneinander nicht einmal mehr die Namen. Und ihr fragt auch nicht mehr. Es ist schöner so. Seid ihr nicht zum Geheimnis geworden?

Jetzt geht ihr endlich wieder schweigsam nebeneinander her. Wenn er dich jetzt noch etwas fragt, so fragt er, ob es regnen wird. Wer kann das wissen? Ihr werdet immer fremder. Von der Zukunft habt ihr schon lange zu reden aufgehört. Ihr seht euch nur mehr selten, aber noch immer seid ihr einander nicht fremd genug. Wartet, seid geduldig. Eines Tages wird es so weit sein. Eines Tages ist er dir so fremd, daß du ihn auf einer finsteren Gasse vor einem offenen Tor zu lieben beginnst. Alles will seine Zeit. Jetzt ist sie da.

»Es dauert nicht mehr lang«, sagen die hinter dir, »es geht zu Ende!«

Was wissen die? Beginnt nicht jetzt erst alles?

Ein Tag wird kommen, da siehst du ihn zum erstenmal. Und er sieht dich. Zum erstenmal, das heißt: Nie wieder. Aber erschreckt nicht! Ihr müßt nicht voneinander Abschied nehmen, das habt ihr längst getan. Wie gut es ist, daß ihr es schon getan habt!

Es wird ein Herbsttag sein, voller Erwartung darauf, daß alle Früchte wieder Blüten werden, wie er schon ist, der Herbst, mit diesem hellen Rauch und mit den Schatten, die wie Splitter zwischen den Schritten liegen, daß du die Füße daran zerschneiden könntest, daß du darüberfällst, wenn du um Äpfel auf den Markt geschickt bist, du fällst vor Hoffnung und vor Fröhlichkeit. Ein junger Mann kommt dir zu Hilfe. Er hat die Jacke nur lose umgeworfen und lächelt und dreht die Mütze und weiß kein Wort zu sagen. Aber ihr seid sehr fröhlich in diesem letzten Licht. Du dankst ihm und wirfst ein wenig den Kopf zurück, und da lösen sich die aufgesteckten Zöpfe und fallen herab. »Ach«, sagt er, »gehst du nicht noch zur Schule?« Er dreht sich um und geht und pfeift ein Lied. So trennt ihr euch, ohne einander nur noch einmal anzuschauen, ganz ohne Schmerz und ohne es zu wissen, daß ihr euch trennt.

Jetzt darfst du wieder mit deinen kleinen Brüdern spielen, und du darfst mit ihnen den Fluß entlanggehen, den Weg am Fluß unter den Erlen, und drüben sind die weißen Schindeldächer wie immer zwischen den Wipfeln. Was bringt die Zukunft? Keine Söhne. Brüder hat sie dir gebracht, Zöpfe, um sie tanzen zu lassen, Bälle, um zu fliegen. Sei ihr nicht böse, es ist das Beste, was sie hat. Die Schule kann beginnen.

Noch bist du zu wenig groß, noch mußt du auf dem Schulhof während der großen Pause in Reihen gehen und flüstern und erröten und durch die Finger lachen. Aber warte noch ein Jahr, und du darfst wieder über die Schnüre springen und nach den Zweigen haschen, die über die Mauern hängen. Die fremden Sprachen hast du schon gelernt, doch so leicht bleibt es nicht. Deine eigene Sprache ist viel schwerer. Noch schwerer wird es sein, lesen und schreiben zu lernen, doch am schwersten ist es, alles zu vergessen. Und wenn du bei der ersten Prüfung alles wissen mußtest, so darfst du doch am Ende nichts mehr wissen. Wirst du das bestehen? Wirst du still genug sein? Wenn du genug Furcht hast, um den Mund nicht aufzutun, wird alles gut.

Du hängst den blauen Hut, den alle Schulkinder tragen, wieder an den Nagel und verläßt die Schule. Es ist wieder Herbst. Die Blüten sind lange schon zu Knospen geworden, die Knospen zu nichts und nichts wieder zu Früchten. Überall gehen kleine Kinder nach Hause, die ihre Prüfung bestanden haben, wie du. Ihr alle wißt nichts mehr. Du gehst nach Hause, dein Vater erwartet dich, und die kleinen Brüder schreien so laut sie können und zerren an deinem Haar. Du bringst sie zur Ruhe und tröstest deinen Vater.

Bald kommt der Sommer mit den langen Tagen. Bald stirbt deine Mutter. Du und dein Vater, ihr beide holt sie vom Friedhof ab. Drei Tage liegt sie noch zwischen den knisternden Kerzen, wie damals du. Blast alle Kerzen aus, eh sie erwacht! Aber sie riecht das Wachs und hebt sich auf die Arme und klagt leise über die Verschwendung. Dann steht sie auf und wechselt ihre Kleider.

Es ist gut, daß deine Mutter gestorben ist, denn länger hättest du es mit den kleinen Brüdern allein nicht machen können. Doch jetzt ist sie da. Jetzt besorgt sie alles und lehrt dich auch das Spielen noch viel besser, man kann es nie genug gut können. Es ist keine leichte Kunst. Aber das schwerste ist es noch immer nicht.

Das schwerste bleibt es doch, das Sprechen zu vergessen und das Gehen zu verlernen, hilflos zu stammeln und auf dem Boden zu kriechen, um zuletzt in Windeln gewickelt zu werden. Das schwerste bleibt es, alle Zärtlichkeiten zu ertragen und nur mehr zu schauen. Sei geduldig! Bald ist alles gut. Gott weiß den Tag, an dem du schwach genug bist.

Es ist der Tag deiner Geburt. Du kommst zur Welt und schlägst die Augen auf und schließt sie wieder vor dem starken Licht. Das Licht wärmt dir die Glieder, du regst dich in der Sonne, du bist da, du lebst. Dein Vater beugt sich über dich.

»Es ist zu Ende –« sagen die hinter dir, »sie ist tot!«

Still! Laß sie reden!

Siegfried Lenz
Der Verzicht

Mitten in jenem Winter kam er mit Fahrrad und Auftrag hierher, in einer hartgefrorenen Schlittenspur, die ihm nicht erlaubte, den Kopf zu heben und nach vorn zu blicken, sondern ihn unablässig zwang, die Spur, der er sich anvertraut hatte, zu beobachten, denn sobald er aufsah, schrammte die Felge jedesmal an den vereisten Schneewänden entlang, die Lenkstange schlug zur Seite, und wenn er sie herumriß, setzte sich das Vorderrad quer, festgestemmt in der engen Spur, so daß er – in dem langen Uniform-Mantel, den alten Karabiner quer überm Rücken – Mühe hatte, rechtzeitig abzuspringen. Mühsam kam er den Dorfweg herauf, der an der Schule vorbeiführt, allein und keineswegs eine überzeugende Drohung, vielmehr machte er in der grauen Februar-Dämmerung, vor den rauchfarbenen Hütten unseres Dorfes, den Eindruck eines verzweifelten und verdrossenen Mannes, dem die Spur, in der er zu fahren gezwungen war, bereits mehr abverlangt hatte, als er an Aufmerksamkeit, an Kraft und Geschicklichkeit aufbringen konnte.

Durch die Fenster der Schulklasse sahen wir ihn näherkommen, glaubten sein Stöhnen zu hören, seine Flüche und die Verwünschungen, mit denen er die kufenbreite Spur bedachte und mehr noch sein Los, in ihr entlangfahren zu müssen. Es war Heinrich Bielek. Wir erkannten ihn sofort, mit dem schnellen und untrüglichen Instinkt, mit dem man einen Mann aus seinem Dorf erkennt, selbst in schneegrauer Dämmerung, selbst wenn dieser Mann jetzt eine Uniform trug und einen alten Karabiner quer über dem Rücken: Heinrich Bielek, krank und mit weißem Stoppelhaar – wenn auch nicht so krank, daß sie in jener Zeit auf ihn hätten verzichten wollen. Sie konnten ihn zwar nicht beliebig verwenden oder – ihrem Lieblingswort gemäß – einsetzen, aber er trug ihre Uniform, vermehrte ihre Zahl und gab ihnen die Sicherheit einer Reserve.

Wir beobachteten, wie er sich am Schulhof vorbeiquälte, und glaubten ihn längst am Dorfausgang und unterwegs nach Schalussen oder wohin immer ihn die hartgefrorene Schlittenspur und sein Auftrag führen sollten, als ihn zwei Männer über den Korridor brachten, ihn ins Lehrerzimmer trugen und dort auf ein Sofa niederdrückten. Wie ich später erfuhr, legten sie seinen Karabiner quer über einen verkratzten Ledersessel, öffneten seinen Mantel und sahen eine Weile zu, wie er sich krümmte, nach mehreren Versuchen auf die Seite warf und beide Hände flach auf seinen Leib preßte, ohne einen einzigen Laut, und bevor sie ihm noch anboten, den Arzt aus Drugallen holen zu lassen, richtete er sich wieder auf und beschwichtigte die Männer durch einen Wink: es waren nur die überfälligen Magenkrämpfe, die er schon in der Nacht erwartet hatte und deren Verlauf er so gut kannte, daß er mit dem Schmerz allein fertig zu werden hoffte.

So war es wahrscheinlich auch weniger der Schmerz als der Gedanke an die bläuliche, hartgefrorene Schlittenspur, der ihn später auf dem Sofa im Lehrerzimmer festhielt, neben einer rissigen Wand, unter der Photographie eines uniformierten Mannes mit Kneifer, der sachlich auf ihn herabsah. Obwohl es ihm besser zu gehen schien, erhob er sich nicht, sondern verteilte liegend Zigaretten, ohne selbst zu rauchen, und erwiderte den erschreckend sachlichen Blick jenes Mannes auf der Photographie, den er für einen Lehrer gehalten hätte, wenn er ihm unbekannt gewesen wäre; doch Heinrich Bielek kannte ihn so gut, daß er selbst die Furcht verstand, die dieser Mann hervorrief oder hervorrufen sollte.

Nachdem er endgültig beschlossen hatte, daß die Magenkrämpfe es ihm nicht mehr erlaubten, in der Schlittenspur weiterzufahren, zog er den schlechtsitzenden Uniform-Mantel aus, rollte ihn zusammen und schob ihn sich als Kopfkissen unter und musterte aus seinen eichelförmigen Augen die beiden Männer. Er erkundigte sich nicht nach seinem Fahrrad, ein zusätzliches Zeichen dafür, daß er vorerst nicht weiterzufahren gedachte, vielmehr weihte er die Männer in seinen Auftrag ein, wodurch er erreichte, daß beide sich dem unerwünschten Zwang ausgesetzt fühlten, ihm, der ausgestreckt vor ihnen lag, zu helfen.

Das Vertrauen, in das er sie zog, ließ den Männern – einer von ihnen war Feustel, der pensionierte Rektor, ein nach Tabak und Zwiebeln riechender Junggeselle – keine andere Wahl, weshalb sie, noch bevor er sie darum bat, einen Jungen in das Lehrerzimmer riefen und neben das Sofa führten, auf dem Heinrich Bielek lag. Obwohl sie seinen Auftrag kannten, überließen sie es dem Liegenden, ihn an den Jungen weiterzugeben, und als Bielek zu sprechen begann, lag auf ihren Gesichtern ein Ausdruck beflissenen und gespannten Interesses, so als hörten sie alles zum ersten Mal. Der Junge, Bernhard Gummer, mit wulstigem Nacken und schräg gelegtem Kopf – jeder bei uns kannte seinen sanften, freundlichen Schwachsinn – starrte auf den alten Karabiner, der quer auf dem Ledersessel lag, und verriet weder durch ein Nicken noch durch einen Blick, ob und wie er den Auftrag oder doch die Verlängerung des Auftrags verstanden hatte, was jetzt Feustel veranlaßte, dem Jungen die eine Hand auf die Schulter zu legen und ihn aufzufordern, das, was er gehört hatte, langsam zu wiederholen.

Der Junge enttäuschte sie nicht: ohne das Gesicht zu heben, wiederholte er, daß er nach Schalussen zu gehen habe, zu Wilhelm Heilmann, dem Alteisenhändler, und er sollte ihn hierher bringen, in die Schule, ins Lehrerzimmer, zu dem Mann in der Uniform, zu Heinrich Bielek. Wenn er nicht komme, werde man ihn noch heute holen, es sei dringend. Der ehemalige Rektor richtete sich zufrieden auf, und Bernhard Gummer zog bedächtig seinen Mantel an, setzte die Ohrenschützer auf, lauschte einen Augenblick, als höre er, wie ein Funker, schwache Signale in den Hörmuscheln; dann streifte er die an einer Schnur befestigten Fausthandschuhe über und verließ mit schleppendem Gang die Schule.

Der Junge kannte den Weg, er selbst wohnte in Schalussen, und er kannte auch – wie wir alle – die Hütte von Wilhelm Heilmann und den Schuppen und den Lagerplatz hinter dem Schuppen, auf dem ein Hügel von rostigem Eisen lag: alte Fahrradrahmen, Bleche, braunrotes Drahtgewirr, leere Pumpgehäuse, abgestoßene

Hufeisen und zerbeulte Kessel, durch deren Löcher im Sommer der Löwenzahn herauswuchs oder Taubnesseln. Dieser Hügel schien uns mehr ein Wahrzeichen der Heilmanns als ihr Kapital, von dem sie lebten; denn er wurde nie flacher und geringer, wurde nie in unserer Gegenwart auf Lastwagen geladen, wurde nicht einmal, wie Erbsen, nach guten und schlechten Teilen verlesen, sondern lag nur da durch Jahreszeiten und Generationen, ein Hügel der Nutzlosigkeiten. Und doch mußten sie davon leben und gelebt haben, geheimnisvoll und gewitzt; ganze Geschlechter von ihnen hatten altem Eisen vertraut, ernährten sich mit seiner Hilfe, wuchsen heran und ließen den rostroten Hügel wieder den nächsten Heilmanns als Erbe zufallen, die es anscheinend weder mehrten noch minderten, sondern nur darauf aus schienen, es zu erhalten. Unsere Großväter, unsere Väter und wir: Generationen unseres Dorfes stahlen hinten von dem Hügel, wenn sie Groschen brauchten, und gingen vorn zu den Heilmanns und verkauften ihnen, was diese schon dreimal besaßen, wonach unsere Leute nur noch Zeugen wurden, wie der Krempel wieder auf den Hügel flog, so daß dieser zwar nicht seine alte Form, aber doch sein altes Gewicht hatte, was ihm jene seltsame Dauer verlieh. Obwohl Wilhelm Heilmann allein lebte, zweifelten wir nicht daran, daß eines Tages irgendwoher ein neuer Heilmann auftauchen werde, um den Hügel aus altem Eisen in seinen Besitz zu nehmen – zu übernehmen und zu verwalten wie jenes Holzscheit, an dem das Leben hing.

Soviel ich weiß, fand der Junge an jenem Morgen Heilmann lesend im Bett. Er wunderte sich nicht, daß der alte Mann angezogen unter dem schweren Zudeck lag, ging zu ihm, setzte sich auf die Bettkante, schob die Ohrenschützer hoch und wiederholte seinen Auftrag, und nachdem er fertig war und sah, daß der Alte weder Überraschung noch Abwehr oder Furcht zeigte, riet er ihm, sich zu verstecken oder die Hütte zu verschließen, und wenn nicht dies, so doch ein Gewehr zu kaufen, da auch der andere ein Gewehr bei sich hatte, doch Wilhelm Heilmann, der Letzte mosaischen Glaubens in unserer hoffnungslosen Ecke Masurens, lächelte säuerlich, das Lächeln einer ertragbaren und unwiderruflichen Gewißheit, und er schlug das Zudeck zurück und stand auf. Er hatte mit Stiefeln im Bett gelegen. Der Junge ging in die Küche, setzte sich auf eine Fußbank und brach sich ein Stück von einem grauen Hefefladen ab und begann zu essen; er brauchte nicht zu warten, denn der Alte wechselte nur seine Brille, die Lesebrille gegen die Arbeitsbrille, stand schon in der dunklen Küche und forderte den Jungen auf, ihn zu führen. Der alte Mann blickte weder auf die gekalkte Hütte, die er unverschlossen zurückließ, noch auf den schneebedeckten Hügel, unter dem das rostige Erbe der Heilmanns lag, sondern ging dem Jungen voraus neben der Schlittenspur, und unter ihren Schritten krachte der gefrorene Schnee. Vor den Weiden, die mit einer Eisglasur überzogen waren, holte der Junge ihn ein einziges Mal ein und zeigte auf die dunkle, undurchdringbar erscheinende Flanke des Waldes, deutete nur stumm hinüber, wobei seine Geste und seine Haltung nichts als eine heftige Aufforderung ausdrückten: Wilhelm Heilmann lächelte säuerlich und schüttelte den Kopf. Vielleicht wußte er, daß er in unserer Ecke der Letzte war, den sie lediglich vergessen oder geschont, wahrscheinlich aber vergessen hatten, was ihn dazu bringen mußte, unversöhnt zu warten bis zu dem Augenblick, da die Reihe an ihn käme. Jetzt, da der Junge ihn holte, war er versöhnt, etwas war erloschen in ihm: seine Wißbegier, die Zweifel, denen er sich ausgeliefert fand, als sie nacheinander die andern holten – wobei sie oft genug durch Schalussen und an seiner Hütte und seinem Eisenhügel vorbeikamen –, ohne ihm selbst zu drohen oder ihm auch nur anzukündigen, was er insgeheim immer mehr erwartete. Zwei Jahre dauerte es, bis ihre genaue Grausamkeit sich seiner weniger entsann als ihn vielmehr hervorholte wie etwas, das man nur zurückgestellt, sich aufgespart hatte für eine andere Zeit. Wilhelm Heilmann hatte damit gerechnet und sich nicht ein einziges Mal die Schwäche der Hoffnung geleistet.

In seiner knielangen erdbraunen Joppe ging er dem Jungen voran, durch das Spalier der rauchfarbenen Hütten zur Schule, die er einst selbst besucht hatte; ging den mit Asche und winzigen Schlackenbrocken gestreuten Weg hinauf, entdeckte das Fahrrad, blieb neben ihm stehen, nickte lächelnd und schob die Hände tief in die Taschen. Bernhard Gummer stellte sich neben ihn, sein Gesicht veränderte und näherte sich dem alten Mann, die aufgeworfenen Lippen bewegten sich, flüsterten etwas dringend und unverständlich, dann wandte er sich um und verschwand in der Schule, ohne zurückzublicken.

Der Alte wartete, bis er das Geräusch der genagelten Stiefel auf dem Korridor hörte, stieß sich mit dem Rücken von der Wand ab und trat dem uniformierten Mann entgegen, der in einer Hand den Karabiner trug, sich mit der andern den Mantel zuknöpfte. »Fertig, Wilhelm?« »Fertig, Heinrich.« Es kam Wilhelm Heilmann nicht zu, mehr zu sagen, und es gab nichts für ihn, das ihm wichtig genug erschienen wäre, als daß er es hätte erfahren wollen: das Wissen, das er in sich trug wie eine Konterbande, übertraf alles, was er von Heinrich Bielek je hätte erfahren können, und so folgte er ihm einfach auf die Landstraße, wandte sich mit ihm um und winkte leicht zur Schule zurück, ging neben ihm durch unser Dorf mit der überzeugenden Selbstverständlichkeit eines Mannes, der den Weg und den Plan des andern kennt und teilt. Sie gingen an der Domäne vorbei, über die alte Holzbrücke, an deren Geländer noch die Schrammen der Erntewagen vom letzten Herbst zu erkennen waren. Auf freiem Feld traf sie ein eisiger Wind, schnitt in ihre Gesichter. Wilhelm Heilmann spürte, wie sein Augenlid zu zucken begann. Ein verschneiter Wegweiser zeigte Korczymmen an, vierzehn Kilometer, Grenzgebiet. Flach über den Schnee lief ihnen der Wind entgegen, trieb eine schmerzhafte Kühle in ihre Lungen, und sie senkten ihre Gesichter und legten den Oberkörper nach vorn. »Es ist nicht der freundlichste Tag«, sagte Heinrich Bielek. »Drüben in den Wäldern wird es angenehmer«, sagte Wilhelm Heilmann. Ein Schlitten mit vermummten Leuten kam ihnen entgegen, sie traten zur Seite, Hände winkten ihnen zu, sie grüßten zurück, ohne zu erkennen, wem ihr Gruß galt. Das Gebimmel der Schlittenglocken verklang in einem Tal.

Als sie die Stelle erreichten, wo der Wald die Straße belagerte, hatte Heinrich Bielek ein Gefühl, als ob ein heißes Geschoß in seinen Magen eindrang; es traf ihn so überraschend, mit einer so vollkommenen Gewalt, daß er beide Hände erschrocken auf seinen Leib preßte, das Fahrrad fallen ließ und auf den Knien in den Schnee sank. Seine Mütze fiel vom Kopf. Das Schweißband rutschte aus dem Kragen heraus. Der Riemen des Karabiners schnürte in seine Brust. Wilhelm Heilmann sah ausdruckslos auf ihn herab, und als ihn ein schneller, argwöhnischer Blick traf, hob er das Fahrrad auf und hielt es mit beiden Händen fest – wie eine Last, die er um keinen Preis loslassen wollte oder dürfte, nur um damit schweigend zu bekunden, daß es ihm weder jetzt noch später darauf ankam, eine Gelegenheit auszunutzen. Es war weder Niedergeschlagenheit noch Schwäche, was er in diesem Augenblick bekundete, sondern das Eingeständnis, auf jede Handlung zu verzichten, die das, was er in seinem Lauschen und in seinen Träumen so oft erwartet, erlebt und durchstanden hatte, ändern könnte. Er hielt das Fahrrad fest und wagte nicht, über sein zukkendes Augenlid zu streichen, stand nur und blickte auf den uniformierten Mann im Schnee, der sich jetzt angestrengt auf alle viere erhob, lange zögerte, als ob er nach der entscheidenden Kraft suchte, die ihn auf die Beine bringen sollte, dann die Hände nah zusammenführte, sich hochstemmte mit einem Ruck, und eine Sekunde bang und ungläubig dastand, ehe er sich mit einer knappen Aufforderung an Wilhelm Heilmann wandte. »Also weiter, Wilhelm«, sagte er.

Sie gingen in der Mitte einer frischen Schlittenspur durch unseren alten Wald, geschützt vor dem eisigen Wind, der hoch durch die Kiefern strich und überall Schneelasten von den Ästen riß, die stäubend zwischen den Stämmen niedergingen. In weitem Abstand neben dem Weg lagen Haufen geschnittener Stämme; die Schnittflächen leuchteten gelblich, zeigten ihnen an, wo die Spur verlief. Wilhelm Heilmann schob das Fahrrad, und der andere nahm den Karabiner ab und trug ihn in der Hand. Sie gingen nebeneinander, bemüht, auf gleicher Höhe zu bleiben, auch wenn der Weg es erschwerte, auch wenn er sie dazu zwang, schräg aus den Augenwinkeln auf den andern zu achten, nicht so sehr aus

Furcht oder aus Mißtrauen, sondern aus dem Verlangen, gemeinsam vorwärtszukommen, sich ziehen zu lassen vom Schritt des andern. Ein fernes Donnern wie von einem Wintergewitter rollte über sie hin; Heinrich Bielek hob den Kopf, lauschte, ohne stehenzubleiben, und sagte leise: »Schwere Artillerie«, worauf Wilhelm Heilmann ausdruckslos hochblickte – mit der gleichen Ausdruckslosigkeit, mit der er den alten Eisenkrempel auf seinen Hügel geschleudert hatte.

Der Wald wurde freier, sie gingen an den gefrorenen Sümpfen vorbei und den Berg hinauf und wieder in den Wald, der sie mit derselben Bereitwilligkeit aufnahm, wie er sich hinter ihnen schloß, und als sie den verrotteten hölzernen Aussichtsturm erreichten, fiel Schnee. Die Straße teilte sich, ein zweiter Wegweiser zeigte Korczymmen an, elf Kilometer. Sie folgten dem Wegweiser wortlos, als hätten sie sich längst auf ein Ziel geeinigt.

Wilhelm Heilmann dachte an den Mann, der ihn führte oder vielmehr überführte, entsann sich dessen einäugigen Vaters, der Kate, in der die Bieleks wohnten, fleißige und geschickte Besenbinder, deren sichtbarster Reichtum dreckige Kinder waren, die im Frühjahr durch die Birkenwälder schwärmten, um elastische Reiser zu schneiden. Er dachte an den Knaben Heinrich Bielek, der auf den Bäumen gesessen hatte, um Lindenblüten für den Tee zu pflücken, der bis spät in den Oktober barfuß gegangen und bei einer Hochzeit unter die Kutsche gekommen war, in der die Braut gesessen hatte. Er entsann sich sogar jener Begabung Heinrichs, die sie damals immer wieder verblüfft hatte, die Begabung nämlich, ein Schnitzmesser mit der Spitze auf seinen Schenkel fallen zu lassen, und zwar so, daß er sich nicht die geringste Wunde beibrachte. Wilhelm Heilmann wurde auf einmal gewahr, daß er zu schnell ging oder daß der Mann neben ihm langsamer wurde. Er blieb nicht stehen, versuchte nur, sich auf den Schritt des andern einzustellen, was ihm jedoch nicht gelang, so daß er schließlich, als er wieder einen Vorsprung hatte, doch stehenblieb, sich umwandte und Heinrich Bielek nicht mehr hinter sich in der Schlittenspur fand, sondern ihn durch den hohen Schnee seitwärts in den Wald stapfen sah, den Kolben des Karabiners als Stütze benutzend. Sofort hob er das Fahrrad an, kehrte zurück, noch bevor ihn der Befehl erreichte, zurückzukehren, und folgte den Fußstapfen, die zu einer Hütte aus Fichtenstämmen führten, wie sie sich unsere Waldarbeiter für den Sommer bauen. Die Tür war nur mit Draht gesichert, sie bogen ihn auseinander und traten in die Hütte, in der auf dem nackten Fußboden vier Strohsäcke lagen. Kein Fenster, kein Ofen, nur ein Bord, auf dem angelaufene Aluminiumbecher standen; in den Pfosten neben der Tür waren Kerben geschnitten, in einer Ecke lag Schnee.

Heinrich Bielek ließ sich auf den ersten Strohsack hinab, streckte sich stöhnend aus und deutete stumm auf den Strohsack neben ihm, auf den sich, nachdem er das Fahrrad in die Hütte gestellt hatte, Wilhelm Heilmann setzte, dann seine Brille abnahm und sie sorgfältig am Ärmel der Joppe putzte. Danach stand er auf und ging zur Tür, um sie zu schließen: ein schwacher Befehl rief ihn zurück, und er sah, wie Heinrich Bielek vom Strohsack aus den Lauf des Karabiners auf ihn gerichtet hielt, den Lauf mühsam schwenkte und mitdrehte, während er langsam durch den Raum zu seinem Strohsack zurückkehrte. Die Tür blieb offen. Plötzliche kleine Böen schleuderten Schnee herein. Kalte Zugluft strömte über sie hin.

Der Schmerz hielt Heinrich Bielek fest wie in einem Griff, preßte ihn an den Strohsack, und er schlug mit den Beinen und warf den Kopf hin und her, ohne jedoch den Mann zu vergessen, der neben ihm saß und ruhig auf ihn herabblickte. Er vergaß ihn so wenig, daß er sich jetzt herumwarf und ihn fortwährend aus aufgerissenen Augen anstarrte, erschrocken, abwehrend, denn er erschien ihm durch den Schmerz hindurch riesenhaft vergrößert und in all seiner körperlichen Überlegenheit so sehr auf Flucht aus zu sein, daß er ihn bereits fliehen sah: die erdbraune Joppe hierhin und dorthin zwischen den Stämmen, hinter den Tannen, unerreichbar selbst für die Kugel, und Heinrich Bielek dachte: ›Nicht, Wilhelm, tu das nicht.‹

Dann spürte er, wie sein Koppelschloß ausgehakt, sein Mantel geöffnet wurde, das heißt, er spürte weit mehr die jähe Erleichterung als die einzelnen Vorgänge, die dazu führten. Er ließ den Karabiner los, legte die Hände flach auf seinen Leib und fühlte nach einer Weile, wie der Krampf ihn freigab und der Griff sich lockerte, so fühlbar nachgab, daß er sich hinsetzte, den Rücken gegen die behauenen Stämme der Wand gelehnt. In einem Augenblick, da Wilhelm Heilmann die Hände vor das Gesicht zog, nahm er den Karabiner wieder an sich, legte ihn quer über seine Schenkel.

Sie saßen sich schweigend gegenüber, und beide hatten, nicht länger als einen Atemzug, den Eindruck einer Sinnestäuschung: keiner suchte den Blick des andern, keiner sagte ein Wort; vielmehr schienen sie einander wahrzunehmen durch ihre lauschenden, reglosen Körper, schienen auch im Einverständnis dieser Körper zu handeln, und als sich der eine erhob, erhob sich der andere fast gleichzeitig, stand in der gleichen Unschlüssigkeit da, setzte sich mit dem gleichen Zögern in Bewegung. Gemeinsam traten sie aus der Hütte, später, als es aufgehört hatte zu schneien, traten hinaus ohne Angst und ohne Hoffnung. Wilhelm Heilmann führte das Fahrrad, er dachte nicht an die verlorene Chance, zwang seine Erinnerung nicht zurück zu jenen Minuten, in denen er unbemerkt und risikolos die Hütte hätte verlassen oder tun können, was die absolute Wehrlosigkeit des andern nahelegte. Er ließ Heinrich Bielek vorangehen. Sie gingen weiter durch die Wälder, den Weg nach Korczymmen.

Vor dem Grenzdorf, das Wilhelm Heilmann kannte, aber seit Jahren nicht betreten hatte, bogen sie vom Hauptweg ab und folgten einer ausgetretenen Spur im Schnee, bis sie die klumpigen, gefrorenen Wälle des Grabens erreichten, der mitten durch den Wald lief. Sie hörten das Geräusch von Spitzhacken und Schaufeln und das Krachen von Erdklumpen, die gegen die Stämme geschleudert wurden.

Sie sahen Frauen in Kopftüchern und alte Männer auf dem Grund des Grabens arbeiten und sahen Kinder, die Steine, Wurzeln und harte Brocken von Erde an den Wänden hochstemmten. Wilhelm Heilmann nickte ihnen im Vorübergehen zu. Weit vor ihnen schoß ein Maschinengewehr, und danach hörten sie einzelne Revolverschüsse. Hinter den Wällen standen Posten. Auf einen Wink lehnte Wilhelm Heilmann das Fahrrad gegen einen Baum und ging sofort weiter in die Richtung, aus der sie die Schüsse gehört hatten. Ein junger, breitgesichtiger Mann kam ihnen entgegen, sein Gewehr schräg vor der Brust. Er trat zwischen sie. Er befahl Heinrich Bielek zurückzugehen. Als er sich umdrehte, bemerkte er, daß der Mann in der erdbraunen Joppe, den er weiterzuführen hatte, ihm bereits mehrere Schritte stillschweigend vorausgegangen war.

Martin Walser
Selbstporträt als Kriminalroman

Unser Freund hat ein harmloses Verbrechen begangen. Er hält sein Verbrechen für harmlos. Er tut zumindest so, als halte er sein Verbrechen für harmlos. Er ist nicht bereit zuzugeben, daß sein Verbrechen ein ernsthaftes, ein schlimmes Verbrechen sein könne. Er ist sehr empfindlich, wenn jemand auf sein Verbrechen zu sprechen kommt. Auch wenn jemand sein Verbrechen voller Verständnis und Toleranz erwähnt, fährt er auf. Wie auch immer jemand sein Verbrechen erwähnt, seine Reaktion ist jedesmal unverhältnismäßig.

Es gibt nur eine Möglichkeit, ihn zu milderen Reaktionen zu bewegen: man muß ihn hemmungslos loben für sein Verbrechen. Man muß so tun, als sei man von seinem Verbrechen so hingerissen, daß man sprachlos sei. Erst dann lächelt er, und zwar wie ein dreizehnjähriges Mädchen, dem man gesagt hat, es sehe einhundertmal verführerischer aus als Marilyn Monroe in ihren besten Zeiten. Man muß das schon eine Zeitlang durchhalten, das Vor-Hingerissenheit-Stammeln. Man muß es durchhalten, bis es ihm selber zuviel wird. Das kann allerdings lang dauern.

Während er so lächelt, bringt er zwar zum Ausdruck, daß es ihm peinlich ist, so gelobt zu werden. Aber man sieht ihm an, daß ihm nichts in der Welt lieber ist als diese Peinlichkeit. Man merkt, er widerspricht dem Lob nur, um uns zu weiterem Lob zu veranlassen. Solange er so tut, als könne er dieses Lob nicht annehmen, denkt er, können wir nicht aufhören, ihn zu loben. Wir müssen ihn, denkt er, zuerst durch unser Lob davon überzeugen, daß er es verdiene, dann erst dürfen wir aufhören mit unserem Lob. Also läßt er sich nicht überzeugen, sondern tut weiterhin so, als sei es ihm peinlich, so gelobt zu werden. Für ein Verbrechen! Man bedenke!

Ja, ja, sagen wir, kann sein, aber erstens ist es vielleicht ein harmloses Verbrechen, zweitens – und darauf allein kommt es an –, wie hast du das Verbrechen ausgeführt! Dein Verbrechen ist ein Kunstwerk! Ein ganz großes Kunstwerk! Verbrechen hin, Verbrechen her, uns kommt es auf die Form an, nicht auf den Inhalt! Und wie lange hat es so etwas nicht mehr gegeben wie dieses dein Verbrechen! Er lächelt, widerspricht weiter, sagt: Nein, nein, er selber könne einfach nicht davon absehen, daß er ein Verbrechen begangen habe! Ja, wer denn nicht, sagen wir dann! Ob er uns jemanden sagen könne, der in der Geschichte der Menschheit irgendeine Rolle spiele und kein Verbrechen begangen habe! Schon eine Rolle zu spielen, oder spielen zu wollen in der Geschichte der Menschheit, sei ja der Beginn jedes großen Verbrechens ...

So reden wir auf ihn ein. Und so widerspricht er, immer glücklich und mädchenhaft lächelnd. Wir, das heißt, seine Freunde, wir sind Leute, denen er aus irgendwelchen Gründen leid tut. Einige von uns hassen ihn auch allmählich. Sie haben es einfach satt, daß einer andauernd gelobt sein will für etwas, was doch ein Verbrechen ist und bleibt, wenn auch – vielleicht – ein harmloses. Aber die Harmlosigkeit dieses Verbrechens ist genausowenig beweisbar wie die Schwere. Es führt zu einem schwindelhaften Zustand, wenn man sich bemüht, diesem Verbrechen gegenüber ins reine zu kommen. Es werden längst Doktorarbeiten darüber geschrieben.

Unser Freund hat den Verdacht, daß wir ihn alle hassen, daß wir alle lügen, daß unser Lob nur eine Lüge sei. Wir widersprechen natürlich. Er dagegen behauptet, wir alle stünden in Wirklichkeit auf der Seite des Inspektors. Und irgendwann einmal würden wir alle öffentlich überlaufen zum Inspektor und dem jenen Rest an Beweisen liefern, der noch zur völligen Überführung fehle. Der Inspektor, also. Die große Gegenfigur unseres Freundes. Er redet andauernd von diesem Inspektor.

Die wenigsten von uns kennen den Inspektor persönlich. Wir sind also auf das angewiesen, was unser Freund uns über den Inspektor erzählt. Aber er sagt jedesmal, wenn er den Inspektor erwähnt, dazu: Ich kann nichts sagen über den Inspektor, wir sind Gegner, nur einer von uns wird den Kampf überleben. Ich habe den Kampf nicht gewollt, der Inspektor hat den Kampf angefangen. Ich habe allerdings das Verbrechen begangen, das stimmt. Ein harmloses Verbrechen zwar, aber ein Verbrechen. Ja, kann denn ein Verbrechen harmlos sein?

Wenn es ein Verbrechen ist, was ich begangen habe, dann ist es wahrscheinlich gleichgültig, ob es ein harmloses oder kein harmloses ist. Verglichen mit jemand, der keins begangen hat, bin ich ein Verbrecher. Und der Inspektor kann nur unterscheiden zwischen Verbrechern und Unschuldigen, und zu den Unschuldigen gehöre ich sicher nicht, also verfolgt mich der Inspektor, also kämpfen wir gegeneinander, also fragt mich nicht, was der Inspektor für ein Mensch sei, ich weiß es nicht, ich weiß nur, daß er ein Inspektor ist, durch und durch ein Inspektor.

Wenn unser Freund einmal vom Inspektor angefangen hat, kann er nicht mehr aufhören. Wir, hauptsächlich von ihm informiert, sehen das Verhältnis so: Der Inspektor will unseren Freund überführen und dadurch unschädlich machen. Bei aller Hochachtung, die unser Freund für die analytischen und logischen Fähigkeiten des Inspektors hat, kann er doch nicht hinlaufen zu dem und dem alles sagen, was der hören will. Das hieße, sich aufgeben. Unser Freund sagt, daß er früher oft in Versuchung war, den Inspektor aufzusuchen und sich ganz zu offenbaren. Er habe früher den Inspektor für einen freundlichen Menschen gehalten. Fast für eine Art Arzt. Aber inzwischen hat er offenbar soviel Erfahrung mit dem Inspektor, daß er sieht, es bleibt ihm nur der Kampf.

Er glaubt jetzt nicht mehr, daß der Inspektor das Verbrechen verfolgt. Der Inspektor verfolgt Menschen, sagt er. Der Inspektor ist glücklich über jeden, der auch nur die kleinste Verbindung zu einem Verbrechen hat. So hat er doch wieder jemanden, den er verfolgen kann. Aber anstatt daß der Inspektor nun dankbar wäre dafür, daß er wieder einen hat, den er verfolgen kann, anstatt daß er also bei der Verfolgung manchmal mit einem Auge blinzelt oder einmal eine gemütliche Pause macht, kennt er, sobald er seinen Verdacht hat, keine Grenze mehr. Dabei hat er nichts als einen Verdacht. Keine Beweise. Verdacht und Routine, das ist alles, was er hat.

Es gibt keine Beweise, sagt unser Freund. Es gibt natürlich den großen Beweis, das Verbrechen. Das Verbrechen ist geschehen. Es liegt da vor unser aller Augen. Daß unser Freund der Täter war, ist auch klar. Jeder von uns weiß es. Der Inspektor weiß es auch. Aber er müßte es beweisen. Und weil er das nicht kann, ist er so böse. Deshalb verfolgt er unseren Freund so hart. Was der Inspektor will, ist das Geständnis. Vielleicht würde er dann sogar den ganzen Fall durchstreichen wegen Unerheblichkeit. Nein, sagt unser Freund, das habe ich einmal geglaubt, früher. Jetzt weiß ich, daß es ein absoluter Kampf ist. Na ja, absolut nicht, aber ein seriöser Kampf.

Der Inspektor ist ein Verbrecher, der nicht den Mut gehabt hat, etwas zu begehen. Also hat er sich auf die Seite von Gesetz und Ordnung gestellt. Noch wahrscheinlicher ist es, daß mich der Inspektor verfolgt hätte, egal was ich angefangen hätte. Seine Erfahrungen haben aus ihm jemanden gemacht, der meinesgleichen verfolgen muß. Meine Erfahrungen haben aus mir jemanden gemacht, der diesem Inspektor irgendwann einmal die Pfeife aus der Schnauze schlagen muß.

Natürlich hat er eine Pfeife. Und einen unverwechselbaren Hut. Und ein kleines Auto, das man überall parken kann. Und eine Frau, die nicht ungeduldig oder ängstlich wird, wenn er auch die ganze Nacht nicht heimkommt. Und einen Irish Setter, der immer vor Ergebenheit winselt, wenn sein Herr im Morgengrauen heimkommt. Unser Freund kennt jeden Schritt, den der Inspektor tut, und jeden Freund, den er hat, und jeden Vorgesetzten und jeden Mitarbeiter.

Unser Freund ist, genaugenommen, sehr viel mehr hinter dem Inspektor her als der hinter ihm. Wir haben sogar neuerdings den Eindruck, daß er dem Inspektor Nachlässigkeit vorwirft. Der Inspektor kümmere sich zuwenig um ihn, sagt er dann. Wahrscheinlich handelt es sich nur um eine neue Kampfart, sagt er. Der Inspektor will mich provozieren. Leider kann unser Freund die Abstinenz des Inspektors nicht mit gleichem beantworten. Er redet über den Inspektor um so mehr, je weniger der sich um ihn kümmert. Wir sagen untereinander, also, wenn unser Freund nicht dabei ist: Der Inspektor hat gesiegt.

Hoffentlich, sagen wir, weiß er es nicht. Wir befürchten, daß unser Freund seine letzte Chance zerstört. Wenn er sich beherrschen könnte, wenn er dem Inspektor nicht auch noch nachlaufen würde, wenn er dem Zwang, andauernd über sein Verhältnis zum Inspektor reden zu müssen, ein wenig besser widerstehen könnte, dann wäre noch Hoffnung, daß der Inspektor nicht erführe, wie sehr er schon über unseren Freund gesiegt hat. Wenn er nämlich das einmal erfahren hat, geht er mit unserem Freund um, wie er will. Und daß er dann zu allem fähig ist, das wissen wir. Dafür gibt es Beispiele.

Wenn der Inspektor einmal weiß, daß er einen seiner Verfolgten so weit hat, dann merkt man erst, worauf es ihm ankommt. Er geht mit seinem Opfer dann ganz genauso um wie die Katze mit der Maus. Er will sein Opfer nicht aus dem Sonnenlicht wegschaffen, er will es auch gar nicht erledigen. Er ist an nichts so interessiert wie an den Bewegungen seines Opfers. Wenn der Partner dann einfach liegenbleibt, gelähmt oder tot, auf jeden Fall zu keiner weiteren Bewegung mehr fähig, dann wird der Inspektor so tief betrübt wie die Katze, wenn die Maus sich nicht mehr regt. Da hat man soviel für diese Maus getan. Hat nur spaßhaft zugebissen, hat sie mit eingezogenen Krallen von Pfote zu Pfote geworfen ... und was tut dieses tückische Ding, es legt sich hin, spielt nicht mehr mit, streikt, steigt aus, läßt einen allein zurück in einer Welt ohne jeden Reiz.

Das Verhältnis zwischen dem Inspektor und unserem Freund als eines von Katze und Maus zu sehen ist mehr als legitim. Ist nicht auch die Maus ein Verbrecher eigener Art, zu dessen Verfolgung die Katze eingesetzt wird? Und trotzdem ist keiner von uns nur auf der Seite der Katze. Die Maus geht uns auf die Nerven, die Katze bewegt sich wunderbar. Aber das ist doch längst nicht alles! Man sehe, wie die Maus bewegungslos zwischen den wartenden Fängen der Katze liegt!

Eine Zeitlang war es ganz schlimm. Unser Freund rührte sich nicht mehr. Er sprach nur, wenn man ihn bat, endlich wieder einen Satz zu sagen. Wollte er so den Inspektor endgültig abschütteln?

Wollte er, daß der Inspektor vor ihm auf die Knie falle und bitte, diesen Reizentzug und Lebensstreik einzustellen? Vielleicht war die Phase vollkommener Bewegungslosigkeit der Höhepunkt des Kampfes. Gelöst wurde die für uns Zuschauer, für uns Freunde so quälende Erstarrung durch den Inspektor. Er muß irgendwo eine neue Bewegung bemerkt haben. Eine junge Maus sozusagen. Einen hübschen jungen Verbrecher.

Unser Freund ist dem Inspektor, sobald der sich nicht mehr um ihn kümmerte, nachgelaufen, als sei er jetzt der Inspektor und der der Verbrecher. Der Inspektor sei in einen Tänzelschritt verfallen, seit er hinter dem jungen Kerl her ist. Das sehe aus, als bewundere er den, den er verfolge. Er, unser Freund, habe am Anfang auch den Eindruck gehabt, der Inspektor sei hinter ihm her, weil er ihn bewundere. Daß er, unser Freund, nicht bewundert, sondern verfolgt werde, habe er erst viel später begriffen. Erst durch das Verfolgtwerden sei in ihm Gewissen erwacht. Vorher habe er sich für jung und hübsch und begabt gehalten. Erst allmählich habe er bemerkt, daß er verfolgt werde wie ein Verbrecher.

Inzwischen hat unser Freund die Verfolgung des Inspektors eingestellt. Jetzt sitzt er zu Hause und schwärmt von der Zeit, als der Inspektor noch hinter ihm her war. Das waren noch Zeiten. Es klingt jetzt, als sei es mehr ein Tanz gewesen als eine Verfolgung. Ein Tanz, der einem Ringkampf gleicht, aber doch ein Tanz bleibt. Unser Freund hält sich jetzt für besiegt. Der Inspektor hat das Interesse an ihm verloren. Das ist für einen, dem das Verfolgtwerden zum Lebensinhalt geworden ist, offenbar das Schlimmste.

Stundenlang läßt sich unser Freund über die Charakterlosigkeit und Minderwertigkeit des Inspektors aus; aber wenn einer von uns nur nickt dazu, verbittet er sich das und fängt an, den Inspektor gegen uns in Schutz zu nehmen. Unser Freund ist uns jetzt vollends unerträglich geworden. Wir wünschen uns, das Ende unseres Freundes möge rasch kommen und glimpflich sein.

Franz Fühmann
Das Judenauto

Wie tief hinab reicht das Erinnern? Ein warmes Grün, das ist in meinem Gedächtnis wohl das früheste Bild: das Grün eines Kachelofens, um dessen oberes Bord sich das Relief eines Zigeunerlagers gezogen haben soll; doch das weiß ich nur noch aus den Erzählungen meiner Mutter, keine Anstrengung des Hirns bringt mir dies Bild zurück. Das Grün aber habe ich behalten: ein warmes Weinflaschengrün mit stumpfem Glanz. Immer, wenn ich mir dieses Grün vor Augen führe, fühle ich mich leicht über den Dielen in Lüften schweben: Ich konnte, wie Mutter erzählte, die Zigeuner nur sehen, wenn Vater mich zweijährigen Knirps in die Höhe hob.

Dann folgt in meinem Gedächtnis etwas Weiches und Weißes, auf dem ich unendlich lange Zeit stillsitzen und dabei in ein sich auf- und abwärts krümmendes Schwarz starren mußte, und dann eine Höhle Holunder mit einer Bank und einem Mann drauf, der nach Abenteuern roch und mich auf seinem Knie reiten ließ und mir ein Stück wunderbar süßer Wurst in den Mund schob, die ich gierig kaute, und diese Erinnerung ist verbunden mit einem Schrei und einem Sturm, der plötzlich Mann und Laube von mir fortriß, um sie jählings ins Nichts zu wirbeln. Es war natürlich keine Sturmbö, es war der Arm der Mutter, der mich aus der grünen Höhle gerissen hatte, und auch der Schrei war der Schrei ihres Entsetzens gewesen: Der Mann, dessen Knie mich gewiegt hatte, war eine der Spottfiguren des Dorfs: ein heruntergekommener Großbauer, der, auf säbelkrummen Beinen einherschwankend, die Dörfer nach Brot und Schnaps zu durchbetteln pflegte, und der Geruch wilder Abenteuer war sein Atem von Brennspiritus und die Wurst ein Abfall der Roßschlächterei. Jedenfalls muß es herrlich gewesen sein, auf seinen Knien zu reiten: Es ist dies das erste Bild, das ich heute noch ganz deutlich vor mir sehe, und ich war damals drei Jahre alt.

Von da an folgen die Bilder dichter und dichter: die Berge, der Wald, der Brunnen, das Haus, der Bach und die Wiese; der Steinbruch, in dessen Grotten die Geister, die ich mir ausdachte, hausten; Kröte, Hornisse, der Käuzchenruf, die Vogelbeerenallee vor der grauen Fabrik, der Jahrmarkt mit seinem Duft von türkischem Honig und dem Drehorgelgeschrei der Schaubudenausrufer und schließlich die Schule mit ihrem kalkgetünchten, trotz der hohen Fenster stets düstren Korridor, durch den aus allen Klassenräumen heraus die Menschenangst wie eine Nebelschwade kroch. Die Gesichter der Lehrer habe ich vergessen; ich sehe nur noch zwei verkniffene graue Augen über einer langgezogenen messerscharfen Nase und einen von Ringen gekerbten Bambusstock, und auch die Gesichter der Mitschüler sind blaß und unscharf geworden bis auf ein braunäugiges Mädchengesicht mit schmalem, kaum geschwungenem Mund und kurzem hellem Haar über der hohen Stirn: Das Gesicht, vor dessen Augen man die seinen, zum erstenmal durch eine rätselhafte Macht verwirrt, niedergeschlagen hat, man vergißt es nicht, auch wenn danach Bitteres geschehen ist...

Eines Morgens, es war im Sommer 1931, und ich war damals neun Jahre alt, kam, wie immer wenige Minuten vor dem Läuten, das Klatschmaul der Klasse, die schwarzgezopfte, wie ein Froschteich plappernde Gudrun K. wieder einmal mit ihrem Schrei: »Ihr Leute, ihr Leute, habt ihr's schon gehört!« in die Klasse gestürmt. Sie keuchte, da sie das schrie, und fuchtelte wild mit den Armen; ihr Atem flog, doch sie schrie dennoch: »Ihr Leute, ihr Leute!« und rang im Schreien schnaufend nach Luft. Die Mädchen stürzten ihr, wie immer, entgegen und umdrängten sie jäh wie ein Bienenschwarm seine Königin; wir Jungen jedoch achteten kaum auf ihr Getue, zu oft schon hatte das Klatschmaul etwas als Sensation ausgeschrien, was sich dann als Belanglosigkeit entpuppte. So ließen wir uns in unserm Tun nicht stören: Wir diskutierten gerade die neuesten Abenteuer unsres Idols Tom Shark, und Karli, unser Anführer, machte uns vor, wie man nach dessen Manier den gefährlichsten Wolfshund im Nu erledigt: ein fester Griff in den Rachen, dorthin, wo die Zähne am spitzesten stehen, den Oberkiefer festgehalten, den Unterkiefer hinuntergerissen, den Schädel im Wirbel gedreht und dem Tier einen Tritt in den Kehlkopf – da hörten wir aus dem Schwarm der Mädchen einen schrillen Schrei: »Iii, wie gräsig!« hatte eines der Mädchen geschrien, ein ganz spitzes quiekendes Iii des panischen Schreckens; wir fuhren herum und sahen das Mädchen stehen, die Hand vor dem weit offenen Mund und in den Augen das blanke Entsetzen, und die Gruppe der Mädchen stand vor Schauder gekrümmt. »Und dann rühren sie das Blut mit Nullermehl an und backen draus Brot!« hörten wir Gudrun hastig berichten, und wir sahen, wie die Mädchen sich schüttelten. »Was erzählst du da für'n Quatsch!« rief Karli laut. Die Mädchen hörten nicht. Zögernd traten wir zu ihnen. »Und das essen sie dann?« fragte eine mit heiserer Stimme. »Das essen sie dann zu ihrem Feiertag, da kommen sie zu Mitternacht alle zusammen und zünden Kerzen an, und dann sagen sie einen Zauber, und dann essen sie das!« bestätigte Gudrun mit keuchendem Eifer. Ihre Augen brannten. »Was für ein Zauber?« fragte Karli und lachte, aber das Lachen klang nicht echt. Plötzlich fühlte ich eine seltsame Angst. »So red schon!« schrie ich Gudrun an, und auch die anderen Jungen schrien, und wir drängten uns um die Mädchen, die Gudrun umdrängten, und Gudrun wiederholte in hastigen, fast schreienden Sätzen ihren Bericht: Ein Judenauto sei, so sprudelte sie heraus, in den Bergen aufgetaucht und fahre abends die wenig begangenen Wege ab, um Mädchen einzufangen und zu schlachten und aus ihrem Blut ein Zauberbrot zu backen; es sei ein gelbes, ganz gelbes Auto, so redete sie, und Mund und Augen waren vor Entsetzen verzerrt: ein gelbes, ganz gelbes Auto mit vier Juden drin, vier schwarzen mörderischen Juden mit langen Messern, und alle Messer seien blutig gewesen, und vom Trittbrett habe auch Blut getropft, das hätten die Leute deutlich gesehen, und vier Mädchen hätten sie bisher geschlachtet, zwei aus Witkowitz und zwei aus Böhmisch-Krumma; sie hätten sie an den Füßen aufgehängt und ihnen den Kopf abgeschnitten und das Blut in Pfannen auslaufen lassen, und wir lagen übereinandergedrängt, ein Klumpen Entsetzen, der kreischte und bebte, und Gudrun überschrie unser

Grauen mit schriller Käuzchenstimme und beteuerte, obwohl niemand ihre Erzählung anzweifelte, gierig, das sei wirklich wahr. Wenn sie gestern nach Böhmisch-Krumma gegangen wäre, um Heimarbeit auszutragen, hätte sie das Judenauto mit eigenen Augen sehen können: gelb, ganz gelb, und vom Trittbrett das tropfende Blut, und ich starrte Gudrun ins Gesicht, das rot war, und dachte bewundernd, daß sie ein tolles Glück gehabt habe, nicht abgeschlachtet worden zu sein, denn daß das Judenauto durch die Felder fuhr und Mädchen einfing, daran zweifelte ich keinen Augenblick.

Ich hatte zwar noch keinen Juden gesehen, doch ich hatte aus den Gesprächen der Erwachsenen schon viel über sie erfahren: Die Juden hatten alle eine krumme Nase und schwarzes Haar und waren schuld an allem Schlechten in der Welt. Sie zogen den ehrlichen Leuten mit gemeinen Tricks das Geld aus der Tasche und hatten die Krise gemacht, die meines Vaters Drogenhandlung abzuwürgen drohte; sie ließen den Bauern das Vieh und das Korn wegholen und kauften von überallher Getreide zusammen, gossen Brennspiritus drüber und schütteten es dann ins Meer, damit die Deutschen verhungern sollten, denn sie haßten uns Deutsche über alle Maßen und wollten uns alle vernichten – warum sollten sie dann nicht in einem gelben Auto auf den Feldwegen lauern, um deutsche Mädchen zu fangen und abzuschlachten? Nein, ich zweifelte keinen Augenblick daran, daß das Judenauto existierte, und auch die Worte des Lehrers, der unterdessen die Klasse betreten und die Nachricht vom Judenauto, die alle Münder ihm zugeschrien, für wenig glaubwürdig erklärt hatte, änderten nichts. Ich glaubte an das Judenauto; ich sah es gelb, ganz gelb zwischen Kornfeld und Kornfeld fahren, vier schwarze Juden mit langen, spitzigen Messern, und plötzlich sah ich das Auto halten und zwei der Juden zum Kornfeld springen, an dessen Rand ein braunäugiges Mädchen saß und einen Kranz blauer Kornraden flocht, und die Juden, Messer zwischen den Zähnen, packten das Mädchen und schleppten es zum Auto, und das Mädchen schrie, und ich hörte ihren Schrei, und ich war selig, denn es war mein Name, den sie schrie. Laut und verzweifelt schrie sie meinen Namen; ich suchte nach meinem Colt, doch ich fand ihn nicht, und so stürmte ich mit bloßen Händen aus meinem Geheimgang hinaus und sprang die Juden an. Den ersten schmetterte ich mit einem Schlag gegen das Kinn zu Boden, dem zweiten, der das Mädchen schon hochgehoben hatte, um es in den Wagen zu wälzen, schlug ich mit der Handkante ins Genick, so daß auch er zusammensank; der Jude am Steuer gab Gas, und der Wagen schoß auf mich zu. Doch darauf war ich natürlich gefaßt gewesen und schnellte zur Seite; das Auto schoß vorbei, ich sprang auf sein Heck, zertrümmerte mit einem Faustschlag die Wagendecke, drehte dem Juden auf dem Beifahrersitz das Messer aus der zustoßenden Hand, warf ihn aus dem Wagen, überwältigte den Juden am Steuer, bremste, sprang ab und sah im Gras vorm Kornfeld ohnmächtig das Mädchen liegen, und ich sah ihr Gesicht, das vor mir reglos im Gras lag, und plötzlich sah ich nur ihr Gesicht: braune Augen, ein schmaler, kaum geschwungener Mund und kurzes, helles Haar über der hohen Stirn. Ich sah Wangen und Augen und Lippen und Stirn und Haar, und mir war, als sei dies Gesicht immer verhüllt gewesen und ich sähe es das erste Mal nackt. Scheu befing mich; ich wollte wegsehen und konnte es doch nicht und beugte mich über das Mädchen, das reglos im Gras lag, und berührte, ein Hauch, mit meiner Hand ihre Wange, und mir wurde flammend heiß, und plötzlich brannte meine Hand: ein jäher Schmerz; mein Name dröhnte in mein Ohr; ich fuhr auf und der Lehrer hieb mir ein zweites Mal das Lineal über den Handrücken. »Zwei Stunden Nachsitzen«, schnaubte er, »ich werd dir das Schlafen im Unterricht schon austreiben!« Die Klasse lachte. Der Lehrer schlug ein drittes Mal zu; die Hand schwoll auf, doch ich biß die Zähne zusammen: Zwei Bänke vor mir saß das Mädchen, dessen Gesicht ich im Gras gesehen hatte, und ich dachte, daß sie jetzt als einzige nicht über mich lachen würde. »Im Unterricht schlafen – glaubt der Kerl, die Bank sei ein Bett!« Der Lehrer hatte das als Witzwort gesprochen, und die Klasse brüllte vor Lachen. Ich wußte, daß sie niemals über mich lachen würde. »Ruhe«, schrie der Lehrer. Das Lachen verebbte. Die Striemen auf meiner Hand wurden blau.

Nach dem Nachsitzen traute ich mich nicht nach Hause; ich grübelte, als ich langsam die Dorfstraße hinaufging, nach einer glaubwürdigen Ausrede und kam schließlich auf den Gedanken, zu Haus zu erzählen, ich hätte dem Judenauto nachgeforscht, und so bog ich, um nicht von der Hauptstraße, sondern von den Feldern aus nach Haus zu kommen, von der Straße ab, und ging einen Feldweg hinauf, den Bergen zu: Kornfelder rechts und Wiesen links, und Korn und Gras wogten mir übers Haupt. Ich dachte nicht mehr ans Nachsitzen und nicht mehr an das Judenauto; ich sah das Gesicht des Mädchens in den Wellen der Gräser, und im Korn sah ich ihr helles Haar. Die Wiesen dufteten sinnverwirrend, das pralle Fleisch der Glockenblume schwang blau in der Höhe meiner Brust; der Thymian sandte wilde Wellen betäubenden Duftes, Wespenschwärme brausten bös, und der Mohn neben den blauen Raden glühte, ein sengendes Gift, in hitzigstem Rot. Die Wespen schwirrten wild um mein Gesicht, die Sonne dünstete; die Grillen schrien mir eine irre Botschaft zu, große Vögel schossen jäh aus dem Korn auf; der Mohn neben den Raden lohte drohend, und ich war verwirrt. Ich war bisher arglos in der Natur gestanden wie eins ihrer Geschöpfe, eine Libelle oder ein wandernder Halm, doch nun war mir, als ob sie mich von sich stieße und ein Riß aufbräche zwischen meiner Umwelt und mir. Ich war nicht mehr Erde und nicht mehr Gras und Baum und Tier; die Grillen schrien, und ich mußte daran denken, daß sie beim Zirpen die Flügel aneinanderrieben, und plötzlich kam mir das schamlos vor, und plötzlich war alles verändert und wie zum erstenmal gesehen: Die Kornähren klirrten im Wind, das Gras schmiegte sich weich aneinander, der Mohn glühte, ein Mund, tausend Münder der Erde, der Thymian brodelte bitteren Dunst, und ich fühlte meinen Leib wie etwas Fremdes, wie etwas, das nicht Ich war; ich zitterte und fuhr mit den Fingernägeln über die Haut meiner Brust und zerrte an ihr; ich wollte schreien und konnte doch nur stöhnen; ich wußte nicht mehr, was mir geschah, da kam, Korn und Gras zur Seite drängend, ein braunes Auto langsam den Feldweg herunter.

Da ich es wahrnahm, schrak ich zusammen, als sei ich bei einem Verbrechen ertappt worden; ich riß die Hände von meiner Brust, und das Blut schoß mir jäh in den Kopf. Mühsam sammelte ich meine Gedanken. Ein Auto? Wie kommt ein Auto hierher, dachte ich stammelnd; da begriff ich plötzlich: das Judenauto! Ein Schauer überrann mich; ich stand gelähmt. Im ersten Augenblick hatte ich zu sehen vermeint, daß das Auto braun war; nun, da ich, entsetzt und von einer schaurigen Neugier angestachelt, ein zweites Mal hinblickte, sah ich, daß es mehr gelb als braun war, eigentlich gelb, ganz gelb, grellgelb. Hatte ich anfangs nur drei Personen drin gesehen, so hatte ich mich sicher getäuscht, oder vielleicht hatte sich einer geduckt, sicher hatte sich einer geduckt, es waren ihrer vier im Wagen, und einer hatte sich geduckt, um mich anzuspringen, und da fühlte ich Todesangst. Es war Todesangst; das Herz schlug nicht mehr; ich hatte sein Schlagen nie wahrgenommen, doch jetzt, da es nicht mehr schlug, fühlte ich es: ein toter Schmerz im Fleisch, eine leere Stelle, die, sich verkrampfend, mein Leben aussog. Ich stand gelähmt und starrte auf das Auto, und das Auto kam langsam den Feldweg herunter, ein gelbes Auto, ganz gelb, und es kam auf mich zu, und da, als habe jemand einen Mechanismus in Gang gesetzt, schlug mein Herz plötzlich wieder, und nun schlug es rasend schnell, und rasend überschlugen sich meine Gedanken: schreien, davonlaufen, im Korn verstecken, ins Gras springen, doch da fiel mir in der letzten Sekunde noch ein, daß ich keinen Verdacht erregen durfte. Ich durfte nicht merken lassen, daß ich wußte: Das war das Judenauto, und so ging ich, von Grauen geschüttelt, mäßigen Schrittes den Feldweg hinunter, mäßigen Schrittes vor dem Auto, das Schritt fuhr, und mir troff der Schweiß von der Stirn, und ich fror zugleich, und so ging ich fast eine Stunde, obwohl es zum Dorf nur ein paar Schritte waren. Meine Knie zitterten; ich dachte schon, daß ich umfallen würde, da hörte ich, wie einen Peitschenschlag knallend, eine Stimme aus dem Wagen: ein Anruf vielleicht oder ein Befehl, und da wurde mir schwarz vor den Augen; ich spürte nur noch, wie meine Beine liefen und mich mit sich nahmen; ich sah und hörte nichts mehr und lief und schrie, und erst, als ich mitten auf der Dorfstraße stand, zwischen Häusern und unter Menschen, wagte ich keuchend, mich umzuschauen, und da sah ich, daß das Judenauto spurlos verschwunden war.

Natürlich erzählte ich am nächsten Morgen in der Klasse, daß mich das Judenauto stundenlang gejagt und fast erreicht habe und daß ich nur durch ganz tolles Hakenschlagen entkommen sei, und ich schilderte das Judenauto: gelb, ganz gelb und mit vier Juden besetzt, die blutige Messer geschwungen hatten, und ich log nicht, ich hatte alles ja selbst erlebt. Die Klasse lauschte atemlos; man hatte mich umdrängt und sah mich bewundernd und auch neidvoll an; ich war ein Held und hätte jetzt an Karlis Stelle der Anführer werden können, doch das wollte ich nicht, ich wollte nur einen Blick und wagte doch nicht, ihn zu suchen. Dann kam der Lehrer; wir schrien ihm die ungeheure Nachricht ins Gesicht. Fiebernd schilderte ich meine Erlebnisse, und der Lehrer fragte nach Ort und Zeit und Umständen, und ich konnte alles genauestens angeben, da waren keine Mogeleien und Widersprüche, da gab es nichts als unwiderlegliche Tatsachen: das gelbe, ganz gelbe Auto, die vier schwarzen Insassen, die Messer, das Blut am Trittbrett, der Feldweg, der Befehl, mich zu fangen, die Flucht, die Verfolgung; und die Klasse lauschte atemlos.

Da sah das Mädchen mit dem kurzen, hellen Haar auf, und nun wagte ich, ihr ins Gesicht zu sehen, und sie wandte sich halb in ihrer Bank um und sah mich an und lächelte, und mein Herz schwamm fort. Das war die Seligkeit; ich hörte die Grillen schreien und sah den Mohn glühen und roch den Thymianduft, doch nun verwirrte mich das alles nicht mehr, die Welt war wieder heil, und ich war ein Held, dem Judenauto entronnen, und das Mädchen sah mich an und lächelte und sagte mit ihrer ruhigen, fast bedächtigen Stimme, daß gestern ihr Onkel mit zwei Freunden zu Besuch gekommen sei; sie seien im Auto gekommen, sagte sie langsam, und das Wort »Auto« fuhr mir wie ein Pfeil ins Hirn; in einem braunen Auto seien sie gekommen, sagte sie, und sie sagte auf die hastige Frage des Lehrers: Sie seien zur gleichen Zeit, da ich das Judenauto gesehen haben wollte, den gleichen Feldweg hinabgefahren, und ihr Onkel habe einen Jungen, der am Wiesenrand gestanden habe, nach dem Weg gefragt, und der Junge sei schreiend davongelaufen, und sie strich die Zunge über ihre dünnen Lippen und sagte, ganz langsam, der Junge am Weg habe genau solche grünen Lederhosen getragen wie ich, und dabei sah sie mich freundlich lächelnd an, und alle, so fühlte ich, sahen mich an, und ich fühlte ihre Blicke bös wie Wespen schwirren, Wespenschwärme über Thymianbüschen, und das Mädchen lächelte mit jener ruhigen Grausamkeit, deren nur Kinder fähig sind. Als dann eine Stimme aus mir herausbrüllte, die blöde Gans spinne ja, es sei das Judenauto gewesen: gelb, ganz gelb und vier schwarze Juden drin mit blutigen Messern, da hörte ich wie aus einer anderen Welt durch mein Brüllen ihre ruhige Stimme sagen, sie habe mich ja selbst vor dem Auto davonlaufen sehen. Sie sagte es ganz ruhig, und ich hörte, wie mein Brüllen jählings abbrach; ich schloß die Augen, es war totenstill, da plötzlich hörte ich ein Lachen, ein spitzes, kicherndes Mädchenlachen wie Grillengezirp schrill, und dann toste eine brüllende Woge durch den Raum und spülte mich fort. Ich stürzte aus der Klasse hinaus und rannte aufs Klosett und schloß hinter mir zu; Tränen schossen mir aus den Augen, ich stand eine Weile betäubt im beizenden Chlorgeruch und hatte keine Gedanken und starrte die schwarzgeteerte, stinkende Wand an, und plötzlich wußte ich: Sie waren dran schuld! Sie waren dran schuld, sie, nur sie: Sie hatten alles Schlechte gemacht, das es auf der Welt gibt, sie hatten meinem Vater das Geschäft ruiniert, sie hatten die Krise gemacht und den Weizen ins Meer geschüttet, sie zogen mit ihren gemeinen Tricks den ehrlichen Leuten das Geld aus der Tasche, und auch mit mir hatten sie einen ihrer hundsgemeinen Tricks gemacht, um mich vor der Klasse zu blamieren. Sie waren schuld an allem; sie, kein anderer, nur sie! Ich knirschte mit den Zähnen: Sie waren schuld! Heulend sprach ich ihren Namen aus; ich schlug die Fäuste vor die Augen und stand im schwarzgeteerten, chlordünstenden Knabenklosett und schrie ihren Namen: »Juden!« schrie ich und wieder: »Juden!«, wie das nur klang: »Juden, Juden!«, und ich stand heulend in der Klosettzelle und schrie, und dann erbrach ich mich. Juden. Sie waren schuld. Juden. Ich würgte und ballte die Fäuste. Juden. Judenjudenjuden. Sie waren dran schuld. Ich haßte sie.

Günter Kunert
Alltägliche Geschichte
einer Berliner Straße

Fertiggebaut ist sie im Oktober neunzehnhundertundzwei: Da fängt ihr Leben an, bedächtig und fast farblos, unter dem Schein fauchender Gaslaternen, unter dem Patronat einer noch wenig verhangenen Sonne; erst später nimmt der Rauch mehr und mehr zu.

Ihre eigentliche Geschichte aber setzt ruckhaft ein: Im Januar neunzehnhundertdreiunddreißig mit Herrn D. Platzker, der kein Herr ist, eher ein Mensch und durch seinen Namen keineswegs charakterisiert und keineswegs durch seinen Beruf, den er mit »Technologe« angibt.

Alles weitere wird dadurch bestimmt, daß D. Platzker nicht auf das Ende wartet; auf das einer Ansprache, die ein anderer hält, Volksbesitzer von Beruf, ein Anti-Mensch eher, der im Gegensatz zu Platzker durch seinen Namen hinlänglich gekennzeichnet wird. Man weiß, wer gemeint ist.

In dieser Ansprache ist lautstark, doch sehr indirekt auch von D. Platzker die Rede und zwar drohender Art. Und während noch die gigantischen blutrünstigen Worte aus dem schnurrbartgeschmückten Mund hervorkollern, steckt indes daheim Platzker seine Zahnbürste zu sich, etwas kleine Münze aus Mangel an großer und zuletzt des Menschen wichtigstes irdisches Teil: den Paß.

Den Hut ins Gesicht gezogen, tritt er auf die Straße, fertiggebaut im Oktober Nullzwo. Er sieht, wie sie so daliegt: arm, aber erfüllt von reichen Versprechungen, hundert anderen ähnlich und ganz einmalig, und er bringt es nicht über sich, sie einer Zukunft zu überlassen, dunkel wie das Innere eines Sarges. Er nimmt sie mit einem, mit dem erwähnten Ruck einfach auf. Rollt sie zusammen, als hätte er einen dünnen Läufer vor sich, knickt die Rolle in der Mitte zusammen und verbirgt sie unter dem Mantel. Immerhin: Er ist Technologe. Leider gehen ihm einige Einwohner dabei verloren, unter ihnen die Greisin aus dem Tabakwarenladen, spurlos, und alle Vögel über den Dächern, mitten im Flug und Gekreisch.

Als er über die Grenze fährt, ruht die Straße unter seinem Sitz; bei der Grenzkontrolle beachtet man sie nicht weiter, sucht nach Wertvollerem, zieht Platzker den Mantel aus und lugt ihm unter den Hut und entlarvt vor seinem Namen das D Punkt als David und Ausreisegrund. Man hindert ihn jedoch nicht, sein Heil vor dem Unheil in der Flucht zu suchen. Außerdem: Jeder Goliath ist am mächtigsten allein.

Hinter der Grenze verlangsamt sich das Tempo der Reise; sie erstreckt sich und dehnt sich, reicht bald über Europa hinaus, um fern irgendwo zu verklingen. So fern, daß genaue Kenntnis der äußeren Umstände von Platzkers dortiger Existenz überhaupt nicht gewonnen werden kann. Nicht einmal ihm selber wird je ganz klar werden, wohin er geraten ist und was ihn wirklich umgibt. Das rührt daher, daß man ihn rasch interniert, als deutschen Spion oder als antideutschen oder als beides zusammen, wodurch er den Kontakt zu den ihn umgebenden ethnologischen Besonderheiten verliert, bevor er ihn geschlossen haben kann.

Zum anderen rührt seine Umweltsfremdheit natürlich von der Straße her, die er gleich nach seiner Ankunft im Lager hervorholt, eines eisigen Tages, um sich zusätzlich zum Mantel in sie einzuhüllen, was ihm nur zu gut gelingt. Er entdeckt ihre präventive Wirkung gegen Unbill unangenehmster Sorte; das macht ihre absonderliche Schönheit, diese unerklärliche anziehende gefährliche Schönheit des Häßlichen. Von ihr ist David Platzker vollauf in Anspruch genommen. Nichts erreicht ihn, wenn er sich in den Zierat der Häuserfronten vertieft, in die scheinbar gleichgültigen Mienen der falschen Amoretten, der zementenen Kariatyden, in den Ausdruck der gipsernen Fratzen, die von Tag zu Tag vieldeutiger werden und immer ähnlicher den grauen Gesichtern der Straßenbewohner. Bei trübem Wetter verschließen sich die Züge der Lebenden und der Stuckgeformten, als dächten sie darüber nach, was sie so weit fortgeführt aus der heimatlichen Stadt. Bricht aber Sonne durch und streift ein wandernder Lichtfinger über sie alle hin, leuchten sie auf wie die Hoffnung selber. Dann werden in den Fenstern Gardinen beiseite gezogen, lassen sich vollbusige Gestalten sehen, die die Betten aufschütteln; oder in halbdunklen Zimmern, deren weinrote Tapeten ahnbar sind, deuten sich Bewegungen nackter Leiber an.

Unverändert verkünden die Plakate an den Litfaßsäulen Jahr um Jahr das gleiche; unverändert die Männer, die immerwährende blau-emaillierte Blechkanne in der Hand, auf dem Weg zur Arbeit oder von ihr her. Unverändert die Brüste der Mädchen, die unentwegt Mädchen bleiben. Pünktlich erhellen sich abends die verhangenen Scheiben. Mit sausendem Geräusch springen zu ihrer Stunde die Lampen auf dem Bürgersteig an, um ein mäßiges Licht zu verstreuen.

In solchen Augenblicken wirft Platzker sich selber auf seinen Strohsack und die Straße unter die Pritsche, von wo er sie immer wieder vorholt.

Nur so ist zu verstehen, daß er nicht genau weiß, wieviel Zeit er in dem Hörselberg des Lagers verbracht hat, als ihm das Ende jenes Mannes mitgeteilt wird, dessentwegen er fortging; dazu das Ende des Krieges und damit vor allem das seiner Internierung. Er sitzt bereits im Schiff, beziehungsweise Zug, beziehungsweise in der Vorortbahn, als ihm überhaupt erst bewußt wird, er sei gleich daheim.

In den Resten seiner Stadt wandert er umher, und es dauert und dauert, bis er den Bezirk findet, in dem er gewohnt hatte. Er beabsichtigt, die Straße dort wieder hinzulegen, woher er sie einst genommen: Schließlich gehört sie ihm nicht. Außerdem mangelt es der Stadt an unzerstörten Straßen, und man würde diese zurückgebrachte gut gebrauchen können.

An gewissen Überbleibseln in der Nähe der Frankfurter Allee, an denen er sich orientiert, erkennt er exakt die Stelle, wo die Straße hingehört. Als ihn niemand beobachtet, nimmt er sie hervor, rollt sie vorsichtig auf und breitet sie zwischen den brandigen Ziegelwerk der Umgebung aus. Sie will sich aber nicht einfügen, wie er sie auch zurechtrückt und hinpreßt. Sie paßt nicht mehr.

Platzker hat keine Ahnung, was er mit der Straße anfangen soll; er war doch nur zeitweilig eine Art Kustos für sie gewesen. Er fühlt sich nicht berechtigt, sie zu behalten. Und weil er ein Mensch und als solcher in Unglaublichkeiten befangen ist, glaubt er, gäbe er sie nun unbeschadet und gerettet zurück, leiste er möglicherweise einen Beitrag zu dem, was so schön nebelhaft und verschwommen »Verständigung« genannt wird; vielleicht dankt man ihm, Platzker, einmal dafür.

Schweren Herzens läßt er die Straße liegen, wo sie liegt, und läuft in sein Hotel zurück. Nachts kann er nicht schlafen. Leere umfängt ihn, eintönige Dunkelheit. Einsamkeit. Die Straße fehlt ihm.

Am nächsten Morgen, nachdem er nachts einen schwerwiegenden Entschluß gefaßt hat, geht er ganz früh zur Frankfurter Allee und trifft wieder auf die Überbleibsel, die die Stelle markieren. Vom zerlöcherten Putz schreien Kreideschriften: WO IST ERNA? WIR LEBEN NOCH! DIE KINDER SIND...

Trümmerschutt wölbt sich auf, Eisenträger stechen daraus hervor, unkenntliches Gestänge, daran farblose Fetzen flattern. Platzker hält nach seiner Straße Umschau, bis er merkt, daß er längst in ihr steht. Die Fensterrahmen sind leer, keine nackten, keine vollbusigen, sondern gar keine Gestalten regen sich dahinter. Einzig und allein der gestaltlose Himmel steht reglos hinter den offenen Rechtecken.

David Platzker bewegt sich sacht aus der Straße zurück, die er oder die ihn einstmals besessen. Genau das ist nicht mehr festzustellen. Beim Weggehen stößt sein Fuß gegen eine blau-emaillierte Kanne, die fortrollt, während aus ihr eine Flüssigkeit rinnt, die wie frisches Blut aussieht.

Thomas Bernhard
Die Mütze

Während mein Bruder, dem eine ungeheure Karriere vorausgesagt ist, in den Vereinigten Staaten von Amerika an den wichtigsten Universitäten Vorträge über seine Entdeckungen auf dem Gebiete der Mutationsforschung hält, worüber vor allem die wissenschaftlichen Blätter auch in Europa mit einem geradezu beängstigenden Enthusiasmus berichten, habe ich, der zahllosen auf den kranken Menschenkopf spezialisierten Institute in Mitteleuropa müde, in seinem Hause Quartier nehmen dürfen, und ich rechne es ihm hoch an, daß er mir das ganze Gebäude völlig bedingungslos zur Verfügung gestellt hat. Dieses Haus, ein Erbstück seiner vor einem halben Jahr ganz plötzlich verstorbenen Frau, das ich vorher niemals gesehen habe, ist mir in den ersten Wochen, in welchen ich es mit der mir eigenen Vorliebe für derartige alte, in ihren Proportionen, das heißt in ihren Gewichten und Maßen sich mit der allgemeinen und besonderen Naturharmonie vollkommen deckenden, habe bewohnen dürfen, entgegen sämtlichen Ahnungen, die mich jahrelang auf das tiefste zu quälen und bis in die Zellen hinein auf das tödlichste zu stören imstande gewesen waren, zur einzig möglichen Zuflucht für meine jedenfalls zweifelhafte Existenz geworden.

Die ersten zwei Wochen in dem unmittelbar am Ufer des Attersees gelegenen Haus waren für mich eine solche Neuigkeit, daß ich aufatmete; mein Körper fing wieder zu *leben* an, mein Gehirn versuchte sich in einer mir schon abhanden gekommenen, für den Gesunden wohl lächerlichen, für mich, den Kranken, aber noch ungemein erfreulichen Akrobatik.

Ich konnte schon in den ersten Tagen in Unterach, wie die Ortschaft, in der das Haus meines Bruders steht, heißt, auf Zusammenhänge wenigstens schließen, mir die Welt auf einmal wieder als eine Gewohnheit vorstellen, mir einen Teil der Begriffe, der ganz persönlichen, für sogenannte Anfangszwecke meines wiederaufgelebten Denkens gefügig machen. Freilich, zu studieren war mir auch in Unterach nicht möglich. Kläglich zog ich mich aus den ersten Versuchen wieder zurück, aus dem Chabulas, aus dem Diepold, Heisenberg, aus den Hilf, Liebig, Kriszat, Sir Isaac Newton, die für ein Weiterkommen auf meinem Gebiet der Wald- und Forstwissenschaft, wie ich glaube, unerläßlich sind. Ich beschränkte ich auch in Unterach, mich meinem kranken Kopf fügend, bald nur mehr noch auf das Ausfindigmachen von Bildern, auf die bloße Zergliederung, auf das Herauslösen kleinerer aus den großen Substanzen der Farbhistorie, der ganzen Zustandsgeschichte; wieder war ich, wie schon so oft, von einem Augenblick zum andern auf den elementaren Farbanschauungsunterricht zurecht- und zurückgewiesen. Ja, ich verfiel in die erbärmlichsten Kategorien der Selbstbetrachtung und der von mir so bezeichneten Farbhysterie *in* mir, ständig alle meine Auswege beobachtend, ohne einen Ausweg zu finden; eine Fortsetzung meiner in den Grundzügen ja nur noch tierischen Existenz, hervorgerufen durch meinen Kopf, die Überanstrengung durch die Materie überhaupt, aber auf eine entsetzliche Weise, machte ich in Unterach durch. Weil ich fürchtete, meine unmittelbare Umwelt in dem Haus könnte darauf kommen, wie es um mich bestellt ist, schickte ich alle Dienstboten weg und befahl ihnen, das Haus so lange nicht mehr zu betreten, bis mein Bruder aus Amerika zurück und alles wieder in der gewohnten Ordnung ist. Ich versuchte, keinerlei Verdacht in bezug auf meine Krankheit, auf meine *Krankhaftigkeit* zu erwecken. Die Leute fügten sich und gingen zufrieden, überbezahlt und froh weg. Als sie draußen waren und ich keinerlei Veranlassung zur Beherrschung mehr hatte, und ich hatte mich in diesem Haus und unter diesen Menschen, wie ich mir selbst eingestehe, auf die fürchterlichste Weise ununterbrochen beherrschen müssen, wie ich jetzt nachrechne, zwei Wochen beherrschen müssen, verfiel ich augenblicklich meinen Zuständen. Ich schloß sämtliche Jalousien an der Vorderfront des Hauses, um nicht mehr hinausschauen zu müssen. Die Jalousien an der rückwärtigen Front zu schließen wäre unsinnig gewesen, denn die Fenster führten dort an den

Hochwald. Bei offenen Jalousien und Fenstern kam vom Hochwald eine noch viel größere Finsternis in das Haus herein als bei geschlossenen. Nur die Jalousien und das Fenster des Zimmers, in welchem ich hauste, ließ ich offen. Von jeher mußte mein Zimmer ein offenes Fenster haben, wollte ich nicht ersticken. Tatsächlich habe ich, nachdem ich allein im Haus war, sofort einen zweiten Versuch, meine Studien fortzusetzen, gemacht, aber ich hatte da schon in den ersten Momenten meiner Beschäftigung mit der von mir ungebührlich vernachlässigten Lehre des Doktors *Mantel* gewußt, daß meine Bemühung mit einem Fiasko enden wird. Ich mußte mich, bis auf das Existenzminimum meines Gehirns erniedrigt, aus meinen und aus den Büchern meiner Lehrer zurückziehen. Diese Erniedrigung, die immer zu katastrophalen Zuständen in meinem Hinterkopf führt, läßt mich dann nichts mehr aushalten. Immer nahe daran, völlig verrückt zu werden, aber doch nicht *völlig* verrückt, beherrsche ich dann mein Gehirn nur mehr noch für entsetzliche Kommandierungen meiner Hände und Füße, für Extraordinationen an meinem Körper. Was ich aber in diesem Haus am meisten fürchte, und worüber ich meinem Bruder in Amerika nicht das geringste berichtete, im Gegenteil, ich schrieb ihm verabredungsgemäß wöchentlich zweimal, es ginge mir gut, ich wäre ihm dankbar, ich machte Fortschritte in meinen Studien genauso wie in meiner Gesundheit, ich *liebte* sein Haus und die ganze Umgebung, was ich aber am meisten in Unterach fürchtete, war die Dämmerung und die kurz auf die Dämmerung folgende Finsternis. Von dieser Dämmerung ist hier die Rede. Von dieser Finsternis. *Nicht von den Ursachen* dieser Dämmerung, dieser Finsternis, nicht von ihren *Ursächlichkeiten*, sondern allein davon, wie sich diese Dämmerung und diese Finsternis in Unterach auf mich auswirken. Aber wie ich sehe, habe ich im Augenblick gar nicht die Kraft, mich mit diesem Thema als einem Problem zu beschäftigen, als einem Problem für mich, und ich will mich auch nur auf Andeutungen beschränken, ich will mich überhaupt nur auf die Dämmerung in Unterach und auf die Finsternis in Unterach in bezug auf mich in dem Zustand, in welchem ich mich in Unterach befinde, beschränken. Ich habe ja auch gar keine Zeit für eine Studie, weil mein Kopf, weil die Krankheit meines Kopfes meine ganze Aufmerksamkeit, meine ganze Existenz in Anspruch nimmt. Die Dämmerung und die auf die Dämmerung folgende Finsternis in Unterach kann ich nicht in meinem Zimmer aushalten, aus diesem Grund laufe ich jeden Tag, wenn die Dämmerung die Finsternis in diese grauenhafte Gebirgsatmosphäre hereinzieht, aus meinem Zimmer hinaus und aus dem Haus hinaus auf die Straße. Ich habe dann nur drei Möglichkeiten: entweder in Richtung Parschallen oder in Richtung Burgau oder in Richtung Mondsee zu laufen. Ich bin aber noch nie in die Richtung nach Mondsee gelaufen, weil ich diese Richtung fürchte, ich laufe die ganze Zeit nur nach Burgau; aber heute bin ich auf einmal nach Parschallen gelaufen. Ich bin, weil mich meine Krankheit, meine mich nun schon vier Jahre quälende Cephalalgie, in der Dämmerung (hier jetzt schon sehr früh, schon um halb fünf!) aus meinem Zimmer ins Vorhaus, in der Finsternis auf die Straße und, weil ich mir, einem plötzlichen Wink aus meinem Kopfe gehorchend, eine viel größere Tortur als an den Vortagen antun wollte, nicht nach Burgau, wie das, seit ich mich in Unterach aufhalte, meine Gewohnheit ist, sondern in den häßlichen Ort Parschallen, wo es acht Fleischhauer gibt, wie ich jetzt weiß, obwohl keine hundert Leute in dem Ort leben, man stelle sich vor: acht Fleischhauer und nicht einmal hundert Leute ... Ich wollte mir heute nicht nur die Burgauer, sondern die viel größere Parschallener Erschöpfung herbeiführen, ich wollte schlafen, *ein*schlafen, endlich einmal wieder einschlafen. Aber jetzt ist, weil ich mich entschlossen habe, diese Sätze zu schreiben, an ein Einschlafen überhaupt nicht mehr zu denken. Eine Parschallener Erschöpfung erschien mir für heute von Vorteil, also lief ich in Richtung Parschallen. Meine Krankheit ist in Unterach wieder auf einem Höhepunkt angelangt, sie macht mich jetzt in der Weise verrückt, daß ich Angst habe, ich könnte mich unter Außerachtlassung meines geliebten, in Amerika herumreisenden Bruders an einem Baum erhängen, ins Wasser gehen; die Eisdecken sind noch dünn, und man geht gleich unter. Ich bin Nichtschwimmer, das kommt mir dann doch zugute ... Ich erwäge, das ist die Wahrheit, schon wochenlang meinen Selbstmord. Mir fehlt es aber an Entschlußkraft. Aber selbst wenn ich mich endlich entschlösse, mich aufzuhängen oder in einem Wasser zu ertränken, so hinge ich doch noch lange nicht, so wäre ich auch noch lang nicht ertrunken. Eine ungeheure Kraftlosigkeit, und infolgedessen Nutzlosigkeit, beherrscht mich. Dabei bieten sich mir die Bäume förmlich an, das Wasser macht mir den Hof, es versucht, mich hineinzuziehen ... Aber ich gehe, ich laufe hin und her, und ich springe in kein Wasser hinein, ich hänge mich an keinem Baum auf. Weil ich nicht tue, was das Wasser will, fürchte ich das Wasser, weil ich nicht tue, was die Bäume wollen, fürchte ich die Bäume ... alles fürchte ich ... Und dazu, muß man sich vorstellen, gehe ich in meinem einzigen Rock, der ein Sommerrock ist, ohne Mantel, ohne Weste, mit meiner Sommerhose und in Sommerschuhen ... Ich erfriere aber nicht, im Gegenteil, alles in mir ist von einer fürchterlichen Hitze ständig aufgehetzt, ich bin von meiner Kopfhitze angetrieben. Selbst wenn ich völlig nackt nach Parschallen liefe, könnte ich nicht erfrieren. Zur Sache: ich bin nach Parschallen gelaufen, weil ich nicht verrückt werden will. Die Wahrheit aber ist, daß ich verrückt werden *will*, *ich will verrückt werden*, nichts lieber, als *wirklich* verrückt werden, aber ich befürchte, daß ich noch lang nicht verrückt werden *kann*. Ich will endlich verrückt werden! Ich will nicht nur Angst haben vor dem Verrücktwerden, ich will endlich verrückt werden. Mir haben zwei Ärzte, wovon einer ein höchst wissenschaftlicher Arzt ist, prophezeit, daß ich verrückt werde, in Kürze würde ich verrückt werden, haben mir die beiden Ärzte prophezeit, in Kürze, in Kürze; jetzt warte ich schon zwei Jahre darauf, verrückt zu werden, aber verrückt geworden bin ich noch immer nicht. Aber ich denke, in der Dämmerung und in der plötzlichen Finsternis, die ganze Zeit, daß ich, wenn ich am Abend in meinem Zimmer, wenn ich im ganzen Haus nichts mehr sehe, wenn ich, was ich anrühre, nicht mehr sehe, zwar vieles *höre*, aber nichts *sehe*, höre und *wie* höre, aber nichts sehe, wenn ich diesen entsetzlichen Zustand aushalten, die Dämmerung und die Finsternis in meinem Zimmer oder wenigstens im Vorhaus oder wenigstens irgendwo im Haus aushalten würde, wenn ich, ungeachtet des ja tatsächlich unvorstellbaren Schmerzes, das Haus auf gar keinen Fall verlassen würde, daß ich dann verrückt werden *müßte*. Aber ich werde den Zustand der Dämmerung und der plötzlichen Finsternis nie aushalten, ich werde immer wieder aus dem Haus laufen müssen, solange ich in Unterach bin, und ich bin so lange in Unterach, bis mein Bruder aus Amerika zurück ist, aus Stanford und Princeton zurück ist, von allen nordamerikanischen Universitäten zurück ist, so lange, bis die Jalousien wieder geöffnet, die Dienstboten wieder im Haus sind. Ich werde immer wieder aus dem Haus laufen *müssen*... Und das geht so: Ich halte es nicht mehr aus und laufe fort, ich sperre alle Türen hinter mir zu, die ganzen Taschen habe ich dann voller Schlüssel, ich habe so viele Schlüssel in meinen Taschen, vornehmlich in den Hosentaschen, daß ich, wenn ich laufe, einen entsetzlichen Lärm mache, und nicht nur einen entsetzlichen Lärm, ein fürchterliches Geklirre, die Schlüssel bearbeiten, wenn ich laufe, wenn ich nach Burgau oder, wie heute abend, nach Parschallen hinüberhetze, meine Oberschenkel und meinen Bauch, und die in den Rocktaschen bearbeiten meine Hüften und verletzen mein Rippenfell, weil sie sich durch die große Geschwindigkeit, die ich sofort nach dem Verlassen des Hauses erreichen muß, an meinem unruhigen Körper *sperren*, allein von den Hosensackschlüsseln habe ich mehrere Verletzungen, jetzt sogar schone eiternde Wunden an meinem Bauch, vor allem, weil ich in der Finsternis auf dem brutalen Gefrorenen immer wieder ausrutsche, hinfalle. Obwohl ich jetzt schon Hunderte Male diese Straßen auf- und abgelaufen bin, falle ich immer noch hin. Vorgestern bin ich viermal hingefallen, letzten Sonntag zwölfmal, und habe mir, was ich erst zu Hause bemerkt habe, mein Kinn verletzt; mein Kopfschmerz hat mich meinen Kinnschmerz gar nicht wahrnehmen lassen, also kann man sich vorstellen, wie groß mein Kopfschmerz ist, wenn er diesen Kinnschmerz, hervorgerufen von einer tiefen Wunde in den Unterkiefer hinein, hat unterdrücken können. In dem großen Spiegel in meinem Zimmer, in welchem ich, wenn ich heimkomme, sofort den Grad meiner Erschöpfung feststelle, meiner *Körpererschöpfung*, meiner *Geisteserschöpfung*, meiner *Tageserschöpfung*, habe ich dann die Kinnverletzung gesehen (eine solche Verletzung hätte ja von einem Arzt zusammengenäht werden müssen, aber ich habe keinen Arzt aufgesucht, ich suche nie mehr einen Arzt auf, ich verabscheue die Ärzte, ich lasse diese Kinnwunde, wie sie ist), zuerst nicht einmal die Kinnverletzung selbst, sondern eine große Menge gestockten Blutes auf meinem Rock. Ich bin erschrocken, wie ich den blutigen Rock gesehen habe, denn nun ist, fuhr es mir durch den Kopf, der einzige Rock, den ich habe, blutig. Aber, sagte ich mir sofort, ich gehe ja nur in der Dämmerung, nur in der Finsternis auf die Straße, also sieht kein Mensch, daß mein Rock blutig ist. Ich selber aber *weiß*, daß mein Rock blutig ist. Ich habe auch gar nicht versucht, meinen blutigen Rock zu reinigen. Noch vor dem Spiegel bin ich in ein Gelächter ausgebrochen, und während dieses Gelächters habe ich dann gesehen, daß ich mir ja das Kinn aufgeschlagen habe, daß ich eine schwere Körperverletzung an mir herumtrage. Merkwürdig, wie du mit einem aufgeschlagenen Kinn ausschaust, habe ich mir gedacht, wie ich mich im Spiegel mit dem aufgeschlagenen Kinn gesehen habe. Abgesehen davon, daß mich diese Kinnwunde entstellte, meine ganze Person hatte auf einmal auch noch einen unübersehbaren Zug ins Lächerliche, ja, in die absolute menschliche Komödie, und ich mir das Blut aus der Kinnwunde auf dem Heimweg ohne mein Wissen mit den Händen ins ganze Gesicht bis hoch in die Stirn hinauf geschmiert hatte, *in die Haare!* abgesehen davon, hatte ich mir auch meine Hose zerrissen. Aber wie gesagt, das war letzten Sonntag, nicht heute, und ich will sagen, daß ich heute auf dem Weg nach Parschallen eine Mütze gefunden habe und daß ich diese Mütze jetzt, während ich dies aufschreibe, aufhabe, ja ich habe die gefundene Mütze aus verschiedenen Gründen auf ... diese graue, dicke, derbe, schmutzige Mütze, ich habe sie schon so lange auf, daß sie schon meinen eigenen Kopfgeruch angenommen hat ... Ich habe sie aufgesetzt, weil ich sie nicht mehr habe sehen wollen. Ich habe sie sofort, nachdem ich wieder zu

Hause war, in meinem Zimmer verstecken wollen, im Vorhaus verstecken wollen, und zwar aus wahrscheinlich auch in Zukunft völlig unaufgeklärt bleibenden Gründen; im ganzen Haus habe ich sie irgendwo verstecken wollen, aber ich habe keinen für die Mütze geeigneten Platz finden können, also habe ich sie aufgesetzt. Ich habe sie nicht mehr anschauen, aber auch nicht wegwerfen, vernichten können. Und jetzt bin ich schon mehrere Stunden lang im ganzen Haus umhergelaufen mit der Mütze auf dem Kopf, ohne sie anschauen zu müssen. Die ganzen letzten Stunden habe ich unter der Mütze verbracht, denn ich habe sie ja schon auf dem Heimweg aufgehabt und nur einen Augenblick lang vom Kopf heruntergenommen, um für sie einen geeigneten Platz zu suchen, und da ich keinen für sie geeigneten Platz gefunden habe, habe ich sie einfach wieder aufgesetzt. Aber immer werde ich die Mütze auch nicht auf meinem Kopf haben können ... In Wahrheit bin ich ja schon die längste Zeit von dieser Mütze beherrscht, die ganze Zeit habe ich an nichts anderes als an die Mütze auf meinem Kopf gedacht ... Ich befürchte, daß dieser Zustand, die Mütze auf dem Kopf zu haben und von der Mütze auf meinem Kopf beherrscht zu sein, von ihr bis in die kleinsten und allerkleinsten Existenzmöglichkeiten meines Geistes wie meines Körpers, wohlgemerkt, *wie* meines Körpers, und sie nicht von meinem Kopf herunter zu nehmen, sie aufzubehalten und *nicht* herunter zu nehmen, mit meiner Krankheit zusammenhängt, das vermute ich: mit dieser Krankheit, die mir bis heute im ganzen neun Ärzte nicht haben erklären können, neun Ärzte wohlgemerkt, die ich alle in den letzten Monaten, bevor ich vor zwei Jahren mit den Ärzten Schluß gemacht habe, aufgesucht hatte; oft waren diese Ärzte für mich nur unter unvorstellbar schwierigen Bedingungen erreichbar und mit den ungeheuerlichsten Kosten verbunden gewesen. Bei dieser Gelegenheit habe ich die Unverschämtheit der Ärzte kennengelernt. Aber, denke ich jetzt, ich habe die Mütze den ganzen Abend lang aufgehabt und ich weiß nicht, *warum* ich sie aufgehabt habe! Und ich habe sie nicht vom Kopf heruntergenommen und weiß nicht, *warum*! Sie ist mir eine fürchterliche Last, als ob sie mir ein Schmied auf den Kopf geschmiedet hätte. Aber das ist alles nebensächlich, denn ich wollte ja nur notieren, wie ich zu der Mütze gekommen bin, festhalten, wo ich die Mütze gefunden habe und, natürlich, warum ich sie noch immer auf dem Kopf habe... Das alles wäre mit einem einzigen Satz gesagt, wie alles mit einem einzigen Satz gesagt ist, aber niemand vermag alles mit einem einzigen Satz zu sagen... Gestern um diese Zeit habe ich überhaupt noch nichts von der Mütze gewußt, und jetzt beherrscht mich die Mütze... Noch dazu handelt es sich um eine ganz alltägliche Mütze, um eine von Hunderttausenden von Mützen! Aber alles, was ich denke, was ich fühle, was ich tue, was ich *nicht* tue, alles, was ich bin, was ich darstelle, ist von dieser Mütze beherrscht, alles, was ich bin, ist unter der Mütze, alles hängt auf einmal (für mich, *für mich in Unterach!*) mit dieser Mütze zusammen, mit einer dieser Mützen, wie sie, das weiß ich, vornehmlich die Fleischhauer in der Gegend aufhaben, mit dieser derben, dicken, grauen Mütze. Es muß nicht unbedingt eine Fleischhauermütze sein, sie kann auch eine Holzfällermütze sein, auch die Holzfäller haben diese Mützen auf, auch die Bauern. Alle haben hier diese Mützen auf. Aber endlich zur Sache: es hat damit angefangen, daß ich nicht nach Burgau, den kürzeren, sondern nach Parschallen, den längeren Weg gelaufen bin, warum ich ausgerechnet gestern nicht nach Burgau, sondern nach Parschallen bin, weiß ich nicht. Auf einmal bin ich, anstatt nach rechts, nach links und nach Parschallen gelaufen. Burgau ist für meine Zustände besser. Ich habe eine große Abneigung gegen Parschallen. Burgau ist häßlich, Parschallen nicht. So sind auch die Menschen in Burgau häßlich, in Parschallen nicht. Burgau hat einen fürchterlichen Geruch, Parschallen nicht. Aber für meine Zustände ist Burgau besser. Trotzdem bin ich heute nach Parschallen gelaufen. Und auf dem Weg nach Parschallen habe ich dann die Mütze gefunden. Ich bin auf etwas Weiches getreten, zuerst habe ich geglaubt, auf ein Aas, auf eine tote Ratte, auf ein zerquetschtes Katzenvieh. Immer wenn ich in der Finsternis auf etwas Weiches trete, glaube ich, ich sei auf eine tote Ratte oder auf ein zerquetschtes Katzenvieh getreten... Aber vielleicht ist es gar keine tote Ratte, gar kein zerquetschtes Katzenvieh, denke ich, und ich trete einen Schritt zurück. Mit dem Vorderfuß schiebe ich das Weiche in die Straßenmitte. Ich stelle fest, daß es sich weder um eine tote Ratte noch um ein zerquetschtes Katzenvieh, um gar kein Aas handelt. Um was dann? Wenn es sich um kein Aas handelt, um was dann? Niemand beobachtet mich in der Finsternis. Ein Handgriff und ich weiß, es handelt sich um eine Mütze. Um eine Schildmütze. Um eine Schildmütze, wie sie die Fleischhauer, aber auch die Holzfäller und die Bauern in der Gegend auf dem Kopf haben. Eine Schildmütze, denke ich, und jetzt habe ich auf einmal eine solche Schildmütze, wie ich sie immer auf den Köpfen der Fleischhauer und der Holzfäller und der Bauern beobachtet habe, in der Hand. Was tun mit der Mütze? Ich probierte sie und sie paßte. Angenehm, eine solche Mütze, dachte ich, aber du kannst sie nicht aufsetzen, weil du weder ein Fleischhauer noch ein Holzfäller, noch ein Bauer bist. Wie klug sind die, die solche Mützen aufhaben, denke ich. In dieser Kälte! Vielleicht, denke ich, hat sie einer der Holzfäller, die in der Nacht mit dem Holzfällen so viel Lärm machen, daß ich es bis Unterach höre, verloren? Oder ein Bauer? Oder ein Fleischhauer? Wahrscheinlich ein Holzfäller. Ein Fleischhauer *sicher*! Dieses Hin- und Herraten, wer die Mütze verloren haben könnte, erhitzte mich. Zu allem Überfluß beschäftigte mich auch noch der Gedanke, was für eine Farbe die Mütze wohl hat. Ist sie schwarz? Ist sie grün? Grau? Es gibt grüne und schwarze und graue... wenn sie *schwarz* ist... wenn sie *grau* ist... *grün*... in dem fürchterlichen Vermutungsspiel entdecke ich mich noch immer auf der selben Stelle, auf welcher ich die Mütze gefunden habe. Wie lang liegt die Mütze schon auf der Straße? Wie angenehm diese Mütze auf dem Kopf ist, dachte ich. Dann behielt ich sie in der Hand. Wenn mich einer mit der Mütze auf dem Kopf sieht, dachte ich, so glaubt er in der Finsternis, die da herrscht, durch das Gebirge herrscht, durch das Gebirge und durch das Wasser des Sees, ich sei ein Fleischhauer oder ein Holzfäller, oder ein Bauer. Die Leute fallen sofort auf die Kleidung herein, auf Mützen, Röcke, Mäntel, Schuhe, sehen gar kein Gesicht, nicht den Gang, keine Kopfbewegung, sie bemerken nichts als die Kleidung, sie sehen nur den Rock und die Hose, in die man geschlüpft ist, die Schuhe und natürlich vor allem die Mütze, die man aufhat. Also bin ich für den, der mich mit dieser Mütze auf dem Kopf sieht, ein Fleischhauer oder ein Holzfäller oder ein Bauer. Also ist es mir, der ich weder ein Fleischhauer noch ein Holzfäller, noch ein Bauer bin, nicht gestattet, die Mütze auf dem Kopf zu behalten. Das wäre ja eine Irreführung! Ein Betrug! Ein Rechtsbruch! Plötzlich glauben alle, ich sei ein Fleischhauer, kein Forstwissenschaftler, ein Bauer, kein Forstwissenschaftler, ein Holzfäller, kein Forstwissenschaftler! Aber, wie kann ich mich denn noch immer als einen Forstwissenschaftler bezeichnen, wo ich doch die Forstwissenschaft schon seit mehr als drei Jahren nicht mehr betreibe, ich bin aus Wien fort, ich bin aus meinem Laboratorium fort, ich bin ja schon gänzlich aus allen meinen Wissenschafts-, meinen Forstkontakten, ich habe mit Wien auch die Forstwissenschaft, und zwar als ein bedauerliches Opfer meines eigenen Kopfes, verlassen, zurücklassen müssen. Drei Jahre ist es her, daß ich von meinen erstaunlichen Experimenten, Entdeckungen weg in die Hände der Kopfspezialisten gestürzt bin. Daß ich von einer Kopfklinik in die andere gestürzt bin. Überhaupt habe ich in den letzten, ich kann sagen, vier Jahren, mein Leben nur noch in den Händen von allen möglichen Kopfspezialisten zugebracht, auf die erbärmlichste Weise zugebracht. Und ich existiere ja noch heute nur aus den Ratschlägen aller meiner Kopfspezialisten, wenn ich sie auch nicht mehr aufsuche, zugegeben. Ich existiere dank den Tausenden und Hunderttausenden von Medikamenten, die mir meine Kopfspezialisten verschrieben haben, von diesen Hunderten und Tausenden von Medikamentenvorschlägen! Ich injiziere mir meine Existenzmöglichkeit tagtäglich zu den eben von diesen Kopfspezialisten angegebenen Zeiten! Ich habe meine Injektionsapparatur ständig in der Tasche. Nein, ich bin kein Forstwissenschaftler mehr, ich bin keine Forscherpersönlichkeit mehr, ich bin überhaupt keine Forscher*natur* mehr... Mit fünfundzwanzig Jahren bin ich nichts mehr als ein kranker Mensch, ja *nichts mehr*! Trotzdem, gerade deshalb habe ich nicht das Recht, diese Mütze aufzusetzen. Ich habe kein Recht auf diese Mütze! Und ich dachte: Was tun mit der Mütze? Fortwährend dachte ich das. Behalte ich sie, ist das Diebstahl, lasse ich sie liegen, ist das gemein, ich darf sie also nicht aufsetzen und auf meinem Kopf tragen! Ich muß den, der sie verloren hat, ausfindig machen, sagte ich mir, ich werde nach Parschallen hineingehen und jeden Mann fragen, ob er diese Mütze verloren hat. Zuerst werde ich, sagte ich mir, bei den Fleischhauern vorsprechen. Dann bei den Holzfällern. Zuletzt bei den Bauern. Ich stelle mir vor, wie entsetzlich das ist, alle Parschallener Männer konsultieren zu müssen, und gehe nach Parschallen hinein. Es sind viele Lichter, denn in den Schlachtkammern ist das Getriebe jetzt auf dem Höhepunkt, in den Schlachtkammern und in den Schlachthöfen und in den Ställen. Mit der Mütze in der Hand gehe ich in die Ortschaft hinein und klopfe an die erste Fleischhauerhaustür. Die Leute sind, niemand öffnet, in der Schlachtkammer, das höre ich. Ich klopfe ein zweitesmal, ein drittesmal, ein viertesmal. Ich höre nichts. Schließlich höre ich Schritte, ein Mann macht die Tür auf und fragt, was ich will. Ich sage, ich hätte die Mütze, die ich in der Hand habe, gefunden, ob er nicht diese Mütze verloren habe, frage ich. »Diese Mütze«, sage ich, »ich habe sie am Ortsausgang gefunden. Diese Mütze«, wiederhole ich. Jetzt sehe ich, daß die Mütze grau ist, und ich sehe in diesem Augenblick, daß der Mann, den ich frage, ob er die Mütze, die ich in der Hand habe, verloren hat, genau die gleiche Mütze auf dem Kopf hat. »Also«, sage ich, »natürlich, Sie haben Ihre Mütze nicht verloren, denn Sie haben sie ja auf dem Kopf.« Und ich entschuldige mich. Der Mann hat mich sicher für einen Halunken gehalten, denn er hat mir die Tür vor der Nase zugeschlagen. Mit meiner Kinnwunde muß ich ihm auch verdächtig gewesen sein, die Nähe der Strafanstalt tat das ihrige. Aber sicher hat sie einer der Fleischhauer verloren, denke ich und klopfe bei dem nächsten Fleischhauer an. Wieder macht mir ein Mann auf, auch der hat eine solche Mütze auf dem Kopf, auch eine graue. Er habe ja, sagt er sofort, als ich sage, ob er vielleicht seine Mütze verloren habe, seine Mütze, wie ich sehen könne, auf dem Kopf, also »eine überflüssige Frage«, sagte er. Mir kam vor, der Mann dachte, meine Frage, ob er seine Mütze verloren habe, sei ein Trick von mir. Die Verbrecher auf dem Land lassen sich unter irgendeinem Vorwand die Haustür öffnen, und es genügt, wie man weiß, ein Blick in das Vorhaus, um sich für spätere Einbrüche usf. zu orientieren. Meine halb städtische, halb ländliche Aussprache erweckt den allergrößten Verdacht. Der Mann, der mir viel zu mager für seinen Beruf erschien (ein Irrtum, denn die besten, also die rücksichtslosesten Fleischhauer sind mager), drängte mich mit der flachen Hand, die er auf meine Brust legte, in die Finsternis zurück. Er verabscheue Leute, die jung, kräftig, noch dazu intelligent, aber arbeitsscheu seien, sagte der Mann, und er versicherte mich seiner Verachtung auf die wortloseste Fleischhauerweise, indem er die Mütze lüftete und vor seine Stiefel spuckte. Beim dritten Fleischhauer spielte sich meine Vorsprache wie bei dem ersten, bei dem vierten fast genauso wie bei dem zweiten ab. Muß ich sagen, daß sämtliche Parschallener Fleischhauer die gleiche graue, derbe, dicke Mütze, Schildmütze, auf dem Kopf hatten; keiner hatte seine Mütze verloren. Ich wollte aber nicht aufgeben und mich der gefundenen Mütze nicht auf die erbärmlichste Weise entledigen (einfach durch *Wegwerfen der Mütze*), und so ging ich daran, auch bei den Holzfällern vorzusprechen. Aber keiner der Holzfäller hatte seine Mütze verloren, alle hatten sie, wie sie in der Tür erschienen, um mir aufzumachen (in der Finsternis werden auf dem Land die Männer von ihren Frauen an die Haustür vorgeschoben), eine solche Schildmütze auf, wie ich sie gefunden hatte. Schließlich hatte ich auch bei allen Parschallener Bauern vorgesprochen, aber auch keiner der Bauern hatte seine Mütze verloren. Als letzter macht mir ein alter Mann auf, der die gleiche Mütze aufhat und mich fragt, was ich will, und als ich es ihm gesagt habe, zwingt er mich förmlich, mehr durch sein Schweigen als durch seine entsetzlichen Wörter, nach Burgau zu gehen und bei den Burgauer Fleischhauern zu fragen, ob einer von ihnen diese Mütze verloren habe. Vor einer Stunde, meinte er, seien sieben Fleischhauer aus Burgau in Parschallen gewesen, die alle schlachtreifen Ferkel in Parschallen aufgekauft hätten. Die Burgauer Fleischhauer zahlten in Parschallen bessere Preise als die Parschallener Fleischhauer, umgekehrt zahlten die Parschallener Fleischhauer in Burgau bessere Ferkelpreise als die Burgauer Fleischhauer, und so verkauften die Parschallener Ferkelmäster von jeher ihre Ferkel an die Burgauer Fleischhauer, umgekehrt die Burgauer Ferkelmäster von jeher ihre Ferkel an die Parschallener Fleischhauer. Sicher habe einer von den Burgauer Fleischhauern beim Aufbruch aus Parschallen, in dem Ferkelgetümmel, seine Mütze verloren, sagte der Alte und schlug die Tür zu. Dieses alte Gesicht, schwarzgefleckt, schmutzig, beschäftigte mich die ganze Zeit auf dem Weg nach Burgau. Immer wieder sah ich das schmutzige Gesicht und die schwarzen Flecken darauf, Totenflecken, dachte ich: der Mann lebt noch und hat schon Totenflecken im Gesicht. Und ich dachte, da der Mann weiß, daß ich die Mütze habe, muß ich nach Burgau. Ob ich will oder nicht, ich muß nach Burgau. Der Alte wird mich verraten. Und ich hörte, während ich lief, immer das Wort MÜTZENDIEB, immer wieder das Wort MÜTZENDIEB, MÜTZENDIEB. Völlig erschöpft kam ich in Burgau an. Die Fleischhauerhäuser in Burgau stehen dicht nebeneinander. Als aber der erste Fleischhauermeister auf mein Klopfen hin in der Tür erschien und die gleiche Mütze wie die Parschallener auf dem Kopf hatte, erschrak ich. Ich machte augenblicklich kehrt und lief zum nächsten. Bei diesem spielte sich aber das gleiche ab, nur hatte der seine Mütze nicht auf, sondern wie ich in der Hand, also fragte ich auch ihn nicht, ob er vielleicht seine Mütze verloren habe... Was aber sage ich, warum ich geklopft habe? dachte ich. Ich fragte, wie spät es sei, und der Fleischhauer nannte mich, nachdem er »acht Uhr« gesagt hatte, einen Idioten und ließ mich stehen. Schließlich habe ich alle Fleischhauer in Burgau gefragt, ob sie ihre Mütze verloren hätten, aber keiner hatte sie verloren. Ich beschloß, auch noch bei den Holzfällern vorzusprechen, obwohl meine Lage schon die qualvollste war, die man sich vorstellen kann. Aber die Holzfäller erschienen auch alle mit der gleichen Mütze auf dem Kopf in der Tür, und der letzte drohte mir sogar, weil ich, erschrokken, wie sich denken läßt, auf seine Aufforderung, sofort zu verschwinden, nicht gleich verschwunden war, und er schlug mir seine Mütze auf den Kopf und stieß mich zu Boden. Jeder hat die gleiche Mütze auf, sagte ich mir, als ich den Heimweg nach Unterach antrat, »alle dieselbe Mütze, alle«, sagte ich. Plötzlich lief ich, und ich fühlte gar nicht mehr, daß ich lief, nach Unterach hinein, und ich hörte von allen Seiten: »Du mußt die Mütze zurückgeben! Du mußt die Mütze zurückgeben!« Hunderte Male hörte ich diesen Satz: »Du mußt sie ihrem Besitzer zurückgeben!« Aber ich war zu erschöpft, um auch nur noch einen einzigen Menschen zu fragen, ob er vielleicht die von mir gefundene Mütze verloren habe. Ich hatte keine Kraft mehr. Ich hätte ja noch zu Dutzenden von Fleischhauern und Holzfällern und Bauern gehen müssen. Auch habe ich, wie mir einfiel, als ich bei mir zu Hause eintrat, schon Schlosser und Maurer mit einer solchen Mütze gesehen. Und wer weiß, ob sie nicht einer aus einer ganz anderen als der oberösterreichischen Provinz verloren hat? Ich hätte noch Hunderte, Tausende, ich hätte noch Hunderttausende von Männern fragen müssen. Niemals, glaube ich, war ich so erschöpft wie in dem Augenblick, in welchem ich mich entschlossen hatte, die Mütze zu behalten. Alle haben sie eine solche Mütze auf, dachte ich, alle, als ich mich im Vorhaus gänzlich meiner gefährlichen Mühseligkeit überließ. Wieder hatte ich das Gefühl, am Ende zu sein, mit mir zu Ende zu sein. Ich fürchtete mich vor dem leeren Haus und vor den leeren kalten Zimmern. Ich fürchtete mich vor mir selber, und nur um mich nicht mehr in dieser tödlichen Weise, wie sie die meinige ist, zu Tode fürchten zu müssen, habe ich mich hingesetzt und diese paar Seiten geschrieben... Während ich mich wieder einmal, wenn auch sehr geschickt, so doch entsetzlich meiner Krankheit und *Krankhaftigkeit* auslieferte, dachte ich, was ich jetzt mit mir anfangen werde, und ich setzte mich hin und fing an zu schreiben. Und ich dachte, während ich schrieb, die ganze Zeit immer nur, daß ich mir, wenn ich damit fertig bin, etwas kochen werde, etwas essen, dachte ich, endlich wieder einmal etwas Warmes essen, und ich setzte, weil mir während des Schreibens so kalt geworden war, auf einmal die Mütze auf. Alle haben sie eine solche Mütze auf, dachte ich, alle, während ich schrieb und schrieb und schrieb...

Gabriele Wohmann
Wiedersehen in Venedig

Das einzig Positive an der Sache war, daß sie nur kurz Zeit hätten. Er mußte am Abend wieder bei Lin in der Pension sein, und sie kam nur auf der Durchreise nach Rom, wo sie einen Ärztekongreß besuchen wollte. Das würde alles vereinfachen. Fünf oder sechs Stunden waren schließlich keine lange Zeit. In fünf oder sechs Stunden könnte sie nicht die Entdeckung machen, daß er sich langweile. Würde er sich langweilen? Oder war es anstrengend genug, und darum alles andere als langweilig, ihr den Freund von früher vorzuspielen?

Vielleicht war auch Venedig nicht der geeignete Schauplatz für ein Rendezvous, wie sie es vorhatten: es war so tendenziös, durch die Fremdenverkehrswerbung mit erschreckender Aufdringlichkeit zu einem Treffpunkt für Verliebte gemacht. Und wirklich hatte sie auf ihrer Karte mit einer Begeisterung zugesagt, die ihre Kenntnis von dem amourösen Fluidum dieser Stadt verriet. »Ausgerechnet in Venedig«, hatte sie geschrieben und »Venedig« mit zwei dicken Strichen hervorgehoben, »ausgerechnet da soll es sein, daß ich Dich wiedersehe und daß wir miteinander alte Erinnerungen auskramen! Wir werden durch die Gäßchen bummeln und uns in der schlanken schwarzen Gondel eines braunhäutigen Gondoliere durch die Kanäle gleiten lassen. Wie herrlich! Ja, ja, ja, ich freue mich!«

Und das Seltsame war, daß auch er sich freute. Obwohl er fürchtete, sich vor ihr zu blamieren. Alte, gutbekannte Furcht! Sie hatte ihn auch damals oft befallen, vor sieben Jahren, als sie für ganz Davos das ideale Paar zu sein schienen. Aber die Atmosphäre ihres Sanatoriums hatte seine Schauspielerei begünstigt; die Morbidität, die schon in einem Namen wie Davos mitklang, erleichterte es ihm, eine Rolle zu spielen. Mit Wonne hatte er sich exaltiert, mit Genuß alle negativistischen Kräfte in sich entfaltet; der geographische Punkt, auf dem sie sich befanden, harmonierte vollendet mit ihren Übertreibungen und Verrücktheiten, die dünne Luft hatte sie sorgloser und bedenkenloser ein ihnen ungemäßes Leben führen lassen.

In mancher Beziehung war Venedig ebenso morbid wie Davos. Warum also nicht wieder zurückfallen in jenen Ton des Gefühlsüberschwangs und der gleichzeitigen Lebensverneinung, in dem sie dort oben geschwelgt hatten? Der Tod hatte sie beide damals abgelehnt, denn sie wären ihm zu leicht anheimgefallen. Wahrscheinlich liebte er den Kampf mit zäheren Naturen, die sich gewaltsam ans Leben klammerten, ihre blasphemische Verneinung alles Lebensvollen und Gesunden mußte ihn wohl beleidigt oder gelangweilt haben. Kerngesund konnten die Ärzte beide nach einem Jahr, kurz hintereinander, entlassen. Seitdem hatten sie sich regelmäßig geschrieben, und der Ton ihrer Briefe war genau der gleiche wie der ihrer Unterhaltungen auf den Davoser Spaziergängen; sie schienen sich weiterhin sehr gut zu verstehen. Mit einem geschmeichelten Schmunzeln kramte er aus der Erinnerung die unzähligen Komplimente hervor, die sie ihm gemacht hatte, wenn sie zusammen durch die heroische Gebirgswelt wanderten oder abends in einem obsoleten, aber romantischen kleinen Lokal heißen Rotwein tranken. Ruth war von der Vorstellung hingerissen, seine Muse zu sein – Dichterfreundin, wenn nicht gar Dichtergeliebte –, und sie war darauf aus, ihn zu inspirieren, mit einem Feuereifer, der nichts davon merken ließ, daß sie einen amusischen Vater, eine materialistische, fortschrittsgläubige Mutter und drei lebenslustige, atheistische und antigefühlige Geschwister hatte. Sie war wundergläubig und humorlos. Als Äquivalent für so viel Überschwang mußte schließlich die Medizin herhalten, an die sie sich wie an einen Strohhalm klammerte. Die Musik – sie geigte schlecht und ohne den geringsten rhythmischen Rückhalt, aber mit Emphase –, Philosophie und Dichtung: dies Edle und Schöne und Erhabene war nun nur noch dem Privatleben gestattet. Und für sie war es so wohl am besten.

Er hatte sie vor sieben Jahren schon genauso gut gekannt und durchschaut wie heute. Sie schien ihm ein Kaleidoskop zu sein:

je nachdem, wie man sie anpackte, veränderte sie die Anordnung ihrer bunten Seelenmuster. Es war so leicht, mit ihr auszukommen, wenn man sich nur ein bißchen auf sie einstellte. Sie war rasch entzündbar wie trockenes Holz, sie fing sofort Feuer, so, als mangele es ihr an eigener Glut. Er hatte sie beinah geliebt, obwohl sie schon damals etwas enervierend war mit ihrer Sucht, sich selbst und ihren Partner in ständiger Hochspannung zu halten. Heute mußte er sich zusammennehmen, er durfte nichts davon ahnen lassen, daß er sich zu sehr verändert hatte, um auch nur noch für eine Zeit von fünf oder sechs Stunden die Davoser Rolle zu übernehmen.

Sie hatten sich im Café Florian verabredet. Er war pünktlicher als sie, und er ärgerte sich darüber. Als sie das Café betrat, wehrte sich alles in ihm, was sich inzwischen normalisiert hatte: du liebe Zeit, sie sah ja noch genauso aus wie damals, unverändert. Nur eleganter war sie geworden; und selbstbewußter. Aber Eigenschaften, die er an anderen Frauen schätzte, ärgerten ihn bei Ruth. Sie gaben sich die Hand, und er rückte ihr den Stuhl zurecht, auf dem sie sich etwas geziert niederließ. Sie war auch noch genauso mager im Gesicht. Er schämte sich, daß er, wie er wußte und immer wieder zu hören bekam, mittlerweile ganz schön angesetzt hatte: das war das äußere Zeichen seiner Normalisierung. Er zog den Bauch ein und ließ das Kinn ein bißchen fallen, das machte die Wangen schmaler.

Natürlich wollte sie nichts essen. Essen aus Genuß, nur, weil es schmeckte, war eine Sünde; Epikuräertum eine Vorstufe zur Hölle. So saßen sie beim Espresso und rauchten. Sie erzählte, zum Glück war sie nicht schüchtern. Man brauchte aus ihr niemals Bekenntnisse hervorzulocken, sie lieferte sie freiwillig und ungefragt. Aber was sie heute erzählte, nach sieben Jahren Trennung, war nichts als eine Sammlung von Tagesereignissen: kleine Neuigkeiten aus ihrem beruflichen Leben, Erlebnisse aus dem Sprechzimmer, Familienmeldungen. Nur hin und wieder fiel ein Wort oder ein Satz, der ihn aufhorchen ließ: hier schlummerten Davoser Reminiszenzen. Er ging nur darauf ein, nur auf diese Anklänge. Sie sollte nicht denken – und sie mußte es ihm wohl förmlich ansehen –, sie könnte nicht mehr ganz sie selber sein, bei ihm. So kam es, daß sie bald nur noch in der Davoser Terminologie redeten.

Später wanderten sie durch die Straßen. Sollte er ihren Arm nehmen? Als er es endlich tat, hatte er ein schlechtes Gewissen, weil er sich nicht wohl dabei fühlte. Sie standen auf der Piazza vor der orientalischbunten Fassade des San Marco. Sie schwelgte. Diese Pracht! Um nicht einstimmen zu müssen, gab er ihr Geschichtsunterricht. Er redete wie ein Fremdenführer, er versetzte sie ins dreizehnte Jahrhundert, er ließ sie miterleben, wie Venedig zur Weltmacht wurde. Ergriffen schritt sie die Bilderreihe der Schöpfungsgeschichte ab, und übertrieben ehrfürchtig blieb er immer ein bißchen zurück. Erheuchelte Andächtigkeit trieb ihn zu einer Art Spiel: er hielt vor jedem Bild ein paar Sekunden länger an als sie, bis sie schließlich ebenso lange in die Betrachtung jedes Bildes versunken blieb. Im Kirchenraum, angesichts des flimmernden Kuppelgewölbes, wurde ihre Bewunderung zur Ekstase, vor dem Hochaltar mit der Pala d'oro zu stummer Andacht.

»Byzantinische Emails«, murmelte er, »zehntes oder elftes Jahrhundert.«

Kaum hatten sie die kühle Abgestorbenheit der Kirche verlassen und standen geblendet im Freien, als sie die nächste Kirche zu sehen begehrte: San Zaccaria.

»Beginnende Renaissance«, erläuterte er.

Was muß man noch alles gesehen haben? überlegte er und fluchte leise, als er an die Fülle der Sehenswürdigkeiten dachte, die sie noch zu bewältigen hätten. Tatsächlich ging es wieder zurück zum Dogenpalast, dessen verschiedenfarbige Steinfassade sie lange bestaunte.

»Als schwebten die Wände über diesen zarten Bogen«, sagte sie.

»Ja wirklich«, sagte er übereifrig. Wie anstrengend sie doch war! Warum hatte er sich nur auf sie gefreut? Warum hatte er erleichtert aufgeatmet, als sich Lins Kopfschmerzen am Mittag so verschlimmerten, daß sie nicht mitkommen konnte? Was für eine

Dummheit von ihm, nicht daran zu denken, daß sie Venedig würde aussaugen wollen bis auf den letzten Tropfen. Na, wenn sie es wenigstens genöß. Um es ihr noch reizvoller zu machen, brachte er seinen Mund übertrieben nah an ihr Ohr und flüsterte ihr zu, daß er sich sehr freue. Zerstreut und dankbar lächelte sie kurz zu ihm auf, um sich dann wieder ganz dem Schauen anheimzugeben. Durch die Porta della Carta gelangten sie in den Innenhof vor die Marmorfassade von Antonio Rizzo. Und dann half er ihr sanft die Gigantentreppe hinauf ins Innere des Palastes, seine Hand berührte den grauen Stoff ihres Kostüms. Er war froh, ihr jetzt mit berühmten Namen imponieren zu können: Tizian, Giorgione, Veronese, Tintoretto. Nach drei Stunden Kunsthistorik war er am Ende; er verwünschte die Gesetze des auslaugenden venezianischen Tourismus.

»Was nun?« fragte er, obwohl er wußte, daß sie jetzt die Gondelfahrt erwartete. Aber die Gondoliere waren unverschämt teuer. Und er fühlte sich schwach im Magen, er hätte etwas essen müssen, und zwar nicht sündhaft essen, nicht aus hedonistischer Sucht, sondern aus bitterer Notwendigkeit, um sich am Leben zu erhalten. Ihr Vorschlag war weit schlimmer, als er gefürchtet hatte: sie strebte zur Akademiegalerie. Schon im sechzehnten Jahrhundert war ihm übel, im achtzehnten sank er auf einen Hocker. In die Betrachtung von Longhis »Hochzeit« versunken, hörte sie seinen Magen nicht knurren. Endlich gingen sie ins Freie und aßen auf der Piazza Ravioli und Frittola.

»Was für einen Wein möchtest du?« fragte er danach, wesentlich milder gestimmt durch das gute Völlegefühl im Magen. Er bestellte Veronese, nur des Namens wegen, nur damit sie quasi doch in den Höhen der Kunst verweilen konnte, während sie sich der niedrigen Beschäftigung des Trinkens hingab. Jetzt war es endlich richtig: die Musikkapelle lieferte den letzten Schrei italienischer Musikexportware, und in der untergehenden Sonne glitzerte das falsche Gold der Mosaiken. Er hatte Lust zu sagen: ich finde es sehr schön, aber trotzdem zum Verrücktwerden kitschig. Statt dessen aber gehorchte er der Verpflichtung, sie begehrlich-verliebt anzusehen und kam sich widerwärtig und lächerlich dabei vor.

»Wie geht's deiner Frau?« fragte sie.

»Oh, danke, sehr gut«, antwortete er eine Nuance zu eifrig. »Bis auf die Kopfschmerzen heute.«

»Wie ist sie so?«

Ihre unbekümmerte Ruhe ärgerte ihn. Obwohl ihm Eifersucht lästig gewesen wäre, überaus lästig, so fand er es doch unangebracht, daß sie so offensichtlich gar keine fühlte.

»Ganz anders als du!« sagte er und biß sich sofort auf die Lippen. Aber er hatte ihr die beste Antwort gegeben: Lin war wirklich ganz anders. Um das Verletzende, das in seiner Heftigkeit lag, abzuschwächen, fügte er hinzu: »Ich glaubte, ich müßte mir ein Extrem zu mir selbst aussuchen: les extrêmes se touchent.«

»Ja, richtig«, sagte sie, »aber erzähl mir doch, was treibst denn du?«

Er rückte unbehaglich auf seinem Sitz hin und her: ja, was trieb er, was tat er vom Morgen bis zum Abend? Sie stand um fünf auf und fing mit Atemübungen und kalten Abreibungen ihren Arbeitstag an, der nie vor Mitternacht endete. Und er? Ja, richtig, er schrieb an seinem neuen Buch. Daß er nicht gleich darauf gekommen war! Das kam von diesen blöden Ferien, die er eigentlich nur Lin zuliebe nach Venedig gelegt hatte. Wie beleidigend, daß Ruth ihn nicht sofort, gleich nach ihrer Ankunft nach seiner Arbeit gefragt hatte.

»Ich schreibe«, sagte er kühl, »wie du wissen könntest.«

»Ach ja«, sagte sie, »du schreibst wieder was.« Sie war an seiner Arbeit nicht mehr interessiert als ein Erwachsener am Spiel eines Vierjährigen.

»Ja«, sagte er kurz, »ein uraltes Thema: Mann, erste Frau, zweite Frau. Die alte Dreiecksgeschichte. Aber ich packe sie ganz anders an als üblich, wirklich neuartig.«

Sie hatte immer noch keinen Funken mehr Anteilnahme in ihren dunklen Mandelaugen. So gab er es auf und fragte hoffnungsvoll, wann ihr Zug ginge.

»Überhaupt kein Zug geht«, strahlte sie zurück, »ich bin mit dem Wagen da!«

Er war sprachlos vor Erstaunen und Neid. Wie sie sich doch selbständig gemacht hatte in den sieben Jahren! Wie sie damit auftrumpfte, auch ohne ihn auskommen zu können. Er vergaß, daß sie nur ein Auto, er aber eine Ehefrau ins Gefecht führen konnte, wenn es galt, dem andern die geringere Unabhängigkeit nachzuweisen. Aber äußerlich tat er erfreut. Warum sie das nicht gleich gesagt habe? Und ob sie gern fahre? Was für ein Typ? Er verwandelte sich vom Kunsthistoriker in einen Autosachverständigen. Sie wußte überraschend gut Bescheid.

Venedig war immer noch da, als sie spät am Abend durch die »Calli« schlenderten, aber er glaubte, sie habe es vergessen. Es war nur noch Staffage. Sie blieb auf einer kleinen Brücke stehen und warf ein Geldstück ins Wasser. Lange stand sie über das Geländer gebeugt. Sicher erwartet sie, daß ich sie jetzt küsse, dachte er. Natürlich. In Davos habe ich sie auch immer geküßt. Sie wird enttäuscht sein, wenn ich es jetzt unterlasse. Für sie gibt es keinen Grund, daß ich es nicht tue. Sie würde mich für jammervoll bourgeois halten, wenn ich es wegen Lin nicht täte. Er spürte, wie sie ein bißchen zusammenschreckte, als er seine Arme um sie legte, und er war zufrieden, daß ihr Mund nur zaghaft seinen Kuß erwiderte. Wie mädchenhaft sie immer noch war! Gewiß hatte sie vor lauter Arbeit keine Gelegenheit mehr gehabt, sich zu verlieben.

Selbstbewußt ging er neben ihr her: Nicht die erschöpfendste kunsthistorische Belehrung, nicht die komprimierteste venezianische Romantik hatte so viel vermocht wie dieser zwar widerwillig, aber genial verabreichte Kuß. Er deutete ihr Schweigen als melancholisches Verlangen; so behagte es ihm. Eine ausgezeichnete Situation: er war verheiratet, er hatte ihr einen folgenlosen Kuß gegeben. Sehr gut so. Sie liebte ja Emotionen, da hatte sie welche. Er war vollkommen sicher, daß sie auf den Kuß gewartet hatte.

Ihr Wagen parkte auf der Piazzale Roma. Er brachte sie zur nächsten Vaporettostation. Seine Stimmung war so hochgemut, daß er sie beim Abschied auf dem leise schaukelnden Bootssteg noch einmal küßte. Sie lächelte ihm zu mit ihrem alten Madonnenlächeln: da schmerzte es plötzlich ein bißchen, daß es nicht mehr Davos war. Es war Venedig.

Einen Monat später bekam er den ersten Brief seit ihrem Abschied. Nach den Einleitungsworten, mit denen sie sich entschuldigte, weil sie auf der Rückreise nicht mehr in Venedig hatte Station machen können, die Zeit sei einfach zu knapp für diesen Umweg gewesen und Rom so interessant, erschrak er heftig: »... denn es fiel mir so schwer zu heucheln. Ich habe mich verstellt, die ganze Zeit über. Ich bin anders geworden in den sieben Jahren, und meine Briefe hatten es nicht verraten sollen. Denn es tat mir so leid, daß Du allein der alte geblieben sein mußtest. Darum erwiderte ich auch die beiden Küsse, die Du mir gabst. Aber sie waren das Schrecklichste ...«

Uwe Johnson
Jonas zum Beispiel

Jehova war der Herr, der das Meer und das Trockene gemacht hat, und die Juden waren sein Volk, er schloß einen Vertrag mit ihnen. Der ging über die menschlichen Kräfte, von Zeit zu Zeit geriet er in Vergessenheit. Dann erweckte Jehova einen Vorbedachten und Auserwählten in seinem Volke zum Propheten, der sollte dem König mit seinen Großen und ihren Untertanen sagen, wie der Herr es meine. Jesaja lebte im Unglück mit seinen Reden, Jeremia kam in die Kloake zu sitzen. Die Seele des Propheten ist empfindlich und wissend und zweiflerisch, um die Stimme des Herrn zu hören und das Unglück zu erfahren.

Als die Bosheit und Sünde der Stadt Ninive vor Jehova gekommen waren, geriet er in Zorn wegen seines Gesetzes. Er berief Jona (den Sohn Amitthais, von Gath-Hahepher) und beauftragte ihn mit dem Ausrufen seines großen Ärgers und mit der Verkündung des nahen Untergangs in den Straßen von Ninive.

Da wollte Jona nach Tharsis fliehen. Die gelehrte Forschung dieser Hinsicht meint, daß diese Stadt vielleicht in Südspanien vermutet werden könne, und hält eine unvergleichliche Entfernung für jedenfalls wahrscheinlich. Als das Schiff aus dem Hafen von Joppe gelaufen war, drückte Jehova einen gewaltigen Wind ins Meer, und es entstand ein gewaltiger Sturm auf dem Meere: so daß das Schiff zu scheitern drohte. Die Besatzung warf das Los über den Schuldigen, und das Los fiel auf Jona. Er soll ja geschlafen haben. Sie holten ihn an Deck und schmissen ihn über Bord, zumal er es selber für das Beste hielt. Und das Meer wurde still. Und Jehova entbot einen großen Fisch, der verschlang Jona, und Jona sang drei Tage und drei Nächte im Bauch des Fisches zu Jehova, seinem Herrn. So heißt es. Dann spie der Fisch ihn ans Land, und Jona ging nach Ninive.

Ninive war eine über alle Maßen große Stadt und nur in drei Tagesreisen zu durchqueren. Und Jona ging in die Stadt hinein eine

Tagereise weit; dann predigte er: Noch vierzig Tage, und Ninive ist zerstört!, und die Leute von Ninive erkannten Gott in seinem großen Ärger. Sie riefen ein schlimmes Fasten aus und kleideten sich in ihre Trauergewänder. Und der König von Ninive bedeckte sich mit dem Trauergewand und bestrich sich ein wenig mit Asche. Der König befahl: Menschen und Vieh sollen nichts genießen, sie sollen nicht weiden noch Wasser trinken. Sie sollen sich in Trauer hüllen: Menschen und Vieh, und mit Macht zu Gott rufen, und sollen ein jeder sich bekehren von seinem bösen Wandel und von dem Frevel, der an seinen Händen ist. Wer weiß, vielleicht gereut es Gott doch noch. Als Gott nun diese Dinge alle sah, die sie tun wollten, gereute ihn das angedrohte Unheil, und er tat es nicht.

Das verdroß Jona sehr, und er ging zornig weg. Er baute eine Hütte östlich der Stadt und saß darunter, bis er sehe, wie es der Stadt ergehen werde. Und zum dritten Male redete Jehova mit ihm: Ist es recht, daß du hier sitzest und lieber sterben möchtest als noch weiter leben? Aber Jona antwortete, das sei recht, denn warum habe er nach Tharsis fliehen wollen? Weil du nie tust, wie du gesagt hast und wie es gerecht ist nach deinem Gesetz! Und der Herr entbot einen Rizinus, dessen Saft als castor oil gehandelt wird anderswo in der Welt; der wuchs über Jona empor, um seinem Haupte Schatten zu geben und ihm so seinen Unmut zu nehmen. Über diesen Rizinus freute Jona sich sehr. Am folgenden Morgen entbot Jehova einen Wurm, der beschädigte den Rizinus, so daß er verdorrte. Und der Herr setzte Jona zu mit hartem Wind und großer Hitze. Da wünschte Jona sich den Tod. Der Herr aber sprach zu Jona: Ist es recht, daß du so zürnest um des Rizinus willen? Jona antwortete: Das Leben ist mir verleidet. Da sagte Jehova, sein Herr: Dich jammert des Rizinus, um den du keine Mühe hattest, der groß gewachsen ist und verdorben von einem Morgen zum anderen. Warum jammert dich nicht der großen Stadt Ninive, in der über hundertzwanzigtausend Menschen sind, die zwischen links und rechts noch nicht unterscheiden können, dazu die Menge Vieh?

Und Jona blieb sitzen im Angesicht der sündigen Stadt Ninive und wartete auf ihren Untergang länger als vierzig mal vierzig Tage? Und Jona ging aus dem Leben in den Tod, der ihm lieber war? Und Jona stand auf und führte ein Leben in Ninive? Wer weiß.

Peter Bichsel
Der Mann mit dem Gedächtnis

Ich kannte einen Mann, der wußte den ganzen Fahrplan auswendig, denn das einzige, was ihm Freude machte, waren Eisenbahnen, und er verbrachte seine Zeit auf dem Bahnhof, schaute, wie die Züge ankamen und wie sie wegfuhren. Er bestaunte die Wagen, die Kraft der Lokomotiven, die Größe der Räder, bestaunte die aufspringenden Kondukteure und den Bahnhofsvorstand.

Er kannte jeden Zug, wußte, woher er kam, wohin er ging, wann er irgendwo ankommen wird und welche Züge von da wieder abfahren und wann diese ankommen werden.

Er wußte die Nummern der Züge, er wußte, an welchen Tagen sie fahren, ob sie einen Speisewagen haben, ob sie die Anschlüsse abwarten oder nicht. Er wußte, welche Züge Postwagen führen und wieviel eine Fahrkarte nach Frauenfeld, nach Olten, nach Niederbipp oder irgendwohin kostet.

Er ging in keine Wirtschaft, ging nicht ins Kino, nicht spazieren, er besaß kein Fahrrad, keinen Radio, kein Fernsehen, las keine Zeitungen, keine Bücher, und wenn er Briefe bekommen hätte, hätte er auch diese nicht gelesen. Dazu fehlte ihm die Zeit, denn er verbrachte seine Tage im Bahnhof, und nur wenn der Fahrplan wechselte, im Mai und im Oktober, sah man ihn einige Wochen nicht mehr.

Dann saß er zu Hause an seinem Tisch und lernte auswendig, las den neuen Fahrplan von der ersten bis zur letzten Seite, merkte sich die Änderungen und freute sich über sie.

Es kam auch vor, daß ihn jemand nach einer Abfahrtszeit fragte. Dann strahlte er übers ganze Gesicht und wollte genau wissen, wohin die Reise gehe, und wer ihn fragte, verpaßte die Abfahrtszeit bestimmt, denn er ließ den Frager nicht mehr los, gab sich nicht damit zufrieden, die Zeit zu nennen, er nannte gleich die Nummer des Zuges, die Anzahl der Wagen, die möglichen Anschlüsse, die Fahrzeiten; erklärte, daß man mit diesem Zug nach Paris fahren könne, wo man umsteigen müsse und wann man ankäme, und er begriff nicht, daß das die Leute nicht interessierte. Wenn ihn aber jemand stehenließ und weiterging, bevor er sein ganzes Wissen erzählt hatte, wurde er böse, beschimpfte die Leute und rief ihnen nach: »Sie haben keine Ahnung von Eisenbahnen!«

Er selbst bestieg nie einen Zug.

Das hätte auch keinen Sinn, sagte er, denn er wisse ja zum voraus, wann der Zug ankomme.

»Nur Leute mit schlechtem Gedächtnis fahren Eisenbahn«, sagte er, »denn wenn sie ein gutes Gedächtnis hätten, könnten sie sich doch wie ich die Abfahrts- und Ankunftszeit merken, und sie müßten nicht fahren, um die Zeit zu erleben.«

Ich versuchte, es ihm zu erklären, ich sagte: »Es gibt aber Leute, die freuen sich über die Fahrt, die fahren gern Eisenbahn und schauen zum Fenster hinaus und schauen, wo sie vorbeikommen.«

Da wurde er böse, denn er glaubte, ich wolle ihn auslachen, und er sagte: »Auch das steht im Fahrplan, sie kommen an Luterbach vorbei und an Deitigen, an Wangen, Niederbipp, Önsingen, Oberbuchsiten, Egerkingen und Hägendorf.«

»Vielleicht müssen die Leute mit der Bahn fahren, weil sie irgendwohin wollen«, sagte ich.

»Auch das kann nicht wahr sein«, sagte er, »denn fast alle kommen irgend einmal zurück, und es gibt sogar Leute, die steigen jeden Morgen hier ein und kommen jeden Abend zurück – so ein schlechtes Gedächtnis haben sie.«

Und er begann, die Leute auf dem Bahnhof zu beschimpfen. Er rief ihnen nach: »Ihr Idioten, ihr habt kein Gedächtnis.« Er rief ihnen nach: »An Hägendorf werdet ihr vorbeikommen«, und er glaubte, er verderbe ihnen damit den Spaß.

Er rief: »Sie Dummkopf, Sie sind schon gestern gefahren.« Und als die Leute nur lachten, begann er sie von den Trittbrettern zu reißen und beschwor sie, ja nicht mit dem Zug zu fahren.

»Ich kann Ihnen alles erklären«, schrie er, »Sie kommen um

14 Uhr 27 an Hägendorf vorbei, ich weiß es genau, und Sie werden es sehen, Sie verbrauchen Ihr Geld für nichts, im Fahrplan steht alles.«

Bereits versuchte er, die Leute zu verprügeln.

»Wer nicht hören will, muß fühlen«, rief er.

Da blieb dem Bahnhofsvorstand nichts anderes übrig, als dem Mann zu sagen, daß er ihm den Bahnhof verbieten müsse, wenn er sich nicht anständig aufführe. Und der Mann erschrak, weil er ohne Bahnhof nicht leben konnte, und er sagte kein Wort mehr, saß den ganzen Tag auf der Bank, sah die Züge ankommen und die Züge wegfahren, und nur hie und da flüsterte er einige Zahlen vor sich hin, und er schaute den Leuten nach und konnte sie nicht begreifen.

Hier wäre die Geschichte eigentlich zu Ende.

Aber viele Jahre später wurde im Bahnhof ein Auskunftsbüro eröffnet. Dort saß ein Beamter in Uniform hinter dem Schalter, und er wußte auf alle Fragen über die Bahn eine Antwort. Das glaubte der Mann mit dem Gedächtnis nicht, und er ging jeden Tag ins neue Auskunftsbüro und fragte etwas sehr Kompliziertes, um den Beamten zu prüfen.

Er fragte: »Welche Zugnummer hat der Zug, der um 16 Uhr 24 an den Sonntagen im Sommer in Lübeck ankommt?«

Der Beamte schlug ein Buch auf und nannte die Zahl.

Er fragte: »Wann bin ich in Moskau, wenn ich hier mit dem Zug um 6 Uhr 59 abfahre?«, und der Beamte sagte es ihm.

Da ging der Mann mit dem Gedächtnis nach Hause, verbrannte seine Fahrpläne und vergaß alles, was er wußte.

Am andern Tag aber fragte er den Beamten: »Wie viele Stufen hat die Treppe vor dem Bahnhof?«, und der Beamte sagte: »Ich weiß es nicht.«

Jetzt rannte der Mann durch den ganzen Bahnhof, machte Luftsprünge vor Freude und rief: »Er weiß es nicht, er weiß es nicht.«

Und er ging hin und zählte die Stufen der Bahnhoftreppe und prägte sich die Zahl in sein Gedächtnis ein, in dem jetzt keine Abfahrtszeiten mehr waren.

Dann sah man ihn nie mehr im Bahnhof.

Er ging jetzt in der Stadt von Haus zu Haus und zählte die Treppenstufen und merkte sie sich, und er wußte jetzt Zahlen, die in keinem Buch der Welt stehen.

Als er aber die Zahl der Treppenstufen in der ganzen Stadt kannte, kam er auf den Bahnhof, ging an den Bahnschalter, kaufte sich eine Fahrkarte und stieg zum ersten Mal in seinem Leben in einen Zug, um in eine andere Stadt zu fahren und auch dort die Treppenstufen zu zählen, und dann weiterzufahren, um die Treppenstufen in der ganzen Welt zu zählen, um etwas zu wissen, was niemand weiß und was kein Beamter in Büchern nachlesen kann.

Peter Handke
Das Umfallen der Kegel von einer bäuerlichen Kegelbahn

Zwei Österreicher, ein Student und sein jüngerer Bruder, ein Zimmermann, die sich gerade für kurze Zeit in Westberlin aufhielten, stiegen an einem ziemlich kalten Wintertag – es war Mitte Dezember – nach dem Mittagessen in die S-Bahn Richtung Friedrichstraße am Bahnhof Zoologischer Garten, um in Ostberlin Verwandte zu besuchen.

In Ostberlin angekommen, erkundigten sich die beiden bei Soldaten der Volksarmee, die am Ausgang des Bahnhofs vorbeigingen, nach einer Möglichkeit, Blumen zu kaufen. Einer der Soldaten gab Auskunft, wobei er, statt sich umzudrehen und mit den Händen den Weg zu zeigen, vielmehr den Neuankömmlingen ins Gesicht schaute. Trotzdem fanden die beiden, nachdem sie die Straße überquert hatten, bald das Geschäft; es wäre eigentlich schon vom Ausgang des Bahnhofs zu sehen gewesen, so daß sich das Befragen der Soldaten im nachhinein als unnötig erwies. Vor die Wahl zwischen Topf- und Schnittpflanzen gestellt, entschieden sich die beiden nach längerer Unschlüssigkeit – die Verkäuferin bediente unterdessen andre Kunden – für Schnittpflanzen, obwohl gerade an Topfpflanzen in dem Geschäft kein Mangel herrschte, während es an Schnittpflanzen nur zwei Arten von Blumen gab, weiße und gelbe Chrysanthemen. Der Student, als der wortgewandtere der beiden, bat die Verkäuferin, ihm je zehn weiße und gelbe Chrysanthemen, die noch nicht zu sehr aufgeblüht seien, auszusuchen und einzuwickeln. Mit dem ziemlich großen Blumenstrauß, den der Zimmermann trug, gingen die beiden Besucher, nachdem sie die Straße, vorsichtiger als beim ersten Mal, überquert hatten, durch eine Unterführung zur anderen Seite des Bahnhofs, wo sich ein Taxistand befand. Obwohl schon einige Leute warteten und das Telefon in der Rufsäule ununterbrochen schrillte, ohne daß einer

Das Umfallen der Kegel von einer bäuerlichen Kegelbahn 321

der Taxifahrer es abnahm, dauerte es nicht lange, bis die beiden, die als einzige nicht mit Koffern und Taschen bepackt waren, einsteigen konnten. Neben seinem Bruder hinten im Auto, in dem es recht warm war, nannte der Student dem Fahrer eine Adresse in einem nördlichen Stadtteil von Ostberlin. Der Taxifahrer schaltete das Radio ab. Erst als sie schon einige Zeit fuhren, fiel dem Studenten auf, daß in dem Taxi gar kein Radio war.

Er schaute zur Seite und sah, daß sein Bruder das Blumenbukett unverhältnismäßig sorgfältig in beiden Armen hielt. Sie redeten wenig. Der Taxifahrer fragte nicht, woher die beiden kämen. Der Student bereute, in einem so leichten, ungefütterten Mantel die Reise angetreten zu haben, zumal auch noch unten ein Knopf abgerissen war.

Als das Taxi hielt, war es draußen heller geworden. Der Student hatte sich schon so an den Aufenthalt im Taxi gewöhnt, daß es ihm Mühe machte, die Gegenstände draußen wahrzunehmen. Er bemerkte voll Anstrengung, daß sich zur einen Seite der Straße nur Schrebergärten mit niedrigen Hütten befanden, während die Häuser auf der anderen Seite, für die Augen des Studenten, mühsam weit von der Straße entfernt standen oder aber, wenn sie näher an der Straße waren, gleichfalls anstrengend niedrig waren; zudem waren die Sträucher und kleinen Bäume mit Rauhreif bedeckt, ein Grund mehr dafür, daß es draußen plötzlich heller geworden war. Der Taxifahrer stellte den Fahrgästen auf deren Verlangen eine Quittung aus; da es ziemlich lange dauerte, bis er das Quittungsbuch gefunden hatte, konnten die Brüder die Fenster des Hauses mustern, das sie vorhatten aufzusuchen. In der Straße, in der sonst gerade kein Auto fuhr, mußte das Taxi, besonders als es anhielt, wohl aufgefallen sein; sollte die Tante der beiden das Telegramm, das sie gestern in Westberlin telefonisch durchgegeben hatten, noch nicht bekommen haben? Die Fenster blieben leer; keine Haustür ging auf.

Während er die Quittung zusammenfaltete, stieg der Student vor seinem Bruder, der, die Blumen in beiden Armen, sich ungeschickt erhob, aus dem Taxi. Sie blieben draußen, am Zaun eines

Schrebergartens, stehen, bis das Taxi gewendet hatte. Der Student ertappte sich selber dabei, wie er sich die Haare mit einem Finger ein wenig aus der Stirn strich. Sie gingen über den Vorhof zum Eingang hin, über dem die Nummer angebracht war, an die der Student früher, als er der Frau noch schrieb, die Briefe adressiert hatte. Sie waren unschlüssig, wer auf die Klingel drücken sollte; schließlich, noch während sie leise redeten, hatte schon einer von ihnen auf den Knopf gedrückt. Ein Summen im Haus war nicht zu hören. Sie stiegen beide rückwärts von den Eingangsstufen herunter und wichen ein wenig vom Eingang zurück; der Zimmermann entfernte eine Stecknadel aus dem Blumenbukett, ließ aber den Strauß eingewickelt. Der Student erinnerte sich, daß ihm die Frau, als er noch Briefmarken sammelte, in jedem Brief viele neue Sondermarken der DDR mitschickte. Plötzlich, noch bevor die beiden das zugehörige Summen hörten, sprang die Haustür klickend auf; erst als sie schon einen Spalt breit offenstand, hörten die beiden ein Summen, das noch anhielt, nachdem sie schon lange eingetreten waren. Einmal im Stiegenhaus, grinsten beide. Der Zimmermann zog das Papier von dem Strauß und stopfte es in die Manteltasche. Über ihnen ging eine Tür auf, zumindest mußte es so sein; denn als die beiden so weit gestiegen waren, daß sie hinaufschauen konnten, stand oben schon die Tante in der offenen Tür und schaute zu ihnen hinunter. An dem Verhalten der Frau, als sie der beiden ansichtig wurde, erkannten sie, daß das Telegramm wohl noch immer nicht angekommen war. Die Tante, nachdem sie den Namen des Studenten – Gregor – gerufen hatte, war sogleich zurück in die Wohnung gelaufen, kam aber ebenso schnell wieder daraus hervor und umarmte die Besucher, noch bevor diese den Treppenabsatz erreicht hatten. Ihr Verhalten war derart, daß Gregor alle Vorbehalte vergaß und ihr nur zuschaute; vor lauter Schrecken oder warum auch immer war ihr Hals ganz kurz geworden.

Sie ging zurück in die Wohnung, öffnete Türen, sogar die Tür eines Nachtkästchens, schloß ein Fenster, kam dann aus der Küche hervor und sagte, sie wollte sofort Kaffee machen. Erst als alle im Wohnzimmer waren, fiel ihr der zweite Besucher auf, der ihr schon im Flur die Blumen überreicht hatte und nun ein wenig sinnlos im Zimmer stand. Die Erklärung des Studenten, es handle sich um den zweiten Neffen, den sie, die Tante, doch bei ihrem Urlaub in Österreich vor einigen Jahren gesehen habe, beantwortete die Frau damit, daß sie stumm in ein andres Zimmer ging und die beiden in dem recht kleinen, angeräumten Wohnraum einige Zeit stehen ließ.

Als sie zurückkehrte, war es draußen schon ein wenig dunkler geworden. Die Tante umarmte die beiden und erklärte, sie hätte sich schon draußen auf der Treppe, bei der ersten Begrüßung, gewundert, daß Hans – so hieß der Zimmermann – sie auf den Mund geküßt hatte. Sie hieß die beiden, sich zu setzen, und stellte rund um den Kaffeetisch Sessel zurecht, während sie sich dabei schon nach einer Vase für die Blumen umschaute. Zum Glück, sagte sie, habe sie gerade heute Kuchen eingekauft. (Sie sagt »eingekauft« statt »gekauft«, wunderte sich der Student.) Diese teuren Blumen! Sie habe sich gerade zum Mittagsschlaf hingelegt, als es geläutet habe. »Dort drüben« – der Student schaute aus dem Fenster, während sie redete – »steht ein Altersheim.« Die beiden würden doch wohl bei ihr übernachten? Hans erwiderte, sie hätten gerade in Westberlin zu Mittag gegessen, und beteuerte, nachdem er aufgezählt hatte, was sie gegessen hatten, sie seien jetzt, wirklich, satt. Während er das sagte, legte er die Hand auf den Tisch, so daß die Frau den kleinen Finger erblickte, von dem die Motorsäge, als Hans einmal nicht bei der Sache war, ein Glied abgetrennt hatte. Sie ließ ihn nicht zu Ende sprechen, sondern ermahnte ihn, da er sich doch schon einmal ins Knie gehackt habe, beim Arbeiten aufmerksamer zu sein. Dem Studenten, dem schon im Flur der Mantel abgenommen worden war, wurde es noch kälter, als er, indem er sich umschaute, hinter sich das Bett sah, auf dem die Frau gerade noch geschlafen hatte. Sie bemerkte, daß er die Schultern in der üblichen Weise zusammenzog, und stellte, während sie erklärte, sie selber lege sich einfach nieder, wenn ihr kalt sei, einen elektrischen Heizkörper hinter ihm auf das Bett.

Der Wasserkessel in der Küche hatte schon vor einiger Zeit zu pfeifen angefangen, ohne daß das Pfeifen unterdessen stärker geworden war; oder hatten die beiden den Anfang des Pfeifens nur überhört? Jedenfalls blieben die Armlehnen der Sessel, selbst der Stoff, mit dem die Sessel überzogen waren, kalt. Warum »jedenfalls«? fragte sich der Student, die gefüllte Kaffeetasse in beiden Händen, einige Zeit darauf. Die Frau deutete seinen Gesichtsausdruck, indem sie ihm mit einer schnellen Bewegung Milch in den Kaffee goß; den folgenden Satz des Studenten, der feststellte, sie habe ja einen Fernsehapparat im Zimmer, legte sie freilich so aus, daß sie, die Milchkanne noch in der Hand, den einen Schritt zu dem Apparat hintat und diesen einschaltete. Als der Student darauf den Kopf senkte, erblickte er auf der Oberfläche des Kaffees große Fetzen der Milchhaut, die sofort nach oben getrieben sein mußten. Er verfolgte den gleichen Vorgang bei seinem Bruder: ja, so mußte es gewesen sein. Ab jetzt hütete er sich, im Gespräch etwas, was er sah oder hörte, auch noch festzustellen, aus Furcht, seine Feststellungen könnten von der Frau *ausgelegt* werden. Der Fernsehapparat hatte zwar zu rauschen angefangen, aber noch ehe Bild und Ton ganz deutlich wurden, hatte die Frau ihn wieder abgeschaltet und sich, indem sie immer wieder von dem einen zum andern schaute, zu den beiden gesetzt. Es konnte losgehen! Halb belustigt, halb verwirrt, ertappte sich der Student bei diesem Satz. Statt ein Stück von dem Kuchen abzubeißen und darauf, das Stück Kuchen noch im Mund, einen Schluck von dem Kaffee zu nehmen, nahm er zuerst einen Mund voll von dem Kaffee, den er freilich, statt ihn gleich zu schlucken, vorn zwischen den Zähnen behielt, so daß die Flüssigkeit, als er den Mund aufmachte, um in den Kuchen zu beißen, zurück in die Tasse lief. Der Student hatte die Augen leicht geschlossen gehabt, vielleicht hatte das zu der Verwechslung geführt; aber als er jetzt die Augen aufmachte, sah er, daß die Tante Hans anschaute, der soeben mit einer schwerfälligen Geste, mit der ganzen Hand, das Schokoladeplätzchen ergriff und es, förmlich unter den Blicken der Frau, schnell in den Mund hinein steckte. »Das kann einfach nicht wahr sein!« rief der Student, vielmehr, die Frau war es, die das sagte, während sie auf das Buch zeigte, das auf ihrem Nachtkästchen lag, die Lebensbeschreibung eines berühmten Chirurgen, wie sich der Student sofort verbesserte; als Lesezeichen diente ein Heiligenbildchen. Es war kein Grund zur Beunruhigung.

Je länger sie redeten, sie hatten schon vor einiger Zeit ein Gespräch angefangen, so als ob sie gar nicht an einem Tisch oder wo auch immer säßen – desto mehr wurde den beiden, die jetzt kaum mehr, wie kurz nach dem Eintritt, Blicke wechselten, die Umgebung selbstverständlich. Das Wort »selbstverständlich« kam auch immer häufiger in ihren Gesprächen vor. Lange Zeit waren dem Studenten die Reden der Tante unglaubwürdig gewesen; jetzt aber, mit der Zunahme der Wärme im Zimmer, konnte er sich das, was die Frau sprach, geschrieben vorstellen, und so, geschrieben, erschien es ihm glaubhaft. Trotzdem war es im Zimmer so kalt, daß der Kaffee, der unterdessen eher schon lau war, dampfte. Die Widersprüche, ging es dem Studenten durch den Kopf, häuften sich. Draußen fuhren keine Autos vorbei. Dementsprechend fingen auch die meisten Sätze der Tante mit dem Wort »Draußen« an. Das dauerte so lange, bis der Student sie unterbrach, auf das Stokken der Frau sich jedoch entschuldigte, daß er sie unterbrochen hätte, ohne selber etwas sagen zu wollen. Jetzt wollte niemand wieder als erster zu reden anfangen; das Ergebnis war eine Pause, die der Zimmermann plötzlich beendete, indem er von seinem kurz bevorstehenden Einrücken zum österreichischen Bundesheer erzählte; die Tante, weil Hans in einem ihr fremden Dialekt redete, verstand »Stukas von Ungarn her« und schrie auf; der Student beruhigte sie, indem er einige Male das Wort »Draußen« gebrauchte. Es fiel ihm auf, daß die Frau von jetzt an jedesmal, wenn er einen Satz sprach, diesen Satz sofort nachsprach, als traue sie ihren Ohren nicht mehr; damit nicht genug, nickte sie schon bei den Einleitungswörtern zu bestimmten Sätzen des Studenten, so daß dieser allmählich wieder unsicher wurde und einmal mitten im Satz aufhörte. Das Ergebnis war ein freundliches Lachen der Tante und darauf ein »Danke«, so als hätte er ihr mit einem Wort beim Lösen des Kreuzworträtsels geholfen. In der Tat erblickte der Student kurz darauf auf dem Fensterbrett eine Seite der Ostberliner Zeitung »BZ am Abend« mit einem kaum ausgefüllten Kreuzworträtsel. Neugierig bat er die Frau, das Rätsel ansehen zu dürfen – er gebrauchte den Ausdruck »überfliegen« –, doch als er merkte, daß die Fragen kaum anders waren als üblich, nur daß einmal nach der Bezeichnung eines »aggressiven Staates im Nahen Osten« gefragt wurde, reichte er die Zeitung seinem Bruder, der sich, obwohl er schon am Vormittag das Rätsel in der westdeutschen Illustrierten »Stern« gelöst hatte, sofort ans Lösen auch dieses Kreuzworträtsels machen wollte. Aber nicht das Suchen von Hans nach einem Bleistift war es, was den Studenten verwirrte, sondern das jetzt unerträglich leere Brett vor dem Fenster; und er bat den Bruder gereizt, die Zeitung zurück »auf ihren Platz« zu legen; die Formulierung »auf ihren Platz« kam ihm jedoch, noch bevor er sie aussprach, so lächerlich vor, daß er gar nichts sagte, sondern aufstand und mit der Bemerkung, er wolle sich etwas umschauen, zur Tür hinausging. Eigentlich war aber, so verbesserte er sich, die Tante hinausgegangen, und er folgte ihr, angeblich, um einen Blick in die anderen Räume zu tun. In Wirklichkeit aber... Dem Studenten fiel auf, daß vielmehr, als vorhin der Fernsehapparat gelaufen war, der Sprecher des Deutschen Fernsehfunks das Wort »Angeblich« gebraucht hatte; in Wirklichkeit aber war das Wort gar nicht gefallen.

Überall das gleiche Bild. »Überall das gleiche Bild«, sagte die Frau, indem sie ihm die Tür zur Küche aufmachte, »auch hier drin ist es kalt«, erwiderte der Student, »auch *dort* drin«, verbesserte ihn die Frau. »Was macht ihr denn hier *draußen*?« fragte Hans, der ihnen, die Zeitung mit dem Kreuzworträtsel in der Hand, in den Flur gefolgt war. »Gehen wir wieder hinein!« sagte der Student. »Warum?« fragte Hans. »Weil ich es *sage*«, erwiderte der Student. Niemand hatte etwas gesagt.

In das Wohnzimmer, in das sich alle wieder begeben hatten, weil dort, wie die Frau wiederholte, noch etwas Kaffee auf sie wartete, klang das Klappern von Töpfen aus der Küche herein wie das ferne Umfallen der Kegel von einer bäuerlichen Kegelbahn in einem tiefen und etwas unheimlichen Wald. Der Student, dem dieser Vergleich auffiel, fragte die Tante, wie sie, die doch ihren Lebtag lang in der Stadt gelebt habe, auf einen solchen Vergleich gekommen sei; zur gleichen Zeit, als er das sagte, erinnerte er sich desselben Ausdrucks in einem Brief des Dichters Hugo von Hofmannsthal, ohne daß freilich das Verglichene dort, eine Einladung, sich an einer Dichterakademie zu beteiligen, dem Verglichenen hier, dem Klappern der Töpfe aus der Küche herein in das Wohnzimmer, auch nur vergleichsweise ähnlich war.

Da der Student horchend den Kopf zur Seite geneigt hatte, konnte es nicht ausbleiben, daß die Tante, die jedes Verhalten der beiden Besucher auszulegen versuchte, mit der Bemerkung, sie wolle doch den Vögeln auf dem Balkon etwas Kuchen streuen, mit einer schnell gehäuften Hand voll Krumen ins andre Zimmer ging, um von dort, wie sie, schon im anderen Zimmer, entschuldigend rief, auf den Balkon zu gelangen. Also war, so fiel dem Studenten jetzt auf, auch das Klappern der Töpfe in der Küche nur ein *Vergleich* für die Vögel gewesen, die, indem sie auf dem leeren Backblech umherhüpften, das die Frau vorsorglich auf den Balkon gestellt hatte, dort vergeblich mit ihren Schnäbeln nach Futter pickten. Einigermaßen befremdet beobachteten die beiden die Tante, die sich wie selbstverständlich draußen auf dem Balkon bewegte; befremdet deswegen, weil sie sich nicht erinnern konnten, die Frau jemals draußen gesehen zu haben, während sie selber, die Zuschauer, drinnen saßen; ein seltsames Schauspiel. Der Student schrak auf, als ihn Hans, ungeduldig geworden, zum wiederholten Mal nach einem anderen Wort für »Hausvorsprung« fragte; »Balkon« antwortete die Tante, die gerade in einem ihrer Fotoalben nach einem bestimmten Foto suchte, für den Studenten; »Erker«, fuhr der Student, indem er die Frau nicht aussprechen ließ, gerade noch zur rechten Zeit dazwischen. Er atmete so lange aus, bis er sich erleichtert fühlte. Das war ja noch einmal gutgegangen! Eine Papierserviette hatte den übergelaufenen Kaffee sofort aufgesaugt.

Wenn sie es auch nicht ausgesprochen hatten, so hatten sie doch

alle drei die ganze Zeit nur an den Telegrammboten gedacht, der noch immer auf sich warten ließ. Jetzt stellte sich aber heraus, daß die Tante, obwohl es doch schon später Nachmittag war, noch gar nicht in ihren Briefkasten geschaut hatte. Hans wurde mit einem Schlüssel nach unten geschickt. Wie seltsam er den Schlüssel in der Hand hält! dachte der Student. Wie bitte? fragte die Tante verwirrt. Aber Hans kehrte schon, den Schlüssel geradeso in der Hand, wie er mit ihm weggegangen war, ins Wohnzimmer zurück. »Ein Arbeiter in einem Wohnzimmer!« rief der Student, der einen Witz machen wollte. Niemand widersprach ihm. Ein schlechtes Zeichen! dachte der Student. Wie um ihn zu verhöhnen, rieb sich die Katze, die er bis jetzt vergessen hatte wahrzunehmen, an seinen Beinen. Die Tante suchte gerade nach einem Namen, der ihr entfallen war; es handelte sich um den Namen einer alten Dame, die ...
– die alte Dame mußte jedenfalls ein Adelsprädikat in ihrem Namen haben; in Österreich waren zum Glück die Adelsprädikate abgeschafft.

Inzwischen war es draußen dunkel geworden. Der Student hatte am Vormittag in der »Frankfurter Allgemeinen Zeitung« ein japanisches Gedicht über die Dämmerung gelesen: »Der schrille Pfiff eines Zuges machte die Dämmerung ringsum nur noch tiefer.« Der schrille Pfiff eines Zuges machte die Dämmerung ringsum nur noch tiefer. In diesem Stadtteil freilich fuhr kein Zug. Die Tante probierte verschiedene Namen aus, während Hans und Gregor nicht von ihr wegschauten. Schließlich hatte sie das Telefon vor sich hin auf den Tisch gestellt und die Hand darauf gelegt, wobei sie freilich, ohne den Hörer abzunehmen, noch immer mit gerunzelter Stirn, auf der Suche nach dem Namen der alten Dame, das Alphabet durchbuchstabierte. Auch als sie schon in die Muschel sprach, fiel dem Studenten nur auf, daß sie ihm dabei, mit dem Kopf darauf deutend, ein Foto hinhielt, das ihn, den Studenten, als Kind zeigte, mit einem Gummiball, »neben den Eltern im Fotoatelier sitzend«.

»Laufend, haltend, SAUGEND...« – wie immer, wenn er Fotos oder ›BILDER sah, fielen dem Studenten nur Zeitwörter in dieser Form ein; so auch: »neben den Eltern im Fotoatelier SITZEND«.

Die Tante, die an die Person, zu der sie ins Telefon sprach, die Anrede »Sie« gerichtet hatte – das wirkte auf alle sehr beruhigend –, hatte plötzlich, nachdem sie eine Weile, den Hörer am Ohr, geschwiegen hatte, das Wort »Du« in den Hörer gesprochen. Der Student war darauf so erschrocken, daß ihm auf der Stelle der Schweiß unter den Achseln ausgebrochen war; während er sich kratzte – der Schweiß juckte heftig –, überzeugte er sich, daß es seinem Bruder ähnlich ergangen war: auch dieser kratzte sich gerade wild unter den Armen.

Es war aber nicht mehr geschehen, als daß auf den Anruf hin der Bruder der Frau und dessen Frau von einem anderen Stadtteil Ostberlins aufgebrochen waren und auch bald schon, ohne erst unten an der Haustür zu läuten, wie Bekannte an die Tür geklopft hatten, um die beiden Neffen aus Österreich noch einmal zu sehen. Die Frau hatte aus dem Balkonzimmer zwei Sessel für die Neuankömmlinge hereingetragen und darauf in der Küche Tee für alle aufgestellt. Die Töpfe hatten geklappert, der Onkel, der an Asthma litt, hatte sich heftig auf die Brust geschlagen, seine Frau hatte, indem sie bald das Gespräch auf die Studenten in Westberlin brachte, gemeint, sie würde alle einzeln an den Haaren aufhängen wollen. Von der Toilette zurückgekehrt, wo er sich die Hände gewaschen hatte, waren dem Studenten diese inzwischen so trocken geworden, daß er die Tante um eine Creme hatte bitten müssen. Die Frau hatte das aber wieder so ausgelegt, daß sie den Studenten und seinen Bruder dazu noch mit Parfüm »Tosca« besprühte, das jene alte Dame, deren Name ihr nicht eingefallen war, bei ihrem letzten Besuch mitgebracht hatte. Schließlich war es Zeit zum Aufbruch geworden, weil die Aufenthaltserlaubnis der beiden für Ostberlin um Mitternacht ablaufen sollte. Der Onkel hatte einen Taxistand angerufen, ohne daß freilich jemand sich gemeldet hatte. Trotzdem hatte den Studenten die Vorvergangenheit, in der all das abgelaufen war, allmählich wieder beruhigt. Den Onkel, der noch immer den Hörer am Ohr hielt und es läuten ließ, und dessen Frau im Wohnzimmer zurücklassend, hatten sich die beiden Besucher, schon in den Mänteln, mit der Tante hinaus in den Flur begeben; die Hände an der Wohnungstür, hatten sie noch einmal gewartet, ob sich, wenn auch an anderen Taxiplätzen, doch noch ein Taxi melden würde. Sie waren schon, die Tante in der Mitte, die Stiege hinuntergegangen, als

Kein »Als«.

Mit der Tante, die sich in die beiden eingehängt hatte, waren sie, mit den Zähnen schnackend vor Kälte, zur Straßenbahnhaltestelle gegangen. Die Frau hatte ihnen, da sie kein Kleingeld hatten, die Münzen für die Straßenbahn zugesteckt. Als die Straßenbahn gekommen war, waren sie, indem sie der Frau draußen noch einmal zuwinkten, schnell eingestiegen, um noch rechtzeitig den Bahnhof Friedrichstraße zu erreichen.

Zu spät bemerkte der Student, daß sie gar nicht eingestiegen waren.

Christoph Hein
Der neuere (glücklichere) Kohlhaas

Bericht über einen Rechtshandel
aus den Jahren 1972/73

Die Szene ist H., eine Stadt im Thüringischen, gelegen an der oberen Werra, Kreisstadt des Verwaltungsbezirks Suhl.

Hubert K., Buchhalter in der volkseigenen Stuhlfabrik der Stadt, verheiratet und Vater eines Sohnes, galt bei seinen Nachbarn und Kollegen als das Muster eines *Rechnungsführers*; und nach allgemeiner Ansicht der unterrichteten Bürger war auch das spätere Geschehen selbst eine Folge allzu genauer Lebensführung unseres Mannes, und sein häufig zur Erklärung seiner Handlung erfolgter – und ebensogern, wenn auch zumeist ironisch zitierter – Ausspruch, er habe nichts wollen, als sich *sein Recht schaffen*, wurde von den gleichen Bürgern kurz und bündig als Kleinkrämerei abgetan. Die hinter diesem Wort versteckte und dennoch in ihm sich deutlich veröffentlichende Haltung seiner Mitbürger verbitterte Hubert K., brachte ihn dazu, das Gericht anzurufen und führte ihn schließlich soweit, eben diesen Ort für immer – wie er damals meinte – zu meiden, der ihm nichts als sein Recht schaffen sollte und darin versagte; versagte bis man anderen Orts sich seiner Klage und der Gerechtigkeit annahm.

Hubert K. war im September 1972, wenige Tage nachdem er mit seiner Frau und dem vierjährigen Sohn aus seinem Urlaubsort an einem Brandenburger See zurückkehrte, bei der *Konfliktkommission* seines Betriebes erschienen und hatte vom Vorsitzenden dieser Kommission, einem Meister aus dem Bereich der Vorfertigung, verlangt, eine Klage zur Verhandlung zu bringen, die, gegen die Betriebs- wie auch Gewerkschaftsleitung gerichtet, vierzig Mark zum Gegenstand habe. In seinem Urlaub, erklärte der Antragsteller, habe er in Gesprächen mit Angestellten eines anderen, gleichfalls volkseigenen Betriebes zu der Überzeugung gelangen müssen, daß er im Januar des Jahres ohne seine Schuld und allein durch eine fehlerhafte Entscheidung der von ihm jetzt und darum angeklagten Leitungen vierzig Mark eingebüßt habe.

In jenem ersten Monat des Jahres war an alle im Betrieb tätigen Personen eine Prämie gezahlt worden, die, versprochen schon bei der Anfertigung der vorgesehenen Stückzahl Stühle, diesmal, in der Folge einer gesteigerten Produktion vermittels hier nicht weiter interessierender, rationeller gestalteter Arbeitsabläufe, über der erwarteten Geldsumme lag.

Hubert K. vermißte allerdings nach kurzer Überprüfung des bekanntgegebenen Verteilungsmodus vierzig Mark bei der ihm überreichten Summe und erfuhr, nach einer weiteren und diesmal genaueren Berechnung seiner Prämie, die ihn zu gleichen Ergebnissen führte, nämlich zu einem gleich hohen Fehlbetrag, daß man ihm wie allen anderen, die im vergangenen Jahr durch Krankheit gezwungen waren, einige Arbeitstage dem Betrieb fernzubleiben, eine entsprechende Geldsumme abgezogen hatte. Tatsächlich war er im März und April infolge eines Nierenleidens dreizehn aufeinanderfolgende Tage verhindert gewesen, seine Arbeit zu verrichten. Hubert K. war über die geschrumpfte Geldsumme, weit mehr jedoch über die ihm gegebene Begründung erbost, die ihm ein Ausdruck *unsozialer Denkungsart* schien.

Zwei Damen, die mit ihm im Büro arbeiteten und von denen eine gleichfalls die Minderung ihrer Prämie einer Krankheit wegen hatte hinnehmen müssen, versuchten, ihn zu beschwichtigen, darauf verweisend, daß er ja, gleich ihnen, mehrere hundert Mark zusätzlich erhalten habe, was eine erfreuliche, zusätzliche Geldeinnahme und ein mehr als hinreichender Grund sei, an diesem Nachmittag – wir erinnern uns, es war im Januar – bei Kuchen und einem Täßchen Kaffee einander zu erzählen, welche Anschaffungen jeder für die nächsten Tage beabsichtige. Als eine der Damen aufstand und sich anbot, den Kuchen nicht wie sonst üblich in der betriebseigenen Kantine, sondern in einer in der Nähe des Werksgeländes befindlichen Konditorei zu kaufen, äußerte Hubert K., es gehe ihm keineswegs um bloße vierzig Mark, vielmehr um ein

Prinzip, und darum sehe er bedauerlicherweise keinen Anlaß zu einer Kaffeerunde.

An jenem Nachmittag arbeitete er verärgert, aber ansonsten ungestört an seinem Schreibtisch, da sich die zwei Damen entschlossen hatten, in einem benachbarten Zimmer mit zugänglicheren Kollegen die zwar erwartete, doch überraschend hohe Prämie zu feiern.

Als er am späten Nachmittag dieses für ihn, wie er meinte, unerfreulichen Tages seine Frau, Elvira K., Angestellte der Deutschen Post in H., in der gemeinsamen Wohnung antraf, nötigte er sie, sich in aller Ausführlichkeit die an ihm – aber auch an anderen, wie er betonte – begangene Ungerechtigkeit anzuhören, und nur unwillig, und erst nach ihren drängenden Fragen, berichtete er auch, an diesem Tag mehrere hundert Mark als die schon angekündigte Jahresprämie erhalten und nach Hause gebracht zu haben. Er war nicht bereit, an dem gleichen Abend einen bereits ausgesuchten und bei einer Verkäuferin hinterlegten Mantel zu erwerben, noch bei einer Flasche Wein im engen Familienkreis das außergewöhnliche Ereignis zu würdigen, wie es an sich bei solchen und ähnlichen Gelegenheiten ihm und seiner Frau zur Gewohnheit geworden war.

Wenn wir von gelegentlichen, aber seltener werdenden verärgerten Anmerkungen Hubert K.s und einem bald verebbenden Spott seiner beiden Kolleginnen absehen, war für alle Beteiligten jene *Prämienminderung* aus Krankheitsgründen schnell vergessen, oder genauer: scheinbar vergessen. Denn ein dreiviertel Jahr später, als Hubert K. mit seiner Frau Elvira und dem vierjährigen Konstantin an seinem Urlaubsort, einem Bungalowdorf seines Betriebes an einem Brandenburger See, eintraf, sollte es sich zeigen, daß eben dieser Vorfall keineswegs aus dem Bewußtsein unseres Helden gelöscht war, sondern sich vielmehr, und vielleicht nur, weil die ganze Angelegenheit im Januar nicht restlos geklärt worden war, schmerzend in die Gedankenwelt Hubert K.s eingebohrt hatte.

Die thüringischen Urlauber des Bungalowdorfes nämlich nahmen zusammen mit anderen Gästen, Urlaubern aus Sachsen, wohnhaft in einer mittelgroßen Industriestadt bei Bitterfeld, die Mahlzeiten in einer weißgetünchten Baracke ein, wobei sich schon in den ersten Tagen verschiedene neue Bekanntschaften ergaben, und so auch Hubert K. und seine Frau die Familie eines Ingenieurs für Großdrehmaschinen kennenlernten.

Man traf sich bald regelmäßig zu den Mahlzeiten an einem gemeinsamen Tisch, unternahm Wanderungen durch die kärglichen Wälder in der Umgebung, lagerte bisweilen in der Nähe des Sees, um die spielenden und badenden Kinder zu beaufsichtigen. Dabei ergab es sich, daß man auf die Auszahlung der Jahresprämie zu sprechen kam, die, da sie eine neuere Einrichtung war, von den Betrieben unterschiedlich gehandhabt wurde und somit Anlaß genug zu differierenden Meinungen gab.

Der Ingenieur für Großdrehmaschinen hörte Hubert K. mit Aufmerksamkeit zu, als dieser von der seiner Meinung nach ungerechten Minderung der Prämie aus Krankheitsgründen berichtete, und erwiderte anschließend, daß eine ähnliche Streitfrage auch in seinem Betrieb diskutiert und mit Hilfe des Kreisvorstandes der Gewerkschaften zugunsten der Benachteiligten, also der im Vorjahr Erkrankten, entschieden worden war. Der Ingenieur forderte Hubert K. auf, die Angelegenheit keinesfalls auf sich beruhen zu lassen, sondern, zumal es ja nun *Präzedenzfälle* – wie er sich ausdrückte – in der Republik gäbe, bis zu einer für ihn günstigen Klärung energisch auf seiner konträren Haltung zu bestehen. Den Einwand der Elvira K., daß es sich im gegebenen Fall nur um einen Streitwert von vierzig Mark handle, tat der Ingenieur mit einer Handbewegung und einem mitleidigen Lächeln ab sowie der Erklärung, daß es sich bei den vergleichbaren Fällen in seinem Betrieb niemals um eine höhere oder niedrigere Geldsumme gehandelt habe, sondern um den Grundsatz gerechter Verteilung, ja, um Gerechtigkeit schlechthin. Von diesen Äußerungen erfreut, war Hubert K. interessiert, in der verbleibenden Zeit des Urlaubs verschiedene Unternehmungen gemeinsam mit dem Ingenieur und dessen Frau in Angriff zu nehmen – wie eine Fahrt in die nahe gelegene Stadt Brandenburg, um Einkäufe zu tätigen, oder in den etwas entfernteren Cäcilienhof, wo dem Besucher verschiedenste Exponate eines denkwürdigen Ereignisses der jüngeren deutschen Geschichte gezeigt werden.

An dem regnerischen Tag, den man sich für die Fahrt zu dem erwähnten Cäcilienhof aussuchte, gingen die beiden Ehepaare, die ihre Kinder in der Obhut einer älteren, alleinstehenden Dame am Urlaubsort gelassen hatten, nach dem Besuch der Gedenkstätte und dem Kauf einiger Fotos, auf denen die Staatsmänner des bedeutsamen Treffens für die künftigen Besucher festgehalten waren, in eine der Potsdamer Gaststätten, um ausnahmsweise dort ihr Mittagessen einzunehmen. Hubert K., der zu diesem Zeitpunkt fest entschlossen war, den ihm von seinem Betrieb vorenthaltenen Restbetrag der Prämie nach Beendigung des Urlaubs erneut anzufordern, unterrichtete während des Verzehrs der Mahlzeit den Ingenieur für Großdrehmaschinen und dessen Frau über seinen gefaßten Beschluß. Der Ingenieur nahm die Mitteilung beifällig, aber diesmal wesentlich uninteressierter auf, was Elvira K., die in den Tagen nach dem berichteten Gespräch zwischen ihrem Mann und dem Ingenieur über die so unterschiedlich gehandhabte Auszahlung der Jahresprämie mehrfach von Hubert K. um ihre Ansicht zu dem wiederaufgetauchten Problem befragt und deutlich ihr grundsätzliches Desinteresse bekundet hatte, was sie also jetzt bewog, ihren Mann darauf hinzuweisen, daß seine, vielleicht nicht in der entsprechenden Höhe ausgezahlte, aber dennoch erhebliche Prämie ihnen in diesem Jahr einen solchen Urlaub erst ermöglicht habe. Denn, fügte sie, zum Ingenieur und dessen Frau gewandt, hinzu, sie seien ein junges Ehepaar und hätten bislang ihre Spargelder für die Einrichtung ihrer Wohnung benötigt.

Auch diesmal erschien Hubert K. ein solches Argument nicht einleuchtend, und er tat den Einwand seiner Frau mit einem schon unfreundlichen Darum-ja ab. Der Ingenieur, Elviras Hand ergreifend, bemerkte dazu, wenn er, Hubert K., wider alles Recht sich in seinem Betrieb kein Gehör verschaffen könne, er bis zum Gericht gehen solle. Hubert K. wies das von sich. Die Bemerkung des Ingenieurs kränkte ihn, da dieser, wie er meinte, seine Angelegenheit nicht mit dem nötigen Ernst betrachte.

Die letzten Urlaubstage verliefen in großer Harmonie. Hubert K. bedauerte dieses Jahr weniger, daß die erholsamen Tage so bald zu Ende gingen, da er mit einer leichten, ihn freudig stimmenden Erregung den Arbeitsbeginn geradezu herbeisehnte, um dann so rasch wie möglich seine unveränderte Haltung zur Verteilung der Jahresprämie erneut den verantwortlichen Kollegen zu bekunden, in der Hoffnung auf eine *vernünftige Korrektur* des geschehenen Unrechts, zumal er seine Ausführungen zum Thema diesmal mit Beispielen aus einem anderen Betrieb festigen konnte und wollte.

Enttäuscht in ihren Urlaubserwartungen war jedoch Elvira K., die sich durch den Eifer ihres Gatten um eine, wie sie sagte, Lappalie vernachlässigt fühlte und, wohl nicht zu Unrecht, ihrem Ehemann mangelnde Zärtlichkeit vorwarf, ihn auch an *gewisse Ehepflichten* erinnerte, die anzumahnen sie besonders im Urlaub hoffte, keine Veranlassung zu haben. Hubert K. verärgerte die Bezeichnung Lappalie dermaßen, daß er weder auf die weiteren Vorwürfe seiner Frau einging, noch sich um ein freundliches oder liebevolles Verhalten ihr gegenüber bemühte.

So war es nicht verwunderlich, daß Elvira K. auf die vieldeutigen Worte und scheinbar zufälligen Berührungen des Ingenieurs einging, dem die wesentlich jüngere Frau äußerst reizvoll erschien.

Nach einem gemeinsamen Bad im See, das sich an ein Abendessen anschloß, erlaubte er sich, Elvira K. unter den Bademantel zu greifen, wobei er, ein kleines chinesisches Frotteetuch in der Hand, vorgab, ihr beim Abtrocknen behilflich zu sein. Und wenn Elvira solche Hilfeleistung auch zurückwies, war nicht zu übersehen, daß sie die Annäherungen des Ingenieurs für Großdrehmaschinen wohlwollend aufnahm.

Es wäre in der Tat wohl noch mehr zu berichten, wenn nicht die Frau des Ingenieurs, über die nebenehelichen Neigungen ihres Mannes durch mehr als ein Beispiel hinreichend informiert, ein intimeres Beisammensein der beiden zu verhindern wußte, was ihr letztlich nur durch die fällig gewordene Abreise des Hubert K. und seiner Familie vom Urlaubsort möglich war.

In seinem Heimatort H. angelangt, ging Hubert K. wenige Tage später, nach einem vergeblichen Versuch, die Gewerkschaftsleitung seines Betriebes umzustimmen, zu dem Vorsitzenden der Konfliktkommission, um, wie schon erwähnt, nunmehr sein Geld auf diesem energischen Wege einzuklagen. Wenn auch der Vorsitzende, der Meister aus dem Bereich der Vorfertigung, ihn anfangs von der Nichtigkeit seines Klagegegenstandes überzeugen wollte, sicherte er Hubert K. doch zu, alsbald eine Sitzung anzuberaumen, um dem Kläger zu seinem Recht – oder, wie er sagte, zu einer *Rechtsbelehrung* – zu verhelfen. Und Anfang Oktober erschien tatsächlich am Schwarzen Brett des Verwaltungsgebäudes die maschinengeschriebene Mitteilung, daß am Zwölften des Monats eine Klage verhandelt werde: Hubert K. gegen Betriebs- und Gewerkschaftsleitung der volkseigenen Stuhlfabrik.

Hubert K. erwog zu dieser Zeit, sein Begehren bei dem Vorsitzenden der Konfliktkommission wieder rückgängig zu machen, da ihm diese Ankündigung allein genügte, um seinem gestörten Rechtsgefühl ausreichend Genugtuung zu geben. Er glaubte, die Ansetzung der Verhandlung sei gleichbedeutend mit der von ihm angestrebten Korrektur, so sehr war er von der Unhaltbarkeit der Leitungsentscheidung überzeugt, so fest glaubte er sich mit seiner Ansicht auf der Seite der Gesetze.

Wenn er dennoch keine Anstalten unternahm, beim Meister im Bereich der Vorfertigung in dessen Funktion als Vorsitzender der Konfliktkommission zu beantragen, die schon einberaumte Verhandlung abzusetzen, so haben wir die Ursache in den Sticheleien seiner Frau Elvira zu sehen, der das beantragte Verfahren so unaussprechlich lächerlich dünkte, daß sie keinen Abend ausließ, ihn ironisch mit Amtstiteln aus der Justiz- und Staatsbeamtensphäre zu bezeichnen und sich auch vor dem vierjährigen Sohn in beleidigender Weise über das Ansinnen ihres Mannes ausließ, was Hubert K. besonders schmerzlich empfand. Ein weiterer Grund, von seinem ursprünglichen Plan nicht abzugehen, ergab sich für Hubert K. aus dem Verhalten seiner beiden Kolleginnen, die sich nach Erscheinen der Mitteilung am Schwarzen Brett interessiert über den zur Diskussion anstehenden Fall und seine Hintergründe erkundigten und es in der folgenden Zeit verstanden, darin Elvira K. ähnlich, den Ärger ihres Kollegen mit unernst gemeinten Ratschlägen zu erregen. Auch vergaßen sie nicht, weitere Mitarbeiter über die Angelegenheit, besonders aber über ihre gegensätzlichen und wie sie meinten, vernünftigen Ansichten des *gesunden Menschenverstandes* zu informieren, so daß Hubert K. häufig von Kollegen angesprochen wurde, die er bisher höchstens flüchtig gegrüßt hatte, und wohlwollende, aber auch bissige Belehrungen erhielt, wie er sich in der bevorstehenden Sitzung zu verhalten habe, um sein Recht durchzusetzen. Dies sowie die von verstohlenem Lächeln begleiteten Blicke der Angestellten, die ihn zumeist im Speiseraum der Stuhlfabrik trafen und die Hubert K. – ob zu Recht, muß dahingestellt bleiben – als eine verächtliche Herabsetzung seiner Person aufnahm, bewogen ihn, mit großer Hartnäckigkeit auf seiner Klage zu bestehen. Dabei ging er keineswegs, wie man vielleicht vermuten möchte, niedergeschlagen durch das Werk und in sich zurückgezogen, nein, diese kleinen Anspielungen und Unhöflichkeiten munterten ihn geradezu auf, so daß aufmerksameren Beobachtern, als es seine zwei Kolleginnen waren, nicht entgehen konnte, daß er mit Freude, mit Entschlossenheit, ja, mit Stolz über seinen Rechenbogen saß.

Wie mußte es ihn da aufs tiefste erschüttern, als er am zwölften Oktober den Beschluß der Konfliktkommission seines Betriebes entgegennahm, in dem seine Klage als *unbegründet* zurückgewiesen wurde!

Die Sitzung fand im Speiseraum des Betriebes statt, und außer den Beteiligten hatten sich noch etwa vierzig Kollegen eingefunden, die der Verhandlung beiwohnen wollten. Nach Verlesen des gefaßten Beschlusses breitete sich im Saal augenblicklich eine lärmende Heiterkeit aus, welcher der Vorsitzende der Kommission nicht Herr werden konnte, auch wohl nicht wollte, da er ohnehin nur die Sitzung noch formell zu beenden hatte.

Ein großer Teil der anwesenden Zuhörer gab beim Verlassen des Raums einer nahezu unverhohlenen Schadenfreude überlaut Ausdruck, und zweifellos hätten diese Bemerkungen ihren Adressaten auch erreicht, der aber saß in sich versunken auf seinem Stuhl, allen äußeren Einwirkungen scheinbar nicht mehr zugänglich.

Hubert K. hatte die Ausführungen des Sitzungsleiters wohl vernommen, auch ihre hauptsächliche Bedeutung, die Klagezurückweisung, verstanden, dennoch schien es ihm, als sei alles um ihn, der Raum, die Personen, der verlesene Beschluß, ein Traum, eine quälende Erscheinung, die ebenso schnell verschwunden sein würde, wie sie auf ihn eingestürmt war. Mühsam verdeutlichte er sich, daß es nichts weniger als eine bloße Einbildung sei; und obgleich ihm alles unbegreiflich blieb: es war, er begriff es nur langsam, sein wirkliches Leben.

Eine ältere, blondierte Dame, Sekretärin in der Kaderleitung, teilte ihm schließlich mit, bis wann er eine Abschrift des Beschlusses erhalten werde und drückte ihm einen Vordruck in die Hand, eine *Belehrung* über weitere ihm zur Verfügung stehende Rechtsmittel.

Hubert K. kam an diesem Tag erst gegen Mitternacht nach Hause. Elvira K., die bereits schlief, wurde durch den von ihm verursachten Lärm geweckt und verbat sich jede weitere Störung der Nachtruhe. Ungeachtet ihres Einwandes unterrichtete der angetrunkene Ehemann sie darüber, daß er und ein gewisser Bernie – ein Name, der hier zum ersten und einzigen Mal auftaucht und den später keine der beteiligten Personen, selbst Hubert K. nicht, irgendeinem Bekannten eindeutig wird zuordnen können –, daß also er und der erwähnte Bernie beschlossen hätten, nunmehr, nach der feigen und unterwürfigen Entscheidung einer *leitungshörigen Kommission*, wie er im Rausch sich ausdrückte, das zuständige Gericht anzugehen, was ihm als einem *freien Bürger* zustehe. Elvira K. verlangte daraufhin, daß er sich augenblicklich mit seinem Kopfkissen und der Daunendecke ins Wohnzimmer verfügen und nicht ihr und dem Sohn Konstantin den dringend benötigten Schlaf rauben möge.

Hubert K. schlief in dieser Nacht zum ersten Mal in den viereinhalb Jahren seiner Ehe im Wohnzimmer.

Der an der Theke gefaßte Beschluß, seine Klage bis zum Kreisgericht zu tragen, überdauerte auch die herbe und kalte Stunde des morgendlichen Aufstehens; dem ausgenüchterten Mann erschien der Plan als die überhaupt einzig mögliche Antwort auf die für ihn so erniedrigende Veranstaltung des Vortags, und gern hätte er die Vormittagsstunden zur Erhebung der Klage benutzt, wenn er nicht befürchten müßte, daß ein Fernbleiben an diesem Tag der Bosheit und üblen Nachrede einiger Kollegen neue Nahrung geben würde. So beschloß er, erst am Nachmittag das örtliche Justizgebäude aufzusuchen und verabschiedete sich von seiner Frau, die ihn an diesem Morgen mit zusammengekniffenen Lippen wortlos und verächtlich anstarrte.

In seinem Arbeitsraum sprachen die zwei schon anwesenden Damen über die gestrige Verhandlung, versuchten jedoch vergeblich, Hubert K. in ein Gespräch zu ziehen. Er schwieg beharrlich, und dieses Schweigen bewirkte, daß nicht nur seine beiden Kolleginnen, sondern auch andere Mitarbeiter bald uninteressiert daran waren, seine Verhandlung vor der Konfliktkommission weiter zu erörtern, und sich die Witzeleien der Kollegen anderen und ergiebigeren Gegenständen zuwandten.

Weitaus schwieriger gestaltete sich für unseren Helden in der folgenden Zeit das gemeinsame Leben mit Elvira. Nach dem abschlägigen Beschluß der Betriebskommission nahmen die sarkastischen Bemerkungen der Ehefrau an Schärfe zu, ja, an manchen Tagen beschränkte sich die Kommunikation der Eheleute völlig auf die anzüglichen Worte Elviras.

Zu einem ersten, nicht anders als hysterisch zu bezeichnenden Ausbruch der Ehefrau kam es, als im Januar des folgenden Jahres – ein Jahr nach der Auszahlung der um vierzig Mark gekürzten Geldprämie an Hubert K. – vom *Kreisgericht* der Bescheid eintraf, daß am zweiten Februar die Klage: Hubert K. gegen Betriebs- und Gewerkschaftsleitung der volkseigenen Stuhlfabrik H. zur Verhandlung komme, wonach der Kläger verlange, den Beschluß der Konfliktkommission vom Oktober aufzuheben, die Stuhlfabrik zu verurteilen, die ihm widerrechtlich vorenthaltene Differenz zwischen der ihm gezahlten und der ihm zustehenden Jahresprämie in Höhe von vierzig Mark auszuzahlen sowie die Auslagen des Verfahrens dem Beklagten aufzuerlegen. Elvira K. war über den Antrag ihres Mannes nicht informiert, und ihre Sticheleien hatten sich bislang nur auf die Verhandlung vor der Konfliktkommission bezogen und, hier war vielleicht der tiefere Grund für das jetzt weitgehende *Zerwürfnis* der Eheleute, auf das seit mehr als einem Vierteljahr völlige Ausbleiben intimer Beziehungen zwischen ihnen beiden. Bei der vernachlässigten Ehefrau verstärkte sich nach dem Urlaub die auch körperlich empfundene Abneigung gegenüber dem Partner, dessen Anliegen – eine Ungerechtigkeit nicht zuzulassen, selbst wenn sie von geringerer Bedeutung sei – ihr banal und unmännlich erschien und getragen von einem kleinlichen, engherzigen Geist. Hubert andererseits bezeichnete ihre Haltung als lieblos gegenüber seiner Person und dumm und kurzsichtig in der Sache.

So war man sich in der gemeinsamen Wohnung aus dem Weg gegangen und vermied es, bis auf die knappen Absprachen der Eheleute über Einkäufe und Betreuung des Sohnes, miteinander zu reden. Selbst die bösartigen Bemerkungen Elviras wurden seltener, was insofern bemerkenswert ist, da diese Hubert so verletzenden Ausdrücke vielleicht aus dem Bestreben heraus erfolgten, die Beziehungen zwischen ihnen zu verbessern; sie mögen ein untauglicher Versuch Elviras gewesen sein, in der Hoffnung, eine wie auch immer geartete Antwort Huberts zu erhalten, die dann, wie sie hoffen mochte, zu einem beiderseitigen Entgegenkommen führen würde. Diese Vermutung, zugegebenerweise paradox klingend, in unseren Bericht mit aufzunehmen, scheint insofern gerechtfertigt, als Elvira wiederholt ihren Mann zu seinem Rechtsbegehren angesprochen hatte, wenn auch in der beschriebenen, beleidigenden Form.

Die Mitteilung des Kreisgerichts, auf die Elvira mit krankhafter Erregung reagierte, führte zu einem verstärkt mißlichen Verhältnis der Eheleute, was sich dadurch verdeutlichte, daß Hubert K. von dem Tag an ständig im Wohnzimmer schlief und Elvira ihre

Abende, sofern sie nicht allein ausging, was jetzt häufiger zu geschehen pflegte, im Schlafzimmer verbrachte. So lebten sie, jeder für sich, immer bereit, zueinander zu finden, ja, es in der Nacht mit Tränen herbeisehnend und gleichzeitig unversöhnlich, einig nur darin, dem anderen mit keinem Schritt, nicht einem einzigen entgegenzukommen. War einer von ihnen mit dem Sohn allein in der Wohnung, wurde dieser unter heftigem Streicheln mit Worten, Klagen und verzweifelten Tränenausbrüchen überschüttet, was das Kind außerordentlich verwirrte. Allerdings war Hubert K. durch den Gedanken an ein baldiges klärendes Urteil gefaßter als seine Frau, da er zu der Zeit annahm, daß sich ihr Zusammenleben nach einer gerichtlichen Feststellung seines gerechten Anspruchs vermittels der Justizorgane und der, wie er meinte, damit verbundenen Wiederherstellung seines Ansehens bei seiner Frau glücklicher gestalten würde.

Mit weit gespannten Hoffnungen erwartete er den Termin des Prozesses und reagierte nur mit müdem, verzeihendem Lächeln auf den wieder beginnenden Spott seiner Kollegen in der Stuhlfabrik, ein Spott, der diesmal mit belustigter Hochachtung gemischt war, angesichts des bevorstehenden Streites ihres Buchhalters mit der Leitung des Betriebes vor einem ordentlichen Gericht.

Die Gewerkschaftsleitung bat Hubert K. vor dem Gerichtstermin zu einer Aussprache, in der sie ihn ersuchte, die Klage zurückzuziehen und ihm – wie aus einer Aktennotiz zu ersehen ist – bittere Vorwürfe wegen seines betriebsschädigenden Verhaltens machte. Hubert K. reagierte beherrscht und zurückhaltend, aber ablehnend darauf; das Gespräch verlief ergebnislos.

Am zweiten Februar um zehn Uhr fünfunddreißig wurde der Prozeß *Hubert K. gegen Volkseigene Stuhlfabrik* im Gebäude des Kreisgerichts und unter lebhafter Beteiligung der Kollegen und Nachbarn des Klägers eröffnet. Schon nach einer Stunde und vierzig Minuten konnten die behördlicherseits angestellten Schreibkräfte mit der Anfertigung der Prozeßakte für das Gerichtsarchiv beginnen. Der angeklagte Betrieb war in allen drei zur Verhandlung stehenden Punkten freigesprochen worden. Die Prozeßkosten, die sich auf insgesamt zweihundertvierunddreißig Mark und vierundfünfzig Pfennige beliefen, hatte nach den Worten des verhandlungsführenden Richters der Kläger, also Hubert K., zu zahlen. Unter dem Beifall der Zuhörer und begleitet vom wohlwollenden Nicken der Beisitzer hatte der Vertreter der Betriebsleitung noch im Gerichtssaal erklärt, wobei er Hubert K. seine Hand demonstrativ entgegenstreckte, der Prozeß würde in keiner Weise das Verhältnis der Betriebsleitung zu dem Kollegen Buchhalter beeinträchtigen, vielmehr erhoffe die Stuhlfabrik nun wieder eine vertrauensvolle Mitarbeit des stets *hochgeschätzten Kaders*. Hubert K., dem schon im Verlauf des Prozesses deutlich wurde, daß seine Klage auch hier abgewiesen werden würde, stand auf, und mit unbewegtem Gesicht verkündete er lediglich, daß er nunmehr auf alle weiteren Rechtsschritte in dieser Sache *verzichten* werde. Der Vorsitzende Richter, der nicht zu Unrecht hinter dieser Bemerkung ein Unbehagen des Klägers an dem verkündeten Urteil verspürte, fügte vor Aufhebung der Verhandlung seiner abschließenden Rede ein paar, an Hubert K. gerichtete Worte an, über Rechtsprechung und Gesetzlichkeit, über Pflicht und Einsicht.

Elvira K., die der Verhandlung nicht beiwohnte, erfuhr von deren Ausgang erst am Nachmittag, als sie in einem ihrer Wohnung benachbarten Gemüseladen einen Kauf tätigen wollte. Die Besitzerin der Verkaufsstelle erzählte der nur widerwillig zuhörenden Frau, was sie von ihrem Mann, einem Invalidenrentner, der seine Vormittage auf dem Gericht zu verbringen pflegte, gehört hatte, wobei sie mit ausschmückenden Details nicht sparte, was wiederum Zustimmung oder Widerspruch anderer im Laden anwesender Kunden hervorrief. Elvira K. war es unangenehm, im Mittelpunkt des öffentlichen Interesses zu stehen, gleichzeitig entdeckte sie bei sich eine mitleidige Regung für ihren Mann, wenn auch ihre Verärgerung überwog, da sie, wie sie später sagte, durch Hubert auf so peinliche Weise unter die Leute gekommen sei.

Als sie mit dem Sohn, den sie aus einem der städtischen Kindergärten abholte, nach Hause kam, traf sie ihren Gatten nicht allein an. Bei ihm war ein junger, elegant gekleideter Mann, der sich ihr als Johannes B. vorstellte, Mitarbeiter des Kreisvorstandes der Gewerkschaft zu H.

Herr B. hatte als Beobachter an dem Prozeß teilgenommen und war von der *Unhaltbarkeit* der behördlichen Entscheidung so fest überzeugt, daß er am gleichen Tage noch Hubert K. aufsuchte und nun in ihn drang, von seinem Entschluß, die Angelegenheit nicht weiter zu betreiben, Abstand zu nehmen. Und obgleich er ihm für alle weiteren Schritte seine Unterstützung zusicherte, konnte er den verstörten Hubert K. nicht bewegen, beim Bezirksgericht in Suhl eine *Revision oder Wiederaufnahme* seines Prozesses zu beantragen.

Er mußte unverrichteter Dinge die Wohnung verlassen, versprach aber, daß man von ihm hören werde, da der gefallene Entscheid keineswegs eine Privatsache des Klägers sei, sondern von grundsätzlicher Bedeutung für die gewerkschaftliche Arbeit.

Elvira K. versuchte ihrem Mann mit Freundlichkeit zu begegnen, da sie bemerkte, wie sehr ihn der Urteilsspruch verletzt hatte, aber sei es, daß seine gekränkte Ehre nach nichts anderem weniger verlangte als einem Gespräch mit seiner Frau, sei es, daß Elvira mit ungeschickten Worten auf die sonst von ihr nur spöttisch bedachte Affäre zu sprechen kam oder daß sich die Eheleute schon zu weit entfremdet hatten: wenn auch Hubert und Elvira K. an diesem Nachmittag miteinander sprachen, sie hatten sich nichts zu sagen. Und so sollte es bleiben. Noch für acht lange Wochen lebten sie gemeinsam und doch nicht zusammen in ihrer kleinen Wohnung.

Johannes B., der junge Mitarbeiter der Gewerkschaft, erst vor einem Jahr von der Hochschule nach H. gekommen und *mit zuviel Ehrgeiz* versehen, um sich in einer kleinen Stadt einzurichten, schrieb mit großer Ausführlichkeit über den stattgefundenen Prozeß an den Bundesvorstand der Gewerkschaften nach Berlin, da er in seiner eigenen Dienststelle kein Gehör für seinen Protest fand und der übergeordnete Bezirk andererseits den hochgespannten beruflichen Erwartungen des jungen Mannes nicht als ein ausreichender Partner erschien. Nach einem zweiten, eindringlicheren Brief, in dem Johannes B. die später vielzitierte Äußerung: *Ich habe kein Vertrauen mehr in die sozialistische Gesetzlichkeit*, Hubert K. in den Mund legte, bekam er aus Berlin die Antwort, daß der Bundesvorstand entschlossen sei, einen gültigen, verbindlichen Entscheid herauszufordern und beim Präsidenten des Obersten Gerichts in Berlin die *Kassation des Urteils* angeregt habe; auch sei bereits von diesem entschieden worden, einen Kassationsantrag zugunsten von Hubert K. zu stellen, und man erwarte in wenigen Wochen die Wiederaufnahme des Verfahrens in H.

Mit diesem Bescheid eilte Johannes B. zu Hubert K., der mit unsicherer Freude und dankbarer Verwirrung auf die Ankündigung reagierte, unsicher, ob der eingeleitete Schritt seiner schwieriger gewordenen Stellung im Betrieb förderlich sei, beglückt von der Aussicht, Recht zu erhalten, und auch davon, nicht mehr selbst und nicht mehr allein seinen Anspruch verwirklichen zu müssen.

Elvira K., die bislang gehofft hatte, daß sich nach einigen Wochen oder auch Monaten ihre Beziehungen zu Hubert K. günstiger und vielleicht wieder glücklich gestalten würden, gefördert von den kleinen Gewohnheiten eines ehelichen Zusammenlebens, schockierte die Vorstellung eines neuen Prozesses dermaßen, daß sie umgehend und ohne sich mit ihrem Mann abzusprechen in ihrer Dienststelle um unbezahlten Urlaub ersuchte, ihre Koffer packte und mit dem Sohn zu ihrer Großmutter nach Erfurt reiste. Briefe ihres Ehemannes, der von der Großmutter über den Aufenthaltsort der beiden informiert wurde, in denen er um die Rückkehr seiner Familie, zumindest um eine klärende Aussprache bat, blieben unbeantwortet.

Am letzten Mittwoch im April, wenige Minuten nach zehn Uhr früh, trafen, vielbeachtet, zwei große, schwarze Staatslimousinen vor dem Gebäude des Kreisgerichts in H. ein. Der amtierende Oberrichter der Stadt empfing auf der Vortreppe den Vertreter des Präsidenten des Obersten Gerichts, zwei seiner Mitarbeiter und drei Herren des Bundesvorstandes der Gewerkschaften. Mit einer halbstündigen Verspätung infolge einer Autopanne traf der Vertreter des Generalstaatsanwaltes des Bezirkes Suhl in einer Taxe ein, und nachdem die Herren einen kleinen Imbiß zu sich genommen hatten, begann um elf Uhr dreißig das Kassationsverfahren, beantragt vom Obersten Gericht zugunsten des Hubert K.

Nach einer dreistündigen Verhandlung, in der die Vertreter des Werkes und der betrieblichen Gewerkschaftsleitung über ihre fehlerhafte Entscheidung belehrt wurden, beschloß das Gericht, das Urteil vom Februar aufzuheben und die volkseigene Stuhlfabrik zu verurteilen, die Kosten dieses Verfahrens wie die der ersten Instanz zu tragen. Vor allem aber wurde der Verklagte verurteilt, die volle Jahresprämie an Hüben K. auszuzahlen, ihm also die seit fünfzehn Monaten vorenthaltenen vierzig Mark unverzüglich zu übereignen.

In der Verhandlung wies der Vertreter des Präsidenten des Obersten Gerichts wiederholt darauf hin, daß durch ein nicht zu billigendes, leichtfertiges Verfahren der Kläger *in schwere Konflikte* mit unserer Gesellschaft, ja, daß er sogar in seinem Betrieb als ein engstirniger Federfuchser in Verruf gekommen sei. Das zu *revidieren*, so schloß der Richter seine Ausführungen, sei vielleicht die vornehmste Aufgabe der heutigen Verhandlung gewesen.

Hubert K., dem verschiedene Kollegen im Anschluß an die Verhandlung beschämt, aber um so herzlicher gratulierten, feierte an dem Abend dieses für ihn so denkwürdigen und freudigen Tages allein in der verlassenen Wohnung seinen schließlich erfolgreichen Kampf, in dem er, so rasch ermüdet nach ersten Versuchen, sich in der Welt sein Recht zu verschaffen, auf die außerordentlichste Weise von dieser Welt darin unterstützt wurde. Er feierte in der verlassenen, aber noch ihm und Elvira gemeinsamen Wohnung, die Hubert K. erst ein Vierteljahr später, nach der *erfolgten Scheidung* von seiner Frau, zugesprochen wurde, da diese nicht beabsichtigte, wie sie vor der Scheidungsrichterin sich ausdrückte, in ihrem Leben jemals wieder einen Fuß in die Stadt H. zu setzen.

Nach der vollzogenen Trennung schrieb die Großmutter Elviras, die den jungen Ehemann ihrer Enkelin stets mit Wohlwollen betrachtet hatte, des öfteren Briefe an Hubert K., in denen sie ihm vom Aufwachsen seines Sohnes Konstantin berichtete, nicht ohne sich dabei über Elvira zu beschweren, die sich, jedenfalls nach den

Ausführungen der Großmutter, häufig mit verschiedenen älteren Herren in Erfurt einließ. Kurz vor ihrem Tode, ein Jahr nach der Scheidung des Ehepaares K., schrieb ihm die alte Dame in ihrer zittrigen, schwer lesbaren Sütterlinschrift, er sei doch *ein verfluchter Gottesnarr.*

Christoph Ransmayr
Przemyśl

Ein mitteleuropäisches Lehrstück

Am Allerheiligentag des Jahres 1918, zwei Wochen bevor Ludwik Uiberall an einer Schußwunde verblutete, begann auf dem Ringplatz von Przemyśl das Goldene Zeitalter. So jedenfalls verhieß es ein Advokat, der unter den Zedern des Ringplatzes am Abend dieses milden Novembertages vor Fackelträgern und großem Volk eine Rede hielt. In Przemyśl kannte man Herman Lieberman, den Redner, als den Führer der Sozialdemokratischen Partei Galiziens und als einen höflichen Mann, der jeden Vormittag im Grand Café Stieber die Zeitung las, in der Bahnhofsrestauration Kohn zu Mittag speiste und vor Jahren vergeblich versucht hatte, Helene Rosenbaum aus dem Gizowski-Haus zu heiraten. Aber die Leidenschaft, mit der der Herr Advokat an diesem Abend sprach, war den meisten seiner Zuhörer fremd. Ein Goldenes Zeitalter! Schön, sehr schön hatte der Beginn dieser Ansprache geklungen. Der Herr Advokat hatte die Worte eines römischen Dichters, Verse, lange Verse, von einem immer wieder glattgestrichenen Zettel abgelesen und gesagt, so oder zumindest so ähnlich müßte es nun auch in Galizien werden: »Im Goldenen Zeitalter gab es keine Helme und kein Schwert. Ohne Soldaten zu brauchen, lebten die Völker sorglos und in sanfter Ruhe dahin...«

Die Freie Republik Przemyśl, rief Lieberman dann und hob die Arme wie ein Kapellmeister, der nicht mit dem Taktstock, sondern mit der leeren Faust das Zeichen zum Einsatz gibt – die Freie Republik Przemyśl, deren Gründung hier und heute mit solchem Jubel begangen werde, habe die österreichisch-ungarische Herrschaft abgeschüttelt, um endlich in die Welt zu setzen, was in Wien und Budapest immer wieder versprochen, hoffnungslos zerredet und in den Ländern Mitteleuropas, den Ländern der sogenannten Krone, niemals verwirklicht worden sei: ein friedliches Miteinander freier, gleichberechtigter Völker in einem vielstimmigen und demokratischen Staat. Die Polen, Ukrainer und Juden der Stadt, selbst die kroatischen, ungarischen oder böhmischen Soldaten der aufgelösten kaiserlichen und königlichen Garnison würden in dieser Republik eine gute, vor allem aber eine gemeinsame Zukunft finden, und ... Der Advokat machte eine kurze, atemlose Pause, ließ die Arme sinken und sagte dann langsam, mehr zu sich selbst als zur plötzlich unruhig gewordenen Menge: Und später vielleicht eine Heimat.

Die vielstimmige Heimat, die Völkerfamilie, blühende Donauländer und das Erbe des habsburgischen Untergangs, alles in allem: das freie Mitteleuropa. Lieberman rührte an die Bilder einer alten Sehnsucht, mit denen auch viele Redner der österreichisch-ungarischen Vergangenheit ihre Reden verziert hatten und mit denen noch viele Redner und Schreiber der mitteleuropäischen Zukunft ihre Reden und Schriften verzieren würden. Aber nicht diese Bilder hatten die Menge plötzlich unruhig werden lassen, sondern bloß einige ukrainische Fuhrknechte, die zwei Fackelträger gegen die Toreinfahrt des Branntweiners Fedkowicz gedrängt hatten und ihnen dort das Feuer zu entreißen versuchten. Ob die Fuhrknechte betrunken waren oder vom utopischen Glanz der Rede Liebermans geblendet, war aus der Höhe des Rednerpultes nicht zu erkennen. Lieberman tat, was viele Redner tun, wenn sich das Volk endlich bewegt: Er wartete ab.

Die Fuhrknechte zogen sich schließlich vor der aufmerksam und böse werdenden Übermacht der Fackelträger in den tiefen Schatten eines Arkadenganges zurück. In einer Lache vor dem Tor des Branntweiners verlöschte ein Pechstumpen. Stoßweise, wie den Beginn einer Litanei von Verwünschungen, schrie eine helle Männerstimme die ersten Takte eines ukrainischen Liedes aus dem Dunkel der Arkaden: *Schtsche ne wmerla Ukraina*... Noch ist die Ukraine nicht gestorben! Die Hochrufe der Republikaner von Przemyśl machten aber auch diesen Störversuch rasch unhörbar.

»Genossen, Mitbürger, Freunde!« wiederholte Lieberman, nun wieder laut und sicher, die gewohnte Ordnung der Anreden, die er auch im Grand Café Stieber jedesmal gebrauchte, wenn er aus der gedämpften Privatheit der demokratischen Herrenrunde des *Roten Tisches* unvermutet ausbrach und sich mit erhobener Stimme an das große Kaffeehauspublikum wandte. Allmählich erstarb das Geschrei auf dem Ringplatz. Der Lärm der Begeisterung wich einer trägen Ruhe, die sich um das Rednerpult ausbreitete wie die Flüssigkeit um ein im jähen Wechsel von Hitze und Kälte zersprungenes Gefäß.

»Genossen, Mitbürger, Freunde! Die Monarchie hätte zum Herzen Europas werden können, aber sie hat ihre Chance verloren und vertan. Die Monarchie hat ihre slawische Majorität verleugnet und an die Stelle einer friedlichen Gemeinsamkeit der Völker nur die schäbige Pyramide der Nationen gesetzt, an deren Spitze das sogenannte Staatsvolk thronte – die Deutschen. Die Monarchie, Genossen, hat nicht erkannt, daß keines der mitteleuropäischen Völker stark genug ist, um ein anderes zu beherrschen; hat nicht erkannt, daß aus diesem Grund allein schon die politische Vernunft die Versöhnung und die Gleichberechtigung dieser Völker gebot. Und so mußte die Monarchie zugrunde gehen wie jedes Reich, das sich der Einsicht in die Notwendigkeit der Zeit verschließt. Nun ist es an uns, Genossen, aus den Trümmern dieses Reiches ein neues Mitteleuropa zusammenzufügen, das den Krieg als die Folge dieser unseligen Hierarchie der Nationen erlebt hat und das nun auch ohne den Zwang einer Dynastie zu seiner Einheit finden wird. Und Przemyśl, Genossen, Mitbürger und Freunde, wird das Vorbild und erste Beispiel einer solchen Völkergemeinschaft sein...«

Mit halblauten Zwischenrufen wie *Der Lieberman plauscht wieder* oder *Ach, Lieberman* hatte Jaroslav Souček, der tschechische Arzt des Garnisonsspitals, solche und ähnliche Reden des Sozialdemokraten im Grand Café Stieber gelegentlich vom Billardtisch aus unterbrochen und dann quer durch die von drei Kristallustern geschmückte Weite des Raumes kurze Gegenreden gehalten, ohne allerdings der Einladung Liebermans jemals Folge zu leisten, seine Einwände doch im Kreis der Demokraten vorzutragen. Souček sprach grundsätzlich aus der von silberblauen Schwaden verhangenen Ferne des Billardtisches und schien dadurch seltsam entrückt.

»Die mitteleuropäischen Völker wollen doch weder einen dynastischen noch einen demokratischen Vielvölkerstaat«, hatte der tschechische Arzt erst letzte Woche, an einem verregneten Montagvormittag, gesagt – »sondern sie wollen schlicht und einfach ihre eigenen, autonomen, blöden kleinen Nationalstaaten, ihre eigenen scheppernden Industrien, korrupten Parlamente und lächerlich kostümierten Armeen. Schauen Sie sich doch um, Herr Lieberman, was sehen Sie? Sie sehen Mitteleuropa – ein Bestiarium: Die Tschechen fluchen auf die Slowaken, auf die Polen, auf die Deutschen; die Polen auf die Litauer und Ukrainer; die Slowaken auf die Ungarn; die Ungarn auf die Rumänen; die Kroaten auf die Slowenen, Serben und Italiener; die Serben auf die Albaner und Montenegriner; die Slowenen auf die Italiener und Bosniaken, und immer so fort, und die Deutschen fluchen auf die Slawen insgesamt, alle Feindschaften gelten natürlich auch umgekehrt und werden von allen Beteiligten mit immer neuen und immer hirnloseren Vorurteilen gepflegt. Gemeinsam ist den Angehörigen dieser famosen Völkerfamilie doch nur, daß sie bei jeder günstigen Gelegenheit über die Juden herfallen. Der Pogrom ist aber auch schon die einzige Unternehmung, zu der sich die Familie gemeinsam bereit findet. Ein friedliches Miteinander? Einige von diesen fahnenschwenkenden und ihre Hymnen grölenden Haufen haben ihren Nationalcharakter doch eben erst entdeckt und nun nichts Eiligeres zu tun, als diesen Muff unter der Käseglocke eines eigenen Staates bis zum nächsten Krieg, bis zur nächsten Judenhetze, bis zum nächsten Raubzug zu bewahren. Blind bleiben sie dabei füreinander; blind und blöd. Die Nation! Ach, Lieberman, was für eine Blödheit. Aber vorläufig bleibt es eben modern, diese Blödheit hochzuhalten und mit ihr den Glauben an eine eigene, besonders ruhmreiche Geschichte, den Glauben an einen ganz besonders genial gewundenen eigenen Weg von der Affenhorde zum bissigen Nationalstaat. In jenem Europa, von dem Sie reden, Verehrtester, liegt Böhmen am Meer und Triest im Gebirge. Ihre Reden sind nicht auf der Höhe der Zeit. Und die Zeit, Herr Demokrat, ist gewiß nicht auf der Höhe Ihrer Reden.«

Spitalsarzt Souček hatte an diesem Montagvormittag seinen Ausfall mit einem plötzlichen Stoß seines Queues beendet, war ganz in sein Spiel zurückgesunken und keiner Antwort des protestierenden *Roten Tisches* mehr zugänglich gewesen.

Wie das Opfer einer großen Verbrennung überragte Herman Lieberman an seinem Rednerpult das flackernde, rauchende Feld der Pechfackeln. Von Souček würde an diesem Abend kein Zwischenruf kommen. Der Arzt war vor einigen Tagen mit seiner Einheit abgerückt und hatte seine Kameraden vergeblich daran zu hindern versucht, alle tragbaren Einrichtungen des Garnisonsspitals mit sich zu schleppen. Schwerbeladen, singend und im Marschtritt waren die Tschechen aus dem Chaos der Zeit ihrem eigenen Staat entgegengezogen.

»Wir haben uns hier versammelt«, schrie Lieberman in die Wildnis aus Flammen, Gestalten, Gesichtern und springenden Schatten, »um zu bezeugen, daß Mitteleuropa nur durch die Einheit seiner Völker davor bewahrt werden kann, zum Manövergelände fremder Armeen und Interessen zu verkommen. Die Freie Republik Przemyśl, das Lehrstück der Völkergemeinschaft, lebe hoch!«

Vivat und *Hurra* tobte es von unten zurück. Fackelträger schwenkten ihre Lichter über den Köpfen oder schrieben Feuerkreise und Spiralen in die Luft. Triumphal und im falschen Takt, so, als ob ein längst erwartetes Zeichen doch übersehen worden wäre und das Versäumte nun mit gesteigertem Tempo nachgeholt werden müßte, setzte eine Blechkapelle ein. Schmal ragten die Zedern des Ringplatzes aus dem Jubel in den dunklen Himmel Galiziens.

Gewiß – die abendliche Feierlichkeit dieses Allerheiligentages kann auch anders verlaufen sein: Vielleicht wurde die Republik ohne Blechmusik ausgerufen, vielleicht standen auch die Zedern des Ringplatzes damals schon nicht mehr, hieß der tschechische Arzt nicht Souček, sondern Palacký oder anders, und vielleicht waren es auch keine Fuhrknechte, sondern uniformierte Mitglieder der *Sitsch*, der paramilitärischen ukrainischen Feuerwehr gewesen, die mit den Fackelträgern handgemein geworden waren. Gleichwie, Tatsache bleibt, daß die vom Sozialdemokraten Herman Lieberman mit allem Pathos ausgerufene Freie Republik Przemyśl die Nacht vom Allerheiligen- auf den Allerseelentag des Jahres 1918 nicht überstand. Denn noch vor Anbruch des ersten Tages dieser Republik drängten aus allen Dörfern ukrainische Bauern, Landarbeiter und Handwerker in die Stadt – Nationalisten aus Wirotschko und Jaksmanytschi, aus Posdjatsch, Stanyslawtschyk und Kormanytschi, die, von einem zweiten Advokaten namens Doktor Zahajkiewicz angeführt, bewaffnet und unbewaffnet über Przemyśl herfielen und gegen den Vielvölkerstaat des Advokaten Lieberman Einspruch erhoben: Przemyśl sei immer ukrainisch gewesen. Przemyśl werde immer ukrainisch bleiben.

Die Ukrainer besetzten also das Rathaus, die Bezirkshauptmannschaft, das ausgeräumte Garnisonsspital, den Bahnhof samt Restauration und stellten die erst am Vorabend gebildete Regierungskommission der Freien Republik – vier versöhnlerische Ukrainer, vier Polen und Lajb Landau, den Führer der jüdischen Partei – unter Hausarrest. Auch der Name der Freien Republik wurde getilgt und durch *Peremyschl* ersetzt.

»Ausgerechnet Doktor Zahajkiewicz!« hieß es auf einem Flugblatt, das später im Grand Café Stieber beschlagnahmt werden sollte, »... Zahajkiewicz, der sich schon auf Kostümfesten und folkloristischen Umzügen stets als ukrainischer Hetman zu verkleiden beliebte – ausgerechnet dieser Karnevalsnarr führt nun die ukrainische Horde gegen die Stadt ...«

Das Ende des Kampfes um Przemyśl war absehbar wie das Ende aller Kämpfe um die Utopie: Selbstverständlich duldeten die Polen nicht, daß Przemyśl unter ukrainische Herrschaft kam. *Peremyschl!* Allein der Klang war barbarisch. Diese verfluchten Ukrainer. Das waren doch nur ruthenische Bauerntölpel, Lemken und Bojken, die sich einen nationalen Namen und eine Fahne zugelegt hatten und jedem, der ihnen das Wort nur deutlich und lange genug vorsagte, *Ukraina* nachgrunzten. Aber Przemyśl war immer polnisch gewesen. Und Przemyśl würde immer polnisch bleiben.

Nach zwei Wochen ukrainischer Herrschaft, wachsender Verwirrung und täglichen Schlägereien zwischen den nationalen Lagern drangen polnische Truppen unter dem Kommando eines Generals namens Rój in die Stadt ein, prügelten die Tölpel in ihre Dörfer zurück und stellten den Advokaten Zahajkiewicz unter Hausarrest. Auf der Szajbówka-Heide und am Franz-Josephs-Kai am Ufer des San fielen auch Schüsse. Aber zu Tode kam nur ein Mann. Das Protokoll der Eroberer überlieferte seinen Namen: Es war der *Pole mosaischen Bekenntnisses Ludwik Uiberall*, den ein Bauer aus Balytschi, der sein mit Flußsand beladenes Ochsengespann über eine Schotterbank an den Franz-Josephs-Kai heranführte, nach zwei kurz aufeinanderfolgenden Schüssen auf das Gesicht fallen sah.

Quellennachweise

Ilse Aichinger (geb. 1921)
Spiegelgeschichte, S. 249. Aus: Ilse Aichinger, Der Gefesselte. Erzählungen
© S. Fischer Verlag GmbH, Frankfurt am Main 1953.

Thomas Bernhard (1931-1989)
Die Mütze, S. 290. Aus: Thomas Bernhard, Erzählungen. © Suhrkamp Verlag
Frankfurt am Main 1988.

Peter Bichsel (geb. 1935)
Der Mann mit dem Gedächtnis, S. 316. Aus: Peter Bichsel, Kindergeschichten.
© Suhrkamp Verlag Frankfurt am Main 2001.

Ernst Bloch (1885-1977)
Fall ins Jetzt, S. 181. Aus: Ernst Bloch, Spuren. © Suhrkamp Verlag Frankfurt
am Main 1959.

Heinrich Böll (1917-1985)
Wanderer, kommst du nach Spa..., S. 228. Aus: Heinrich Böll, Erzählungen
© 1994 by Verlag Kiepenheuer & Witsch Köln.

Wolfgang Borchert (1921-1947)
Das Brot, S. 246. Aus: Wolfgang Borchert, das Gesamtwerk. Copyright © 1949
by Rowohlt Verlag GmbH, Hamburg.

Bertolt Brecht (1898-1956)
Der Augsburger Kreidekreis, S. 183. Aus: Bertolt Brecht, Werke, Bd. 18, hg.
von Werner Hecht, Jan Knopf, Werner Mittenzwei, Klaus-Detlef Müller.
© Suhrkamp Verlag Frankfurt am Main 1995.

Elias Canetti (1905-1994)
Die Verleumdung, S. 209. Aus: Elias Canetti, Die Stimmen von Marrakesch. Aufzeichnungen nach einer Reise © 2002 Carl Hanser Verlag München – Wien.

Alfred Döblin (1878-1957)
Die Ermordung einer Butterblume, S. 132. Aus: Alfred Döblin, Die Ermordung einer Butterblume. Ausgewählte Erzählungen 1910-1950, hg. von Walter Muschg. Walter Verlag Olten und Freiburg/Br. 1962. © S. Fischer Verlag
GmbH, Frankfurt am Main 2008.

Marie von Ebner-Eschenbach (1830-1916)
Krambambuli, S. 91. Aus: Marie von Ebner-Eschenbach, Dorf- und Schloßgeschichten, hg. von Joseph Peter Strelka. Insel Verlag Frankfurt am Main
und Leipzig 1991.

Lion Feuchtwanger (1884-1958)
Höhenflugrekord, S. 177. Aus: Lion Feuchtwanger, *Gesammelte Werke in Einzelausgaben.* Band 14. *Erzählungen. Pep.* © Aufbau Verlag GmbH & Co. KG, Berlin 1999 (dieses Werk erschien erstmals 1964 im Aufbau Verlag; Aufbau ist eine Marke der Aufbau Verlag GmbH & Co. KG)

Max Frisch (1911-1991)
Der andorranische Jude, S. 218. Aus: Max Frisch, Tagebuch 1946-1949. © Suhrkamp Verlag Frankfurt am Main 1958.

Franz Fühmann (1922-1984)
Das Judenauto, S. 276. Aus: Franz Fühmann, Das Judenauto. Vierzehn Tage aus zwei Jahrzehnten, Zürich 1968. Autorisierte Werkausgabe in 8 Bänden, Bd. 3. © Hinstorff Verlag GmbH, Rostock 1993.

Johann Wolfgang Goethe (1749-1832)
Die Sängerin Antonelli, S. 11. Aus: Unterhaltungen deutscher Ausgewanderten. In: Johann Wolfgang Goethe, Sämtliche Werke. Briefe Tagebücher und Gespräche, Bd. 9, hg. von Wilhelm Voßkamp und Herbert Jaumann. Deutscher Klassiker Verlag Frankfurt am Main 1992.
Die wunderlichen Nachbarskinder, S. 22. Aus: Johann Wolfgang Goethe, Sämtliche Werke. Briefe, Tagebücher und Gespräche, Bd. 8, hg. von Waltraud Wiethölter. Deutscher Klassiker Verlag Frankfurt am Main 1994.

Brüder Grimm (Jacob 1785-1863, Wilhelm 1786-1859)
Hänsel und Gretel, S. 53; Die Bremer Stadtmusikanten, S. 59. Aus: Kinder- und Hausmärchen, gesammelt durch die Brüder Grimm, hg. von Heinz Rölleke. Deutscher Klassiker Verlag Frankfurt am Main 1985.

Peter Handke (geb. 1942)
Das Umfallen der Kegel von einer bäuerlichen Kegelbahn, S. 320. Aus: Peter Handke, Begrüßung des Aufsichtsrats. © Suhrkamp Verlag Frankfurt am Main 1994.

Wilhelm Hauff (1802-1827)
Die Geschichte von Kalif Storch, S. 63. Aus: Wilhelm Hauff, Märchen, hg. von Bernhard Zeller. Insel Verlag Frankfurt am Main 1976.

Johann Peter Hebel (1760-1826)
Kannitverstan, S. 30; Unverhofftes Wiedersehen, S. 33; Drei Wünsche, S. 36. Aus: Schatzkästlein des Rheinischen Hausfreundes. In: Johann Peter Hebel, Werke, Bd. 1, hg. von Eberhard Meckel. Insel Verlag Frankfurt am Main 1968.

Quellennachweise

Christoph Hein (geb. 1944)
Der neuere (glücklichere) Kohlhaas, S. 331. Aus: Christoph Hein, Nachtfahrt und früher Morgen. Erstveröffentlichung 1980, Aufbau-Verlag Berlin und Weimar. © Suhrkamp Verlag Frankfurt am Main 2004.

Wolfgang Hildesheimer (1916-1991)
Das Ende einer Welt, S. 221. Aus: Wolfgang Hildesheimer, Lieblose Legenden. © Suhrkamp Verlag Frankfurt am Main 1962.

E. T. A. Hoffmann (1776-1822)
Ritter Gluck, S. 39. Aus: E. T. A. Hoffmann, Sämtliche Werke, Bd. 2/1, hg. von Hartmut Steinecke. Deutscher Klassiker Verlag Frankfurt am Main 1993.

Uwe Johnson (1934-1984)
Jonas zum Beispiel, S. 313. Aus: Uwe Johnson, Karsch und andere Prosa. © Suhrkamp Verlag Frankfurt am Main 2001.

Franz Kafka (1883-1924)
Ein Hungerkünstler, S. 145; Ein Landarzt, S. 156; Vor dem Gesetz, S. 162; Das Urteil, S. 164. Aus: Franz Kafka, Die Erzählungen. S. Fischer Verlag, Frankfurt am Main 1961.

Marie Luise Kaschnitz (1901-1974)
Lange Schatten, S. 201. Aus: Marie Luise Kaschnitz, Gesammelte Werke, Bd. 4, hg. von Christian Büttrich und Norbert Miller. © Insel Verlag Frankfurt am Main 1983.

Eduard von Keyserling (1855-1918)
Die Soldaten-Kersta, S. 74. Aus: Eduard von Keyserling, Schwüle Tage, Novellen. S. Fischer Verlag, Berlin 1906.

Heinrich von Kleist (1777-1811)
Anekdote aus dem letzten preußischen Kriege, S. 51. Aus: Heinrich von Kleist, Sämtliche Werke und Briefe, Bd. 3, hg. von Klaus Müller-Salget. Deutscher Klassiker Verlag Frankfurt am Main 1990.

Wolfgang Koeppen (1906-1996)
Ein Kaffeehaus, S. 214. Aus: Wolfgang Koeppen, Gesammelte Werke, Bd. 3, hg. von Marcel Reich-Ranicki. © Suhrkamp Verlag Frankfurt am Main 1986.

Günter Kunert (geb. 1929)
Alltägliche Geschichte einer Berliner Straße, S. 286. Aus: Günter Kunert, Die Beerdigung findet in aller Stille statt. © 1968 Carl Hanser Verlag München–Wien.

Elisabeth Langgässer (1899-1950)
Saisonbeginn, S. 198. Aus: Elisabeth Langgässer, Ausgewählte Erzählungen.
© 1964 Claassen Verlag in der Ullstein Buchverlage GmbH, Berlin.

Siegfried Lenz (geb. 1926)
Der Verzicht, S. 259. Aus: Siegfried Lenz, Der Spielverderber. Erzählungen.
Copyright © 1961 by Hoffmann und Campe Verlag, Hamburg.

Christoph Ransmayr (geb. 1954)
Przemyśl, S. 348. Aus: Christoph Ransmayr, Der Weg nach Surabaya. Reportagen und kleine Prosa © S. Fischer Verlag GmbH, Frankfurt am Main 1997.

Rainer Maria Rilke (1875-1926)
Die Turnstunde, S. 122. Aus: Rainer Maria Rilke, Werke. Kommentierte Ausgabe, Bd. 3, hg. von August Stahl. Insel Verlag Frankfurt am Main und Leipzig 1996.

Arthur Schnitzler (1862-1931)
Der Tod des Junggesellen, S. 103. Aus: Arthur Schnitzler, Gesammelte Werke.
Die Erzählenden Schriften, Bd. 1. S. Fischer Verlag, Frankfurt am Main 1961.

Wolfdietrich Schnurre (1920-1989)
Das Manöver, S. 238. Aus: Wolfdietrich Schnurre, Eine Rechnung, die nicht aufgeht. Erstveröffentlichung: Walter Verlag Olten – Freiburg/Br. 1958 © BV Berlin Verlag GmbH.

Martin Walser (geb. 1927)
Selbstporträt als Kriminalroman, S. 270. Aus: Martin Walser, Werke in zwölf Bänden, hg. von Helmuth Kiesel unter Mitwirkung von Frank Barsch. Bd. 8, Prosa. Suhrkamp Verlag Frankfurt am Main 1997.

Robert Walser (1878-1956)
Ein unartiger Brief, S. 128. Aus: Robert Walser, Zarte Zeilen. In: Sämtliche Werke in Einzelausgaben, Bd. 18, hg. von Jochen Greven. © Suhrkamp Verlag Frankfurt am Main und Zürich 1986.

Frank Wedekind (1864-1918)
Die Schutzimpfung, S. 116. Aus: Frank Wedekind, Prosa – Dramen – Verse, Bd. 1, hg. von Hansgeorg Maier. Langen Müller in der F. A. Herbig Verlagsbuchhandlung München 1954.

Gabriele Wohmann (geb. 1932)
Wiedersehen in Venedig, S. 305. Aus: Gabriele Wohmann, Erzählungen. Verlag Langewiesche-Brandt Ebenhausen bei München 1966 © Gabriele Wohmann. Abdruck mit freundlicher Genehmigung der Autorin.

Marcel Reich-Ranicki
im Insel Verlag

Begegnungen mit Marcel Reich-Ranicki. it 3145. 199 Seiten

Bertolt Brecht, Der Mond über Soho. 66 Gedichte mit Interpretationen. Herausgegeben von Marcel Reich-Ranicki. Gebunden und it 3207. 279 Seiten.

Frankfurter Anthologie. Gedichte und Interpretationen. Herausgegeben von Marcel Reich-Ranicki. 33 Bände mit Leseband. 33. Band. 308 Seiten. Gebunden

Heinrich Heine, Ich hab im Traum geweinet. 44 Gedichte mit Interpretationen. Herausgegeben von Marcel Reich-Ranicki. it 2740. 224 Seiten

Hundert Gedichte des Jahrhunderts. Mit Interpretationen. Ausgewählt von Marcel Reich-Ranicki. 480 Seiten. Gebunden

Johann Wolfgang Goethe, Alle Freuden, die unendlichen. Liebesgedichte und Interpretationen. Herausgegeben von Marcel Reich-Ranicki. IB 1028. 184 Seiten

Johann Wolfgang Goethe, Verweile doch. 111 Gedichte mit Interpretationen. Herausgegeben von Marcel Reich-Ranicki. 311 Seiten. Gebunden und it 1775. 512 Seite

Ein Jüngling liebt ein Mädchen. Deutsche Gedichte und ihre Interpretationen. Herausgegeben von Marcel Reich-Ranicki. 144 Seiten. Gebunden

Der Kanon. Die deutsche Literatur. Dramen. Herausgegeben von Marcel Reich-Ranicki.
8 Bände und ein Begleitband im Schuber. it. 4300 Seiten

Der Kanon. Die deutsche Literatur. Essays. Herausgegeben von Marcel Reich-Ranicki.
5 Bände und ein Begleitband im Schuber. it. 4448 Seiten

Der Kanon. Die deutsche Literatur. Gedichte. Herausgegeben von Marcel Reich-Ranicki.
7 Bände und ein Begleitband im Schuber. it. 2096 Seiten

Marcel Reich-Ranicki antwortet auf 99 Fragen. Herausgegeben von Hans-Joachim Simm, mit einem Nachwort von Volker Weidermann. it 3188. 150 Seiten

Marcel Reich-Ranicki. Mein Schiller. it 3412. 287 Seiten

Meine Gedichte von Walther von der Vogelweide bis heute. 400 Seiten. Gebunden

Meine Geschichten von Johann Wolfgang von Goethe bis heute. 656 Seiten. Gebunden

Rainer Maria Rilke, Und ist ein Fest geworden. 33 Gedichte mit Interpretationen. Herausgegeben von Marcel Reich-Ranicki. it 2611. 160 Seiten

Teofila und Marcel Reich-Ranicki, »Wir sitzen alle im gleichen Zug«. Bilder und Texte. Herausgegeben von Hans-Joachim Simm. IB 1239. 128 Seiten

Über die Liebe. Gedichte und Interpretationen aus der ›Frankfurter Anthologie‹. Herausgegeben von Marcel Reich-Ranicki. it 794. 346 Seiten

Klassische deutsche Literatur
im insel taschenbuch
Eine Auswahl

Georg Büchner. Sämtliche Werke. Die kommentierte Ausgabe des Deutschen Klassiker Verlages. Zwei Bände in Kassette im insel taschenbuch. Herausgegeben von Henri Poschmann unter Mitarbeit von Rosemarie Poschmann. 2320 Seiten

Wilhelm Busch. Gedichte. Ausgewählt von Theo Schlee. Mit Illustrationen von Wilhelm Busch. it 2531. 195 Seiten

Annette von Droste-Hülshoff
- Der Distel mystische Rose. Gedichte und Prosa. Ausgewählt von Werner Fritsch. it 2193. 170 Seiten
- Die Judenbuche. Ein Sittengemälde aus dem gebirgichten Westfalen. Mit Illustrationen von Max Unold.
  it 399. 128 Seiten. it 3096. 108 Seiten
- Liebesgedichte. Ausgewählt von Werner Fritsch.
  it 2876. 136 Seiten
- Sämtliche Erzählungen. Herausgegeben von Manfred Häckel. it 1521. 234 Seiten
- Sämtliche Gedichte. Nachwort von Ricarda Huch.
  it 1092. 750 Seiten

Marie von Ebner-Eschenbach. Dorf- und Schloßgeschichten. Ausgewählt und mit einem Nachwort versehen von Joseph Peter Strelka. it 1272. 390 Seiten

Joseph Freiherr von Eichendorff
- Aus dem Leben eines Taugenichts. Mit Illustrationen von Adolf Schrödter und einem Nachwort von Ansgar Hillach.
  it 202. 154 Seiten

- Gedichte. Mit Zeichnungen von Otto Ubbelohde. Herausgegeben von Traude Dienel. it 255. 163 Seiten
- Gedichte. In chronologischer Folge herausgegeben von Hartwig Schultz. it 1060. 268 Seiten
- Liebesgedichte. Herausgegeben von Wilfried Lutz. it 2591. 219 Seiten
- Novellen und Gedichte. Ausgewählt und eingeleitet von Hermann Hesse. it 360. 325 Seiten
- Sämtliche Gedichte und Versepen. Herausgegeben von Hartwig Schultz. it 3158. 752 Seiten

Theodor Fontane
- Briefe an Georg Friedlaender. Herausgegeben und mit einem Nachwort von Walter Hettche. Mit einem Essay von Thomas Mann. it 1565. 486 Seiten
- Effi Briest. Mit 21 Lithographien von Max Liebermann. it 138 und it 2811. 354 Seiten
- Ein Leben in Briefen. Ausgewählt und herausgegeben von Otto Drude. it 540. 518 Seiten
- Ein Sommer in London. Mit einem Nachwort von Harald Raykowski. it 1723. 252 Seiten
- Fontane für Gestreßte. Ausgewählt von Otto Drude. it 3030. 106 Seiten
- Frau Jenny Treibel oder »Wo sich Herz zum Herzen findt«. Roman. Mit einem Nachwort von Richard Brinkmann. it 746 und it 2952. 269 Seiten
- Gedichte. Ausgewählt und mit einem Nachwort von Rüdiger Görner. it 2221. 200 Seiten
- Die Gedichte. Herausgegeben von Otto Drude. it 2684. 751 Seiten
- Grete Minde. Nach einer altmärkischen Chronik. Mit einem Nachwort von Peter Demetz. it 1157. 154 Seiten
- Meine Kinderjahre. Autobiographischer Roman. Mit einem Nachwort von Otto Drude. Mit Illustrationen und Abbildungen. it 705. 276 Seiten

- Der Stechlin. Mit einem Nachwort von Walter Müller-
  Seidel. it 152. 504 Seiten
- Unterm Birnbaum. Erzählung. Mit einem Nachwort von
  Otto Drude. Großdruck. it 2428. 192 Seiten

Georg Forster. Reise um die Welt. Herausgegeben und mit
einem Nachwort von Gerhard Steiner. it 757. 1039 Seiten

Johann Wolfgang Goethe
- Elegie von Marienbad. it 1250. 128 Seiten
- Erotische Gedichte. Gedichte, Skizzen und Fragmente.
  Herausgegeben von Andreas Ammer. it 1225. 246 Seiten
- Faust. Text und Kommentar. Herausgegeben von Albrecht
  Schöne. Zwei Bände in Kassette. it 3000. 1976 Seiten
- Gedichte. Sämtliche Gedichte in zeitlicher Folge. Heraus-
  gegeben von Heinz Nicolai. it 2281. 1264 Seiten
- Gedichte in zeitlicher Folge. Herausgegeben von Heinz
  Nicolai. it 1400. 1249 Seiten
- Gedichte in Handschriften. Fünfzig Gedichte Goethes.
  Ausgewählt und erläutert von Karl Eibl. it 2175. 288 Seiten
- Goethe für Gestreßte. Ausgewählt von Walter Hinck.
  it 1900. 132 Seiten
- Goethe, unser Zeitgenosse. Über Fremdes und Eigenes.
  Herausgegeben von Siegfried Unseld. it 1425. 154 Seiten
- Italienische Reise. Mit Zeichnungen des Autors. Herausge-
  geben und mit einem Nachwort von Christoph Michel.
  it 175. 808 Seiten
- Das Leben, es ist gut. Hundert Gedichte. Ausgewählt von
  Siegfried Unseld. it 2000. 204 Seiten
- Die Leiden des jungen Werther. it 2775. 170 Seiten
- Liebesgedichte. Ausgwählt von Karl Eibl.
  it 2825. 128 Seiten
- Märchen. Der neue Paris. Die neue Melusine. Das Märchen.
  Herausgegeben von Katharina Mommsen. it 2287. 232 Seiten

- Maximen und Reflexionen. Text der Ausgabe von 1907 mit der Einleitung Max Heckers. Nachwort Isabella Kuhn. it 200. 370 Seiten
- Novelle. Herausgegeben von Peter Höfle. it 2625. 80 Seiten
- Novellen. Herausgegeben und mit einem Nachwort von Katharina Mommsen. Mit Zeichnungen von Max Liebermann. it 425. 293 Seiten
- Ob ich dich liebe weiß ich nicht. Liebesgedichte. Herausgegeben von Karl Eibl. Großdruck. it 2396. 175 Seiten
- Tagebuch der Italienischen Reise 1786. Notizen und Briefe aus Italien. Mit Skizzen und Zeichnungen des Autors. Herausgegeben und erläutert von Christoph Michel. it 176. 402 Seiten
- Verweile doch. 111 Gedichte mit Interpretation. Herausgegeben von Marcel Reich-Ranicki. it 1775. 512 Seiten
- Die Wahlverwandtschaften. Ein Roman. it 1. 333 Seiten. it 2950. 314 Seiten
- West-östlicher Divan. Mit Essays zum »Divan« von Hugo von Hofmannsthal, Oskar Loerke und Karl Krolow. Herausgegeben von Hans-J. Weitz. it 75. 400 Seiten

Wilhelm Hauff
- Die Geschichte von dem kleinen Muck. Mit Illustrationen von Fritz Fischer und einem Nachwort von Ludwig Harig. it 2867. 94 Seiten
- Märchen. Herausgegeben von Bernhard Zeller. Mit Illustrationen von Theodor Weber, Theodor Hosemann und Ludwig Burger. it 216. 480 Seiten
- Das Wirtshaus im Spessart. Eine Erzählung. it 2584. 202 Seiten

Heinrich Heine
- Buch der Lieder. Mit zeitgenössischen Illustrationen und einem Nachwort von E. Galley. it 33. 322 Seiten

- Deutschland. Ein Wintermärchen. Mit einem Nachwort von Thomas Rosenlöcher. it 3153. 136 Seiten
- Heine für Gestreßte. Ausgewählt von Joseph Anton Kruse. it 3155. 112 Seiten
- Liebesgedichte. Ausgewählt von Thomas Brasch. it 2822. 96 Seiten
- Mein Leben. Autobiographische Texte. Ausgewählt von Joseph Anton Kruse. Mit zahlreichen Abbildungen. it 3154. 208 Seiten
- Der Rabbi von Bacherach. Ein Fragment. Mit einem Nachwort von Joseph A. Kruse. Großdruck. it 2426. 120 Seiten
- Sämtliche Gedichte in zeitlicher Folge. Herausgegeben von Klaus Briegleb. it 1963. 917 Seiten
- Späte Gedichte und Lyrik aus dem Nachlaß. Herausgegeben von Joseph A. Kruse und Marianne Tilch. it 3036. 320 Seiten

Johann Gottfried Herder. Lieder der Liebe. it 2643. 120 Seiten

E. T. A. Hoffmann
- Die Abenteuer der Silvester-Nacht. Mit farbigen Illustrationen von Monika Wurmdobler. it 798. 81 Seiten
- Die Elixiere des Teufels. Mit Illustrationen von Hugo Steiner-Prag. it 304. 349 Seiten
- Das Fräulein von Scuderi. Erzählung aus dem Zeitalter Ludwigs des Vierzehnten. Mit Illustraionen von Lutz Siebert. it 410. 127 Seiten
- Lebensansichten des Katers Murr, nebst fragmentarischer Biographie des Kapellmeisters Johannes Kreisler in zufälligen Makulaturblättern. Mit Illustrationen von Maximilian Liebenwein. it 168. 506 Seiten
- Der Sandmann. Mit Illustrationen von Hugo Steiner-Prag und einem Nachwort von Jochen Schmidt. it 934. 84 Seiten

Friedrich Hölderlin
- Hyperion oder Der Eremit in Griechenland. Herausgegeben und mit einem Nachwort versehen von Jochen Schmidt. it 365. 240 Seiten
- Sämtliche Gedichte und Hyperion. Herausgegeben von Jochen Schmidt. it 2796. 667 Seiten
- Die schönsten Gedichte. Ausgewählt und mit einem Nachwort versehen von Jochen Schmidt. it 1508. 128 Seiten

Alexander von Humboldt. Die Kosmos-Vorträge 1827/28 in der Berliner Singakademie. Herausgegeben von Jürgen Hamel und Klaus-Harro Tiemann in Zusammenarbeit mit Martin Pape. it 3065. 233 Seiten

Gottfried Keller
- Der grüne Heinrich. Erste Fassung. Mit Zeichnungen Gottfried Kellers und seiner Freunde. Zwei Bände. it 335. 874 Seiten. it 2944. 960 Seiten
- Die Leute von Seldwyla. Vollständige Ausgabe der Novellensammlung. Mit einem Nachwort von Gerhard Kaiser. it 958. 732 Seiten
- Romeo und Julia auf dem Dorfe. Mit einem Nachwort von Klaus Jeziorkowski. it 756. 139 Seiten
- Das Sinngedicht. Novellen. Mit einem Essay von Gerhard Kaiser und ausgewählten Abbildungen. it 2708. 335 Seiten
- Spiegel, das Kätzchen. Ein Märchen. it 2768. 92 Seiten

Heinrich von Kleist
- Michael Kohlhaas. Aus einer alten Chronik. Nachwort von Jochen Schmidt. it 1352. 172 Seiten
- Sämtliche Erzählungen. it 2862. 336 Seiten
- Jakob Michael Reinhold Lenz. Werke und Briefe in drei Bänden. Herausgegeben und mit einem Essay von Sigrid Damm. it 3159. 2750 Seiten